高中历史教学设计丛书

总主编 何成刚

高中历史教学设计
文化交流与传播

主 编 李广元 赵剑峰 黄秋瑾

復旦大學出版社

内容提要

本书是“高中历史教学设计丛书”中的一册。“高中历史教学设计丛书”（共7册）是依据《普通高中历史课程标准》（2017年版），基于教育部统编历史教材而编写的高中历史教学设计参考用书。

本丛书以培养学生的历史学科核心素养为目标，遵循从“单元教学设计”到“课时教学设计”的基本思路，兼顾各单元间的逻辑联系；大多采用同课异构的方式，编写了适应合格性考试和选择性考试要求的两套教学设计；以史学阅读为前提，注重将史学研究成果转化为教师“教”与学生“学”的有效资源。

本丛书可与“历史课标解析与史料研习丛书”（共7册）配套使用，初中或中职的历史教学均可参考。

总　序

编写高中历史新教材，不容易；用好高中历史新教材，更不容易。

用好高中历史新教材，导向在于培养学生历史学科核心素养，关键在于历史教师要以深度史学阅读为前提。当然，历史教学不等于历史研究，但不可否认的事实是，历史学科核心素养的提出，进一步推动历史教学越来越依赖历史研究，这已成为越来越多的历史教师的“基本共识”。可以说，如果没有深度的史学阅读，深入理解高中历史新教材，创造性地使用高中历史新教材，培养学生历史学科核心素养很有可能流于形式、陷入空谈。可喜的是，重视史学阅读，重视将史学成果和史料资源转化为有价值的教学资源，使之更好地服务于情境创设和问题设计，已成为越来越多的历史教师进行教学设计和教学实践的“基本常识”。“无阅读，不教学”“无史料，不教学”的教学理念越来越深入人心。实践证明，在开展史学阅读和史料教学方面进行积极探索的历史教师，专业发展往往会更显著一些。

考虑到高中历史教师日常工作繁忙、无暇进行深度史学阅读的实际情况，我们在复旦大学出版社的支持下，编写出版了“历史课标解析与史料研习丛书”(7 册)，分别是：《历史课标解析与史料研习・中国古代史》《历史课标解析与史料研习・中国近现代史》《历史课标解析与史料研习・世界古代近代史》《历史课标解析与史料研习・世界现代史》《历史课标解析与史料研习・国家制度与社会治理》《历史课标解析与史料研习・经济与社会生活》《历史课标解析与史料研习・文化交流与传播》。编写这套丛书的目的就在于为广大高中历史教师深入理解课程标准，深入理解高中历史新教材、创造性地使用高中历史新教材，培养学生历史学科核心素养，提供史学支撑。

为进一步提高高中历史教师创造性使用高中历史新教材的能力，我们基于《普通高中历史课程标准》(2017 年版)，依托史学阅读，遵循史料研习理念，坚持培养学生历史学科核心素养的初心，又编写了“高中历史教学设计丛书”(7 册)，分别是：《新课标高中历史教学设计・中国古代史》《新课标高中历史教学设计・中国近现代史》《高中历史教学设计・世界古代近代史》《新课标高中历史教学设计・世界现代史》《高中历史教学设计・国家制度与社会治理》《高中历史教学设计・经济与社会生活》《高中历史教学设计・文化交流与传播》(后出版的几册因有关情况，书名中未出现“新课标”字样)。在进行教学设计过程中，我们遵循从“单元教学设计”到“课时教学设计”的基本思路，同时兼顾各单元内容之间的逻辑联系。考虑到历史学业水平的不同要求，我们针对高中历史新教材中的每一课，基于同课异构设计思路,分别编写了适应合格性考试和选择性考试要求的教学设计,希望能为高中历史教师进行教学设计和教学实践提供参考和借鉴,以节约备课时间,提高备课质量,达成教学效果。

大家普遍反映,既要在一个课时内完成高中历史新教材一课的教学任务,又要培养学生的历史学科核心素养,对很多高中历史教师而言,是一个难以解决的矛盾。我们编写的每一个教学设计,出发点和落脚点都在于培养学生的历史学科核心素养。但实事求是地说,对一些高中历史教师而言,并不是所有的教学设计都能在一个课时内有效实施。在此,我们想强调的是,我们编写本套教学设计丛书,希望在教材分析、教学目标制定、教学过程设计,特别是史料选取和问题设计等方面,给高中历史教师提供备课和教学的有益参考和借鉴,不希望高中历史教师不考虑学情地运用"拿来主义",反对"全盘照搬"和"复制粘贴",因为我们都知道,并不存在可以"放之四海而皆准"的教学设计。

本教学设计丛书亦可供初中历史教师借鉴和参考。

何成刚

教育部课程教材研究所研究员

目　录

第一单元　源远流长的中华文化

第二单元　丰富多样的世界文化

第三单元　人口迁徙、文化交融与认同

第四单元　商路、贸易与文化交流

第五单元　战争与文化交锋

第六单元　文化的传承与保护

活动课

第一单元

源远流长的中华文化

第 1 课

中华优秀传统文化的内涵与特点

教学设计 1

邓通　安徽省濉溪中学

一、教材分析

本课是统编教材《文化交流与传播》第一单元《源远流长的中华文化》第 1 课，主要阐述了中华文化发展的过程、内容以及特征。《普通高中历史课程标准(2017 年版 2020 年修订)》对本单元教学的要求是：了解中华优秀传统文化的内涵；从人类文明发展和世界文化交流的角度，认识中华优秀传统文化的特点和价值，认识中华文化的世界意义。中国作为一个拥有上下五千年悠久历史的文明古国，蕴含的优秀传统文化源远流长、博大精深，包含着极为丰富的内涵，如讲仁爱、重民本、守诚信、崇正义、尚和合、求大同等核心理念；自强不息、敬业乐群、扶危济困、见义勇为、孝老爱亲等中华传统美德；促进社会和谐、鼓励人们向上向善的人文精神，等等。与此同时，在长期发展过程中，中华文化也有着自身独特的特点，如本土性、多样性、吸纳性、凝聚性以及连续性等。中华优秀传统文化是中华民族在历史发展中不断积累沉淀下来的精华，具有重要的历史和现实价值。

本课时间跨度大，内容丰富，千头万绪，而且概念较多又抽象，所以，本课的教学设计主要以“中华优秀传统文化”为主题，通过对其发展过程、内涵以及特点的分析，形成相对完整的知识链条，以便于学生理解和掌握本课的内容。

二、学情分析

据调查，绝大多数学生不能准确理解什么是中国优秀传统文化，对其认识存在偏差，甚至非常片面，①这直接导致了学生对这方面知识的忽视，缺乏必要的学习主动性。本课属于选择性必修部分的第三模块，在之前的学习中，学生对中国古代的朝代更迭以及各朝代的政治、经济情况有一定的认知，但对文化发展的认识未形成体系，也缺乏理性思考。教师应立足学生已有知识，按时间顺序系统化地展现中华文化发展历程，从学生已有的文化感受出

① 张鹏程、杨秋虹：《高中生对中华传统文化认知情况的调查报告》，载《广东教育(综合版)》，2016 年第 7 期。

发，通过选取多种类型的史料，包括图片、神话、传说以及考古发现等，直观地、深入浅出地引导学生理解中华优秀传统文化发展的过程和内涵，并在此基础上分析中华优秀传统文化的特点和价值。

三、教学目标

1. 通过对中国境内远古人类的时空梳理，加强时空观念，从历史发展的角度认识中国文化的起源。

2. 通过对多种史料的分析，提升历史解释和史料实证等核心素养的能力，并认识早期中华文化的特点和价值。

3. 通过对中国优秀传统文化的梳理和分析，认识中国为人类文明的进步作出了不可磨灭的贡献，增强对中华文明成就的认同感和自豪感，以及承担社会责任的动力与信心。

四、教学重难点

重点：认识中华优秀文化的丰富内涵。

难点：概括中华优秀文化的特点和价值。

五、教学过程

【导入新课】

图1　龙

教师设问： 观察图片，你能从龙身上，找出哪些动物的影子？这表现出龙的什么特点？（参考答案：动物——鳄鱼、鹿、蛇、鹰、鱼等。特点——混合物）

教师讲述： 龙是一个想象的形象，在现实中并不存在，而且是一个“四不像”，正如宋人罗愿《尔雅翼·释龙》描绘的：“角似鹿、头似驼、眼似兔、项似蛇、腹似蜃、鳞似鱼、爪似鹰、掌似虎、耳似牛”[①]。所以，如果打量它身体的各个部位，可明显看出其合成性。

① （宋）罗愿撰：《尔雅翼·释龙》，合肥：黄山书社，1991 年，第 283 页。

材料一 它(龙)是一种图腾(Totem),并且是只存在于图腾中而不存在于生物界中的一种虚拟动物,因为它是由许多不同的图腾糅合成的一种综合体……龙图腾,不拘于它局部的像马也好,像狗也好,或像鱼、像鸟、像鹿都好,它的主干部分和基本形态却是蛇。这表明在当初那众图腾单位林立的时代,内中以蛇图腾最为强大,众图腾的合并与融合,便是这蛇图腾兼并与同化了许多弱小单位的结果。

——闻一多:《伏羲考》,载《闻一多全集·神话编·诗经编上》第三卷,上海:开明书店,1993年,第79—80页

教师设问: 根据材料一,指出龙图腾说明中华文化起源具有什么特征。(参考答案:多元一体)

教师讲述: 龙是中华民族的图腾,中华文化可称龙的文化,中华儿女是"龙的传人"。在遍及全国的新石器时代的考古发掘中,龙的图案、装饰极其常见,但认真观察的话,会看到有些像乌龟,有些像鱼,有些像鹿,有些像猪,各式各样。这些形貌不一的龙揭示不同地域的图腾本是不一样的,经过很长一段时期的历史发展,各个氏族部落的图腾被综合起来,创造出了全国统一的想象化神灵——"混血"的龙。多元的动物造型、丰富的文化内涵,幻化于"龙"这一体,深刻阐释了中国文化多元与一体的融合。

(设计意图)以耳熟能详的龙的造型导入新课,贴近学生的实际,有利于调动学生的学习兴趣和积极性。本环节指向的是:(1)史料实证素养水平2——在对史事与现实问题进行论述的过程中,能够尝试运用史料作为证据论证自己的观点。(2)史料实证素养水平4——在对历史和现实问题进行独立探究的过程中,能够恰当地运用史料对所探究问题进行论述。

(过渡)当然,神话已随着科学的发展而破灭,让我们揭开神话神秘的面纱,跟随考古的步伐去探寻中华文化的起源。

【学习新课】

(一) 远古寻踪——探索中华文化的多元起源

教师讲述: 关于中华文化的起源,长期以来占主导地位的是"黄河摇篮说",即中华文化首先从黄河中游地区萌生,并以此为中心向四方辐射,墨渍般扩散开去,形成覆盖华夏大地的中华文化。但从20世纪50年代以来,大量的考古发现逐渐动摇了这一学说,文化多源说逐渐形成。

表一 中国境内的主要远古人类

直立人	元谋人	170万年
	蓝田人	110—60万年
	郧县人	90—80万年
	北京人	70—20万年
	和县人	30—15万年

续表

早期智人	金牛山人	25 万年前
	大荔人	20 万年前
	马坝人	15 万年前
	长阳人	15 万年前
	许家窑人	10 万年前
	丁村人	10 万年前
晚期智人	河套人	3 万年前
	柳江人	3 万年前
	山顶洞人	2 万年前
	榆树人	2 万年前
	资阳人	1 万年前

——王月前、洪石编著:《图说中国文化·考古发现卷》,长春:吉林人民出版社,2007年,第 18 页

教师设问: 表一中,旧石器时代中国境内有哪些你熟悉的文化遗存?(参考答案:元谋人、北京人和山顶洞人)

教师讲述: 从表一可见,在中国境内远古人类遗存极其丰富,能完整对应人类进化(直立人和智人)的时间序列。

从考古学研究看,到现在为止已经发现的旧石器时代文化遗存达到 200 余处,主要人类化石如表二。

表二　中国境内旧石器时代人类化石表

	发现年份	人类化石	所属流域
旧石器时代早期(距今 20—250 万年,直立人时期)	1965	云南元谋人	珠江流域
	1963	陕西蓝田人	黄河流域
	1929	北京猿人	黄河流域
	1985	辽宁金牛山人	辽河流域
	1975	湖北郧县人	长江流域
	1980	安徽和县人	长江流域
旧石器时代中期(距今 5—20 万年,早期智人时期)	1958	广东马坝人	珠江流域
	1978	陕西大荔人	黄河流域
	1976	山西许家窑人	黄河流域
	1956	湖北长阳人	长江流域
	1954	山西丁村人	黄河流域

续表

	发现年份	人类化石	所属流域
旧石器时代晚期(距今1—5万年,晚期智人时期)	1922	内蒙河套人	黄河流域
	1980	黑龙江哈尔滨人	黑龙江流域
	1933	北京山顶洞人	黄河流域
	1951	四川资阳人	长江流域
	1958	广西柳州人	珠江流域

——巢静:《中华文化一体多元的特质研究》,湖南大学2015年硕士论文,第12页

教师设问: 根据表二,归纳旧石器文化起源的空间特征。(参考答案:多元性)

教师讲述: 从上述资料可以看出,旧石器时代,中国的珠江、黄河、黑龙江、长江和辽河流域都生活着远古人类。黄河流域以外,特别是珠江流域、长江流域,有些文化遗存并不逊色于黄河流域。并且,迄今为止发现的最早的原始人类(元谋人),就是在长江流域,而不是黄河流域。

此外,新石器时代文化遗存的考古发现,到目前为止,已经超过7000多处。其中长江流域、珠江流域和草原地带的有些原始文化的发展水平,甚至已经超过黄河流域,这也为中华文化多源说提供了强有力的证据。

材料二　中华文化的形成和发展,不仅呈现出文化生成的多源性,更呈现出文化创造主体持续不断的互动、融合和大一统格局下的民族和文化的多元一体。

——索晓霞:《正确把握中华文化多元一体的内在特征》,载《孔学堂》,2017年第4期

教师设问: 根据材料二,中华文化的起源除多元化外,还有什么特征?(参考答案:一体化)

教师引导学生分析: 在中华文化的神话传说时代,中华大地上不同的地域生活着众多的氏族和部落,如羌、夷、戎、狄、苗、蛮等。在长期的历史发展过程中,经过分化、组合,战争、联盟,他们中的某些氏族、部落先后融入华夏族,其余的则分别演化成数十个少数民族。自先秦开始,中国各部族、各民族就一直处于不断的互动和融合中。通过文化上的相互学习、经济上的互通有无、宗教信仰上的兼容并包、婚姻上的跨族互通,各民族不仅在血缘上逐步融合,而且在文化上呈现出"你中有我,我中有你""多元一体"的格局。正是这种各民族、各文化之间持续不断的大互动、大融合,正是这种"你中有我,我中有你""多元一体"的格局,促进中华文明不断向前发展。

材料三　自远古迄秦汉,是为中华文化独立形成和发展时期;自汉代迄明末,是为中华文化积极吸纳域外文化,尤其是印度佛教,从而使自身不断得到丰富与发展时期;自明末迄新中国建立前,是为西方文化渐次传入,中西文化相激相荡相融合和中国传统文化向近代文化转型时期。

——郑师渠总主编:《中国文化通史·先秦卷》,北京:北京师范大学出版社,2009年,第24页

材料四　沧海日、赤城霞、峨眉雪、巫峡云、洞庭月、彭蠡烟、潇湘雨、武夷峰、庐山瀑布,

合宇宙奇观，绘吾斋壁；

少陵诗、摩诘画、左传文、马迁史、薛涛笺、右军帖、南华经、相如赋、屈子离骚，收古今绝艺，置我山窗。

——刘锋：《邓石如〈沧海日〉对联考证》，载《对联民间对联故事(上半月)》，2017 年第 1 期

教师设问：根据材料三、四，指出中国文化的发展历程及涉及的领域。(参考答案：历程——远古至秦汉，是中华文化独立形成和发展的时期；汉代至明末，中华文化积极吸纳域外文化，尤其是印度佛教，是不断丰富与发展的时期；明末至新中国建立前，是中国传统文化向近代文化的转型时期。领域——诗、画、文、史、笺、帖、经、赋、骚)

教师讲述：从时间的角度，中国文化发展具有阶段性，而且涉及的领域广泛。“少陵”，即杜甫。杜甫自号“少陵野老”，其诗被历代称为“诗史”，而他则被尊为“诗圣”。“摩诘”是王维的字，王维诗画皆工，人称“诗中有画，画中有诗”。“左传”为春秋编年体史书，传为春秋时代鲁国左丘明所撰，为历代历史著作和叙事散文树立了典范。“马迁”，即司马迁，西汉历史学家，其所著《史记》，被称为“史家之绝唱，无韵之《离骚》”。“薛涛”，唐代女诗人，字洪度，长安人，幼时随父入蜀，后为乐伎。《蜀笺谱》云其曾居浣花溪畔，“躬撰深红小彩笺，时谓之‘薛涛笺’”。“右军”为晋书法家王羲之，曾任右军将军，故称王右军，后人尊其为“书圣”。“南华经”，即《庄子》，据《新唐书·艺文志》：“天宝元年，诏号《庄子》为《南华真经》。”“相如”为西汉辞赋家司马相如，为汉赋的代表作家。“屈子”是对屈原的尊称。屈原，战国时人，所作《离骚》，被汉刘向尊为《离骚经》，对后世影响极大。所以，下联纵贯千年名家佳作，将诗、画、文、史、笺、帖、经、赋、骚等“古今绝艺”，置于山窗，作者胸襟是多么高雅别致！

(设计意图)通过追溯源头、阶段梳理，明确中华文化的起源和发展过程。本环节指向的是：(1)时空观念素养水平 3——能够把握相关史事的时间、空间联系，并用特定的时间和空间术语对较长时段的史事加以概括和说明。(2)史料实证素养水平 3——在探究特定历史问题时，能够对史料进行整理和辨析。(3)历史解释素养水平 4——在独立探究历史问题时，能够在尽可能占有史料的基础上，尝试验证以往的说法或提出新的解释。

(过渡)中国文化源远流长、博大精深，涉及领域也十分广泛，具体的内涵又有哪些呢？

(二) 众妙皆道——解读中华文化的丰富内涵

1. 品味诗词里的核心理念

材料五 彼黍离离，彼稷之苗。行迈靡靡，中心摇摇。知我者，谓我心忧。不知我者，谓我何求。悠悠苍天，此何人哉？

——吴树平等点校：《十三经(标点本)》，北京：北京燕山出版社，1991 年，第 248 页

材料六 黍离，闵宗周也。周大夫行役，至于宗周，过故宗庙宫室，尽为禾黍。闵周室之颠覆，彷徨不忍去而作是诗也。

——《十三经·毛诗序》，郑州：中州古籍出版社，1992 年，第 28 页

教师设问：指出材料五中的诗出自何处。结合材料六，思考诗的主旨是什么。(参考答案：出处——《诗经》。主旨——表达作者的忧国情怀，感伤意绪)

教师讲述：诗作讲述周平王东迁之后，一位易代大臣因为某个机会回到曾经的西周故

都，想找回岁月的痕迹，却不料事与愿违。放眼望去，曾经那庄严的宗庙、巍峨的朝堂、繁华的街市，早已不复存在，只有这颓圮瓦砾间一片片禾苗了。看着这故国遗址，自然便产生忧国情怀和感伤意绪。

材料七　《大雅》之变，具忧世之怀；《小雅》之变，多忧生之意。

——（清）刘熙载撰：《艺概》，上海：上海古籍出版社，1978年，第49页

材料八　据统计，《诗经》中含有忧、患、惊、恐、惧、惮、悲、哀、怨等字眼的诗篇有140余篇，约占《诗经》305篇的46%。其中"忧"字竟出现90次之多，《国风》38次，《雅》52次。

——李金坤：《〈诗经〉忧患意识原论》，载《江苏大学学报（社会科学版）》，2006年第6期

教师设问：材料七、八折射出《诗经》中的什么意识？（参考答案：忧患意识）

教师讲述：《王风·黍离》所表现出来的忧患意识不是个案，它开创了中国古代忧患诗词的先河，后来，人们往往把亡国之痛、兴亡之感，称作"黍离之悲"。一部《诗经》就是一部忧患之书。《国风》160篇，多为社会最底层劳苦百姓的心灵诉说，其忧患意识大多体现在个人、家庭的困境与矛盾方面；《雅》诗105篇，其作者多为贵族士大夫，他们的特殊身份与地位使得他们既能对统治阶级乃至最高统治者的昏庸丑行与腐败政治具有较为清醒的认识，又能对下层普通百姓的苦难生活有所接触与体察，故他们的忧患意识主要体现在忧国忧民方面。《雅》诗作者们的这种自觉而高度的忧患意识，是形成我国文学忧国忧民传统的主要思想源泉之一。

教师追问：你能举出后世具有忧患意识的代表性诗人和作品吗？（参考答案：汉乐府《西门行》中的"人生不满百，常怀千岁忧"；曹操《蒿里行》中的"生民百遗一，念之断人肠"；鲍照《拟行路难》中的"对案不能食，拔剑击柱长叹息"；杜甫《自京赴奉先县咏怀五百字》中的"穷年忧黎元，叹息肠内热"；杜牧《泊秦淮》中的"商女不知亡国恨，隔江犹唱后庭花"；张养浩《山坡羊·潼关怀古》中的"兴，百姓苦！亡，百姓苦！"；夏完淳《别云间》中的"无限山河泪，谁言天地宽"；等等）

教师讲述：《诗经》之忧患意识影响后世至为深远。到了"少陵有句皆忧国"的杜甫，其忧国忧民的思想境界则更是达到了空前的高度。诗人已完全跳出了个人的小圈子，把忧郁的目光投向了广阔的社会现实。《北征》、《诸将五首》、"三吏"、"三别"、《秋兴八首》等名篇自不必说，在其他看似寻常的诗歌题材中也无不流露出深厚的忧国忧民之意绪，如他在《茅屋为秋风所破歌》高唱："安得广厦千万间，大庇天下寒士俱欢颜，风雨不动安如山！"当时杜甫的生活已经非常贫困，却仍能心怀天下，实在难能可贵。此后宋代的陆游、辛弃疾、文天祥，金元时期的元好问、萨都剌，明清时代的陈子龙、顾炎武、吴嘉纪、黄仲则、龚自珍、魏源、秋瑾、梁启超等诗人，他们的作品中无一不洋溢着浓厚的忧国忧民意识，由此共同构成了自《诗经》《楚辞》以来的忧患意识的优良传统。[①]

尤其在民族危难的关头，忧患意识和坚贞人格迸发出铁骨铮铮的民族气节。岳飞面对"待从头，收拾旧山河"的历史重任时，看淡了"三十功名尘与土，八千里路云和月"；文天祥面对着"山河破碎风飘絮"的局面时，坦言"人生自古谁无死，留取丹心照汗青"，准备以死亡来证明生命的价值；就连那个叹息"人比黄花瘦"的弱女子李清照，也在《夏日绝句》中，发出了

---

① 李金坤：《〈诗经〉忧患意识原论》，载《江苏大学学报（社会科学版）》，2006年第6期。

“生当作人杰，死亦为鬼雄。至今思项羽，不肯过江东”的强音。这些血性文字铸造着民族的脊梁和骨气，让我们在天崩地坼中奋勇前行，焕发出中华文明百折不挠的生命力。①

当然，除了忧患意识之外，中华优秀文化的核心理念还包括：天人之学——天人和谐的探索精神；道法自然——顺应自然的辩证法则；自强不息——生生不息的奋斗精神；诚实守信——进德修业的立身之本；厚德载物——做人做事的根本原则；以民为本——中国古代政治思想精华的体现；仁者爱人——超越自我的大爱精神；尊师重道——传道授业解惑的教育理念；和而不同——博采众长的会通精神；日新月异——与时偕行的革新精神；天下大同——指向未来的理想之光；等等。

2. 儒家学说中的传统美德

图 2　甲骨文和金文的“德”以及涵义图解②

教师设问： 从文字学的角度，“德”的本义是什么？（参考答案：道德或品行）

教师讲述： “德”是中国传统核心价值追求，自古以来“德才兼备”往往是对于一个人的极高评价。“德”字是个会意字，甲骨文“德”左边的“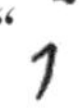”表示行动，其右边是一只眼睛，眼睛之上是一条垂线，表示目光直射之意，所以这个字总的意思是：行动要正，而且“目不斜视”。金文的会意，其内涵就更为全面了，“目”下又加了一个“心”，这就是说：目正、心正才算“德”。所以“德”字的本义是道德或品行。③

材料九　据统计，《论语》中出现“德”字 38 次，其中，“德”的含义是行为、品质的 6 次，如“君子之德风，小人之德草”。“德”的含义是恩德、恩惠的 4 次，如“以德报德”。“德”的含义是道德的 27 次，如“为政以德”。“德”的含义是品质的 1 次，“称其德也”。

——杨伯峻译注：《论语译注》，北京：中华书局，1980 年，第 301 页

材料十　《孟子》中“德”字出现 37 次，其中“德”的含义是道德、好的品质的 34 次，如“德何如则可以王矣”。德的含义是有德性的人的 2 次，如“小德役大德”。德的含义是行为、品质的 1 次，如“无能改于其德”。

——杨伯峻译注：《孟子译注》，北京：中华书局，1960 年，第 460 页

材料十一　樊迟问仁。子曰：“爱人。”

——杨伯峻译注：《论语译注》，北京：中华书局，1980 年，第 131 页

教师设问： 根据材料九至十一，在儒家思想中“德”指的是什么？具体而言，儒家崇尚的核心道德品质指的是什么？（参考答案：“德”——好的道德品质，德性。儒家崇尚的核心道德品质——仁）

---

① 詹百利：《古诗词里的人文情怀》，载《中国社会科学报》，2015 - 04 - 24。

② 李乐毅著：《汉字演变五百例》，北京：北京语言学院出版社，1992 年，第 58 页。

③ 左民安著：《细说汉字——1000 个汉字的起源与演变》，北京：九州出版社，2014 年，第 143 页。

教师讲述：在儒家所讲的道德思想中，“仁”无疑是核心内容。没有“仁”的基础，其他道德思想就没有存在的意义和理由。孔子说：“人而不仁，如礼何？人而不仁，如乐何？”意思是一个人如果没有仁爱之心，遵守礼仪有什么用？没有仁爱之心，礼乐又有什么用？在孔子看来，礼仪、礼乐都是外在的形式，而仁爱之心才是人道德的根本。

材料十二　孝悌也者，其为仁之本与？……弟子入则孝，出则悌。

——杨伯峻译注：《论语译注》，北京：中华书局，1980年，第2、4页

教师设问：根据材料十二，“仁”的根本是什么？（参考答案：孝悌）

教师引导学生分析：孝悌是“爱人”的根本，孝悌是“仁”的前提、基础，“仁”是孝悌的发展、扩充，于是孝悌就成了孔子“仁”的最根本的内容。百善孝为先，孝是子女对父母的敬爱之情。善事父母为孝，孔子极其重视孝道，孝并不是空泛的，在孔子的思想中赋予了孝具体的内容：一方面是指顺，即无违；另一方面指敬，不仅要在形式上孝顺父母，更重要的是一种发自内心深处的敬仰之情。

表三　中国道德文化传统理念演变简表

时代	德目	主张者
商代	知、仁、圣、义、忠、和六德	商朝
春秋	仁、孝、悌、忠、信	孔子
	礼、义、廉、耻四维	管子
战国	仁、义、礼、智四德说	孟子
汉代	五常，即仁、义、礼、智、信	董仲舒
宋元	孝悌忠信、礼义廉耻八德	/

——中南大学应用伦理学研究中心课题组：《传统美德的呼唤——中国道德文化传统理念践行情况调查报告》，载《光明日报》，2011-07-26

教师设问：中国道德文化发展的特点是什么？（参考答案：形成了以儒家为核心的道德体系）

教师讲述：中国道德文化经过几千年的历史发展和演进，形成了以儒家为核心的名目繁多、内涵丰富的道德规范或德目，蕴含着丰富的民族精神和宏大的道德理念。商代有“六德”：知、仁、圣、义、忠、和，在此基础上，春秋时期孔子提倡仁、孝、悌、忠、信等道德规范，孟子在众多的道德条目中最重视仁、义、礼、智“四德”，汉代董仲舒在“四德”的基础上增加了“信”，定格为“五常”，成为两千年来最重要的道德观念。人伦关系也定格为孟子讲的“五伦”，即“父子有亲，君臣有义，夫妇有别，长幼有序，朋友有信”。汉代以后，“格物、致知、诚意、正心、修身、齐家、治国、平天下”成为中国古代知识分子的人生理想，其中“修身”讲的是对内的道德修养，“齐家、治国、平天下”讲的是对外的建功立业，合起来就是儒家的内圣外王之道。①

---

① 白奚：《儒家文化与道德修养》，载《中国德育》，2017年第1期。

当然,除了以上所讲的仁爱孝悌之外,中华民族的传统美德还包括谦和好礼、诚信知报、精忠报国、克己奉公、修己慎独、见利思义、勤俭廉政、笃实宽厚、勇毅力行等等。

3. 汉字中的人文主义

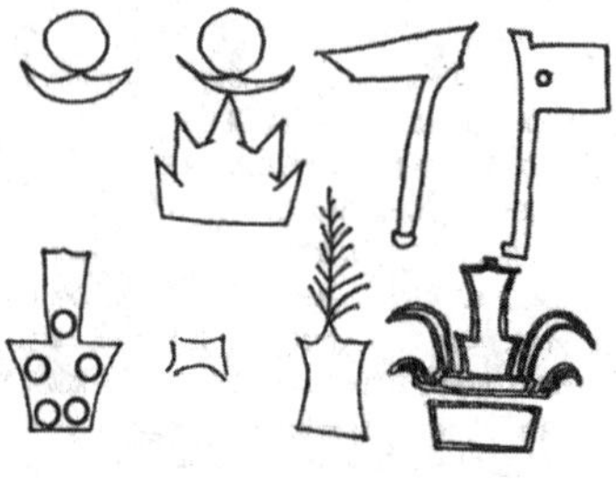

图3 大汶口文化的图画文字①

教师设问: 请判断图3这些象形符号是否属于文字。(参考答案:是原始的象形文字)

教师讲述: 关于这些图画文字,尽管存在不同的看法,但可以肯定的是,这些与后来汉字的形成有很大的关系,它们是一种原始文字,原始的象形文字。

图4 甲骨文字②

图5 甲骨文中的十二生肖③

教师设问: 你能从图5中指出甲骨文中的十二生肖吗?你的依据又是什么?(参考答案:十二生肖——从左到右,从上到下依次为鼠、牛、虎、兔、龙、蛇、马、羊、猴、鸡、狗、猪。依据——象形)

教师讲述: 甲骨文以象形为基础,鼠以尖嘴、大耳、长尾为特征,并在鼠头的上方用三或四个点表示啮碎的物屑;牛和羊取其头部最有特点的角,孔子曰:"牛羊之字以行举也";虎是大口、长足、纹身的猛兽;兔子张着嘴巴、长耳短尾;马长脸、大眼、鬃毛飞扬、长尾有蹄;蛇匍匐于地、身形扭曲;狗和猪的区别,在王国维看来:"腹瘦尾拳者为犬,腹肥尾垂者为之豕",狗

① 白寿彝总主编:《中国通史》第二卷,上海:上海人民出版社,2007年,第277页。
② 董琨著:《中国汉字源流》,北京:商务印书馆,1998年,插图页。
③ 石评月:《十二生肖文字形态特征浅议》,载《文教资料》,2017年第35、36期合刊。

尾巴上翘，猪大肚是最明显的特征。

表四　甲骨文字形举例

象形字		会意字		形声字		假借字	
日		明		河		正	 借为征
田		从	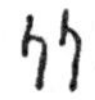	萌		右	 借为佑
牛		步		柄		凤	 借为风
鱼		涉		洹		兽	 借为狩
车		陟		盂		亦	 借为夜

——刘炜主编：《中华文明传真2·商周：神权变革一千年》，上海：上海辞书出版社，2001年，第75页

教师设问：除象形外，从甲骨文中还能找出哪些造字方法？（参考答案：会意、形声和假借）

教师讲述：中国的文字萌芽较早，在新石器时代仰韶文化的陶器上，就发现了各种刻划符号，这是中国文字的雏形。经过二三千年的孕育、发展，到了商代，中国的文字达到基本成熟阶段。

在目前发现10余万片有字甲骨中，含有5千多不同的文字图形，从甲骨文已识别的约1 500个单字来看，甲骨文已具备了象形、会意、形声、指事、转注、假借的造字方法，展现了中国文字的独特魅力。从字体的数量和结构方式来看，甲骨文已经是有较严密系统的文字了。

材料十三　甲骨文所表事物的类别中，动物类的字占17%，植物及农耕、食用类的字等占15%，天象类的字占9%，地理类占9%，战争类占8%，宫室居住类占6%，舟行往来类占3.6%，衣服类占1.7%，典册教学等文化类的字占1.4%，乐器娱乐类占1.7%，祭祀类占3.6%。只有关于人类或人体的字最多，占20%以上。

——申小龙著：《汉字人文精神论》，南昌：江西教育出版社，1995年，第98—99页

教师设问：根据材料十三，甲骨文所表事物的类别中，什么类别占的比重最大？体现了什么精神？（参考答案：类别——人类或人体。精神——人文精神）

教师讲述：的确，整个汉字的精神是从人的身体出发的。一切物质的存在，是从人的眼所见、耳所闻、手所触、鼻所嗅、舌所尝出发的。故表声以殸、以箫管，表闻以耳，表高为上视，表低为下视，画一个物也以与人所感受的大小轻重为判，牛羊虎以头，人所易知也；龙凤最祥，人所崇敬也。总之，它是从人看事物；从人的官能看事物。[①]

所以，申小龙认为："以人的自身肌体和行为通于一切事物，是汉字构形的基本方略。古人将世界的结构关系视为人自身的结构关系的延伸，以人的认知图式和行为模式去理解和

① 姜亮夫著：《古文字学》，杭州：浙江人民出版社，1984年，第69—70页。

建立世界的图式,这是一种浓郁的人文精神。”所以他强调:“从根本上说,汉字的建构精神是一种以人为立足点的人本精神。”①

(设计意图)中华优秀传统文化博大精深,在讲述的过程中不能面面俱到,所以只有以点带面,选取诗词、汉字以及儒学三个方面来管中窥豹,展现中华优秀文化的核心内涵。本环节指向的是:(1)唯物史观素养水平1、2——能够了解和掌握唯物史观的基本观点和方法,理解唯物史观是科学的历史观。(2)史料实证素养水平3——能够利用不同类型史料,对所探究的问题进行互证,形成对该问题更全面、丰富的解释。(3)历史解释素养水平4——在独立探究历史问题时,能够在尽可能占有史料的基础上,尝试验证以往的说法或提出新的解释。

(过渡)中华文化源远流长、内涵丰富,在长期发展过程中,形成了自身独特的风格。

(三)中外对比——阐释中华文化的主要特征

教师设问:识读教材《中外历史纲要(下)》第3页《古代主要文明示意图》。根据图片,找出世界文明的发祥地。(参考答案:古希腊、古巴比伦、古埃及、古印度、古中国)

教师讲述:的确,在距今六七千年至三四千年间,人类栖息的地球发生了伟大的事变——西亚的两河流域、北非的尼罗河流域、南亚的印度河流域和恒河流域、东亚的黄河流域和长江流域,先后涌现出一批独立创制文字和金属工具的人群,人类终于走出长达百万年的蒙昧时代和长达万年的野蛮时代,跨入文明的门槛,赢得历史进展的加速度。

材料十四

图6②

图7③

图8④

图9⑤

① 申小龙著:《汉语与中国文化》,上海:复旦大学出版社,2003年,第455、450页。
② 王兴文、谭静怡编著:《图说世界科技文化》,长春:吉林人民出版社,2008年,第14页。
③ 金桂秋编著:《图说世界建筑文化》,长春:吉林人民出版社,2008年,第15页。
④ 王德才、王浩编著:《图说世界宗教文化》,长春:吉林人民出版社,2008年,第94页。
⑤ 晏立农、马淑芹、晏菲编著:《图说古希腊文明》,长春:吉林出版社,2009年,第82页。

教师设问：指出材料十四中涉及的早期文明中心的文化成就。（参考答案：苏美尔楔形文字；埃及金字塔；古希腊悲剧；释迦牟尼创立佛教）

教师讲述：除此之外，《汉谟拉比法典》是世界上现存最早的较完整的成文法典，《吉尔伽美什》是目前所知最早的史诗；苏美尔人发明了60进制。古印度最重要的成就之一是发明了十个数字符号和定位记数法。古埃及创立了世界上最早的太阳历。古希腊优美的神话、诙谐的喜剧成为世界文学的瑰宝；希罗多德是西方"历史之父"；修昔底德成为政治史传统的奠基人；苏格拉底、柏拉图和亚里士多德奠定了西方哲学的基础。

表五 公元前2000—前1000年古文明灭亡的原因

古文明	首要问题
古埃及文明	与入侵者之间无障碍相隔；肥沃土地的有限性；偶发的谷物短缺
克里特文明	劳动力分配不均衡；与其他城邦国家的竞争；环境的破坏；缺少耕地；危险的海域
迈锡尼文明	受宫殿财富引诱来自北方的蛮族入侵；地震；社会不平等；内部战争
哈拉帕文明（哈拉帕与摩亨佐·达罗）	气候变得干燥；地震、河床改变，瘟疫的迹象；对资源过度利用

——[美]菲利普·费尔南德兹-阿迈斯托著：《世界：一部历史》上，北京：北京大学出版社，2010年，第138页

教师设问：根据表五，归纳公元前2000—前1000年古文明灭亡的原因。（参考答案：外族入侵；环境恶化；内部战争；瘟疫等）

教师讲述：早期的文明灭亡原因有很多，但纵观世界历史，多次出现过因战争导致的文化中断现象，雅利安人中断了古印度文化，亚历山大帝国中断了古埃及文明，日耳曼民族中断了古希腊文化。

材料十五 公元前1500年前后，手执青铜武器的战车兵也入侵了遥远的中国北部的黄河流域。……但也为商文明所同化。正如在中国一贯发生的那样，这些蛮族的入侵没有造成明显的文化中止，这与这些入侵者入侵希腊和印度时的情况不同。于是独特的中国文明也毫不间断地从商代一直到现在，虽然中间也曾有过一些调整，但它从未被毁灭或转型。

——[美]斯塔夫里阿诺斯著，吴象婴、梁赤民、董书慧等译：《全球通史》(第7版)，北京：北京大学出版社，2005年，第80页

教师设问：同样遭遇外敌入侵，中国为何与"希腊和印度时的情况不同"？"入侵没有造成明显的文化中止"又体现出中华文化的什么重要特征？（参考答案：不同——蛮族被商文化同化。特征——延续性）

教师讲述：就世界范围而论，中国古代文化虽然是世界上最古老的文化之一，却不是最早的。但在世界上所有古老的文明与文化中，唯有中国传统文化表现出最顽强的生命延续力。正是这种无与伦比的生命延续力，使得中国传统文化成为世界上唯一绵延不绝发展至今的一种文化类型。东亚大陆特殊的地理环境提供了相对隔绝的状态，是其缘由之一。而

华夏文化长期以来以明显的先进性多次“同化”以武力入主中原的北方游牧民族，反复上演着“征服者反被征服”的历史戏剧，也是一个重要原因。事实上，在漫长的历史发展过程中，中国古代文化虽未受到远自欧洲、西亚、南亚而来的威胁，但也屡屡遭到北方游牧民族的军事冲击，如春秋以前的“南夷”与“北狄”交侵，十六国时期的“五胡乱华”，宋元时期契丹、女真、蒙古人接连南下，直至明末满族入关。这些勇猛剽悍的游牧民族虽然在军事上大占上风，甚至多次建立起强有力的统治政权，但在文化方面，却总是自觉不自觉地被以华夏农耕文化为代表的先进的中原文化同化。匈奴、鲜卑、突厥、契丹、女真、蒙古等游牧或半农半牧民族在与先进的中原文化的接触过程中，几乎都发生了由氏族社会向封建社会的过渡或飞跃。军事征服的结果，不是被征服者的文化毁灭与中断，而是征服者的文化皈依和进步。而在这一过程中，中国传统文化又多方面地吸收了新鲜养料，如游牧民族的骑射技术、边疆地区的物产、技艺等，从而增添了新的生命活力。①

当然，中华文化特征除延续性之外，还有本土性、多样性、吸纳性、凝聚性等。

（设计意图）通过中外对比，揭示中华文化的延续性，同时也培养学生比较、归纳、概括的历史思维能力。本环节指向的是：(1)时空观念素养水平 2——能够利用历史年表、历史地图等方式对相关史事加以描述。(2)史料实证素养水平 1——能够区分史料的不同类型；史料实证素养水平 2——能够认识不同类型的史料所具有的不同价值。(3)历史解释素养水平 2——能够选择、组织和运用相关材料并使用相关历史术语，对个别或系列史事提出自己的解释。

（过渡）中华优秀传统文化是中华民族长期发展过程中形成的、有着积极的历史作用、至今具有重要价值的思想文化。

（四）继往开来——思考中华文化的当代传承

材料十六 在义利关系上，传统儒家倡导“先义后利”“见利思义”“义然后取”“不义而富且贵，于我如浮云”“君子喻于义，小人喻于利”的价值取向。中国传统文化蕴含的义利观有助于遏制市场经济条件下的拜金主义，端正追求物质利益的态度，在一定程度上消解私利化倾向。

——史焕翔：《中国优秀传统文化的当代价值》，载《红旗文稿》，2018 年第 12 期

材料十七 中华文化在几千年的发展中，以仁孝诚信、礼义廉耻、忠恕中和为中心，稳定形成了一套价值体系，支配和影响了中国政治、法律、经济、制度与政策施行，支撑了中国社会的伦理关系，主导了人民的行为活动和价值观念，促进了社会的稳定、心灵的向善向上。

——陈来：《中华文化的当代价值与意义》，载《人民日报》，2017 - 03 - 17

材料十八 “民惟邦本，本固邦宁”的政治理念，以义制利、义利兼顾的经济发展原则，文明互鉴、多元共生的世界文化交往惯例，是中华文化提供给当今世界的珍贵宝藏。

——何明星：《中华文化的世界贡献》，载《人民论坛》，2017 年第 17 期

教师设问：根据材料十六至十八，概括中华优秀文化的历史和现实价值。（参考答案：

---

① 张应杭、蔡海榕主编：《中国传统文化概论》，上海：上海人民出版社，2000 年，第 16 页。

促进了社会的稳定；为社会主义市场经济发展提供价值导向；为解决人类问题贡献中国智慧）

教师引导学生分析：社会秩序和伦理价值的建立不能割断历史，也离不开传统道德文化。在稳定人心方面，传统文化所提供的生活规范、德行价值以及文化归属感，起着其他文化要素所不能替代的作用；几千年来以人为本的传统文化，在心灵稳定、精神向上、社会和谐方面发挥了重要而积极的作用。

当今世界正处在经济全球化、社会信息化、文化多样化时期，各国之间的联系从未如此紧密，人类正共同面对恐怖主义、贫富分化、环境污染等诸多全球性问题，解决这些问题需要世界人民共同协作。中国优秀传统文化蕴含着解决当代人类面临问题的重要启示，中华民族秉承共商共建共享的全球治理观，愿为全球治理贡献中国智慧。

（设计意图）中华优秀传统文化具有永恒的价值，不仅对中国而言，对世界也具有重要参考价值。本环节指向的是：(1)史料实证素养水平 3——在探究特定历史问题时，能够对史料进行整理和辨析。(2)历史解释素养水平 2——能够选择、组织和运用相关材料并使用相关历史术语，对个别或系列史事提出自己的解释。(3)家国情怀素养水平 3——能够把握中华民族多元一体的发展趋势，以及世界历史发展的进步历程，形成正确的世界观、人生观、价值观和历史观。

【课堂小结】

教师引导学生小结：文化是一个民族的灵魂。五千年中华文化体现的中华民族的精神追求，已经成为中华民族区别于其他民族的精神标识，其中的核心观念构成了中国人的精神世界，其基本价值已积淀为中华民族的文化基因，在漫长的历史发展中成为中华民族的精神命脉。

放到世界文明史中来看，中华民族创造的源远流长的中华文化具有独特的文化传统、独特的价值体系、独特的民族色彩、独特的历史进程。其长期演化的过程造就了我们的文化认同，赋予了我们生命力和创造力，也决定了我们独特的发展路径。同时，中华文明的文化内涵又包含了超越时空、跨越国度的价值，为人类文明进步和人类共同价值作出了重大贡献。

教学设计 2

谢传永　江苏省徐州中学

一、教材分析

本课是统编教材《文化交流与传播》第一单元《源远流长的中华文化》第 1 课，共有三个子目："中华文化的发展历程""中华优秀传统文化的内涵""中华优秀传统文化的特点和价值"。"中华文化的发展历程"主要介绍了中华文化的形成、发展过程，是对《中外历史纲要（上）》相关中国文化史内容的概括和总结，时间跨度大，涉及内容多。"中华优秀传统文化的内涵"重在概述中华优秀传统文化的内涵，内容相对比较抽象。"中华优秀传统文化的特点和价值"主要讲述中华优秀传统文化的特点和价值，需要学生具备一定的思维能力和国际视野，从比较中深化理解。本课作为选修三的开篇，有提纲挈领的作用和举足轻重的地位。中国是四大文明古国之一，有着悠久的历史和灿烂的文化，将《中华优秀传统文化的内涵与特点》作为第一课，有利于学生从熟悉的中华文化入手，进而更自然地学习其他内容。

《普通高中历史课程标准（2017 年版 2020 年修订）》对本单元的要求是：了解中华优秀传统文化的内涵；从人类文明发展和世界文化交流的角度，认识中华优秀传统文化的特点和价值，认识中华文化的世界意义。从课标的要求来看，本课重点要从人类文明发展和世界文化交流的角度认识中华优秀传统文化的特点和价值，而教材论述的重点是在中华文化发展的历程和内涵，对价值和特点的论述反而较少。因此，在教学设计中要依标扣本，兼顾课标和教材，删繁就简，以适应课堂教学的需要，培养学生的历史思维能力。

二、学情分析

学生通过学习《中外历史纲要（上）》对中华文化已经有了初步的了解，同时经过政治、语文等相关学科的学习，对中华文化的发展历程和主要内涵已经有了一定的了解。另外，随着信息技术的发展，学生在日常生活中通过各种媒体也可以了解到相关知识。但是，由于本课内容比较抽象，学生的认知难以形成体系，他们对中华文化的精神内涵、特点和价值的理解依然停留在感性认识阶段，缺乏理性思考。因此，教师应立足学生实际，以时间为线索系统梳理中华文化发展历程，从学生已有的知识出发，通过分析史料，开展合作探究，提升学生的历史思维能力。

三、教学目标

1. 了解中华文化发展的历程，概括主要历史时期中国文化发展的特点。

2. 深刻理解中华优秀传统文化的内涵。

3. 认识中华优秀传统文化的价值，增强民族自豪感和文化自信心，认识到继承和发展优秀传统文化对民族复兴的重要意义，涵养家国情怀。

四、教学重难点

重点：中华优秀传统文化的特点和价值。

难点：中华优秀传统文化的内涵。

五、教学过程

【导入新课】

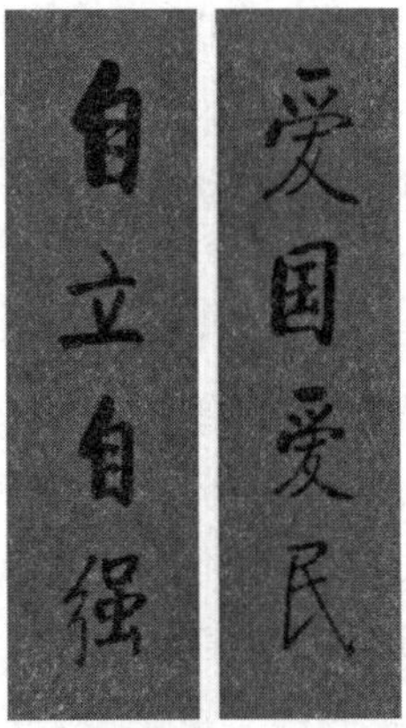

图1　爱国爱民　自立自强

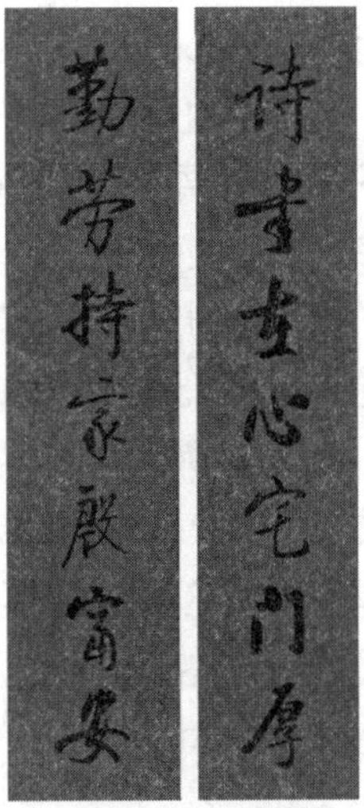

图2　诗书在心宅门厚　勤劳持家殷富安

教师设问：贴春联是中国人过年的重要习俗，每到春节，家家户户都要挑漂亮的红春联贴于门上，辞旧迎新，增加节日的喜庆气氛。请同学们欣赏这两副春联，从中你能获取哪些中国文化信息？（参考答案：崇尚爱国、自强和勤劳等精神，重视读书）

教师讲述：春联的内容蕴含着人们对生活的美好期望，不仅如此，春联作为中国特有的文学形式，还蕴藏着中华文化的密码。今天，让我们走进《中华优秀传统文化的内涵与特点》，一起来破译中华文化的密码。

（设计意图）本环节以学生熟悉的春联导入，由现实进入历史，既能激起学生的兴趣，又能强化历史与现实的联系，为后面课程内容的学习埋下伏笔，使学生能更好地理解中华文化的源远流长。本环节指向的是：(1)时空观念素养水平2——能够将某一史事定位在特定的时间和空间框架下。(2)家国情怀素养水平1、2——能够具有对家乡、民族、国家的认同感，理解并认同社会主义核心价值观和中华优秀传统文化，具有对祖国和人民的深情大爱。

（过渡）要想破解中华文化的密码，首先要回到中华文化的源头，了解中华文化的起源和发展的历程。

【学习新课】

（一）探中华文化之源流

材料一　中华民族的家园坐落在亚洲东部，西起帕米尔高原，东到太平洋西岸诸岛，北有广漠，东南是海，西南是山的这一片广阔的大陆上。这片大陆四周有自然屏障，内部有完整的体系，形成一个地理单元。……这一片地理上自成单元的土地一直是中华民族的生存空间。

——费孝通主编：《中华民族多元一体格局》(修订版)，北京：中央民族大学出版社，2003 年，第 4 页

教师设问：根据材料一，并结合《中外历史纲要(上)》第 2 页《中国旧石器时代重要人类遗址分布图》，说明中华文明起源的特征。(参考答案：本土独立起源；多元起源)

教师讲述：中华文化因地理环境的隔绝机制，在本土独立起源。又因为中国疆域的广阔，南北地理环境差异，导致黄河流域、长江流域、珠江流域、松辽平原的文化形态各异；同为长江流域，中游的大溪文化、屈家岭文化、下游的良渚文化各具特色，也受惠于地理环境的多样性。总之，丰富多样的地理环境，养育了千姿百态的地域文化。此后，中华文化不断向前发展，异彩纷呈，不同的地域、不同的民族展现出不同的文化特色。

材料二　中国是世界上植根本土语言文字类型最多、数量最多的国家之一。中国 55 个少数民族使用着 80 多种语言，包括了汉藏、阿尔泰、印欧、南岛、巴利等五大语系。22 个民族至今还使用着 28 种文字，涵盖了拉丁、斯拉夫、阿拉伯、印地等字母体系。此外，还有我国少数民族独具特色的象形文字(如彝族的彝文、纳西族的东巴文和哥巴文)和独特的字母文字(如朝鲜文、藏文、锡伯文、蒙古文等等)，其丰富性和多样性为世所罕见。

——张甜甜：《论少数民族文化在中华文化形成与发展中的贡献》，载《中南民族大学学报(人文社会科学版)》，2018 年第 1 期

教师设问：概括材料二的主要信息，指出其反映的问题是什么。(参考答案：信息——中国境内本土语言文字丰富。问题——中华文化的多样性)

教师讲述：从语言文字的丰富性可以看出，中华文化在其发展过程中融入了各个民族的文化，这又体现了中华文化兼收并蓄的特点，具有很强的包容性。中国文化不仅吸纳了少数民族的文化，也积极吸收各种外来文化。

材料三　佛教传入我国的过程中，在与儒学的碰撞和交流中就表现出了较强的适应性和调和性。这主要体现在其对以儒家伦理为正统思想的中国封建政权的适应，以及对儒家宗法伦理本身的适应。佛教为了求得自身的发展一直对儒学采取迎合、依附的态度和附儒、补儒的策略。佛教在中国的发展就是不断儒学化、中国化的过程。到了隋唐时期，佛儒两家的融合也深入更深层的理论和思想层面。这一时期，天台、华严、禅宗等中国化的宗派相继形成，其思想体系中都大量吸收了儒家传统思想文化的内容和方法。

——蔡明晶：《外来文化的传播与中国传统文化间的调适——隋唐佛教与儒学的关系》，载《内蒙古师范大学学报(哲学社会科学版)》，2006 年第 6 期

教师设问：根据材料三，概括佛教在中国传播的特点。(参考答案：适应中华文化，融入儒学内容，不断中国化)

教师讲述：从佛教的传播，我们能清楚地发现中华文化兼收并蓄的特点，佛教经过发展，最终实现中国化，成为中华文化重要的组成部分。中华文化在发展过程中善于吸收、融合外来文化。到了近现代，中华文化又积极吸收西方先进的思想文化，比如马克思主义在传入中国后，实现了与中华文化的融合，实现了马克思主义中国化，产生了毛泽东思想等先进

的思想理论，指引着中国的革命和建设。

(过渡)中华文化从起源来看，具有本土起源和多元起源的特点，在发展过程中兼收并蓄，具有多样化的特征，可以说是源远流长，而在中华文化多样化的支流中却有着一条绵延不绝、影响巨大的主流——儒家思想。

教师设问：阅读教材第 3—4 页，概括儒家思想的发展过程，完成表格。（参考答案：见表一）

表一　儒家思想的发展过程

阶段	时期	主要表现
产生	春秋战国	孔子阐述礼乐文明，形成儒家文化思想核心
成为正统	西汉	汉武帝尊崇儒术，确立儒学在中华传统文化中的正统地位
受到挑战	魏晋至唐	玄学、佛学挑战儒学；促进创新
深层发展	宋明时期	理学、心学的兴起
新发展	明清之际	进步思想家提倡经世致用
禁锢	清前期	文字狱和思想专制

教师引导学生分析：儒学经过不同历史时期，演变为两汉经学、宋明理学、清代朴学。儒学内容在不断的回归与超越中绵延不绝，成为中国传统文化的思想核心，弥漫性地影响着中国几千年的文化。

材料四　自汉武帝“罢黜百家，独尊儒术”起，中国的统治者，士阶层、广大民众相继接受了儒学。尽管他们接受儒学的出发点和方式不一，但儒学成为他们共同的意识形态则是肯定的。自此之后，儒家思想即作为全民族共同的思想构架参与中国社会生活方式的建构。在儒家思想的积极参与下，两汉中叶以后中国的政治、经济、文化无不打上儒家的烙印，古老的中国文明因此也进入了儒家文明阶段。

——马振铎、徐远和、郑家栋著：《儒家文明》，北京：中国社会科学出版社，1999 年，第 62 页

教师设问：依据材料四，儒家文化有何特点？对中华文化产生哪些重要影响？（参考答案：特点——具有很强的凝聚性。影响——对中国的政治、经济、文化等方面有深远的影响，在中国文明的延续中儒学起到了决定性结构作用）

教师讲述：中国思想文化源远流长，蓄积深厚，儒家思想是中国传统文化的主流思想，它对中国社会、政治、经济和文化等各方面影响深远，是中华民族宝贵的精神财富。同时，它也是世界文明极为重要的组成部分。以儒家思想为主流的中华文化具有强大的凝聚性和生命力，正因为有了儒家思想支撑，中华文化才有了连续性，使中华文化成为世界文明古国中唯一一个绵延不绝、传承至今的文化。

(设计意图)本环节通过史料研读和自主学习，引导学生了解中华文化发展的历程和主要特点。本环节指向的是：(1)时空观念素养水平 2——能够将某一史事定位在特定的时间

与空间框架下。(2)史料实证素养水平2——能够认识不同类型的史料所具有的不同价值;明了史料在历史叙述中的基础作用;在对史事与现实问题进行论述的过程中,能够尝试运用史料作为证据论证自己的观点。

(过渡)中华文化为何会有如此强大的生命力、凝聚力和包容性呢?她强大的原因到底是什么呢?要回答这些问题,必须去理解中华文化深刻的内涵,寻找中华文化之魂。

(二)寻中华文化之灵魂

材料五 随着中国历史的发展,以血缘群体为基本生产单位的农业社会衍生出家国同构的社会结构,形成了有别于西方文化的中华礼乐文明。先秦时期的井田制、分封与宗法制度,形成了农业社会秩序与道德的约束规范机制;春秋战国时期的诸子学说,奠定了中华农业文明的思想理论基础;秦汉时期形成的中央集权与郡县制度,确立了中华农业文明的体制与组织保障;隋唐时期形成的科举制度,保障了中华农业文明的人才与学术需求。

——樊志民:《激活中华农业文明蕴含的文化基因》,载《贵州民族报》,2019-05-21

教师设问:根据材料五,指出农业文明与中华文化的关系。(参考答案:农业文明孕育中华文化,中华优秀文化促进农业文明的发展)

教师讲述:中华文化植根于农业文明的土壤之中,中国古代发达的农业为中华文化提供了物质基础,同时也影响着中华文化的内核,影响着中华文化对人、对社会、对国家和对自然的认识。

材料六 仁者,人也,亲亲为大。

——王国轩译注:《中庸·第二十章》,北京:中华书局,2007年,第95页

材料七 颜渊问仁。子曰:"克己复礼为仁。一日克己复礼,天下归仁焉。为仁由己,而由人乎哉?"

樊迟问仁。子曰:"爱人。"

——黄怀信校释:《论语·颜渊第十二》,西安:三秦出版社,2006年,第280、301页

教师设问:根据材料六、七,指出孔子对"仁"与"人"关系的主张和提出的目的。(参考答案:关系——"仁"就是"人"的内在价值;"仁"是"人"的追求。目的——构建和谐的人际关系)

教师讲述:儒家认为"人"之所以为"人"者,在于具有异于禽兽的"人性"。人之异于禽兽的"人性",它体现在孔子所说的"仁者,人也"。"仁爱"是人所具有的本质。孟子说:"人之异于禽兽者几希",人与禽兽之不同就在于人有"恻隐之心","恻隐之心"的发挥就是"善"。据此,儒家展开了他们的"以人为本"的"道德伦理""政治伦理""经济伦理""社会伦理""天人伦理"等诸多方面关于"人"的学说。《大学》中说"修身、齐家、治国、平天下""自天子以至于庶人,壹是皆以修身为本",这就是说,没有"以人为本"的"道德理想伦理","政治伦理"是无从谈起的。[①] 人本思想体现在政治伦理上就是民本思想。

教师追问:阅读教材第4页"史料阅读"2段材料和课文第3段内容,概括民本思想的主

① 汤一介:《略论儒家的"以人为本,道行天下"》,载《北京大学学报(哲学社会科学版)》,2014年第1期。

要主张。(参考答案：要重视人民的作用，要让人民安居乐业、温饱富足，要限制君主的权力)

教师引导学生分析：民本思想主张君主要重视人民的作用，因为只有认识到人民是一个国家的基础，只有爱护好人民，使人民的生活安定，重视人民的社会作用，肯定人民在社会中的社会地位，不轻视、轻贱人民，才能得到人民对国家的拥护，才能达到真正的民治君安。在具体的施政上要重视民生，爱民、富民、利民，让人民安居乐业、温饱富足，这样国家才能稳定、富强，也就是孟子主张的"仁政"。与此同时，民本思想还强调限制君主的权力。

材料八　"民水君舟"观念成了后世统治阶级的共识，能否爱民，也成了关系国家存亡的大计："君人者，爱民而安，好士而荣，两者无一焉而亡。"因而"民"不仅应"保"，而且还值得"畏"，汉代贾谊鉴于秦之灭亡，告诫帝王："民不可不畏也""与民为敌者，民必胜之""与民为仇者，有迟有速，而民必胜之"。这无异于时时响在帝王耳边的警钟。

——傅绍良：《论儒家政治观念中的君权有限理论》，载《社会科学评论》，2009 年第 4 期

教师设问：根据材料八，指出民本思想的作用。(参考答案：民本观念成了儒家政治思想约束君王为政的重要武器)

教师讲述：儒家在传统的民本思想中，爱民、重民是回应了人民的某种愿望和诉求，也顺应了社会历史发展的潮流，要求统治阶级去顺从民意，"听之于民"，这本身就是对封建专制君权的一种制约，对约束君权和暴政专制起到了一定的作用。不仅如此，儒家进一步从"爱人"出发，将其推广到"天下"，形成了"天下为公"的观念。

材料九　可以说，"爱人"是从质上规定其为为政之首务，"天下"则是从量上来彰显其仁心之公平。如他所说："大人所存，盖必以天下为度，故孟子教人，虽货色之欲，亲长之私，达诸天下而后已。"圣人存心爱人，本以天下为度量，故孟子教人，循循善诱，从好货好色之欲、亲亲敬长之私入手，推广到天下无所不爱的大公而后已。譬如齐宣王之好货好色，如能做到"与百姓同之"，平分或共享其生存条件，王实行仁政而统一天下就不会有什么困难。就公私关系而论，这里不是背私为公，而是由私入公，私爱融合于公天下的情怀之中。

——向世陵：《从"天下为公"到"民胞物与"——传统公平与博爱观的旨趣和走向》，载《中国人民大学学报》，2015 年第 2 期

教师设问：根据材料九，指出"天下为公"与"爱人"的内在联系。(参考答案："天下为公"是"爱人"的必然归宿)

教师讲述："爱人"是"天下为公"，儒家的"爱人"由近及远，扩展到"天下"的广度，是中国传统文化中产生了恒久影响并具有普遍价值的内核，它体现着中华大社会共同体在其历史生活中蕴含和表现出来的价值追求。这种价值追求在政治上体现为强调德治，君主必须以天下万民的幸福为其执政之基，天下为公也强调一种公平，天下是天下人的天下，官员必须要由贤能者担任，这种观念在古代和近代都对中华民族的发展起到了巨大的推动作用。天下之大，有不同的人群、族群、国家，除了要讲究公平，如何和谐共处也是儒家关注的问题。

材料十　儒家同样主张万物多元是天地所赋予，各自共存而互不妨害。《尚书·尧典》："克明俊德，以亲九族。九族既睦，平章百姓。百姓昭明，协和万邦。"《周易·乾》曰："大哉乾元，万物资始，乃统天。云行雨施，品物流形。……各正性命，保合太和，……万国咸宁。"《周易》认为，万物乃天地所创生，天通过"云行雨施"，滋养万物，使万物各得其利；由于天之滋

养,使万物亨通,因而万物能各得其性命之正,各有其形,各游其域,各获其性,各得其寿。《中庸》与《易传》保持高度一致,认为多样性之重要,就如四季更替和日月交辉一样。

——邵培仁、姚锦云:《和而不同　交而遂通:中华优秀传统文化的当代价值》,载《新疆师范大学学报(哲学社会科学版)》,2015 年第 6 期

教师设问: 结合教材内容,概括材料十的主要观点。(参考答案:强调中华文化多样性的重要性;体现了和而不同的价值理念)

教师讲述: 正是基于"天人合一"思维模式和"万物一体"的生命关怀意识,儒家以"和而不同"的方法论,形成了和平主义、天下主义的人际伦理思想。这种"和而不同"的思想使得中华文化能够吸收、融合外来文化,形成了中华文化多样性的特点。

(过渡) 儒家思想重视以人为本,关注人与社会的关系,同时努力建构君主与人民的和谐关系,与此同时,儒家思想和其他学派也在努力构建人与自然的和谐关系。

材料十一　孔子的天命观本质上是对大自然、社会历史及其规律性的认知,其主要意图是用"天道"昭示"人道",以"人道"顺应"天道",借以实现"天道"与"人道"的契合与统一。"天"赋予万物的不仅是存在价值,更有伦理意义。基于此,人类必须崇尚、尊重、敬畏、保护、顺从自然,顺天应道,赞天地之化育,推己及物,成己成物,"为天地立心",滋养万物而非凌驾于万物之上、主宰万物,使万物各得其所各随其性是人之为人的不可推卸的道德责任和义务。人必须通过学、思、问、行等去努力"知天命",在"知天命"的基础上成人成己,实现自己生之为人的神圣意义。

——赵金科、陈慧文:《儒家文化与中华农业文明生态伦理——以近现代西方文化和工业文明为参照》,载《山东农业大学学报(社会科学版)》,2014 年第 1 期

教师设问: 根据材料十一,指出孔子天命观的价值追求。(参考答案:通过认识天命,理清天人关系,最终实现人的神圣意义)

教师讲述: 儒家的天人观不是让人畏惧天,而是要通过对天的把握去成就人,突出了人的价值,回应了其以人为本的思想。道家也强调天人合一思想,强调道法自然,顺其自然,同样也凸显了人的存在和价值。中华优秀传统文化对天人的理解,都突出强调了人的作用,这样就使得人的使命意识和责任感被强调。在天人意识下,人要有使命感和责任感。

材料十二　为天地立心,为生民立命,为往圣继绝学,为万世开太平。

——章锡琛点校:《张载集·张子语录》,北京:中华书局,1985 年,第 320 页

教师设问: 结合所学知识,谈谈对这四句话的理解。(参考答案:言之成理即可)

教师讲述: 张载的学说是对"天人合一"传统思想的进一步深化和发展,这种价值方向是以"忧国忧民"为其特征的。"为天地立心,为生民立命,为往圣继绝学,为万世开太平"集中体现了儒家以道为己任,以天下为己任的两大特点,突出了中华传统文化的使命感和责任意识,在这种意识的指引下,中华传统文化得到进一步的发展。

(设计意图) 本环节通过史料的呈现和研读,引导学生理清中华优秀文化的内在逻辑,深刻理解中华文化的内涵。本环节指向的是:(1)史料实证素养水平 2——能够认识不同类型的史料所具有的不同价值;明了史料在历史叙述中的基础作用;在对史事与现实问题进行论述的过程中,能够尝试运用史料作为证据论证自己的观点。(2)家国情怀素养水平 1、2——能够具有对家乡、民族、国家的认同感,理解并认同社会主义核心价值观和中华优秀传统文

化，具有对祖国和人民的深情大爱。

（过渡）中华文化源远流长，又有着深厚的内涵，不管是在历史上还是在今天，不管对中国还是世界，都有着巨大的价值。

（三）思中华文化之价值

材料十三 天行健，君子以自强不息；地势坤，君子以厚德载物。

——冯天瑜、杨华、任放：《中国文化史》，北京：高等教育出版社，2007年，第422页

教师设问：中华优秀文化塑造了中华民族的品格。根据材料十三并结合所学知识，谈谈中华优秀文化对中华民族性格的影响。（参考答案：形成了中华民族坚韧顽强、生生不息的活力和包容万物、融汇更新的发展机制）

教师讲述：中华文化是从"农业—宗法"社会的土壤生长出来的伦理型文化。农业—宗法社会提供一种坚韧的传统力量，伦理型范式造成顽强的习惯定势，而先秦已经形成的自强不息和厚德载物精神，使中华文化具有内聚力，保持自身传统，使中华文化具备无与伦比的延续性。以学术论，先秦子学、两汉经学、魏晋玄学、隋唐佛学、宋明理学、清代朴学，此起彼伏，蔚为大观；以文学论，《诗经》、《楚辞》、先秦散文、汉赋、魏晋诗文、唐诗、宋词、元曲、明清小说，奇峰迭现，丰富多彩。这种在一国范围内如此完整连续的阶段性文化形态，是世界文化史上的特例。

材料十四

国破山河在，城春草木深。
感时花溅泪，恨别鸟惊心。
烽火连三月，家书抵万金。
白头搔更短，浑欲不胜簪。

——（唐）杜甫：《春望》

材料十五 千古江山，英雄无觅，孙仲谋处。舞榭歌台，风流总被，雨打风吹去。斜阳草树，寻常巷陌，人道寄奴曾住。想当年，金戈铁马，气吞万里如虎。

元嘉草草，封狼居胥，赢得仓皇北顾。四十三年，望中犹记，烽火扬州路。可堪回首，佛狸祠下，一片神鸦社鼓。凭谁问：廉颇老矣，尚能饭否？

——（宋）辛弃疾：《永遇乐·京口北固亭怀古》

教师设问：根据材料十四、十五，指出诗词分别出于哪个时代？请思考这两首诗词的主旨是什么？（参考答案：时代——唐、宋。主旨——爱国、忧国的情怀）

教师讲述：爱国精神在中国的文学作品中随处可见，这是中华传统文化中的优秀部分，正是这种爱国精神，使得中华民族在历史上一次次战胜了外敌入侵，一次次在逆境中顽强崛起，中华优秀传统文化是中华民族发展的思想源泉和内在动力。中华优秀传统文化不仅促进了中华民族的发展，塑造了民族品格，也塑造了中国人的思想观念和行为方式。

材料十六 儒家具有浓厚的道德理想主义色彩。重视礼乐教化的儒学家，每以"正伦理，一风俗"为己任，力求匡时救弊，提高道德风尚，维护社会秩序，务期建立"邹鲁之乡"那样一种模式的讲究道德、崇尚礼仪的文明社会。在儒家看来，道德并不是社会强加于个人的外在的约束力量，而是人心天生具有的内在的自觉要求，换言之，道德是自律的，而非他律的。

而天理良心就是道德的超越性根据。

——摘编自马振铎、徐远和、郑家栋著：《儒家文明》，北京：中国社会科学出版社，1999年，第243页

教师设问： 根据材料十六并结合社会生活常识，谈谈儒家的伦理风俗具体有哪些。（参考答案：天理良心、三纲五常、孝悌观念、家庭伦理、忠君爱国、成仁取义和忠义气节等等）

教师讲述： 总体而言，受儒家文明影响，中华民族是一个重理性、重经验、务实际的民族。儒家文化中关于人生价值、处事准则、社会伦理、人际关系等问题的探索与论述占了很大比重，其影响更是深远，直到今天，中华优秀传统文化仍然发挥着积极作用。

材料十七 范仲淹不论居庙堂之上还是处江湖之远，总能够“先天下之忧而忧，后天下之乐而乐”。元代张养浩发出“兴，百姓苦；亡，百姓苦”的感叹，由此可以看出，不论是朝代的更替，还是社会的兴衰，都与普通百姓息息相关。自明末清初以来，“保天下者，匹夫之贱，与有责焉”的思想得到了进一步传播，以至吴廷栋提出“欲挽回天下之无耻，必视乎一二人之有耻”。

——刘东锋、金玉秋：《文化传承与中华民族伟大复兴》，载《中共云南省委党校学报》，2019年第5期

教师设问： 根据材料十七，指出这些人身上体现出的精神和这种精神的影响。（参考答案：体现——担当精神。影响——为中华民族复兴提供精神动力）

教师追问： 中华优秀传统文化还有哪些理念能为民族复兴提供条件？（参考答案：总体而言，中华优秀传统文化有很多理念都能为今天的民族复兴贡献力量，比如多种文化共处的理念：和而不同；人与自然相处的理念：天人合一、顺应自然；指引社会发展的理念：和谐、平等、包容；强调个人修养的理念：爱国敬业、诚信友善、勤俭自强、忠孝仁义、厚德博爱等等。这些都是有利于中国社会发展进步和促进民族复兴的思想源泉）

(设计意图) 本环节通过史料的呈现和研读，引导学生深刻理解中华优秀文化的精神内涵，认识到中华优秀文化的现实意义。本环节指向的是：(1)史料实证素养水平2——能够认识不同类型的史料所具有的不同价值；明了史料在历史叙述中的基础作用；在对史事与现实问题进行论述的过程中，能够尝试运用史料作为证据论证自己的观点。(2)家国情怀素养水平1、2——能够具有对家乡、民族、国家的认同感，理解并认同社会主义核心价值观和中华优秀传统文化，具有对祖国和人民的深情大爱。

【课堂小结】

教师引导学生小结： 在当今世界中，我们应当站在新时代的高度审视中华传统文化，当下的物质生产方式和科学技术已少有民族性可言，标准化是工业文明的基本属性。制度文化中的经济管理领域全球同一性成分颇重，但也渗入若干民族文化特色。从世界格局言之，全球化是一种大趋势，然而与之相对应的国别性、民族性也不可小觑。

在新的历史条件下，作为有着几千年悠久历史和博大精深文化的中华民族的后代，我们必须勇敢地承担起自己的历史责任，垦殖新生产力提供的丰厚土壤，以吞吐百川的气魄，汲取中外古今文明精粹，重新赢得原创性动力，创造无愧于时代，也无愧于世界的新文化。既承继传统，又改铸传统的中国文化，如五彩凤凰，正在现代生活的烈焰里腾飞、超升。

第 2 课

中华文化的世界意义

教学设计 1

邓通　安徽省濉溪中学

一、教材分析

本课是统编教材《文化交流与传播》第一单元《源远流长的中华文化》第 2 课，主要讲述了中华文化与外来文化的交融及对世界的影响。学生在了解第 1 课《中华优秀传统文化的内涵与特点》的基础上，可以从人类文明发展和世界文化交流的两个角度来认识中华文化对世界的影响。

《普通高中历史课程标准(2017 年版 2020 年修订)》对本单元的要求是：了解中华优秀传统文化的内涵；从人类文明发展和世界文化交流的角度，认识中华优秀传统文化的特点和价值，认识中华文化的世界意义。从人类文明发展角度看，5 000 多年的历史长河中，勤劳智慧的中华民族创造了博大精深的优秀传统文化，其中蕴含着丰厚的哲学思想、人文精神和道德理念，承载着中华民族的精神追求，是中华民族不断前行最深层、最持久的力量，并对世界文明的发展有着重要的影响。

从世界文化交流角度看，在漫长的发展过程中，中华文化曾吸纳了不少来源于异国他邦的文化，在与外来文化交流中不断发展、升华。同时，中华文化也源源不断地向外辐射和传播，促进了世界文明的发展，也展示出中华文化的世界意义。与此同时，在当今世界发展的进程中，我们应向世界展现中华文化的魅力，把中华文化中跨越时空、超越国度、富有永恒魅力、具有当代价值的文化精神传播到世界上，讲好中国故事，为世界提供中国智慧。

二、学情分析

通过本专题第 1 课《中华优秀传统文化的内涵与特点》的学习，大部分学生对于中华文化的内涵及特点已经有了深入的认识和理解，为本课《中华文化的世界意义》的学习打下基础。但学生对世界文化的交流融合、中华文化的辐射和传播知之甚少，更谈不上形成一个完整的时空体系。再加上本课所涉史事多，时间跨度大，空间范围广，对于大部分学生而言是一个巨大的挑战，怎样引导学生通过研读史料、合作交流、突破难点等方法，从人类文明发展和世界文化交流两个角度梳理中华文化的世界意义，成为本课教学要克服的困难。在本课教学中，应注重运用历史照片、视频、史料等形象、直观地引导学生思考并深入理解中华文明对促进人类文明进步的重要意义。

三、教学目标

1. 以时间阶段和空间区域为线索，梳理教材基础知识，加强对较长时段和较大范围的史事加以概括的能力。

2. 通过史料分析，了解佛教能够与中华传统文化融合发展的原因，理解中华文化强大的生命力和为世界文化发展作出的突出贡献。

3. 通过分析当今社会中国元素促进世界文化的不断发展，理解中华文化跨越时空、超越国度的永恒魅力，增强文化自信，进一步认识中华文化的世界意义。

四、教学重难点

教学重点：从人类文明发展和世界文化交流两个角度认识中华文化对世界的影响。

教学难点：通过归纳中外文化交流融合的途径及中华文化对外传播的渠道，进一步理解中华文化的世界意义。

五、教学过程

【导入新课】

材料一

渭城朝雨浥轻尘，
客舍青青柳色新。
劝君更尽一杯酒，
西出阳关无故人。

——(唐)王维:《送元二使安西》

教师设问： 诗中的“阳关”指的是哪里？什么时候设立的？(参考答案:“阳关”——故址在今甘肃省敦煌市西南。设立时间——汉朝)

教师讲述： 阳关是中国古代陆路对外交通咽喉之地，是丝绸之路南路必经的关隘。西汉置关，因在玉门关之南，故名为阳关。阳关和玉门关同为当时对西域交通的门户。

(过渡) 打通中原与西域，开启中西方交流的新篇章，又与什么历史事件息息相关呢？

(设计意图) 以一首学生耳熟能详的诗导入，激发学生的学习兴趣，推进新课。本环节指向的是：(1)时空观念素养水平 2——能够将某一史事定位在特定的时间和空间框架下。(2)史料实证素养水平 2——在对史事与现实问题进行论述的过程中，能够尝试运用史料作为证据论证自己的观点。

【学习新课】

（一）望远镜概览——中外文化交流的时空坐标

材料二　公元前 2 世纪，匈奴势力扩展，向西侵占西域大片土地，同时骚扰西汉边境。汉武帝为了联络阿姆河流域的大月氏，袭击匈奴右侧，即派张骞两次出使西域，打通了东西方的交通道路。

——邹逸麟编著：《中国历史地理概述》（修订版），上海：上海教育出版社，2005 年，第 350 页

教师设问： 张骞出使西域的目的是什么？有什么意外的收获？（参考答案：目的——联合大月氏夹击匈奴。收获——开辟了"丝绸之路"）

教师讲述： 中国与域外周边各国的交通开始很早，至少可以追溯到公元前好几个世纪。但早期的交往掺杂了许多传说成分，难以确信。比较可靠的史实是从西汉开始的，更确切地说是张骞通西域以后。"西域"一词在中国历史上有广、狭二义：狭义的西域指今甘肃敦煌以西、葱岭（今帕米尔高原）以东的新疆地区；广义的西域指通过狭义的西域所能达到的地区，包括亚洲的中西部、印度半岛、欧洲东部和非洲北部在内。此后中国内地的丝绸由此运往西域，故这条道路被后人称为"丝绸之路"。

教师设问： 根据《张骞通西域示意图》[①]，张骞通西域后，开辟的丝绸之路的两个走向是什么？（参考答案：南、北两条线）

教师讲述： 丝绸之路是指最早由西汉张骞开辟的，后逐渐发展成东起长安、西到罗马的大陆通道，这条大陆通道有南北两条支线，南道由敦煌出阳关西行，沿昆仑山麓过葱岭，西达大月氏（今新疆和阿富汗东北一带）、安息（今伊朗）、条支（今阿拉伯半岛），最后到达罗马帝国；北路由敦煌出玉门关西行，沿天山南麓过葱岭，经大宛、康居（均在中亚境内），再向西南行与南道汇合，这两条线路通称"陆上丝绸之路"。

教师设问： 阅读《唐朝对外主要交通路线示意图》[②]，与汉朝相比，唐朝的对外交往有什么新的特点？（参考答案：汉朝对外交通路线以陆路为主，唐朝则水陆并举）

教师引导学生分析： 唐朝对外交通发达，与域外的经济文化联系频繁。陆路方面，从长安出发，向东可以到达朝鲜，向西经丝绸之路通往今天的印度、伊朗、阿拉伯以至欧非国家；海路方面，从登州、扬州出发，到达朝鲜、日本；从广州出发，经马来半岛、印度，可以到达波斯湾。

教师设问： 阅读《郑和航海路线图》[③]，与唐朝相比，明朝海上丝绸之路有什么新的拓展？（参考答案：航程更远，范围更大）

教师讲述： 从永乐三年（1405 年）起，郑和奉明成祖之命，率领庞大船队先后七次出使西洋。前后历时 28 年，航迹遍布东南亚、印度洋、波斯湾、阿拉伯海、红海、非洲东海岸的 30 多

① 杨希义主编：《中华人文自然百科・历史卷》，北京：北京师范大学出版社，2011 年，第 58 页。
② 《中外历史纲要（上）》，北京：人民教育出版社，2019 年，第 46 页。
③ 《中外历史纲要（上）》，北京：人民教育出版社，2019 年，第 73 页。

个国家和地区。其船队规模之大、持续时间之长、航线延伸之远，均堪称世界航海史及中外交流史上的奇迹。郑和下西洋提升了中国的国际影响力，传播了中华文明，增进了中外经贸往来，构建了有利于东南亚和平发展的国际秩序，并将“海上丝绸之路”推向了鼎盛时期。①

总之，中外文化交流在时间上源远流长，在空间上不断拓展，在内容上不断丰富，同时，中华文化在吸纳外来营养的同时，也对外反射出耀眼的光芒。

(设计意图)以宏大的时空为背景，选取中外文化交流的典型事例，删繁就简，帮助学生建立时间历程和空间范围概念。本环节指向的是：(1) 时空观念素养水平 2——能够将某一史事定位在特定的时间和空间框架下。(2) 时空观念素养水平 4——能够选择恰当的时空尺度对其进行分析、综合、比较，在此基础上作出合理的论述。

(过渡)在交流的过程中，中华文化也在不断地融合吸纳外来的文化养分。

(二) 显微镜聚焦——中外文化交流的融合吸纳

图1　白马寺②

教师设问：你能判断出图 1 中的建筑属于哪一种宗教？其地位如何？(参考答案：宗教——佛教建筑。地位——中国第一古刹)

教师讲述：相传东汉永平七年(公元 64 年)的某天晚上，汉明帝刘庄做了一个梦，梦见一位神仙，金色的身体有光环绕，轻盈飘荡从远方飞来，降落在御殿前。汉明帝非常高兴。第二天一早上朝，他把自己的梦告诉群臣，并询问是何方神圣。太史傅毅博学多才，他告诉汉明帝：听说西方天竺(印度)有位得道的神，号称佛，能够飞身于虚幻中，全身放射着光芒，君王您梦见的大概是佛吧！于是明帝派使者羽林郎中秦景、博士弟子王遵等人去西域，访求佛道。当他们辛辛苦苦赶到与天竺毗邻的大月氏时，遇见了正在弘扬佛法的天竺沙门摄摩腾和竺法兰，于是邀请二位以白马驮佛经、佛像来中国传教。

汉明帝见到佛经、佛像，十分高兴，对二位高僧极为礼重，亲自予以接待，并安排他们在当时负责外交事务的官署鸿胪寺暂住。永平十一年(公元 68 年)，汉明帝敕令在洛阳西雍门外三里御道北兴建僧院，铭记白马驮经之功，又因下榻于鸿胪寺，遂沿用“寺”字，命名为“白

① 谢博、岳蓉：《郑和下西洋对 21 世纪海上丝绸之路建设的启示》，载《西南石油大学学报(社会科学版)》，2016 年第 1 期。

② 江建忠著：《漫漫中兴路：公元 8 年至公元 220 年的中国故事》，上海：上海文艺出版社，2004 年，第 127 页。

马寺”。

白马寺的建成，不仅使佛教的种子从此植根于中华的沃土，其自身也成为中国佛教早期传播的中心，被誉为中国佛教的“祖庭”和“释源”。

(过渡)“永平求法”标志着佛教正式由官方传入中国，当然，佛教在传播的过程中也不断被中国文化“同化”。

表一　两晋南朝僧尼寺数、口数及译经部数表

朝代	京城内寺数	全国寺数	僧尼数
西晋	两京　180	/	3 700
东晋	/	1 768	24 000
宋	/	1 913	36 000
南齐	/	2 015	32 500
梁	都内　700	2 846	82 700
后梁	/	108	3 200
陈	郭内　300	1 232	32 000

——王仲荦著：《魏晋南北朝史》，上海：上海人民出版社，2003 年，第 790 页

教师设问：观察表一，两晋南朝时在宗教方面出现了什么局面？（参考答案：佛教空前盛行）

教师引导学生分析：三国两晋南北朝时，社会动荡，人民饱受战乱痛苦，想要寻求精神上的抚慰，而佛教宣传精神永存，可以转生来世，易于让民众接受；同时，统治者利用佛教麻痹人民，大力提倡尊佛。

材料三　儒者陶渊明与道士陆修静相携访问在庐山修行的高僧慧远，归途中三人谈笑而行，送客之慧远不觉间跨越其自我禁足的虎溪，三人因之相视大笑。后世将其视为儒释道亲和的象征。

图 2　虎溪三笑图

——纪华传：《中国佛教史上的儒释道关系与宗教文化对话》，载《中国宗教》，2018 年第 10 期

教师设问：研读材料，你认为画的主题是什么？（参考答案：儒释道融合）

教师引导学生分析：佛教传入中土以后，为了尽快在中国扎根，传教初期均依附于儒道文化，以便于民众接受；在宣传佛理时也采用最易理解的方法，甚至出现佛道神像在同一寺院供奉的现象。在这种传教政策之下，佛教在魏晋时期广为传播，进而影响到中国人原有的信仰；与儒道的融合，也是佛教向中国化发展的第一步。

材料四

菩提本无树，明镜亦非台，
本来无一物，何处惹尘埃。

——陈秋平、尚荣译注：《金刚经·心经·坛经》，北京：中华书局，2007年，第133页

教师设问：材料四中，这首诗的作者是谁？他是哪一个宗教派别的代表？（参考答案：作者——慧能；派别——禅宗）

教师讲述：《坛经》中有这样一则故事：佛门五祖弘忍让弟子们以偈显明自己修行的心得。首座神秀偈曰："身是菩提树，心如明镜台。时时勤拂拭，莫使惹尘埃。"慧能偈曰："菩提本无树，明镜亦非台。本来无一物，何处惹尘埃。"据此，弘忍认为神秀未能明心见性，而慧能已然明心见性。是夜，五祖将慧能叫到自己房中，为其讲《金刚经》，并将圣物袈裟传承给他，慧能就此成为禅宗六祖。

教师引导学生分析：从公元前后两汉之际佛教传入，至实现大一统的隋唐，前后经历了长达五六百年之久。总的来说，经过长时间的磨合，相继形成带有鲜明民族特色的包括禅宗在内的八大佛教宗派，即：天台宗、三论宗、法相宗、律宗、华严宗、净土宗、禅宗、密宗，同时在佛教菩萨信奉体系、僧团教团组织等方面也发生了相应的发展演变，标志着佛教中国化历程的基本完成。

（过渡）两宋时期，在儒、释、道三教合流的总趋势下，禅宗吸收佛教各派理论充实禅学，又接受儒、道的影响，在宗派组织和禅学理论上保持旺盛发展势头。

材料五　慧能在《坛经》中所讲的人心，也就是孔子在《论语》中所讲的仁、义。儒、佛两家都是从人心出发来构建理论体系的。他们从不同的角度发明本心，殊途同归，都劝人向善。

——吴平著：《图说中国佛教史》，上海：上海书店出版社，2009年，第103—104页

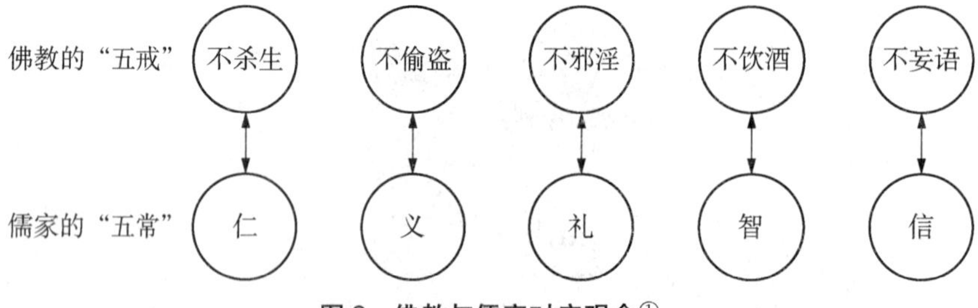

图3　佛教与儒家对应观念①

① 刘炜主编：《中华文明传真5·魏晋南北朝：分裂动荡的年代》，上海：上海辞书出版社，2001年，第103页。

教师设问：根据图3，儒佛在什么方面殊途同归？简单概括儒佛关系。（参考答案：儒佛殊途同归——劝人向善。儒佛关系——佛教的“五戒”成了出世的“五常”，儒家的“五常”成了入世的“五戒”）

教师讲述：劝人向善，佛教的“五戒”与儒家的“五常”就是最集中的体现。儒家“五常”：仁、义、礼、智、信，是儒家的基本道德标准；佛教“五戒”：不杀生、不偷盗、不邪淫、不妄语、不饮酒，是佛教最基本的戒律。虽然一个是儒，一个是佛，用的文字不同，但其含义相同，讲的都是做人的基本行为准则。

教师引导学生分析：不仅如此，宋代的一些儒家学者试图从比较深的层面上批判佛学理论，如张载、朱熹，同时也正是这些人从更深的层面上吸取了佛学的思想营养。他们通过深入研究佛学而较好地掌握了佛学理论及其思考方法，然后又不露声色地用佛学理论和方法来构造儒学新的理论系统，使儒学得到了新鲜的血液而再次焕发活力。作为中国传统社会后期思想精神支柱的理学，就是在禅宗的影响下形成发展起来的。

总之，佛教自传入中国，就不断地与中国传统文化融合。魏晋南北朝时期，首先使自身适应了纲常名教；隋唐时期，形成了完全中国化的佛教宗派；宋代佛教则在思想理论的深层次上与儒学融为一体。[①] 在融合的同时，佛教也逐渐成为中华优秀传统文化的重要组成部分，形成了儒家治世、道家治身、佛家治心三家鼎立的文化格局，在政治生活、民族心理、文化传统和伦理道德等各个方面发挥和合共生、交融互补的作用。

(设计意图)佛教传入中国后，与中华文化不断地融合，最终变成本土特色的宗教，也成为中华优秀文化的一部分，体现出中华文化强大的吸纳能力。本环节指向的是：(1)时空观念素养水平3——能够把握相关史事的时间、空间联系，并用特定的时间和空间术语对较长时段的史事加以概括和说明。(2)史料实证素养水平1——在解答某一历史问题时，能够尝试从多种渠道获取与该问题相关的史料。(3)历史解释素养水平4——在独立探究历史问题时，能够在尽可能占有史料的基础上，尝试验证以往的说法或提出新的解释。

(过渡)中华文化在不断地吸纳外来文化的同时，也在不断地向外辐射。

(三) 多棱镜透视——中外文化交流的辐射传播

材料六

日本晁卿辞帝都，征帆一片绕蓬壶。
明月不归沉碧海，白云愁色满苍梧。

——(唐)李白：《哭晁卿衡》

教师设问：根据所学，日本人晁衡是谁？大诗人李白为何写诗悼念他？（参考答案：晁衡——日本选派到唐朝来的留学生。原因——晁衡回国遇难）

教师讲述：晁衡，又作朝衡，日本人，原名阿倍仲麻吕。唐开元五年(717年)，随日本遣唐使团来中国求学，学成后留在唐朝廷内做官，历任左补阙、左散骑常侍、镇南都护等职。与当时著名诗人李白、王维等友谊深厚，曾有诗篇唱和。天宝十二载，晁衡以唐朝使者身份，随

---

① 吴平著：《图说中国佛教史》，上海：上海书店出版社，2009年，第103页。

同日本第十一次遣唐使团返回日本，途中遇大风，传说被溺死。李白这首诗就是在这时写下的。李白与晁衡的友谊，不仅是盛唐文坛的佳话，也是中日两国人民友好交往历史的美好一页。

表二　日本派遣遣唐使的批次时间简略表

批次	(1)	(2)	(3)	(4)	(5)	(6)
年份	630 年	653 年	654 年	659 年	665 年	669 年
批次	(7)	(8)	(9)	(10)	(11)	(12)
年份	701 年	717 年	733 年	752 年	759 年	761 年(未成行)
批次	(13)	(14)	(15)	(16)	(17)	(18)
年份	762 年(未成行)	777 年	779 年	804 年	838 年	894 年(未成行)

——韩昇：《东亚关系的变动与遣唐使始末》，载《郑州大学学报(哲学社会科学版)》，2008 年第 5 期

教师设问：根据表二，日本派遣遣唐使有何特点？(参考答案：次数多，时间长)

教师讲述：隋唐时期，中日文化交流进入高潮。时值日本的飞鸟时代，推古王朝圣德太子摄政期间极为主张吸收中国文化，四次遣使入隋，并开始派出留学生和留学僧，标志着日本学习中国由被动变为主动，由局部引进到全面移植，从而成为进入高潮的前奏。与大唐盛世同时，日本进入了奈良时期，对“唐风”极为仰慕，从唐太宗贞观四年(630 年)到唐文宗太和八年(834 年)，日本在两百余年中，派出使团 19 次，其中有两次未成行。使团规模日益扩大，8 世纪以后，每次竟达五六百人，除使节、翻译及随员外，还有大批舟师、医生、工匠，以及留学生和留学僧，后来，又增加一些短期求学的请益生和请益僧。

以遣唐使为代表的外国学生，在华期间广泛接触中国社会，结交文化界名人，购买大量中国典籍。学成归国后，他们在本国多担任重要职务，不少人有汉语著作传世，成为推动中外友好与文化交流的中坚力量，也为古代中国的繁荣发展作出了重要贡献。

材料七　《源氏物语》全书引用白居易诗句达 108 处。其中《源氏物语》中的《桐壶》与《长恨歌》如出一辙，正如川端康成所说：“倘若没有前一个时代早就引进唐文化，并一直延续下来，就不会产生《源氏物语》。”

——李祥：《唐诗在东亚汉字文化圈国家受容比较研究》，载《作家》，2015 年第 24 期

教师设问：结合材料七，归纳《源氏物语》创作的历史背景。(参考答案：创作于平安时代，日本社会大量吸收唐朝文化，其文学发展深受中国古代文学的影响)

教师讲述：日本平安朝(794—1192 年)是日本本国文化在吸收中国文化的基础之上得以形成的重要时期。《源氏物语》就是紫式部创造性地将日本本土文化与中国文化交融而产生的结晶，代表了日本中古文学最高峰。

表三 《源氏物语》出典于中国古籍的情况统计

被引用之中国文献	诗文句数	征引次数	被引用之中国文献	诗文句数	征引次数
白居易作品	80	97	《晋书》	2	2
《史记》	13	14	《孝经》	1	1
《昭明文选》	7	8	《仪礼》	1	1
《游仙窟》	3	3	陶渊明作品	1	1
《诗经》	3	3	刘梦得作品	1	1
《论语》	2	2	《长恨歌传》	1	1
《汉书》	2	2	《李娃传》	1	1
《列子》	2	2	《任氏传》	1	1
《述异志》	1	3	《章台新柳》	1	1
元稹作品	2	2	《周秦行记》	1	1
《古诗十九首》	2	2	权德舆作品	1	1
《战国策》	1	1	《韩非子》	1	1

——吴秀君：《论〈源氏物语〉对白居易诗歌的接受》，湖南师范大学2017年硕士论文，第13页

教师设问：根据表三，中国古代哪位文学家对《源氏物语》的影响最大？（参考答案：白居易）

教师讲述：从表三可见，《源氏物语》总共从24种中国古籍中引用131句诗文，其中引自白居易诗文的有80句，占了61%。131句诗文中有些是多次引用，总共引用次数是152次，其中引用白居易的诗歌是97次，占了64%。

教师引导学生分析：日本人对唐诗情有独钟，其中李白、杜甫、白居易诗作尤为日本人喜爱，而在这三人中又以白居易诗歌影响最大。从公元9世纪到12世纪，白居易在日本文坛足足影响了400余年。在中国历史上还没有哪个文人在国外能保持如此长时间的影响力。藤原公任的《和汉朗咏集》中刊载了29位唐代诗人的诗，共收录232首，其中白居易的诗竟达142首之多。大江维时的《千载佳句》共收录153位唐代诗人的1082联诗句，而白居易的就有507联之多，占了总数近一半。至今在日本的中学教科书里，还收录了白居易的许多作品。白诗传入日本后，得到了日本社会各界的重视。嵯峨天皇时，日本宫廷设置了《白氏文集》的侍读官，学习白居易诗歌，并作为天皇必备的修身养性课程，朝中的大臣也以研读白诗作为必备的文学修养。吟诵白诗是当时宫廷中一种高雅的行为。在当时的知识分子中还出现研究白居易的专门结社。

材料八

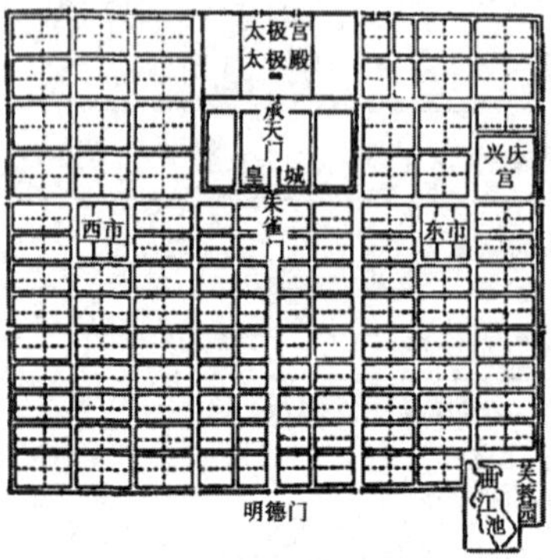

图 4　唐长安城布局

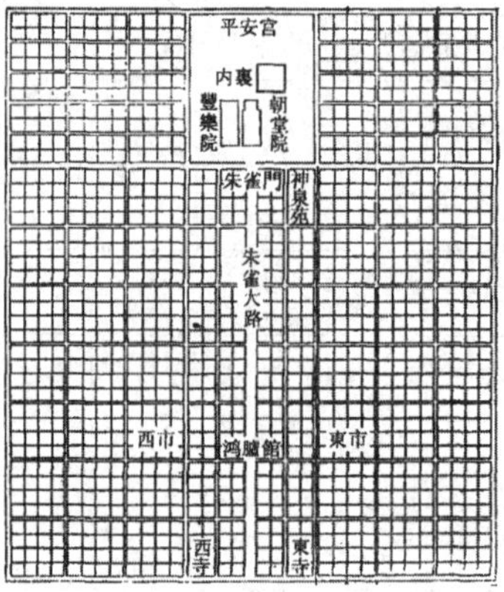

图 5　日本平安京布局

——王仲殊：《试论唐长安城大明宫麟德殿对日本平安京、平安京宫殿设计的影响》，载《考古》，2001 年第 2 期

教师设问：根据图 4、5，分析唐长安城和日本平安京的相似之处。（参考答案：城市布局）

教师讲述：平安京是京都的古称，它的历史可以追溯到公元 794 年。那一年，桓武天皇放弃都城长冈京，迁都至长冈东北一处称为葛野的地方，这座荒野中诞生的新城市史称平安京，又称平安城。平安城呈矩形，南北长 5.3 公里，东西长 4.5 公里，占地约 23.8 平方公里。其中北面设置宫城，位于中央贯通南北的朱雀大路将都城分成左右两京，由北向南依次设置称为“一条”至“九条”的九条大道，左右两京在东西方向上被分割为四个坊。从总图来看，这座城市几乎就是长安城的缩小版（唐长安城的面积约为其 3.5 倍）。①

材料九

あ—安	い—以	う—宇	え—衣	お—於
か—加	き—畿	く—久	け—计	こ—己
さ—左	し—之	す—寸	せ—世	そ—曾
た—太	ち—知	つ—川	て—天	と—止
な—奈	に—仁	ぬ—奴	ね—祢	の—乃
は—波	ひ—比	ふ—不	へ—部	ほ—保
ま—末	み—美	む—武	め—女	も—毛
や—也		ゆ—由		よ—与
ら—良	り—利	る—留	れ—礼	ろ—吕
わ—和				を—袁
ん—无				

图 6　平假名字源

① 余思奇：《一座开放的古代城市——日本平安京》，载《小城镇建设》，2018 年第 4 期。

ア—阿	イ—伊	ウ—宇	エ—江	オ—於
カ—加	キ—畿	ク—久	ケ—介	コ—己
サ—散	シ—之	ス—须	セ—世	ソ—曾
タ—多	チ—千	ツ—川	テ—天	ト—止
ナ—奈	ニ—二	ヌ—奴	ネ—祢	ノ—乃
ハ—八	ヒ—比	フ—不	ヘ—部	ホ—保
マ—末	ミ—三	ム—牟	メ—女	モ—毛
ヤ—也		ユ—由		ヨ—与
ラ—良	リ—利	ル—流	レ—礼	ロ—吕
ワ—和				ヲ—袁
ン—尔				

图7 片假名的字源

——陆晓光:《汉字传入日本与日本文字之起源与形成》,载《华东师范大学学报(哲学社会科学版)》,2002年第4期

教师设问: 根据材料九,简要说明汉字与日本文字形成的关系。(参考答案:借用汉字创造了日本文字)

教师讲述: 最早正式记录了汉字传入日本的文献是《古事记》(712年成书),其中提到朝鲜百济博士王仁在应神天皇时期把包括《论语》和《千字文》等汉语书籍带到了日本,因此,日本史书多把他作为汉字的最早传入者。而《日本书纪》(720年成书)也提到说,在应神15年(284年),百济的阿直岐把佛教经典带入日本,第二年王仁从百济到日本为太子传授学问。可以说,最晚到三世纪,日本开始了正式接触文字的历史。

教师引导学生分析: 日本从最初没有文字到自己创造出独有的假名文字与“和汉混合”的文字体系,是全面引进汉字、熟悉使用汉字并根据日本原有语言对它消化和再创造的过程。平假名与片假名的形成标志着日本文字的正式成立。这样说是因为,一方面,平假名与片假名是日本独创和特有之文字;另一方面,有平假名和片假名,日本文字才既有汉字的表意符号,又有假名这种名副其实的表音符号,并因此真正形成延续至今的那种将汉字与假名混合使用的所谓“和汉混合体”的文字体系。由汉字演变为万叶假名,再逐渐形成假名文字,并非只是笔划的删繁就简,更重要的是由“表意”文字变为“表音”文字,这不仅是一次由量变到质变的飞跃,更是日本语言文字史上、日文汉字的本土化进程中具有划时代意义的一次飞跃。日本假名的诞生表明始于万叶假名的、从假借汉字探索创造日本民族文字的目的得到实现。但必须指出,从万叶假名到假名,完全是从汉字、汉语这一母体中,经过漫长的实践过程脱胎换骨蜕变出来。时至今日,日语的和汉并用文体,仍沿袭昔日的传统,无根本的改变。据过去一项统计,《朝日新闻》《每日新闻》《读卖新闻》三大报的词汇构成比率为:日语词占38.8%、汉语词为44.3%、外来语为12%、混合语为4.8%。①

① 摘编自赵连泰:《试论日本文字的起源与形成》,载《日本学刊》,2000年第2期。

(过渡)中华文化不仅对临近的亚洲产生巨大影响，而且还波及相对遥远的欧洲。

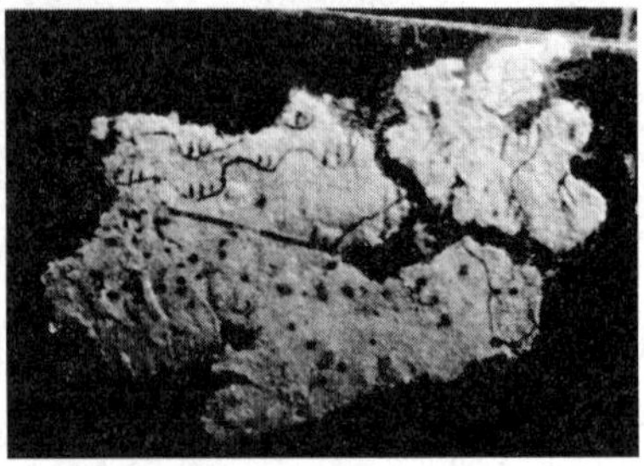

图8　甘肃天水放马滩纸①

教师设问：根据考古资料，纸的出现最早可以追溯到何时？(参考答案：西汉)

教师讲述：1986年，在甘肃省天水市放马滩五号汉墓中出土了一张纸地图，上面用墨线绘制了山川河流及道路图形，因受潮而裂为几块，墓葬年代在西汉初期的文、景时期(公元前179年—公元前141年)。经分析化验和显微镜观察表明，这是用麻类纤维制成的麻纸。到目前为止，这是在世界范围内发现的年代最早的纸张实物。其实，造纸术早在公元前的西汉时期就已经产生了，但是最初的纸张还比较粗糙不平，不太适合书写，造纸原料也不太充足。

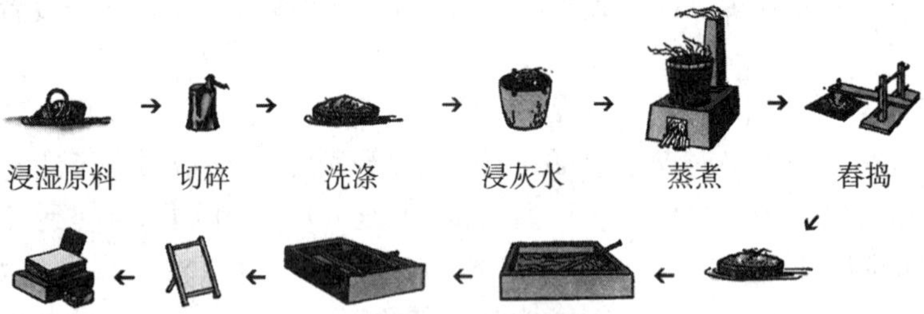

图9　蔡伦造纸的工序②

教师设问：根据图9，简述蔡伦改进造纸术的意义。(参考答案：造价低廉，易于推广)

教师讲述：东汉和帝时，蔡伦总结劳动人民的经验，改进了造纸术，他采用树皮、麻头、破麻布、破鱼网为原料，这些材料经水浸、切碎、清水洗涤、草木灰蒸煮、石臼捣碎做成纸浆，再被均匀地平铺在平板上，晾干或揭下来烘烤，就成为纸张了。蔡伦带着工匠们反复试验，试制出既轻薄柔韧，又取材容易、来源广泛、价格低廉的纸。蔡伦改进的造纸术，沿着丝绸之路经过中亚、西欧向整个世界传播，为世界文明的传承和发展起着不可磨灭的贡献。

教师设问：阅读地图《造纸术的对外传播》③，中国造纸术传到欧洲的推动因素是什么？(参考答案：阿拉伯人)

教师讲述：公元751年，高仙芝率领的大唐军队与大食(阿拉伯帝国)军队遭遇，发生了

① 李晓岑：《甘肃天水放马滩西汉墓出土纸的再研究》，载《考古》，2016年第10期。

② 刘炜主编：《中华文明传真4·秦汉：开拓帝国之路》，上海：上海辞书出版社，2001年，第157页。

③ 刘炜主编：《中华文明传真6·隋唐：帝国新秩序》，上海：上海辞书出版社，2001年，第41页。

一场激战，唐军先胜后败。战俘中的造纸工匠把造纸术传到了阿拉伯世界。此后，随着伊斯兰文化的扩展，造纸术又传到了北非和欧洲。它从根本上结束了西方国家用皮革、纸草、树皮以及羊皮纸作为书写材料的历史，对世界文明的进步发展厥功甚伟。

(过渡)除造纸术之外，中国的印刷术、指南针、火药先后经阿拉伯人传入欧洲。

材料十　火药、指南针、印刷术——这是预告资产阶级社会到来的三大发明。火药把骑士阶层炸得粉碎，指南针打开了世界市场并建立了殖民地，而印刷术则成了新教的工具，总的来说成了科学复兴的手段，变成对精神发展创造必要前提的最强大的杠杆。

——[德]卡尔·马克思著：《机器、自然力和科学的应用》，北京：人民出版社，1978 年，第 67 页

教师设问：根据材料十，指出三大发明对欧洲社会的意义。（参考答案：中国古代印刷术的发明和改进促成欧洲制造了活字印刷机，推动了欧洲文艺复兴和宗教改革，促进了思想解放和社会进步；火药的发明推动了欧洲火药武器的发展，促使骑士阶层日益衰落；指南针的发明与应用，促进了远洋航行，迎来了地理大发现的时代）

(过渡)当然，不仅在科学技术领域，中华文明在思想方面也对欧洲产生巨大影响。

材料十一

唯理才能益智能，但凭诚信照人心；
圣人言论非先觉，彼土人皆奉大成。

——[法]伏尔泰著，王燕生译：《哲学辞典》，北京：商务印书馆，1991 年，第 322 页

教师设问：诗中伏尔泰赞美的圣人是谁？简要分析其原因。（参考答案：圣人——孔子。原因——孔子崇尚理性）

教师讲述：如果用白话文翻译可能更好理解：孔子只用健全的理性在解说，他不炫惑世界而是开启心灵，他只是一个圣人，从不是一个先知，然而人们都相信他。在伏尔泰的笔下，孔子成了欧洲 18 世纪的一位理性主义者的偶像，伏尔泰认为在崇尚理性上他和孔子是一致的。

(过渡)中法两国地处欧亚大陆东西两端，当时交通极为不便，据现有材料所示，启蒙思想家中未有一人到过中国，那么，他们通过哪些途径得以接触中国文化呢？

材料十二　传教士把大量的中国书籍介绍到欧洲。例如，在 1662 年，他们翻译出版了“中国智慧丛书”，包括了儒家的经典著作《大学》《中庸》《论语》《礼记》《诗经》《易经》《孝经》等书籍，欧洲学者还出版了他们研究儒家经典和代表人物的著作，比如法国传教士钱德明《孔子传》和《孔门弟子传略》等。

——刘海翔著：《欧洲大地的中国风》，深圳：海天出版社，2005 年，第 54 页

教师设问：根据材料十二，中西文化交流的主要媒介是什么？（参考答案：传教士）

教师讲述：中国古代的主要经典和儒家学说，通过意大利和法国传教士的介绍、研究，先后有了拉丁文和法文译本，在欧洲知识界和上层社会得到了流传和宣扬。

材料十三　传教士为了向上级陈述自己不同寻常的做法，不得不对自己周围的形势发表感想，因而在欧洲出版了自己的著作，这为欧洲学者最初“客观地描述”中国，提供了一个基础。在启蒙哲学家进行政治及道德沉思时，这些著作就成为他们的参照物，它们组成了当时的中国的肖像。而且这一情况维持很久，直到 18 世纪末。

——[加]许美德、[法]巴斯蒂等著:《中外比较教育史》,上海:上海人民出版社,1990年,第28页

教师设问: 根据材料十三,传教士在中西文化交流中的重要意义是什么?(参考答案:成为欧洲启蒙运动的推动力)

教师讲述: 经过耶稣会士们近百年的传播,在16—18世纪的欧洲引起了空前的"中国文化热"。在当时来华的耶稣会士中,起初很少有法国人,但自从1685年法国路易十四派遣传教士起,法籍会士便很快成为在华耶稣会士的中坚力量。据统计,1687—1773年法籍会士占全部在华耶稣会士的39.5%,位居第一。这些法籍会士大多是饱学之士,他们来华后积极学习汉语,大量阅读古籍,广泛接触文人士大夫,其中一些人还进入中国的政治中枢,参加外交谈判,随侍皇帝出巡,因而对中国的政治和民情风俗也比较了解。他们写了大量有关中国的记述,传播给法国和欧洲的公众,其中流传最广、影响极大的是被称为18世纪欧洲关于中国的"三大名著"——《中华帝国全志》《耶稣会士书简集》和《北京耶稣会士中国纪要》。这"三大名著"的出版,在法国乃至欧洲引起轰动,它们成了欧洲人了解中国的主要媒介,许多启蒙思想家,如伏尔泰、霍尔巴赫、魁奈等人都从中获得很大的收益,法国遂成为中西文化交流的中心。

(过渡) 欧洲王公及商人发现东方,追求的只是财富,而哲学家在东方发现了一个新的精神和物质的世界。

材料十四 中国的版图很大,不比文明的欧洲小,在人口与治国方面还远超欧洲。中国具有(在某方面令人钦佩的)公共道德,并与哲学理论尤其是自然神学相贯通,又因历史悠久而令人羡慕。

——陈乐民编著:《莱布尼茨读本》,南京:江苏教育出版社,2005年,第245页

材料十五 几乎所有的民族都曾以童男童女作牺牲祭神,在被不恰当地称为文明人的民族中,我只看到中国人没有干出这种荒唐绝顶的暴行。在已知的古代国家中,唯有中国不曾受神职人员的统治。

——[法]伏尔泰著,梁守锵译:《风俗论》上,北京:商务印书馆,2000年,第476页

材料十六 中国的皇帝从不滥用这种尊从而对自己的臣民施行暴政。那里在人民中间普遍树立起这样一种信念,正如人民应当孝顺地服从他们的君王一样,君王反转来也应当像父亲那样热爱他的人民。而且,这些统治者在实行管理时非常温柔,他们一直在研究以各种方式来使其犹如父亲般的慈爱更加灿烂辉煌。

——[法]佛朗斯瓦·魁奈著,谈敏译:《中华帝国的专制制度》,北京:商务印书馆,1992年,第82—83页

教师设问: 根据材料十四至十六,以伏尔泰为代表的西方哲学家在东方发现一个怎样的精神世界?(参考答案:重视伦理道德;没有政教合一;开明君主制)

教师讲述: 18世纪震荡欧洲的启蒙运动,倡导理性主义,以一切现象都归因于自然而不归因于奇迹,崇尚人类认识自然规律和理性法则的合法性,反对神灵和奇迹的赐予。这股社会思潮发轫于英国,展开于德国,而在法国进入了高峰,成为资产阶级进行社会革命的先兆。

教师引导学生分析: "子不语:乱、力、怪、神",并对鬼神"敬而远之",孔子不创新说,不

立新礼，不做受神启者，不做先知，不宣扬奥义，而只以道德谆谆告诫人，宁愿教育人，而不统治人。汉武帝时期，儒家思想成为中国主流思想，所以，中国始终没有形成政教合一的政治体制，但同样也治理得很好，这样就成了启蒙思想家反击教会最好的例证。

中国这个远处东方，具有和欧洲完全不同气质的辉煌文明的大国，经耶稣会士介绍，成为启蒙运动者汲取精神力量的源泉。中国古代哲学、孔子的儒家学说以“天”为自然法则的代表，宋儒理学以“道”这一理性为基本原则，视之为“天地之本、万物之源”，孔子以“仁”为核心的伦理道德和提倡教育的思想，成为法国哲学家笛卡尔倡导理性主义的基本来源。历史上传统的仁君统治和大一统的思想，特别是清初康熙年间的安定和繁荣的社会景象，通过耶稣会士的报道，更是主张开明君主专制的启蒙思想家反对欧洲王权扩张所追求的社会楷模。中国优秀的文化在启蒙运动蓬勃展开的时代，曾给予莱布尼茨的古典思辨哲学、伏尔泰的自然神教和魁奈、杜尔哥的重农派学说以丰富的养料，催促了欧洲近代文明的诞生。

(设计意图)中华文化的对外辐射，不仅在亚洲，更渗透到遥远的欧洲，进而对整个世界的发展起到巨大的推动作用。本环节指向的是：(1)唯物史观素养水平 1、2——能够了解和掌握唯物史观的基本观点和方法，理解唯物史观是科学的历史观。(2)史料实证素养水平 3——能够利用不同类型史料，对所探究的问题进行互证，形成对该问题更全面、丰富的解释。(3)家国情怀素养水平 3、4——能够将历史学习所得与家乡、民族和国家的发展繁荣结合起来，立志为新时代中国特色社会主义建设、中华民族伟大复兴作出自己的贡献。

【课堂小结】

教师引导学生小结：中华文化伴随着悠扬的驼铃之声掠过漫漫黄沙，向着遥远的欧洲挺进；沐浴着悠悠的海风，穿过茫茫大海，向着东亚、南亚，向着波斯湾、红海沿岸靠近，在不断的对外交流中，成就了自己，也影响了世界。在中华民族伟大复兴的征途上，文化更是不可或缺，我们要充分地发掘优秀文化传统，为人类的发展贡献中国智慧！

教学设计 2

柯志强　安徽省铜陵市第五中学

一、教材分析

本课是统编教材《文化交流与传播》第一单元《源远流长的中华文化》第 2 课。《普通高中历史课程标准(2017 年版 2020 年修订)》对本课的要求是：从人类文明发展和世界文化交流的角度，认识中华优秀传统文化的特点和价值，认识中华文化的世界意义。

中华文化不是在封闭环境中孤立地发展的，它具有宽广的胸怀，善于吸收、消化外来文化的精华，通过融合重组不断发展壮大。中华民族创造了源远流长、博大精深的优秀传统文化，不仅为本民族的生生不息、发展壮大提供了强大精神支撑，同时也为世界文明作出了重大贡献，推动了世界文明的发展。本课第一目“中华文化在交流中发展”主要讲述了古代中华文化吸纳异国他邦文化的重要史实，近代中国面对工业文明冲击，中华文化艰难转型，在阵痛中走向新生。第二目“中华文化对世界的影响”主要讲述了中华文化对世界文明的贡献。一方面，中华文化辐射周边国家和地区，对日本、朝鲜、越南等地文化的发展产生深远影响，另一方面，中国的四大发明推动了欧洲的近代化进程，启蒙运动时期还一度出现“中国热”。本课内容时间跨度大、空间分布广，按照“中华文化的吸纳与融通”和“中华文化的辐射与传播”两个维度，以点带面，理清中华文化在交流中发展以及中华文化向外传播的逻辑，从而帮助学生明晰中华文化开放包容、兼收并蓄、融会贯通的特质，理解和认识中华文化推动各地区文明之间的交流与互鉴。

二、学情分析

经过第1课的学习，学生对中华传统文化的内涵和特点有了较为深入的认识。本课从古今中外人类文明发展和世界文化交流的角度来阐释中华文化的世界意义，对学生的理解而言仍有一定难度。教师在帮助学生掌握基本史实的基础上，应进一步引导学生探究中华文化在与世界交流过程中的深层次问题，如：中华文化在与域外异质文化的接触和交流中是如何进行吸纳和融通的？中华文化在近代是如何实现转型的？中华文化在对外传播的过程中产生了怎样的积极影响？世界其他国家和地区对中华文化的认识有没有偏差？为什么会有这些偏差？中华文化对解决当今人类面临的难题有何价值？等等。这将有助于培养学生的问题意识和提升思维能力。

三、教学目标

1. 通过了解不同时期中国与其他国家的文化交流情况，认识到历史是在特定的时间和空间条件下发生的。

2. 通过分析中华文化不断吸纳和融通异域文化，认识到中华民族是一个兼容并蓄、海纳百川的民族。

3. 通过阅读中华文化在世界范围广泛传播的具体史实，认识中华文化对世界其他地区的文化发展产生重要影响，增强文化自信，提升对中华优秀传统文化的认同感。

4. 感悟认识中华传统文化的形成和发展是多元文化影响的结果，理解和尊重世界各国优秀文化传统，涵养家国情怀；认识到各地区文明之间的交流与互鉴是人类文明发展的趋势。

四、教学重难点

重点：中华文化在吸纳和融通其他文化中不断发展。

难点：中华文化对世界文明进程的意义。

五、教学过程

【导入新课】

公元868年，一位名叫崔致远的新罗人来到唐朝留学。临行前，父亲对他说："十年不第进士，则勿谓吾儿，吾亦不谓有儿"，此时的崔致远只有12岁。后来，崔致远不负父望，在唐朝刻苦攻读，十八岁进士及第，历任淮南节度使幕职，居唐十六年后回国，被韩国学界尊为"汉诗学宗师"。[①] 我们不禁要问：中华文化究竟有何魅力，吸引一名只有12岁的外国学子背井离乡来中国求学？一个外国人为什么能在中国参加科举考试并成为政府官员？历史上的中华文化是如何一步步发展的？中华文化对世界文化又产生了怎样的影响呢？

(设计意图)以人物个案为线索，突出崔致远来华求学的年龄及其父对崔致远求学成果的殷切期望，暗示中华文化的巨大魅力，以激发学生探究新课的兴趣。本环节指向的是：(1)时空观念素养水平2——能够将某一史事定位在特定的时间和空间框架下。(2)家国情怀素养水平1、2——能够具有对家乡、民族、国家的认同感，理解并认同中华优秀传统文化。

【学习新课】

(一) 中华文化的吸纳与融通

1. 异域佛教的中国化

材料一　朝圣者和传教者通过一条漫长而狭窄的交流通道把有关佛陀的信息从印度传播到中国甚至更远的地方，这就是丝绸之路。中国有记载的第一位传教僧侣出现在约公元65年。第一座佛教寺院则坐落在洛阳。几个世纪以后，中国国内许多地区以及丝绸之路沿线都修建了众多的佛教寺院。一些走过这些路线的朝圣者，尤其是公元5世纪初年的法显，公元7世纪初年的玄奘，把佛教经文和重要的一手资料从印度以及丝绸之路沿线地区带回了中国。

——摘编自[美]斯波德克著，陈德民等译：《全球通史》，上海：上海社会科学院出版社，2017年，第304—305页

教师设问：起源于印度的佛教是如何传入中国的？传教者与朝圣者在佛教传入中国的过程中发挥了怎样的作用？(参考答案：传入方式——通过丝绸之路。作用——将印度的佛教经文带回中国，促进佛教在中国的传播和发展)

教师讲述：佛教起源于古代的印度，作为一种外来宗教，佛教大约在两汉之际传入中国。裴松之注《三国志·魏书·乌丸鲜卑东夷传》中引《魏略·西戎传》，说西汉哀帝元寿元年(公元前2年)，西域大月氏国的使臣伊存来到长安，向博士弟子景卢口授《浮屠经》，这就是有名的"伊存授经"的故事。此外，有关佛教传入中国的历史，长期以来经常被人提到的还

---

① 崔致远事迹参见卜宪群总撰稿：《中国通史·隋唐五代两宋》，北京：华夏出版社；合肥：安徽教育出版社，2016年，第237页。

有“永平求法”的传说。《后汉书·西域传》记载，东汉明帝永平七年，明帝夜梦金人，飞行殿中，次日问于群臣，太史傅毅告诉明帝，西方有神，其名曰佛，可能梦中之金人就是佛。于是明帝派使节去西域，访求佛道。公元68年，汉使从西域带回摄摩腾和竺法兰等僧人，还有很多经书和佛像，相传就有现存最早的佛经《四十二章经》。同时在首都洛阳修建了中国第一座佛教寺院，也就是今天依然存在的白马寺，供这两位僧人翻译佛经，而这座寺庙因驮经的白马而得名。

教师引导学生分析：显然，无论是“伊存授经”还是“永平求法”，佛教能够传入中国得益于陆上丝绸之路的畅通。一时间，印度僧侣和西域僧人大量东来传法。然而，外来的和尚不一定都能念好经，大多数的异域僧人并不精通汉语，因此他们译注的佛经除少数尚能挥洒自如、颇受好评外，其余大多文笔生硬，仅勉强表达意思，无法兼顾文采。当本土高僧为读一些不知所云的汉译本佛经而烦恼时，他们萌发了去佛祖诞生之地一睹梵文原典和求得真谛的念头，掀起了中国僧人西游取经求法的运动，其中较为著名的是东晋的法显和唐朝的玄奘。他们的游历留下了弥足珍贵的历史资料，如法显的《佛国记》、玄奘的《大唐西域记》，至今仍是研究中亚和南亚地区古代史和宗教史的重要文献。同时，中国僧人自主译经，也大大加速了佛教中国化的进程。

(过渡)佛教在两汉之际传入中国后，一度发展缓慢，直到两晋南北朝时期才呈现勃兴之势。

材料二　南北两地的多数统治者，尤其是北方少数民族的统治者，为了维护自身的统治都大力提倡佛教；而长期的战乱，民不聊生，生命难保的境遇也使劳动者希图从求神拜佛中解除苦难。上层统治者的支持、提倡，下层群众的需要、向往，为佛教的发展提供了肥沃的土壤，使佛教获得了蓬勃的生机。

——方立天编著：《中国佛教与传统文化》，北京：中国人民大学出版社，2009年，第29页

教师设问：为什么佛教会在两晋南北朝时期日益兴盛？（参考答案：上层统治者的支持和提倡；长期战乱导致民不聊生，下层民众需要精神慰藉）

教师引导学生分析：两晋南北朝时期，政权更迭频繁。当时北方的十六国政权以及后来的北朝政权均由少数民族建立，他们对于外来文化佛教更加易于接受。佛教提出的缘起性空与四谛说，强调现象世界的暂时性、虚幻性和人生是苦的现实，最能触动苦难重重的民众的心弦，而唤起他们寻求解脱的愿望。三世因果报应和天堂地狱说，从理论上比较圆满地解释了现实生活中“杀生者无恶报，为福者无善应”的不合理现象，既用来生遭祸警告了作恶者，也用来生得福鼓励了为善者。[①] 因此，佛教在两晋南北朝时期得以广泛传播。

(过渡)作为一种外来宗教，佛教在中国传播的过程中不可避免地与中国的正统儒学以及土生土长的道教在思想观念上发生冲突。

材料三　佛教的一些具体行为极易让中国人将之归结为反道德行为，如辞亲出家、独身无嗣、割绝所有社会关系，从剃发到遗身（自焚）的种种毁身方式。……道教要解决的中心问题是“长生不死”和“得道成仙”，这与佛教以为人生是一大苦海、其解脱之道在于“觉悟”的主

① 牟钟鉴：《儒、佛、道三教的结构与互补》，载《南京大学学报(哲学·人文科学·社会科学)》，2003年第6期。

张根本上相悖。

——张国刚著:《中西文化关系通史》,北京:北京大学出版社,2019年,第280、283页

教师设问:佛教与儒学、道教有着怎样的思想冲突?(参考答案:佛教倡导的部分思想和行为与传统儒学相悖;佛教与道教的基本教义存在矛盾之处)

教师引导学生分析:佛教是外来宗教,也是一种异国的意识形态和文化,它在中国的传播、发展,必然会引起中国传统思想文化的排斥与反对。例如,佛教与儒家思想中的"三纲五常"观念格格不入,儒家文化是建立在宗法社会之上的,强调的是"三纲五常",即"君为臣纲""父为子纲"等,其核心就是忠孝。从儒家伦理看,僧尼出家违反了"不孝有三,无后为大""身体发肤受之父母,不敢毁伤"的诫条,更为严重的是僧尼见帝王、父母也不跪拜。而中国本土宗教道教不仅在教义上与佛教有矛盾,更要在统治者与民众之中争夺信仰的主动权。这种矛盾积累到一定程度,于是出现了历史上"三武一宗"(北魏太武帝、北周武帝、唐武宗、后周世宗)灭佛的极端事例。

任何外来文化与宗教,如果不能适应帝国政治,就不可能得到帝国的认可,其生存就会发生危机;如果不能认同中国文化并与其相整合,其传播也不可能获得真正的成功。[①] 因此,佛教不断调适自己与中国传统文化的关系,以融入中国社会。例如,对自身教义的调整,通过对佛典的删改、比附、衍生等多种方式,寻求与儒家伦理思想的契合。佛教徒一方面阐述佛教了脱生死的宗教优越感,另一方面又百般解释佛教"有助王化",充分肯定儒家的纲常伦理。他们以佛教的内容比附儒家的名词概念,譬如把佛教的"五戒"与儒家的"五常"相配,分别以"仁、义、礼、智、信"解释"不杀、不盗、不邪淫、不饮酒、不妄语";还认为"五戒"与儒家的"五经"可以相互对应,《摩诃止观》称"五经似五戒:《礼》明撙节,此防饮酒,《乐》和心,防淫,《诗》讽刺,防杀,《尚书》明义,防盗,《易》测阴阳,防妄语"。

材料四 佛教在中国的传播基本分为三个阶段。从公元1世纪开始传入到5世纪时佛教的缓慢发展阶段,这时佛教逐渐改变其性质,开始适应中国人的心性与传统。5到9世纪是佛教中国化的鼎盛时期,宗教热情不仅体现在信仰活动中,而且体现在大量佛教艺术、建筑和思想的兴起与繁荣中。9世纪早期开始,佛教开始受到限制,中国向儒家思想转变,尽管也是为了适应当时社会的需要。

——[英]彼得·沃森著,胡翠娥译:《思想史:从火到弗洛伊德》,南京:译林出版社,2018年,第435—436页

教师设问:材料四认为佛教在中国的传播经历了哪些阶段?(参考答案:汉晋时期缓慢发展、南北朝至隋唐鼎盛、唐末以后受限制)

教师引导学生分析:经过长期的融合发展,到了隋唐时期,天台宗、华严宗、净土宗、禅宗、法相宗(唯识宗)、律宗、密宗和三阶宗等具有中国本土特色的佛教宗派相继形成,这些佛教宗派都是在中国特定的社会历史环境中产生的,与传统印度佛教有极大差别,这是佛教中国化的重要标志。尤其是禅宗,作为中国化佛教的典型代表,主张即心即佛、顿悟见性,简单易修并淡薄了世间与出世的界限,非常符合中国士人的口味,从而迅速流传成为佛教主流教派。到了宋代,一个熔儒、释、道于一炉,以心性义理为纲骨的理学体系的建立,意味着佛教

① 刘莘:《论汉晋时期的佛教》,载《中国史研究》,1994年第2期。

中国化的进程彻底完成。

材料五 就文化输出而言，印度佛教传入中国以后，经过中国僧人的消化、吸收与改造，又很快传播到东亚和东南亚各国，对这些国家的文化发展产生了重大的影响。中国实际上起着佛教再传基地的作用。越南、朝鲜、日本的佛教都是由中国传入的，柬埔寨、缅甸、印度尼西亚、泰国等国的佛教，由于受中国佛教的影响而更趋兴旺。

——张岂之主编：《中国传统文化》，北京：高等教育出版社，1994 年，第 96 页

教师设问： 佛教在中国的传播历程反映了中华文化有何特点？（参考答案：融会贯通，具有强大的生命力）

教师引导学生分析： 佛教起源于印度，后来却在印度衰微，最终销声匿迹。而佛教传入中国后，不仅被中华文化吸收，得到长足发展，还进一步传播到东亚、东南亚地区，经历了"输入—吸收—又输出"的过程。中华文化既能够吸收融合外来文化，又能够对外输出影响世界，显示了中华文化的博大精深，具有强大生命力。

材料六 佛教成为有影响的宗教之后，给社会一般民众的生活也带来了一些新的东西，时间既久，连人们的生活风俗也发生了一些变化。中国佛教信徒茹素的风气、民间中元节等风俗，就是在这个时期形成的。从印度输入的地狱观念，被普通百姓广泛地接受。印度的阎魔神，成为中国的阎王。阿弥陀佛、弥勒佛、观音菩萨的名字家喻户晓，成为一般民众崇拜和祈求保佑的对象。

——袁行霈、严文明等主编：《中华文明史》第二卷，北京：北京大学出版社，2006 年，第 215 页

材料七 佛教传入以前中国传统的思想中只有今生此世，既无前世也无来世，……佛教带来了三世（前世、今世、来世）的观念，因果、轮回的观念，以及三界、五道的观念。这样就把思维的时间和空间都扩大了，随之而来的就是人的想象世界也扩大了。

——袁行霈主编：《中国文学史》（第 3 版）第二卷，北京：高等教育出版社，2014 年，第 15 页

材料八 由于中印不同文字的碰撞，中国语言及文学接受了一些新的营养。许多新概念融入了汉语词汇中，如菩萨、佛、浮屠、业、魔、解脱、轮回、缘等等。中国的文学也如此，新的因素不仅表现在鬼神故事上，而且产生了些新的文体，如唐代传奇小说、笔记小说等。

——林太著：《印度通史》，上海：上海社会科学院出版社，2012 年，第 87 页

教师设问： 根据材料六至八，佛教对中华文化产生了怎样的影响？（参考答案：丰富了中国的民俗和信仰；启迪了思维，促进文字及文学艺术的发展）

教师引导学生分析： 佛教文化的传入，对中国人的宗教信仰、哲学观念、逻辑思维、文学艺术、绘画建筑、音乐和礼仪习俗等都产生了深刻影响。佛教思想中对宇宙、人生的分析，蕴含着独到的哲学智慧，对中国人的传统思维具有启迪作用。中国传统艺术中的诗、书、画，很多都体现了佛教的内容，同时也吸纳了佛教的理念，更加注重境界的表达。中国的建塔造像艺术源于佛教，又融入了中国传统建筑特色，创造出具有中国特色的佛教建筑。经过长期的融合发展，佛教已经深深地渗进中国人的精神和文化生活，成为中国文化的一部分。

(设计意图) 通过对佛教传入中国路径以及异域僧人东来传经和本土僧人西行求法的探

究，知道佛教在中国的传播是双向互动的过程。佛教在两晋南北朝时日趋兴盛与当时动荡的政局以及佛教自身影响的逐渐扩大有关。佛教通过不断调适与儒学、道教的关系，最终发展成为具有中国特色的本土宗教，对中国文化产生深远影响。本环节指向的是：(1)时空观念素养水平 3——能够把握相关史事的时间、空间联系，并用特定的时间和空间术语对较长时段的史事加以概括和说明。(2)史料实证素养水平 2——在对史事与现实问题进行论述的过程中，能够尝试运用史料作为证据论证自己的观点。(3)历史解释素养水平 2——能够在历史叙述中将史实描述与历史解释结合起来。

(过渡)除了佛教外，世界三大宗教之一的基督教也曾几次以不同的名号传入中国，如唐朝的景教和元朝的也里可温教，但是这两个时期传入的基督教并没有引起中国文化的反应。明清时期，天主教耶稣会组织传教士来中国传教，向中国人推开了一扇面向欧洲和世界的窗户。

2. 耶稣会士的中国行

教师讲述：1540 年由西班牙人依纳爵·罗耀拉成立的耶稣会是 16 世纪欧洲宗教改革运动的重要成果。天主教会在新教革命的刺激下产生了一种改革意识，即增强在世俗中履行宗教义务的责任感。以往的修会均采取成员共同生活的方式，成员着统一服装、共同参加日课、留住在某个固定的隐修院中过集体生活。耶稣会放弃了此类形式，不以在固定的修道院过集体生活为目标，而是将会士派往四面八方。其中，外方传教是耶稣会的重要使命。新航路开辟后，欧洲至东方的海路交通更加便利，从 16 世纪末开始，耶稣会派遣会士到遥远的中国传播天主教，其中具有代表性的是利玛窦、汤若望和南怀仁。

材料九　利玛窦给万历皇帝带来了礼物。礼单中包括以下物品：1. 天主像一幅；2. 油画两幅，其中一幅是圣路加教堂圣母像的摹本，另一幅则是圣处女怀抱耶稣的画像；3. 镀金边的金丝封面的每日祈祷书一本；4. 镶有宝石的十字架一具；5. 报时自鸣钟一座；6. 三棱镜两块；7. 缀以纯银链的三角形玻璃杯两个；8. 大西洋琴一张；9. 奥泰琉斯《月相》一书。另外，贡品中还包括一套世界地图册——《万国图志》，据说是欧洲著名的地理学家奥特里乌斯 1570 年出版的《地球大观》。

——卜宪群总撰稿：《中国通史·明清》，北京：华夏出版社；合肥：安徽教育出版社，2016 年，第 137 页

教师设问：根据材料九，指出利玛窦送给万历皇帝的礼物有何特点。(参考答案：与天主教相关的宗教物品；介绍欧洲科技发展水平的器具和书籍)

教师讲述：利玛窦是意大利人，1582 年到达澳门，次年进入广东，从此在中国居住了 27 年。利玛窦认为，如果能得到皇帝的支持，将对天主教在中国的传播大有裨益。于是，他试图通过各种方式见到中国皇帝，并为当时的万历皇帝准备了礼物。从以上的清单可以看出，超过半数的器物是基督教的宗教器物，然而万历皇帝对利玛窦赠予的宗教器物毫无兴趣，只对自鸣钟十分喜爱。不过，这并没有影响利玛窦的信念，他不断思考如何才能打开局面。

材料十　迎合中国文化的传教方针的提出者是耶稣会印度传教团视察员范礼安，而真正的奠基人和执行者是利玛窦。它包括下述内容：1. 衣着和礼仪随俗；2. 举止温文尔雅；3. 引起对方好奇心；4. 献殷勤和送礼物；5. 介绍欧洲科学知识；6. 研究中国文化，包括学习语

言;7.跟文人和官员建立友好关系。

——朱雁冰著:《耶稣会与明清之际中西文化交流》,杭州:浙江大学出版社,2014年,第24页

教师设问:根据材料十,指出耶稣会士采取何种策略在中国传教。(参考答案:迎合中国文化)

教师引导学生分析:在中国生活多年之后,利玛窦深知,要想让中国人接受天主教,必须理解和迎合中国文化,"借中国的士大夫来征服民众,借欧洲科学来征服士大夫"。于是,从一字不识开始,利玛窦潜心研究中国文化,并以精英人士为突破口。他着儒衣、结交儒士,博取士大夫的好感;同时迎合士大夫阶层的趣味,满足他们在天文、历法、数学、地理和工艺方面的兴趣。利玛窦的传教策略取得了一定成效。明末徐光启、李之藻、杨廷筠三位士大夫受利玛窦影响,最终成为天主教徒。他们三人皆进士出身,面对明末日益尖锐的社会矛盾,立志为富国强民做一番事业。然而宋明理学陷入"理气""心性"的思辨中不能自拔,对解决社会实际问题毫无助益。士大夫中间"实学"呼声日高而又缺少源头活水,此时"西学"的传入恰逢其时,一切有助于治国平天下的新知识他们都乐于接受。徐光启看了利玛窦带来的《山海舆地全图》后对他十分敬佩,于是虚心向利玛窦等人学习自然科学知识,并先后翻译了《几何原本》《泰西水法》等著作。李之藻在利玛窦留居北京期间一直追随左右,学习西方数学、天文学知识,他翻译了《同文指算》《圜容较义》《乾坤体义》等书。而杨廷筠也是在向利玛窦学习自然科学的过程中转而信教的。

除了利玛窦外,汤若望、南怀仁等耶稣会士先后受到中国政府的重视,主持钦天监工作,推动了中国历法、数学等科技的发展。然而,耶稣会士的努力并没有使天主教完全融入中国传统社会,大多数儒士从未放弃过敌意,即使他们受到新奇的科学知识的诱惑。正如一位西方学者所言:"西方人过于一厢情愿,自恃科技过人,以为中国人很需要他们,把中国过于简化,以合于其目的,而无法理解儒家思想道德结构的顽强颉颃,将敌意误以为一时的悖常。"①另外,耶稣会士的传教活动乃是罗马教廷有组织的行为,难免引起专制集权强大的中国官方的注意和防范;加之来华耶稣会士内部亦有分歧,后来罗马教廷改变了来华传教策略,由此引出的礼仪之争直接导致中国传教区的毁灭。天主教最终没有像佛教那样汇入中华文化的大潮之中。

材料十一 以利玛窦为代表的耶稣会士的传教活动,以及随之而来的西方科学文化的传播,向长期封闭的中华帝国吹进了一股清新空气,让人们接触到了前所未闻的新思想、新事物,一些敏感的先进的知识人把耶稣会士看作自己的朋友和老师,如饥似渴地向他们学习,从他们那里汲取新的精神营养,从而改变了世界观和价值观。这种变化对于中国社会的影响,无论如何评价都不嫌过分。

——樊树志著:《晚明大变局》,北京:中华书局,2015年,第402页

教师设问:耶稣会士来华传教的活动有何影响?(参考答案:给中国带来新思想、新事物;一定程度上改变中国人的世界观和价值观)

教师引导学生分析:明清时期的耶稣会士来华是中西交流史上的大事。从晚明时期到

---

① [美]史景迁著,温洽溢译:《改变中国:在中国的西方顾问》,桂林:广西师范大学出版社,2014年,第34页。

清朝中期，共有约500名耶稣会士来华，其中有80人对文化交流作出了重大贡献。中国人从他们那里学到了大炮铸造法、历法、绘图、算数、天文、代数、几何、地理、艺术、建筑和音乐。① 耶稣会士来华，引入了西方的一些自然科学技术，丰富了中国的传统科技，促进了中西文化的交流与融合，开阔了中国人的眼界和思维，对明末清初思想、学风的变革，都有一定贡献和影响。例如，利玛窦刊行了第一幅汉字标注的世界地图——《山海舆地全图》，体现了西方地理大发现之后最新的地理学成果，中国人的视野大为拓展。当然，耶稣会士来华，虽然给中国的知识界带来了新的气息，但中西文化交流的成果只在少数的士大夫阶层中流传，而且大部分深藏皇宫，没有得到很好的普及，也未能改变中国自身的发展轨迹。

(设计意图)明清时期，西方科学技术开始迅速发展，而中国这时科学技术的发展较缓慢，相对落后于同时期的欧洲。耶稣会士来华，掀起了中国历史上第一次"西学东渐"，当时中国一些士大夫及皇帝接受了科学技术上的知识，但是在思想上基本没有受到影响。本环节指向的是：(1)时空观念素养水平3——能够把握相关史事的时间、空间联系，并用特定的时间和空间术语对较长时段的史事加以概括和说明。(2)史料实证素养水平2——在对史事与现实问题进行论述的过程中，能够尝试运用史料作为证据论证自己的观点。(3)历史解释素养水平2——能够在历史叙述中将史实描述与历史解释结合起来。

(过渡)耶稣会士来华，对中国而言原本是一次难得的历史机遇，因为此时的西方正经历一系列的变革：文艺复兴、大航海时代、科学革命、启蒙运动，发达的工场手工业也在寻求突破……显然，工业文明时代的号角即将吹响，古老的中华文明在时代变革的浪潮中命运又会如何呢？

3. 千年变局的中国醒

材料十二 欧洲诸国百十年来由印度而南洋，由南洋而东北，闯入中国边界、腹地，凡前史之所未载，亘古之所未通，无不款关而求互市。我皇上如天之度，概与立约通商，以牢笼之。合地球东西南朔九万里之遥，胥聚于中国，此三千余年一大变局也。

——李鸿章：《筹议制造轮船未可裁撤折》，转引自雷颐著：《李鸿章与晚清四十年》，太原：山西人民出版社，2008年，第204页

教师设问：材料十二中，"此三千余年一大变局"指什么？(参考答案：西方列强从海上侵略中国，中国无法应对西方的坚船利炮，不断丧失权利)

教师引导学生分析：1840年鸦片战争后，伴随着西方列强的侵略，中国的民族危机不断加深。伴随着来自西方工业文明的冲击，中华传统文化受到前所未有的挑战。面对"三千余年一大变局"，先进的中国人从"天朝上国"的迷梦中觉醒。为挽救民族危亡，寻求强国御侮之道，他们不断向西方学习。中国传统文化与西方思想文化在碰撞和交融中，促进了中国的思想解放，并引发了近代中国社会的各种变革，中华传统文化也走上了艰难的转型之路。

材料十三 整个中国近代史，就其在文化上的表现来说，确实可以大别之为这样三个时期：一、从鸦片战争，中经1861年开始的洋务自强运动，至1895年甲午战争失败，是"经世致用"观念复活，富国强兵呼声高昂，从器物上承认不如西洋文明，而觉得有必要于此舍己从人的时期；二、从甲午战争失败，中经戊戌变法运动，至1911年共和革命成功，是怀疑一切成

---

① [美]徐中约著，计秋枫等译：《中国近代史》，北京：世界图书出版公司，2008年，第82页。

法，发挥创造精神，从制度上承认不如西洋文明，而勇于革除勇于建立的时期；三、从辛亥革命，中经粉碎帝制复辟，至1919年五四新文化运动，是新旧思想最后较量，东西文明全面比较，而从文化根本上认真进行反思的时期。

——庞朴：《文化结构与近代中国》，载《中国社会科学》，1986年第5期

教师设问：根据材料十三，近代中国文化的发展经历了哪些阶段？（参考答案：学造器物到仿行制度到从根本上反思传统文化）

教师引导学生分析：1840年鸦片战争后，以林则徐、魏源为代表的士大夫"开眼看世界"，认识到中国军事技术的不足，提出"师夷长技以制夷"的思想。第二次鸦片战争之后，以李鸿章为代表的洋务派以"中体西用"思想为指导，在政治上企图以西方先进技术来巩固政治制度，在文化上企图以西方近代科技思想来弥补儒学的不足，从而开启了30余年的洋务运动。期间，洋务派创办京师同文馆等新式学堂，还组织幼童赴美国留学，冲击和动摇了儒家思想的传统价值取向和思维习惯。甲午战争的失败标志着洋务运动的破产，以康有为、梁启超为代表的维新派开始宣传西方资产阶级的政治学说，鼓吹君主立宪。康有为以西学来解释中国的传统文化，企图用"托古改制"的方法来变革现实，他所宣扬的儒学已不再是传统意义上的儒学，而是一种"儒表西里"的新儒学。当然，无论在内容上还是形式上，维新派尚不能完全从封建主义的旧文化中脱胎出来。20世纪初，民主共和思潮逐渐取代维新改良思潮而成为时代的主流，孙中山为代表的革命派用鲜明的语言来表达资产阶级的新思想，并身体力行，通过辛亥革命推翻旧制度。新文化运动时期，陈独秀、李大钊、胡适等学者主张民主与科学思想，并对国民进行思想改造，力图革除旧的价值观念和道德观念，建立新的与共和制度相适应的价值观念和道德观念。他们在运动中提出了"打倒孔家店"、使用白话文、促进妇女解放等思想，传统文化遭到前所未有的批判。十月革命爆发后，马克思主义传入中国，陈独秀、李大钊等先进的民主主义者开始接受马克思主义，重新探寻解决中国问题的出路。马克思主义逐渐中国化，并成为现代中国文化的主流。

(设计意图)本环节内容在《中外历史纲要(上)》中多有涉及，学生较为熟悉。因此依托材料设置情境，以李鸿章"三千余年一大变局"的感叹引出近代中华文化面临的危机，通过学者对近代中国文化发展阶段的评述粗线条勾勒出中华文化的转型。本环节指向的是：(1)时空观念素养水平2——能够将某一史事定位在特定的时间和空间框架下；能够认识事物发生的来龙去脉。(2)史料实证素养水平2——能够尝试运用史料作为证据论证自己的观点。(3)历史解释素养水平2——能够在历史叙述中将史实描述与历史解释结合起来。(4)家国情怀素养水平3、4——能够表现出对历史的反思，从历史中汲取经验教训，更全面、客观地认识历史和现实社会问题。

(过渡)在吸纳和融通外来文化的同时，中华文化也源源不断地向外进行辐射和传播，推动了世界其他国家和地区文明的发展。

(二) 中华文化的辐射与传播

1. 东亚诸国的中国情

材料十四 从630年起日本开始更大规模地派出遣唐使，而且历经两百多年，到838年，共任命派遣19次，成行的有12次，且派遣人数不断增加，其构成也越发多样，最初每次

大约有两百多人，到了后期人数最多时每次可以达到 500 人至 600 人的规模。这些人中既有官吏，也有工匠、医生、艺人、僧侣、留学生等，而且其中还出现了一些中日古代交流史上的著名人物，如阿倍仲麻吕、吉备真备、空海和尚等。

——王秀丽、梁云祥著：《日本人眼中的中国形象》，北京：北京大学出版社，2016 年，第 8 页

教师设问：根据材料十四，日本派遣遣唐使有何特点？（参考答案：历时时间长；次数多；规模大；成员身份多样）

教师引导学生分析：中日两国的交往历史久远。早在东汉时，日本列岛的倭奴国就派出使节朝觐光武帝，光武帝赐以“汉倭奴国王”金印。隋朝开始，日本就多次派遣使者赴中国，到了唐朝，日本派遣使节的历时时间之长、次数之多、规模之大超过了以往任何时候，其中不少留学僧和留学生在唐朝学习后返回日本，在日本发生的一些重大历史事件中和促进日本社会文化的发展进步中发挥了积极作用。无独有偶，隋唐时期朝鲜与中国的关系也非常密切。隋及唐初，朝鲜半岛有高丽、百济、新罗三个国家。后来，新罗统一了朝鲜半岛。最终，唐王朝与新罗形成册封与朝贡的关系，新罗每一位新君即位，都需经过唐朝的册封。从 8 世纪之后，新罗几乎每年都派使者入贡，甚至有一年三贡者。新罗还不断派遣留学生来唐朝学习，唐文宗开成二年（837 年）时，新罗学生多达 200 余人。从唐穆宗长庆元年（821 年）到唐末，在唐朝科举登第的新罗学生有 58 人。其中，最著名的就是崔致远。崔致远能够在中国参加科举考试并成为政府官员，离不开唐文化的开放与包容，唐朝政府设有专门针对外国人的科举考试。此外，日本亦有来华留学生参加科举考试并做官的，较为著名的如阿倍仲麻吕，入唐后改名晁衡，因“慕中国之风”而不肯离去，长留大唐。阿倍仲麻吕在唐五十四年，历仕玄宗、肃宗、代宗三代皇帝，备受厚遇，与唐朝著名诗人李白、王维等有过亲密交往。唐朝时期的中国，吸引着无数东亚地区的学子来华学习。

材料十五　整个建立在国家统一、经济繁荣、汉胡融会、中外交通发达基础上的隋唐帝国文化，规制宏伟、气氛宽松、创造力活跃，达到中国古典文化的全盛佳境，其先进发达的水平是阿拉伯帝国、加洛林帝国以及当时任何一种民族文化都无法比拟的，可以说，唐代文明是当时世界文明的重要中心。

——冯天瑜、杨华、任放编著：《中国文化史》（彩色增订本），北京：高等教育出版社，2007 年，第 219 页

教师设问：隋唐时期，东亚诸国为何会有“中国情结”？（参考答案：隋唐时期，中国的政治、经济、文化达到全盛）

教师引导学生分析：隋唐时期的中国国力强盛、制度先进、经济繁荣、文化昌盛，且中国政府对于涉外交流始终奉行开明和开放的政策，再加上地理位置的邻近，东亚诸国便于学习中国的先进制度与文化。由于中华文化的发展水平长期领先于东亚诸国，于是产生了巨大的文化辐射力，文化较为先进的中国与朝鲜、日本、越南等三个文化近邻互相促进，共同构建了一个具有同质文化丛的东亚文化圈。中国的文字、儒学、宗教、制度、律令、建筑、历法、社会生活等对东亚诸国产生了深远影响。

（设计意图）通过探究日本遣唐使来华的多个细节，了解中华文化对日本文化的影响；通过探究东亚诸国的“中国情结”，进一步增强对中华文化的认同感。本环节指向的是：（1）时

空观念素养水平2——能够将某一史事定位在特定的时间和空间框架下;能够认识事物发生的来龙去脉。(2)史料实证素养水平2——能够尝试运用史料作为证据论证自己的观点。(3)历史解释素养水平2——能够在历史叙述中将史实描述与历史解释结合起来。(4)家国情怀素养水平1、2——能够具有对家乡、民族、国家的认同感,理解并认同中华优秀传统文化。

(过渡)深邃的中华文化不但对近邻的东亚有吸引力,还在17—18世纪漂洋过海传到欧洲,造就了中国与欧洲在精神上的第一次深刻碰撞。

2. 启蒙时代的"中国热"

材料十六 耶稣会成员要定期向罗马总会上交详细描述其活动的报告,这是耶稣会的一项基本规定。自1583—1584年间写成的首批中国书简在1586年发表之后,来自中国的耶稣会士报告就成为耶稣会重要的欧洲出版物和市面上的畅销读物,同时也成为欧洲人获取中国知识的基本渠道。

——摘编自张国刚著:《中西文化关系通史》,北京:北京大学出版社,2019年,第685页

材料十七 17—18世纪,欧洲本土的封建制度和文化精神已经显露出残败的端倪,成为欧洲继续发展的重大障碍。在这新的变革的时代,欧洲孕育着新的思想,需要用新的想象中的伊甸园来支撑自己、表达自己。就在这时,欧洲兴起了史无前例的向往"他者"的"中国热"。从热气腾腾又喜气洋洋的中国图景中,从古老的中国文化中,欧洲人寻找到了自我救赎的启示,借助中国这块"他山之石"进行自我批判和自我启蒙。

——许平:《欧洲人东方认识的拐点》,载《世界近现代史研究》,2012年第00期

教师设问: 根据材料十六、十七,17—18世纪的欧洲为何会兴起"中国热"?(参考答案:耶稣会士将中国文化传入欧洲;启蒙思想家借助中国文化进行自我批判和自我启蒙等)

教师引导学生分析: 17世纪中期到18世纪末是欧洲历史上的"启蒙时代",这个时代同明清时期以天主教耶稣会士为主要媒介的中西交往在时间上大致吻合。耶稣会士在中国传播西学的同时,也将中国的历史、地理、宗教、儒学、制度等介绍到欧洲,中国被刻意雕琢成强大、美丽、富饶的形象,这令欧洲人对于中国的一切都产生了向往之情。中国的茶、丝绸、瓷器在欧洲社会深受喜爱,中国式的园林和建筑成为风尚。而中国的制度和文化由于合乎理性法则的需要,便成为启蒙思想家汲取精神力量的源泉。

材料十八 欧洲人经过马可·波罗以至明代西洋传教士的报道,知道东方有一个庞大的国家与复杂的文明。由于这些报道,都是选取中华文明足以称道之处,因此欧洲的学者尤其是启蒙运动的学者,借异域的镜鉴,以中国作为"他者",彰显自己必须反省的缺失。18世纪以前,欧洲对东方的中国常多溢美之词,其实大多是借题发挥,找一个美好的中国来抒发自己的理想。这一阶段过去了,欧洲对东方的知识也比较清楚了,他们对中国文明的评价遂转了一个大弯,由称颂一变为轻视。

——许倬云著:《历史大脉络》,桂林:广西师范大学出版社,2009年,第163—164页

教师设问: 为什么18世纪以后,欧洲对中国文明的评价"转了一个大弯"?(参考答案:欧洲对中国的了解逐渐加深,改变了理想化的认识)

教师引导学生分析: 如果将欧洲的历史脉络沿着启蒙时代继续延伸,那么18世纪后半叶构成了19世纪、20世纪欧洲人认识中国的起点。一是随着中西方交往的增多,欧洲对中

国的了解不断加深，逐渐改变了理想化的认识；二是启蒙运动使耶稣会士在时代的变局中遭受了巨大冲击，他们的失势直接导致欧洲人对他们所塑造之中国形象的重新评价；最后随着思想革命的完成，君主集权的中国显然不再具有多少参考价值。但不管是称赞，还是贬损，中国文化都为欧洲人树立了一个认识自己的参照物。

(设计意图)通过设置情境冲突，引导学生理解耶稣会士宣扬的中华文化为启蒙思想家提供了丰富的养料，推动了欧洲的思想革新；认识到西方人所认识和理解的中华文化更多是雾里看花的镜像。本环节指向的是：(1)时空观念素养水平 4——能够选择恰当的时空尺度对其进行分析、综合、比较，在此基础上作出合理的论述。(2)史料实证素养水平 2——能够尝试运用史料作为证据论证自己的观点。(3)历史解释素养水平 2——能够在历史叙述中将史实描述与历史解释结合起来。

(过渡)古代的中华文化博大精深，历经劫难而绵延不断；步入近代以来，由于国力贫弱，中华传统文化的价值一度受到质疑。那么中华传统文化到底能否适应面向世界、面向现代化、面向未来的转型呢？

(三) 中华文化的省思与展望

教师讲述：近代以来，由于中国不断遭受西方工业文明的冲击，中华传统文化也陷入了信仰危机。先进的中国人不断向西方学习，以实现救亡图存。然而第一次世界大战的爆发，引起了中国思想界对于中华传统文化价值的重新思考。

材料十九　西洋诸国日以其科学所发明之利器戕杀其同类，悲惨剧烈之状态，不但为吾国历史之所无，亦且为世界从来所未有。吾人对于向所羡慕之西洋文明，已不胜其怀疑之意见，而吾国人之效法西洋文明者，亦不能于道德上或功业上表示其信用于吾人。则吾人今后不可不变其盲从之态度，而一审文明真价之所在。

——杜亚泉：《静的文明与动的文明》，载《中国近代思想家文库・杜亚泉卷》，北京：中国人民大学出版社，2014 年，第 315 页

教师设问：根据材料十九，一战爆发后，中国的思想界对西方文明的认识有何变化？（参考答案：中国思想界认识到西方文明的弊端，由盲从转为怀疑）

教师引导学生分析：近代以来，为了救亡图存，中国的思想界一直视西方国家为效法自强的对象。然而，一向自诩文明的西方世界竟然以战争这种非理性的方式解决彼此的争端，且战争之惨烈令人触目惊心。这使得本来对学习西方充满热情和希望的中国人对西方文化产生了怀疑和动摇。战争爆发后他们不断地反省自问：这种给人类造成了巨大灾难的西方文化，还值不值得中国学习？它将向何处去？中国的文化又将向何处去？以杜亚泉为代表的中国学者进行了深入的思考。

材料二十　吾国固有文明，正足以救西洋文明之弊，济西洋文明之穷者。西洋文明浓郁如酒，吾国文明淡泊如水；西洋文明腴美如肉，吾国文明粗粝如蔬。而中酒与肉之毒者，则当以水及蔬疗之也。

——杜亚泉：《静的文明与动的文明》，载《中国近代思想家文库・杜亚泉卷》，北京：中国人民大学出版社，2014 年，第 315 页

教师设问：结合材料二十，指出中国学者如何认识西方文明与中国文明的关系。（参考

答案：西方文明与中国文明各有利弊，二者可以取长补短）

教师引导学生分析： 在中国学者看来，尽管动的西洋文明造就了社会经济发展的奇观，但也加剧了社会的矛盾与冲突，造成了道德的沦丧；而静的东方文明刚好与此相反，尽管社会经济发展迟缓，但有尊崇礼仪、奉守道德的社会风尚，人们之间相处和谐。一战引发的对中西方文化的思考使中国思想界开始正视中华传统文化的价值——显然，中华传统文化可以在人类文明的演进中继续扮演重要角色。

材料二十一 中华文化的当代意义不仅在于对中华民族生命发展具有重要性，对当代中国社会建设具有重要性，从人类生活面临的矛盾冲突也可进一步了解中华文化的价值所在和当代意义。当代人类生活面临着五大冲突急需解决，即人与自然、人与社会、人与他人、人与自我(心灵)、文明与文明的矛盾冲突，这些矛盾冲突有史以来一直不同程度地存在，但现代性的展开加剧了这些矛盾，冲突日趋紧张，已经成为世界的难题。人们已经越来越认识到，仅靠西方现代性的价值是不可能解决这些矛盾、化解这些冲突的。有识之士把眼光转向包括中华文明在内的其他文明。

——陈来：《中华文化的当代价值与意义》，载《人民日报》，2017－03－17

教师设问： 根据材料二十一，指出当代人类生活面临哪些矛盾，中华文化在当代有何价值。（参考答案：矛盾——当代人类面临人与自然、人与社会、人与他人、人与自我、文明与文明的矛盾冲突。价值——中华文化有助于解决人类生活面临的矛盾和冲突）

教师引导学生分析： 在当今世界，人类社会面临着各种矛盾冲突，造成了生态、社会、精神以及价值危机。中国传统文化有自己独特的价值体系，可以为解决当今人类面临的难题提供借鉴。例如，中华文化的“天人合一”，关注人与自然的和谐，有利于化解人与自然的紧张关系；“忠恕之道”秉承己所不欲，勿施于人的精神，有利于处理人与人的矛盾冲突；“和而不同”的态度有利于处理不同文明之间的关系；“群己合一”之道有利于解决个人与社会的矛盾。中华文化中许多思想理念为解决当代人类面临的冲突提供了有益的启示。

(设计意图) 通过对一战以后中西方文化的思考，引导学生认识中华传统文化的价值与世界意义，理解民族文化需要在时代变革中与时俱进，各种文明之间只有超越分立、相互尊重、取长补短、协同进步才能实现人类社会的永恒发展。本环节指向的是：(1)时空观念素养水平 4——能够选择恰当的时空尺度对其进行分析、综合、比较，在此基础上作出合理的论述。(2)史料实证素养水平 2——能够尝试运用史料作为证据论证自己的观点。(3)家国情怀素养水平 3、4——能够把握世界历史发展的进步历程，形成正确的世界观、人生观、价值观和历史观。

【课堂小结】

教师引导学生小结： 中华民族经几千年而独创的传统文化，具有很强的自新能力，能不断以民族精神与时代精神相调节，对内适应千百年来的时代变迁，对外表现出强大的吸纳能力与融通能力。在当今世界发展的进程中，我们应向世界展现中华文化的魅力，把中华文化中跨越时空、超越国度、富有永恒魅力、具有当代价值的文化精神传播到世界上的每个角落，讲好中国故事，为世界发展提供中国智慧。

第二单元

丰富多样的世界文化

第 3 课

古代西亚、非洲文化

教学设计 1

柯志强　安徽省铜陵市第五中学

一、教材分析

本课是统编教材《文化交流与传播》第二单元《丰富多样的世界文化》第 1 课。《普通高中历史课程标准(2017 年版 2020 年修订)》对本单元的要求是：通过了解世界各主要区域文化，理解世界文化的多样性；认识世界各国、各地区、各民族对人类文化发展所作出的贡献。

由于地理环境和生产方式的差异，世界各地形成了多样化的区域文化。本课古代西亚与北非的文化即重要的例证。古代西亚的两河流域文化和尼罗河孕育的古埃及文化，深刻影响了地中海周边区域。阿拉伯人继承了西亚、北非、古希腊、古罗马文化的传统，创造出自己独特的文化，阿拉伯帝国成为沟通东西文化的桥梁。

二、学情分析

学生在初中阶段已经学习了古代埃及、古代两河流域、阿拉伯帝国等相关内容，具有一定的知识储备。《中外历史纲要(下)》第 1 课《文明的产生与早期发展》、第 2 课《古代世界的帝国与文明的交流》和第 4 课《中古时期的亚洲》中亦涉及本课内容。这些为学生进一步开展本课学习作了良好的铺垫。

然而，学生学习本课仍有一定难度。一是本课内容的时间跨度长，从公元前 3000 年左右至公元 8 世纪以后；二是本课内容的空间范围广，从西亚、非洲到地跨欧、亚、非三洲的阿拉伯帝国。这需要学生在不同的时空背景下转换思维，对各地区的文化进行联系和比较。同时，本课涉及的内容距离学生的生活较远，且古代西亚文化、北非文化以及阿拉伯文化与中华文化相比有很大差异，这些需要教师补充史料，建构情境，并设置相应问题，从而引导学生完成学习任务。

三、教学目标

1. 通过了解古代西亚文化、古代埃及文化以及阿拉伯文化，理解人类文化的多样性。

2. 通过分析《吉尔伽美什》史诗、《汉谟拉比法典》、古埃及金字塔及神庙建筑，以及阿拉伯文化的形成与发展过程，概括这些地区文化的特点。

3. 从地理环境、政治、经济、宗教等方面理解多元文化形成的原因。

4. 认识古代西亚文化、古代埃及文化、阿拉伯文化对人类文化发展所作出的贡献。

四、教学重难点

重点：认识古代西亚、古代埃及、阿拉伯的文化成就。

难点：概括各地区文化的特点，理解多元文化形成的原因。

五、教学过程

【导入新课】

图1　刻着楔形文字的泥板①

教师讲述：1625年，意大利探险家彼得罗·代拉·瓦勒来到了两河流域。在荒漠中，他发现了一些刻有奇怪文字的残破泥板，并将这些泥板带回了欧洲，引起了广泛关注。1700年，英国学者托马斯·海德将其定名为"楔形文字"。当时无人能识读这种神秘的古文字。然而，1835年，英国军官罗林森到伊朗担任军事顾问。公务之余，他多次爬上贝希斯敦小镇附近的峭壁拓制楔形文字的碑文，这片碑文颂扬了大约公元前500年波斯国王大流士一世的军事胜利，包含三种不同但又相互关联的楔形文字即古波斯文、巴比伦文和埃兰文。这三种文字互为译文，成为破解楔形文字的关键。什么是楔形文字？楔形文字究竟是谁创造的？楔形文字的背后透露了怎样的文化信息呢？让我们一同走进本课的学习。

(设计意图)以楔形文字的发现和破译过程设置悬疑，从而激发学生探究本课内容的兴趣。本环节指向的是：(1)时空观念素养水平2——能够将某一史事定位在特定的时间和空间框架下。(2)史料实证素养水平1——能够从所获得的材料中提取有关的信息。

① [美]斯波德克著，陈德民译：《全球通史》，上海：上海社会科学院出版社，2017年，第58页。

【学习新课】

(一)泥板上的记忆——古代西亚文化

材料一 约从公元前3300年开始,最早的苏美尔书吏出于商业上的目的,开始使用书写文字来标记商品包裹的内容、主人的名字,并且把这些信息在单子上分类列出。他们用骨棒和中空的芦苇秆做笔,在泥板上刻画出象形文字,用图画形式表现书写的内容。到公元前3000年,他们已能够用楔形的符号——就是我们所说的楔形文字,来表述图画内容的主要特征。有的楔形符号代表整个词语,但其他一些符号代表构成词语的单个语音。……考古学家们已发掘出数万块苏美尔泥板,上面刻有文学作品和有关商业贸易的记载。这些泥板已被送到世界各地的研究机构供研究。

——[美]斯波德克著,陈德民译:《全球通史》,上海:上海社会科学院出版社,2017年,第57页

教师设问: 楔形文字是谁创造的?有何特点?研究泥板上书写的楔形文字有何意义?(参考答案:创造者——苏美尔人。特点——以芦秆等为书写工具,以泥板为书写材料,主要用作商业记录。意义——有助于了解古代两河流域文明发展的进程)

教师引导学生分析: 约公元前3000年,两河流域南部的苏美尔人创造了成熟的楔形文字。由于苏美尔人用的是芦苇秆、骨棒或木棒做成的、尖头呈三角形的"笔",落笔处印痕较为深宽,提笔处较为细狭,后来人们就把这种古文字称为楔形文字。苏美尔人不懂得造纸,他们将粘土做成方形的泥板,在芦苇、骨棒或木棒上削出三角形尖头,再在泥板上刻字,然后把泥板晾干或用火烤干,这就是泥板文书。苏美尔人的大部分文字材料都是刻在这种泥板上才保存下来。通过这些泥板文书,人们得以揭开古代西亚苏美尔文明的神秘面纱。

(过渡)随着楔形文字的成熟,记录的文字内容也变得越发复杂。据学者统计,泥板文书中绝大部分是商业和行政记录,也有少部分的文学作品,包括神话、史诗、诗歌、故事、格言以及历史性的记录等,从形式到内容都很丰富多彩。其中,最著名的是《吉尔伽美什》史诗。借此我们可以进一步了解古代西亚人民的想象力和世界观。

材料二 《吉尔伽美什》史诗最引人注目的特征在于诗的十足的力度和惊人的世俗性,因为它记载的完全是一位人类英雄在一个受到不可避免的死亡法则支配的世界上的冒险经历和热望。在经历艰苦的战斗和爱情遭遇之后,吉尔伽美什向一对老年夫妇寻求永生的秘密。这对老夫妇在上帝决定发洪水毁灭整个人类时躲在一条方舟中而幸免于难。他们告诉吉尔伽美什永生是不可能得到的,不过他们告诉他一种至少可使他恢复失去的青春的植物的方位。吉尔伽美什历经艰辛从海底搞到了这种植物,但不幸的是,由于未加防备,在吉尔伽美什熟睡之际,一条蛇把它吞吃了。(据该史诗的说法,这就是蛇通过蜕皮每年获得一次新生的原因。)因而这位渴求永生的英雄不得不承认,他应及时行乐,不要担心明天会发生什么事:"吉尔伽美什,你将漂向何方?/你所追求的永生,永远无法得到,/因为上帝造人之际,就让死亡与人相伴。/……吉尔伽美什,穿上新衣,沐浴首身去吧。/凝望挽着你手的儿女,/愉悦怀中娇妻。/人应关心的,唯有这些事。"

——[美]菲利普·李·拉尔夫等著,赵丰等译:《世界文明史》上卷,北京:商务印书馆,

1998年,第59—60页

教师设问:《吉尔伽美什》史诗有何文学特征?反映了古代西亚人民怎样的价值观念?(参考答案:文学特征——世俗性。价值观念——悲观主义的情感)

教师引导学生分析:史诗的主角吉尔伽美什是真实存在的历史人物——公元前2600年左右当政的一位苏美尔国王。他的卓伟功业大大激发了当时人们的想象力,有关他的传奇故事被广为传颂。经过几个世纪的口耳相传,吉尔伽美什的故事变得越发神奇,以致最后几乎完全成了虚构。《吉尔伽美什》史诗展现了一个诸神的世界。在诸神面前,人类是被动的、恐惧的臣民。然而,吉尔伽美什既不顺从于人,也不顺从于神,情感丰富,极具个性。在故事中,为了拯救好友恩奇都,吉尔伽美什历尽艰苦,找到了能令人长生不老的不死之草,但最后又被蛇偷走,恩奇都最终难免一死,吉尔伽美什终于认识到,痛苦和不幸在人类生活中是不可避免的。这首史诗生动地反映了人们探索生死奥秘这一自然规律的愿望,也表现了人们反抗神意但最终难免失败的悲剧色彩。值得一提的是,《吉尔伽美什》史诗中描写了"天堂的故事""大洪水的故事"很可能是希伯来人《圣经》中"失乐园""诺亚方舟"等故事的原型。

材料三 苏美尔人及其后继者的宗教信仰深受自然环境的影响,尤其是底格里斯河和幼发拉底河每年河水泛滥的影响。北部地区的大雨加上扎格罗斯山脉和托罗斯山脉上的积雪,常常引起特大洪水,洪水不是充满灌溉沟渠,而是毁坏了农田。在苏美尔人眼里,他们的洪水之神尼诺塔不是一位慈善的神,而是一位恶毒的神。苏美尔人的文学作品中,常可见到这样的词句:

猖獗的洪水啊,没人能和它对抗,
它使苍天动摇,使大地颤抖……
庄稼成熟了,猖獗的洪水来将它淹没。

对每年洪水泛滥的恐惧,加之永远存在的外族入侵的威胁,使苏美尔人深深地感到,仿佛自己正无依无靠地面对着许多无法控制的力量。有一首苏美尔人的诗写道:"只有人,他的寿命不会很长,无论他做什么,只是一场虚无。"美索不达米亚人的人生观带有恐惧和悲观的色彩,这反映了自然环境的不安全。

——[美]斯塔夫里阿诺斯著,吴象婴等译:《全球通史:从史前史到21世纪》上册,北京:北京大学出版社,2006年,第61页

教师设问:为什么古代西亚人民对大洪水印象深刻并表现出悲观主义的情感?(参考答案:受自然环境的影响)

教师引导学生分析:河流与人类的孕育和文明的发展息息相关,美索不达米亚是地处底格里斯河与幼发拉底河之间的冲积平原,土壤肥沃,河流冲击而来的黏土被人们用于制作书写的泥板,而河流两岸盛产的芦苇不仅被用作书写的笔,更是建造房屋的重要材料,其作用相当于现代建筑中的钢筋,可以提升墙壁的坚固性。美索不达米亚因其形状恰如一弯新月,故而有"新月沃土"的美誉。然而美索不达米亚气候恶劣,再加上底格里斯河和幼发拉底河泛滥不定,人们无法把自然视为可以依赖的繁衍生息的因素。另外,由于美索不达米亚是片开阔的平原,周围没有可以倚仗的屏障,以致屡屡遭受外来入侵,政权更迭频繁。因此,苏美尔人对来世的看法相当悲观,他们认为,人死之后灵魂很快就会消失,没有人能在另一个世界复活并享受永生。所以他们不注重后事的操办,没有加工木乃伊、精心营造陵墓的习

惯，随葬品也较少。两河流域那难以预测的洪水，使得河畔的农人饱受命运的捉弄，战争的频繁更增加了命运无常的感叹。①

(过渡)面对现实生活的不确定性和人与人之间的不安全感，美索不达米亚人注重编制完备的法典来消除各种潜在的冲突，以维护社会秩序的稳定。其中，《汉谟拉比法典》是最杰出的一部。

材料四 《汉谟拉比法典》部分条款

第6条：如果一个人盗窃了寺庙或商行的货物，处死刑；接受赃物者也应处死刑。

第23条：如果没有抓获拦路的强盗，遭抢劫者须以发誓的方式说明自己的损失，然后由发生抢劫案的地方或地区的市长或地方长官偿还损失。

第196条、第197条：如果一个人伤了贵族的眼睛，还伤其眼；如果一个人折了贵族的手足，还折其手足。

第203条、第205条：如果贵族阶层的人打了贵族出身的人，须罚银一明那；如果任何人的奴隶打了自由民出身的人，处割耳之刑。

——摘编自[美]斯塔夫里阿诺斯著，吴象婴等译：《全球通史：从史前史到21世纪》上册，北京：北京大学出版社，2006年，第62页

图2 《汉谟拉比法典》石碑顶部的浮雕

教师设问：根据材料四，《汉谟拉比法典》的内容反映了古代西亚地区怎样的社会面貌？(参考答案：保护私有财产；信奉同态复仇；奴隶制社会形态)

教师引导学生分析：汉谟拉比(约公元前1792—前1750年在位)是古巴比伦王国的著名君主，他雄才大略，功勋卓著，统一了两河流域。然而真正令他名垂青史的是他颁布了《汉谟拉比法典》，这是迄今所知最古老的较为完备的成文法典。当时，奴隶制经济和商品贸易急速发展，土地私有制、奴隶制更加完善，各种经济活动频繁，人们对公正法律裁判的需求空前增强。汉谟拉比在之前法律的基础上，不断增补完善，最终形成了《汉谟拉比法典》。汉谟拉比将法典镌刻在石碑上、泥板上，知名度最高的《汉谟拉比法典》镌刻板，是在一块黑色玄武岩石柱上。石柱顶端雕刻的是太阳神沙玛什和汉谟拉比，备受古巴比伦人崇拜的太阳神沙玛什端坐宝座上，汉谟拉比恭敬地站在他的面前，沙玛什郑重地将象征执行法律权力的权杖和圆环交给汉谟拉比。石刻图案下方是法典全文，包括序言、正文和结语，采用楔形文字铭刻。法典正文列出了282条法规和惩罚条例，包括司法、刑法、公民权利义务法、田宅不动

① 马克垚主编：《世界文明史》(第二版)上，北京：北京大学出版社，2016年，第32页。

产法、借贷和管理法、婚姻法、继承收养法、伤害赔偿法、奴隶买卖法等，覆盖社会生活的方方面面。其中规定的社会等级差别、赋税义务、同态复仇原则等具有古代社会的典型特征。

(设计意图)泥板是书写载体，刻在泥板上的楔形文字是研究古代西亚文化的重要资料。通过对《吉尔伽美什》史诗、《汉谟拉比法典》的解读，引导学生理解古代西亚人的生活态度和价值观念受到生存环境的影响以及他们对社会秩序的重视与维护。本环节指向的是：(1)时空观念素养水平2——能够将某一史事定位在特定的时间和空间框架下。(2)历史解释素养水平2——能够在历史叙述中将史实描述与历史解释结合起来。

(过渡)底格里斯河、幼发拉底河滋养了美索不达米亚，使这一地区的文化在很早就达到相当成熟的水平，而发祥于尼罗河、地处北非的古代埃及文化亦毫不逊色。

(二) 尼罗河的赠礼——古代埃及文化

材料五 尼罗河流域土地肥沃，给人类提供了大量农业财富；不仅如此，尼罗河年复一年地在夏季数月定期泛滥，并总是在不误作物茁壮成长的季节退潮。因而，埃及人感到大自然是可以预测的和宽厚仁慈的。此外，由于尼罗河谷受到沙漠和红海的环抱，埃及相对说来不易受到外族入侵的威胁。……从各方面来说，希腊历史学家希罗多德确实有理由把埃及称为“尼罗河的赠礼”。

——[美]菲利普·李·拉尔夫等著，赵丰等译：《世界文明史》上卷，北京：商务印书馆，1998年，第81—82页

教师设问：为什么埃及会被称为“尼罗河的赠礼”？(参考答案：自然条件优越，适宜农业生产；河水定期泛滥，便于掌握自然规律；有自然屏障，不易受到外来入侵)

教师引导学生分析：古埃及位于非洲东北角，世界上最长的河流尼罗河贯穿埃及南北。每年尼罗河定期泛滥，洪水过后河的两岸沉积着一层厚厚的肥沃的黑色土壤，这是埃及赖以发展农业的基础。凭借长年的经验，埃及人发现尼罗河河水开始上涨的这一天，拂晓时分，天狼星总会出现在地平线上(偕日升)。于是，他们把这天作为起点，制定了一年365天的太阳历。太阳历是古代世界最精确的历法之一。尼罗河谷两侧的沙漠使得埃及免受来自东方和西方的外部侵略；位于河流上游、极为险峻且无法逾越的大瀑布，在南方提供了阻挡努比亚的天然屏障；地中海则成为埃及北部的防御边界。

材料六 在埃及有记载的5000年历史中，前2500年通常都是在本土王朝的统治之下。国王的统治大约始于公元前3100年，其间除了少数例外，持续了将近2600年，那是一段史无前例的有着政治和文化的连续性的时期。

——[英]迈克尔·伍德著，刘耀辉译：《追寻文明的起源》，杭州：浙江大学出版社，2011年，第115页

教师设问：埃及独特的地理环境对其早期国家和文化发展产生了怎样的影响？(参考答案：较早实现并长期保持统一，有利于文化发展的连续性)

教师引导学生分析：尼罗河得天独厚的优越环境使古埃及成为一个长期处于同一王朝统治下的统一的大河流域国家。大约公元前3100年，古埃及得到统一，直到公元前525年被波斯人征服，这2500多年间只有三个帝国统治过古埃及，而且这三个帝国相间隔的时间也都相当短暂。这对于早期埃及文化的发展至关重要。

材料七 公元前3100年前不久，他们有了一种叫作“象形文字”的文字体系。……文字确实大大增加了行政管理的效能，同时显然是埃及古代政治史上最重大的事件，即南北埃及的统一的先决条件。

——[美]菲利普·李·拉尔夫等著，赵丰等译：《世界文明史》上卷，北京：商务印书馆，1998年，第82页

材料八 数百年来，苏美尔人和埃及人一直都在黏土上写字。……但是黏土板很重，既不好存贮，也不便携带，这使得它能存贮的信息非常有限。公元前3000年左右，一名埃及史官发现，可以在纸莎草上写字。……比较起来，纸张就容易携带得多。信息可以卷起来，掖在衣服或口袋里。尼罗河流域的官僚统治者住得比较分散，南北之间的沟通就需要用这种简便方式来完成；如果一个信使需要背着三四十斤重的黏土从尼罗河上游走到下游，可想而知会有多么不便。

——[美]苏珊·鲍尔著，李盼译：《古代世界史》，北京：北京大学出版社，2011年，第32—33页

教师设问：根据材料七、八，还有哪些因素有助于早期埃及实现并保持统一？（参考答案：象形文字的发明；书写材料的变革）

教师引导学生分析：几乎与古美索不达米亚同时，早在公元前3500年至公元前3000年，古埃及便出现了书面文字。与楔形文字不同，古埃及人创立了被称为“象形文字”的书写体，这一文字的使用有助于政府对于国家进行统一有效的管理。最初，古埃及书吏与美索不达米亚人一样在泥板上书写，幸运的是，埃及有纸莎草这种在尼罗河三角洲地带遍地都是的植物，古埃及人把这种草压平晒干，制成莎草纸，再用象形文字作记录，然后可把它们卷成桶状储存起来或传送出去。从此，古埃及人拥有一种廉价的书写原料。与在泥板上书写相比，在莎草纸上书写文字更加便于携带和传送。因而莎草纸不仅成为古埃及的通用书写材料，而且通过古埃及人的传播被古希腊和古罗马采用。

(过渡)尼罗河给两岸带来了肥沃的土地，这让生活在这里的早期古埃及人衣食无忧，也让他们有更多的时间开始思考一些超越日常生活的问题。渐渐地，宗教开始出现，古埃及人对死亡以及有关肉体和灵魂的问题有了新的认识，并因此推动了人类建筑史上奇迹的出现。

材料九 金字塔在埃及语中的意思是“上升之地”，……毫无疑问，所有文明都通过建造这种大型公共象征物来证明他们统治大众的合理性。还有什么能够让国王的真实权力受到更多敬畏呢？不过，金字塔不仅仅是威权主义建筑的早期表现。现在，学者们相信，在埃及金字塔之中，死去的国王是太阳神的化身。……这是埃及人想象力的典型特征——以物质形式呈现不朽观念。在冬季的吉萨，人们经常可以看到阳光刺破云层，光辉呈金字塔形洒向大地：这是太阳的光芒形成的天堂之梯，“聪敏英明的国王可以由此升华为不朽的星辰”。

——[英]迈克尔·伍德著，刘耀辉译：《追寻文明的起源》，杭州：浙江大学出版社，2011年，第123页

教师设问：根据材料九，古埃及人为什么要建造金字塔？（参考答案：国王证明统治的合理性；相信灵魂不朽）

教师引导学生分析：金字塔的修建不仅反映了古埃及人的精神追求和生死观念。同时，也是古埃及中央集权制的产物。由于统一王国的建立，埃及法老可以随心所欲地集中全

国的人力、物力、财力为他修建金字塔。长期以来，人们一直认为规模巨大、工程浩繁的金字塔是法老征集和役使大量奴隶修建的，然而1991年考古学家在吉萨高地的金字塔附近发掘出一片墓地。考古发掘和研究表明，为了建造胡夫金字塔，大约有1万名工人轮流工作，其身份并不是人们普遍以为的奴隶，而是可以拿到报酬、食宿全部免费的自由人。①

如果说金字塔的建造代表了古埃及早期建筑史的最高成就，那么神庙则是古埃及后期建筑的辉煌点。王权理论的成熟是神庙建筑发达的重要推动力。在古埃及人的宇宙、社会观中，神定的秩序是最基本的概念，而国王作为神在人间的代理负责维持这种秩序，他的成功意味着人类对神最好的回报。神庙是神在人间的居所，也是以法老为首的人们向神供奉、与神交流的神圣之地，是神定秩序的运转中心。此外，历届法老都在即位之初大兴土木，也是对创世主原初创世活动的模仿，通过这种模仿，表达创世需要不断重复进行的思想，从而强调法老在人间的活动的神圣目的。②

大型建筑的修建对数学水平的要求很高。在数学领域，古埃及人在测量方法方面成就卓著。他们最早把圆分成360度，并注意到所有圆的圆周率都是一样的。此外，他们还发明了计算三角形的面积及金字塔、圆柱体和半球的体积的方法。

受灵魂不死观念的影响，古埃及人深信：人死后灵魂只有与尸体相结合才能获得永生。为了追求永生不灭，就必须永久地保存尸体，为了使灵魂和肉体实现共存共生，古埃及人发明了制作木乃伊的技术。在制作木乃伊的过程中，古埃及人积累了解剖学方面的知识，为医学的发展奠定了坚实的基础。经过长期的探索实践，他们对人的生理状况和人体器官及其功能有了较为全面的了解，认识到心脏是人体之本以及脉搏与心脏跳动的关系。

材料十 埃及文明的类型与美索不达米亚文明的类型形成对照，是一种帝国文明而非城市文明。这一文明之所以颇为稳固且延续很长时间，主要得益于其地理环境。埃及是一个长时间处于同一王朝统治下的统一的大河流域国家。……埃及与美索不达米亚不同，没有因不时的外族入侵而引起的万花筒似的帝国更换。……埃及文明是稳定而保守的。此外，它还是一个自信而乐观的文明，这在一定程度上是因为与每年会爆发毁灭性的、不可预测的洪水的底格里斯河和幼发拉底河不同，尼罗河是一条温和的可预测的大河。虽然美索不达米亚人将他们的洪水之神视为冷酷无情的恶神，但埃及人却把他们的洪水之神看作是"它的到来会给每个人带来欢乐"的喜神。

——[美]斯塔夫里阿诺斯著，吴象婴等译：《全球通史：从史前史到21世纪》上册，北京：北京大学出版社，2006年，第64页

教师设问：根据材料十，古代埃及文明与古代西亚文明有何差异？为什么会产生这种差异？（参考答案：差异——古代西亚文明是一种城市文明，抗争悲观，注重现世，而古代埃及文明是一种帝国文明，自信乐观，注重来世。原因——地理环境、政治制度、宗教信仰的差异）

教师引导学生分析：古代埃及文明和古代西亚文明都依托河流发祥，有不少共同之处，但也存在巨大的差异。由于地理环境的不同，埃及更容易形成统一的集权体制，而两河流域

---

① 雷钰、苏瑞林著：《埃及史话》，北京：中国书籍出版社，2014年，第65页。

② 马克垚主编：《世界文明史》（第二版）上，北京：北京大学出版社，2016年，第128页。

在最初的国家形成时，就出现了十二个城邦国家，后来政权更替不断，外族入侵严重。从经济上看，受尼罗河河水定期泛滥的影响，古埃及始终以农业为主，而两河流域由于多变的政治状况，民众拥有较多自由，十分有利于商业发展。宗教信仰上，古埃及人特别关心来世，相信灵魂不朽，而古西亚人虽然祈祷神灵，但求的是现世的福祉而非永生。

(设计意图)尼罗河对古代埃及文明的发展有重要影响，通过对尼罗河的地理特征和水文特点的分析，理解地理环境与古代埃及的建筑、数学、医学等领域成就之间的关系。通过古代埃及与古代西亚文明的比较，认识到文明的多样性受不同自然环境和社会条件的影响。本环节指向的是：(1)唯物史观素养水平 3、4——能够将唯物史观运用于历史学习、探究中，并将其作为认识和解决现实问题的指导思想。(2)历史解释素养水平 4——在独立探究历史问题时，能够在尽可能占有史料的基础上，尝试验证以往的说法或提出新的解释。

(过渡)古代西亚、古代埃及作为人类文化起源较早的两个地区，创造出璀璨光辉的文化形态，但最终湮没在人类历史发展的长河中。公元 8 世纪，一种崭新的文化迅速崛起，对东西方文化的交流与发展起到重要作用。

(三) 东西交融的结晶——阿拉伯文化

材料十一　西方人通常不分青红皂白地看不起拜占庭希腊人，却对穆斯林往往较为尊敬和畏惧。在这方面他们也许是有道理的，因为伊斯兰在其鼎盛时期确实是世界上最伟大的文明之一。虽然它组织较为松散，但它借助于一种伟大的宗教和共同的制度，把阿拉伯人、波斯人、土耳其人、印度人以及非洲不同部落的人团结在一起。这种多民族的联合是伊斯兰文化的一个界标，它不仅造就了一个出类拔萃的多元的社会，而且创造了一种有着许多独创发现和成就的卓越的遗产。

——[美]菲利普·李·拉尔夫等著，赵丰等译：《世界文明史》上卷，北京：商务印书馆，1998 年，第 517—518 页

教师设问：结合材料十一和《7—9 世纪的阿拉伯帝国》①地图，分析西方人为何“对穆斯林往往较为尊敬和畏惧”？（参考答案：阿拉伯帝国的扩张和创造了多元灿烂的阿拉伯文化）

教师引导学生分析：阿拉伯人生活在阿拉伯半岛，多部落并存，相互混战。7 世纪初，穆罕默德创立伊斯兰教，后来，阿拉伯半岛基本实现统一。7 世纪中期开始，阿拉伯人大规模向外扩张，先后征服叙利亚、两河流域和北非的广大地区，到 8 世纪中期阿拉伯帝国成为地跨亚非欧的大帝国，对西方的基督教国家产生严重威胁。阿拉伯人广泛吸收被征服地区的文化，创造了多元灿烂的阿拉伯文化。

材料十二　故事小说是阿拉伯文学宝库中一枝瑰丽的花朵。脍炙人口的《天方夜谭》就是典型代表。它以波斯的《一千个故事》为基础，吸收了印度、希伯来、埃及和阿拉伯等民间故事，于 10 世纪前半叶形成初稿，经过几百年的发展，不断补充和完善，直到 16 世纪，才最后定型，成为分夜讲述的连环故事记，从而才有了《一千零一夜》的名称。《天方夜谭》有童话、寓言、传奇、轶事以及历险、恋爱和历史故事等，生动地反映了阿拉伯帝国境内各族人民，

① 张芝联、刘学荣主编：《世界历史地图集》，北京：中国地图出版社，2002 年，第 52 页。

以及印度和中国等东方各国人民的生活习俗、风土人情和社会制度。

——吴于廑、齐世荣主编：《世界史·古代史编》下卷，北京：高等教育出版社，1994 年，第 147 页

教师设问：《天方夜谭》反映了阿拉伯文化怎样的特点？（参考答案：兼容并蓄，广泛吸收和融合了东西方各种文化的精华）

教师讲述：除文学外，阿拉伯人在数学、天文学、医学等科学领域也取得突出成就。印度的数字被阿拉伯人吸取，"阿拉伯数字"在全世界广泛传播。伊本·穆萨的《积分和方程计算法》，把代数学发展为独立学科。白塔尼证明了发生日环食的可能性，他的《萨比天文历表》传入欧洲后，对欧洲天文学产生很大影响，曾被哥白尼等人多次引用。伊本·西那的《医典》是一部医学全书，传入欧洲后被翻译成拉丁语，长期作为医学的标准教科书。

材料十三 伊斯兰文明的发源地是世界上最大的半岛之一阿拉伯半岛。……半岛地处几个古老文明的中间，非常有利于文化交流和融合。半岛的西边跨过红海和西奈半岛与非洲的大国埃及相邻，北部与巴勒斯坦和叙利亚接近。从半岛的东北方向延伸过去，就是古老的两河流域；跨过东边的海洋，是亚洲的大国印度。

——马克垚主编：《世界文明史》（第二版）上，北京：北京大学出版社，2016 年，第 348—349 页

材料十四 巴格达的地势，适于做一个航运中心，便于与当时所认识的全世界进行充分的联系。巴格达城的码头，有好几英里长，那里停泊着几百艘各式各样的船只，有战舰和游艇，有中国大船，也有本地的羊皮筏子。……市场上有从中国运来的瓷器、丝绸和麝香；从印度和马来群岛运来的香料、矿物和染料；从中亚细亚突厥人的地区运来的红宝石、青金石、织造品和奴隶；从斯堪的纳维亚和俄罗斯运来的蜂蜜、黄蜡、毛皮和白奴；从非洲东部运来的象牙、金粉和黑奴。

——[美]菲利浦·希提著，马坚译：《阿拉伯通史》上，北京：新世界出版社，2008 年，第 277 页

材料十五 阿拔斯王朝对获得其他社会的知识给予了官方支持，他们邀请外国学者来到巴格达宫廷，赞助把希腊语、拉丁语和梵语的文学和科学作品翻译成阿拉伯语和波斯语。到公元 10 世纪，穆斯林和犹太人、基督教和琐罗亚斯德教的翻译家已经为穆斯林获得外国的知识准备了大量图书。

——[美]本特利、齐格勒著，魏凤莲译：《新全球史：文明的传承与交流》（第五版）第一卷，北京：北京大学出版社，2014 年，第 402 页

教师设问：结合材料十三至十五，分析为什么阿拉伯人能够创造多元灿烂的文化？（参考答案：阿拉伯地处东西方文化的交汇点；阿拉伯帝国内经济交流频繁；阿拉伯帝国官方的支持）

教师引导学生分析：阿拉伯半岛地处东西方文化的交汇点，周边是各类古代文明的发祥地，便于吸收各种文化的成果。阿拉伯帝国的经济繁荣，阿拉伯商人辗转世界各地，视野开阔，信息交流渠道通畅。帝国统治者对文化交流持开放的政策，他们重视教育，热心发展科学文化事业，政府主持兴办各类科学研究机构，鼓励翻译各地的科学文化著作。例如，哈里发马蒙（813—833 年在位）曾派遣学者访问君士坦丁堡，向拜占庭皇帝索取希腊古典著

作，其中包括欧几里得的《几何学原理》。他还让学者把这些著作翻译成阿拉伯文，并以与译稿同等重量的黄金酬劳翻译的学者。马蒙在巴格达创立一所规模宏大的学术研究中心——智慧馆，集中存放从各地搜集来的文化典籍，并聘请基督教徒、犹太教徒、袄教徒等信仰其他宗教的学者从事科学研究和培养人才。① 辽阔的地域、繁荣的经济、开放的政策特别适合各种文化的传播与融合，最终在文化上形成一个包容多元的阿拉伯文化区。这个文化区，既有古代东方文化的韵味，又有西方文化的气质。因此，阿拉伯文化是东西方文化的综合和创新。

材料十六 伊斯兰势力掌握了丰厚的资源，取精用宏，……一时之间，中东文明，无论文学、艺术、数学、科技，均有十分可观的成就。此时也正是欧洲处于文化黑暗期，新近闯入欧洲的蛮族，还未能继承古典文明。若没有伊斯兰世界保存了希腊罗马典籍，则后来的文艺复兴将无所凭借。伊斯兰世界学到东方文明，如中国的造纸术、印刷术、考试制度与印度的航海技术等，并将这些知识转介于欧洲。这一贡献，对于日后文明的发扬光大，功莫大焉。

——许倬云：《历史大脉络》，桂林：广西师范大学出版社，2009 年，第 82 页

教师设问： 根据材料十六，阿拉伯文化对人类历史的发展产生了怎样的影响？（参考答案：保存欧洲文化典籍，促进文艺复兴运动；促进东西方文化的交流，推动人类文明的进步）

教师引导学生分析： 阿拉伯文化兴起之时，西方正处于所谓“黑暗”的中世纪，人性被压抑，科学文化的发展也受到影响。而阿拉伯文化一方面借鉴吸收了欧洲的文化精髓，另一方面也“反哺”欧洲，对欧洲人文科学和自然科学的发展起到推动作用。十一世纪，欧洲掀起了一股翻译运动的热潮，起初是个人从事翻译，后建立专门的翻译学校，将阿拉伯各种著作译为拉丁文。显然，这种翻译运动是双向的，阿拉伯人曾一度热衷于这种翻译工作。八世纪中叶至十一世纪末叶阿拉伯文是国际性的语言，西方人受高等教育，必须学习阿拉伯文。② 同时，中国的造纸术、火药、指南针等，都先由阿拉伯人接受再传播到西方，促进了世界文明的进步。由此可见，人类创造的文化犹如一棵根深叶茂的大树，而各民族创造的文化犹如大树的枝干，不时交叉、汇合，彼此吸收对方的营养，并以各自的贡献来互相充实、丰富，从而在人类文化宝树上结出累累果实。

（设计意图） 阿拉伯帝国是一个幅员辽阔的、多民族的集合体，阿拉伯文化体现了兼容并蓄的特征。一方面，阿拉伯文化广泛吸取当时各地区优秀文化的成果；另一方面，阿拉伯文化也深深影响了其他地区文化的发展进程，形成双向互动的局面。本环节指向的是：(1)时空观念素养水平 4——能够选择恰当的时空尺度对其进行分析、综合、比较，在此基础上作出合理的论述。(2)历史解释素养水平 2——能够在历史叙述中将史实描述与历史解释结合起来。

【课堂小结】

教师引导学生小结： 由于人类在不同地域栖息、繁衍和发展，受不同自然环境和社会条

① 吴于廑、齐世荣主编：《世界史 · 古代史编》下卷，北京：高等教育出版社，1994 年，第 143—144 页。

② 唐宝才：《阿拉伯文化及其对世界的影响》，载《西亚非洲》，1981 年第 6 期。

件的影响，因此，形成了如古代西亚、古代埃及等多元类型的文化。文化的多元共存为各种文化的相互交流、取长补短提供了条件，阿拉伯文化正是在借鉴各种文化的基础上，成为东西方文化交融的结晶。

教学设计 2

盛刚　安徽省六安中学

一、教材分析

本课是统编教材《文化交流与传播》第二单元《丰富多样的世界文化》第 1 课。《普通高中历史课程标准(2017 年版 2020 年修订)》对本单元的要求是：通过了解世界各主要区域文化，理解世界文化的多样性；认识世界各国、各地区、各民族对人类文化发展所作出的贡献。本课包括古代西亚文化、古代埃及文化和阿拉伯文化三个子目的内容，主要讲述了古代西亚和古代埃及的文字、文学、艺术与科技等，概述了阿拉伯文化的内涵及阿拉伯人在文学和科学领域的突出成就。教材内容丰富，但因记述时间跨度长，地域空间范围广，涉及文字、文学、艺术、科技、法律等诸多方面，叙述头绪较乱，无明确承袭关系，不方便展开教学。

古代西亚、古代埃及文化是人类文明中的瑰宝，辉煌灿烂的文学、大放异彩的艺术、领先世界的科技、神政合一的法制等，均对后世产生了深远的历史影响。多样性与交融性是人类文化发展的基本特征，我们面临的困惑是：怎样理解文字在西亚、北非文明产生、延续和传播中的作用？如何在异彩纷呈的地域文化表象下理清多样性的基本状况及相互间的关系？阿拉伯文化为什么能够实现跨越时空的深度交融？古代西亚和古代埃及文化究竟给人类留下了哪些珍贵的历史遗产？本课内容庞杂，知识繁多，涉及文化异彩纷呈，需要教师重构教学内容，理清主线，这样才能更好地实现教学目标，提升学生历史学科核心素养。

二、学情分析

通过对学生《预习问题清单》的汇总、整理与分析，结合课程标准及自身教学实践，总结本课学生学习疑惑主要有：第一，如何准确定位古代西亚文化、古代埃及文化的时空范围及其交流、融合发展的基本脉络？第二，如何理清古代西亚文化、古代埃及文化与阿拉伯文化之间的关系？第三，如何从全球视角认识人类文化的多样性和交融性特征？第四，如何理解教材第 18 页“学习聚焦”中“阿拉伯文化融合了东西方的文化遗产，阿拉伯帝国成为东西方文化交流的桥梁”的深刻历史寓意？等等。教师应该引导学生以诸文明的时空坐标为切入口，精析典型素材，在明晰各文明发展代表性成就的基础上理清其相互交融的关系，并学会从全球视角诠释世界文明多样性的基本内涵，从而有效涵育学生历史学科核心素养。

三、教学目标

1. 通过阅读史料与绘制地图，了解古代西亚、古代埃及、阿拉伯文化的地域范围，培育时空观念素养。

2. 通过史料分析，突出文字在文明产生、延续及交流过程中的重要作用，掌握古代西亚文化、古代埃及文化和阿拉伯文化的主要成就、基本特点和历史影响，培育唯物史观、史料实证和历史解释等素养。

3. 探究诸文化的交流状况及其代表性物件的历史意蕴，体悟器物作为一种特殊的文化交融物化载体所体现的历史价值，思考历史与现实间的关系，培育时空观念、历史解释、唯物史观和家国情怀等素养。

四、教学重点难点

重点：理解古代西亚文化、古代埃及文化和阿拉伯文化的基本内涵。

难点：理解诸文化的基本特征；体悟诸文化间的关系及其对后世的影响。

五、教学过程

【导入新课】

材料一 世界古文明的发源地，如两河流域、尼罗河流域、印度河盆地以及古代中国的黄河流域等，均位于地理条件优越的热带、亚热带和暖温带气候区。其中两河流域位于西亚的美索不达米亚平原，在波斯湾的北部，该平原是幼发拉底河和底格里斯河冲击而成，土壤肥沃，地形平坦，光照充足，降水不太多，因为这里是热带沙漠气候，但这里有灌溉水源，因此孕育了古两河流域文明。古埃及90%以上的国土为沙漠所覆盖，只有尼罗河流域像一条绿色的缎带从南到北贯穿其间。在极端干旱的环境中，尼罗河泛滥的水资源不仅提供了生产、生活所需要的水，还将上游大量的营养土带到埃及，从而产生了古埃及的农耕文明。

——张宁、张纯成：《浅述地理环境与人类文明》，载《安阳师范学院学报》，2010年第5期

教师设问： 根据材料一并结合所学知识，分析古代文明产生的条件。（参考答案：自然地理环境；生产生活方式）

教师讲述： 文明的形成都发生于一定的地域内，地域的地理条件在一定程度上影响该区内文明的产生。不同的地理环境下，人类所创造出的文化景观也是不同的。当然，在我们强调自然环境对文明产生的基础作用时，绝不意味着要忽视人的能动作用。在不同的地理环境的影响下，各地的人们采用了不同的生产方式和生活方式，从而形成了不同发展程度的文明、民族心理素质以至社会制度。当然，文明的形成绝不是由某个单一因素或几个因素决定的，而是受到一系列因素的综合影响。

文化是在特定的时空中发展的历史产物，存在时代和地域的差异性。自然地理环境及

其相应的生产方式，带来了人类生活的多样性，影响着人类文化的多样性，如黄河流域的中华文化、两河流域的西亚文化、尼罗河流域的埃及文化等。不同地区在自然环境和物质资料、生产方式上的差异，以及生活方式的多样化，造就了多样的世界文化，多样的文化也记录着各民族历史发展的特殊性。

（设计意图）导入环节要做到点题、增趣。用文明产生与自然地理环境关系导入，既能设置悬念——为何世界各地文明多发源自大河流域？又契合本课主题——世界文化多样性。本环节指向的是：历史解释素养水平 2——能够选择、组织和运用相关材料并使用相关历史术语，对个别或系列史事提出自己的解释。

（过渡）西亚地区是人类文明的摇篮。西亚地区的两条大河——幼发拉底河和底格里斯河孕育了早期的人类文明。

【学习新课】

（一）融合辐射的古代西亚文化

材料二　古代西亚指的是今日土耳其、伊朗、伊拉克、叙利亚、黎巴嫩、约旦、以色列、沙特阿拉伯等国家所在地区。西方学者也常用“近东”一词来指称这一地区，因为从欧洲人的眼光来看，这一地区是离欧洲较近的“东方”。相对来说，离欧洲比较远的中国、日本、韩国则被称为“远东”。不过，不论是“西亚”或“近东”，在一般习惯中都是在讨论此一地区的古代历史和文明时才使用，而在谈到近代的历史和政治时，则用的是“中东”一词。

如果用地理区域来划分，和古代文化关系比较密切的几个地区分别是小亚细亚（土耳其）、两河流域（今伊拉克、叙利亚北部、伊朗）、叙利亚和巴勒斯坦地区（今叙利亚南部、约旦、以色列）。

——马克垚主编：《世界文明史》（第二版），北京：北京大学出版社，2016 年，第 21 页

教师设问：列举古代西亚的其他称谓及成因，并手绘世界地图草图，勾勒出古代西亚的基本轮廓，准确标注今日西亚诸国的具体位置。（参考答案：称谓——“近东”“中东”。成因——空间定义的主观性和相对性特征。绘图——略）

教师引导学生分析：从材料二可以看出，不同时段和地域的人们对西亚的称谓不尽相同，这主要源于空间定义的主观性和相对性特征，不论是“近东”，还是“中东”，都是定义者从自己的立场出发所进行的一种历史解释，我们需要结合现今的民族国家称谓认识西亚远古文明的大致空间范围，以期理清对该地的固化认知，还古代西亚文化一个相对客观的评判。

教师设问：阅读教材第 15—16 页，概括古代西亚文化的主要成就。（参考答案：楔形文字；《吉尔伽美什》等文学作品；建筑与雕刻；自然科学；《汉谟拉比法典》；等等）

（过渡）古代东地中海世界的物质精神交往历史，是不同文明体相遇和交融的历史，在此期间，古代两河流域的楔形文字成为当时不可或缺的语言工具和传播媒介。

材料三　阿卡德人在苏美尔楔形文字基础上创立了阿卡德楔形文字，并将它传遍巴比伦尼亚。……美索不达米亚的楔形文字对周边民族的影响很大。伊朗高原西南部的埃兰人，在苏美尔楔形文字的影响下创立了埃兰楔形文字。居住在小亚细亚的赫梯人……创立

了赫梯楔形文字。……波斯人也创立了自己的楔形文字。

——国洪更:《古代西亚的楔形文字》,载《阿拉伯世界》,2000年第1期

教师设问: 阅读教材第15页及材料三,归纳公元前3000年至公元前650年间楔形文字的演变规律,并指出苏美尔楔形文字传播的影响。(参考答案:规律——由简到繁,再到简。影响——楔形文字的发明对周边民族产生了深远影响,一度成为东地中海国家和地区广泛使用的文字书写系统)

教师引导学生分析: 文字是语言的固化,极大地扩展了人类物质交往和精神交往的时空。两河流域南部的苏美尔人创造的楔形文字是迄今所知世界上最早的文字,绵延三千余年,用楔形文字书写的文献浩如烟海,内容包括经济、宗教、政治、文学、法律、医学、教育等。随着时代的变迁和种族的迁徙,楔形文字被阿卡德人、巴比伦人、亚述人和波斯人等接受,并根据自己的实际情况和需要作了一些修改,因此得以在更大范围内流传,一度成为西亚地区外交上的通用文字,影响甚大。楔形文字的泥板文书是现代研究古代西亚历史文化的重要原始材料,其价值与中国的甲骨文和埃及的纸草书不相上下。

(过渡) 文字是文明的重要标志和传承的主要载体,也是促成口传文学向书面文学转变的直接因素,随着西亚文字的成熟,文学渐趋繁荣。伟大史诗《吉尔伽美什》就是其中的代表性作品之一。

材料四 死亡,是神与人不可逾越的界限。当吉尔伽美什意识到生命的渺小而想去珍惜、追寻时——不论他有什么样强悍的神性——说明他确是一位凡人。当然他更是一位英雄,承载着百姓期望,踏上了探求生命之谜的路途,不论成败。吉尔伽美什走向寻求长生不死的道路,但无果而终。他从水底深渊中取得了草药,却被一条蛇偷食:"他回来一看,这里只有蛇蜕的皮。"

——朱博约:《史诗〈吉尔伽美什〉的人本英雄观》,载《文学教育(上)》,2019年第7期

材料五 这个完整的故事直接借用了史诗《吉尔伽美什》。后者的顺序恰恰如此！按照大多数人的观点,我们就会看到,圣经故事的源头毫无疑问正是美索不达米亚的洪水故事传统。

——[美]加里·A·伦茨伯格:《〈吉尔伽美什〉洪水故事观照下的圣经洪水故事》,载《圣经文学研究》,2014年第2期

教师设问: 根据材料四、五并结合所学知识,概括《吉尔伽美什》史诗的价值及影响。(参考答案:价值——思想上、艺术上成就较大,体现了古巴比伦人们朴素的人生观和宇宙观。影响——对欧洲文化发展产生重要影响)

教师引导学生分析:《吉尔伽美什》是目前世界文学中已发现的最古老的一部英雄史诗,它以古老丰厚的内容和较高的艺术表现力而著称于世,汇集了古代两河流域的神话传说和英雄故事,是古代西亚文学的代表,全部史诗载于12块泥板,总共3 500行,是古代美索不达米亚最伟大的文学作品,是人类跨进文明时代门槛的最早记录。《吉尔伽美什》英雄形象的塑造,展示了人类的进取精神。积极的人生态度、建功立业留取功名是英雄应有的追求和情怀,这种情节与风气也影响到了古希腊等欧洲民族,古希腊神话和史诗作品中无处不体现这种勇于建功的人生态度。《吉尔伽美什》在世界文学史上占有特殊地位,对西亚各民族文学、古希腊罗马文学创作影响深刻,其中《圣经》中记载的诺亚方舟的故事就出自史诗《吉尔

伽美什》第十一块泥板。

(过渡)除文学繁荣外，古代西亚还创制了完备的法典。

材料六 两河流域由于地处东西方贸易和文化交流的必经之地；地理上，地形开放，无险可守，经常受到外敌的入侵和骚扰；在内部，民族矛盾重重，冲突不断，不同的民族在美索不达米亚这个大舞台上来去匆匆，现实生活急剧动荡。

——赵克仁：《两河文明与埃及文明的差异及原因探析》，载《西亚非洲》，2014 年第 1 期

教师设问：根据材料六，指出两河流域诞生完备法典的原因。（参考答案：地形开放，易遭受外敌入侵和骚扰；民族矛盾尖锐，现实生活动荡）

教师引导学生分析：两河流域拥有两河浇灌的肥沃原野，其四面敞开，易遭到攻击，苏美尔人、阿卡德人、阿摩利人、亚述人和迦勒底人，各民族之间代代你争我夺，他们之间相互残杀又相互继承，现实生活动荡不安，人们的不安全感和心理压力倍增。为了惩罚社会败类，保护当地人民的生命和财产，迄今已知世界上最早的较为完备的成文法典在这里诞生了。

材料七 （汉谟拉比）法典包括三个部分：序言、282 条法律条文和跋文。序言中有国王为全体臣民确立“正义与幸福”的华美辞句，但他所列举的事情是些国王对神庙的“善行”：粮食充积于神仓、宏大神庙的建立、举行隆重的祭典等等。跋文重复颂扬自己如何关心臣民的幸福，自称为“正义之王”，并号召大家一起诅咒那些胆敢损坏载有“神圣法律”的罪魁。法典内容包括：刑法、兵役法、亲属法、财产法、继承法及债务法等，也有关于公社成员的权利和义务及奴隶制度的条文，为法典所特别注意的是保护大奴隶主——包括大地主、房产主、僧侣、大商人和高利贷者——的利益。

——李季谷：《汉谟拉比法典中的古代巴比伦王国》，载《历史教学问题》，1958 年第 8 期

教师设问：根据材料七并结合所学知识，概括《汉谟拉比法典》的基本特征。（参考答案：宗教性；阶级性；全面性；神话性）

教师引导学生分析：《汉谟拉比法典》是由古代巴比伦王国第一王朝的第六个国王汉谟拉比颁布的，他在位时结束了古代两河流域各王国纷争割据的局面、建立了统一的王朝国家。法典全文铭刻在一根高 225 厘米，顶部圆周 165 厘米，底部圆周 190 厘米的黑色玄武岩柱上。石柱的顶端有精致的浮雕，汉谟拉比国王双手毕恭毕敬地从太阳神沙马什手里接受权杖，借此我们可知法典的神权色彩与阶级属性，但这并不影响其作为人类文明宝库中璀璨明珠的历史价值和地位。《汉谟拉比法典》由序言、正文和跋三部分组成。其中正文 282 条，内容包括诉讼程序、盗窃、军人份地、租佃、雇佣、商业、高利贷、婚姻、继承、伤害、债务、奴隶等方面，比较全面地反映了古巴比伦时期的社会状况，是世界上现存最早的较完备的成文法典。

(设计意图)通过七则材料，引导学生在了解西亚地理位置的基础上释读楔形文字，串联文字与文学、艺术、法律之间的关系，在动脑、动手、动口中得出结论，即古代西亚文化发达并影响周边国家和地区。本环节指向的是：(1)时空观念素养水平 2——能够将某一史事定位在特定的时间和空间框架下；能够利用历史地图等方式对相关史事加以描述。(2)历史解释素养水平 2——能够选择、组织和运用相关材料并使用相关历史术语，对个别或系列史事提出自己的解释；能够尝试从历史的角度解释现实问题。(3)史料实证素养水平 3——在探究

特定历史问题时，能够对史料进行整理和辨析。

（过渡）在尼罗河流域兴起的古代埃及文明与两河流域兴起的古代西亚文明因其人文地理环境类似而有着很多的相似性，然而这两种文明也存在着巨大的差异。提及古代埃及文明的兴起和埃及文化，首先要去认识一条著名的河流——尼罗河。

（二）悠久博大的古代埃及文化

材料八 大约在公元前6000年，盛行的大西洋雨水发生了转移，把青翠的平原变成了沙漠，迫使人们转移到靠近尼罗河的地方以便利用河水，发展农业，并逐步形成了一些被称为“斯帕特”的早期国家。

——裔昭印主编：《世界文化史》，北京：北京大学出版社，2010年，第39页

材料九 古代埃及的地理范围与现代埃及大体相同：它北临地中海，南部与努比亚（即今天的苏丹）接壤，而东部和西部则遍布着广袤的沙漠。著名古典作家希罗多德曾说过“埃及是尼罗河的赠礼”。这正如中国文明起源于黄河、美索不达米亚文明起源于幼发拉底河和底格里斯河那样，埃及文明起源于一条沿尼罗河两岸分布的充满生机的绿色狭长地带。

——郭丹彤：《论自然环境对古代埃及文化的影响》，载《东北师大学报（哲学社会科学版）》，2000年第4期

教师设问：请手绘埃及地理位置草图，标注尼罗河、开罗的大致位置，并根据材料八、九，说明河流与人类文明的关系，分析自然地理环境对人类文明的影响。（参考答案：草图——略。关系——河流是文明之源，中国、西亚与埃及文明均与河流孕育的农耕经济有关。影响——自然地理环境影响人类文明的产生、发展与消亡，但非决定性因素）

教师引导学生分析：“埃及是尼罗河的赠礼”，尼罗河特殊的自然条件孕育出辉煌灿烂的古代埃及文明。古代东方各文明辉煌而又神奇，当我们悉心观察时会发现它们之间除了具有共性外，还存在着文化上的差异。尽管地理环境不是决定文化差异的唯一因素，但却是一个不可忽视的因素。古埃及北临地中海，南与努比亚接壤，东部和西部则遍布着广袤的沙漠，埃及文化在这种环境下独具特色。比如，在建筑上，一想到埃及我们就会想到那些雄伟的金字塔。

图1 胡夫金字塔和狮身人面像

教师设问： 请解读金字塔的历史意蕴。（参考答案：古埃及文明水平较高；王权强大等）

教师讲述： 金字塔是古代埃及国王的陵墓，是古埃及建筑技术和建筑文化的体现，其中最为著名的是胡夫金字塔。胡夫金字塔于公元前 2560 年左右竣工，原高约 146.5 米，底座边长约 230 米，塔身由 230 万块石头砌成，每块石头平均重 2.5 吨。

教师追问： 建造这样的宏伟建筑还需要哪些方面的知识？（参考答案：数学知识、天文学知识、建筑知识等）

教师讲述： 胡夫金字塔的底部周长如果除以其高度的两倍，得到的商为 3.141 59，也就是圆周率，它的精确度远远超过希腊人算出的圆周率 3.142 8；胡夫金字塔内部的直角三角形厅室，各边之比为 3∶4∶5，体现了勾股定理的数值。这些都说明古代埃及人在数学方面的巨大成就。在 1889 年埃菲尔铁塔建成之前，这座金字塔一直是世界最高建筑，体现了古代埃及建筑艺术和科技的发达，同时这一宏伟的建筑也彰显了古代埃及王权的强大。

图 2　那尔迈调色板

材料十　事实上，那尔迈调色板表现了埃及国王正在痛击利比亚统治者及其家庭。这一场景成为埃及国王展示力量的最好的范例，因而被后来的统治者们多次复制。而且在埃及人的心目中，这一时期的利比亚也应包括巴勒斯坦。

——郭丹彤：《纳尔迈调色板和古代埃及统一》，载《历史研究》，2000 年第 5 期

教师设问： 结合图 2 和材料十，分析那尔迈调色板对于研究埃及历史的史学价值。（参考答案：那尔迈调色板是埃及象形文字文物的代表；有助于理解埃及的政治文化）

教师引导学生分析： 在那尔迈调色板两面的顶部各有两个母牛头，它们代表呈母牛形状的哈托女神。头像中间夹着那尔迈的名字，意味着国王受神的保护。调色板的一面有由两个动物的脖子交缠形成的可供调色的浅坑，所以通常把这一面叫作正面。正面从上到下分成三个部分，第一部分表现那尔迈视察被他的将士杀死的敌人，中间的部分是驯服两个怪兽的场面，第三部分刻画的是国王像勇猛强壮的公牛一样用角撞毁敌人的城墙。在调色板的反面，形象高大的国王一手握住一个屈膝的敌人的头发，另一只手举起权杖准备敲碎他的头盖骨。在他面前，鹰神荷鲁斯替国王用绳子牵着敌人的鼻子，板面的底部画着两个仓皇逃跑的敌人。这些猛禽和猛兽均象征帮助和保护国王的神圣力量，体现了宗教和神在古代埃

及文化中的重要地位。

材料十一 古埃及人认为,现实世界是短暂的,地下世界是永恒的。他们苦心追求永恒的世界,所以,他们重视来世甚于今世。古埃及人宁愿不惜一切代价,用优质石材建筑高大的陵墓或壮丽的神庙,而用粗制的泥砖和木料建筑宫殿、居室。这就是为什么埃及的陵墓与神庙纪念性建筑物往往被保存下来,但却难以见到王宫和民宅等一般建筑物。古埃及人为了追求"永恒"世界,他们在人死亡之后,都要把尸体制成木乃伊,甚至动物的尸体也要制成木乃伊,以便长久保存。

——刘文鹏、令狐若明:《论古埃及文明的特性》,载《史学理论研究》,2000年第1期

教师设问: 根据材料十一,概括古埃及人思想意识的特征。(参考答案:宗教意识浓厚;重视人死后的生活)

教师讲述: 由于古代埃及人浓厚的宗教观念,法老利用宗教作为统治的一种手段,宗教在国家生活中占有支配地位。因此,宗教在政治、经济、文化和人民生活各个领域中都产生了广泛、深刻的影响。在政治上教权王权合一,法老既是国家的统治者,又是王权的领导者;在建筑上重视金字塔和神庙的建设;文学也受到宗教的巨大影响,如《孟斐斯神学》中盖伯与诸神对话的那一部分,或许就是最早的戏剧表演的台词。

材料十二 埃及则凭借着丰厚的农产品及团结的人民使自己的文明较早地走向成熟,这充分揭示了埃及文明具有一种宽容和融和的倾向。就埃及文明而言,它能够容纳任何不同的思想和流派,并把它们编织在一起,这一特征最终导致了我们今天所看到的埃及文明缺乏展现冲突的哲学派系,而对于古代人类来说这种缺憾却是完全能够容忍的。

——郭丹彤:《论自然环境对古代埃及文化的影响》,载《东北师大学报(哲学社会科学版)》,2000年第4期

教师设问: 根据材料十二并结合所学知识,指出埃及文化的特征,分析这种特征产生的原因,谈谈其对现今世界文明建设的启示。(参考答案:特征——宽容和融合的倾向。原因——地理位置的封闭性特征;各种自然力驱使下的世界观和宗教观;地形、地貌的一致性致使的人文性。启示——现今世界文明建设需要宽容和融和的思想,要在承认人类文明多样性的基础上交流、互动、融和发展,积极推进人类命运共同体的构建)

教师引导学生分析: 尼罗河谷地地形地貌的显著特征是对称性和均衡性。尼罗河穿越埃及全境,在河流的两岸遍布着肥沃的土地,东岸与西岸完全对应。与两岸河谷的黑土毗邻的就是沙漠,在河流两岸黑土地与沙漠的交接处分别矗立着两座山脉。西部沙漠和东部沙漠完全对应。无论这种双边对称的地形、地貌是不是原因,埃及人的确对平衡、对称和几何学有一股强烈的感觉。这些自然地理环境导致的思想倾向浓烈地体现在埃及人的内心深处,并时时处处彰显于古代埃及文化的方方面面,构成了埃及文化宽容和融合的特征。

(设计意图) 本环节设计以埃及文化的代表性物化载体尼罗河、金字塔、那尔迈调色板为依托,引导学生认识古代埃及文明产生的背景,掌握古代埃及文化的成就,理解古代埃及文化发达的原因,并得出人类文明要在多样性的基础上交流、互动、融合、发展的启示。本环节指向的是:(1)时空观念素养水平3——能够把握相关史事的时间、空间联系,并用特定的时间和空间术语对较长时段的史事加以概括和说明。(2)唯物史观素养水平3、4——能够将唯物史观运用于历史学习、探究中,并将其作为认识和解决现实问题的指导思想。

(过渡)古代西亚、古代埃及文化各具特色,异彩纷呈,因地缘等因素而走向了融合发展的道路。后来,古代埃及文化被希腊化、伊斯兰化,原有的古埃及文化不复存在,但是其很多文化特质已经融入新的阿拉伯文化中之中。

(三) 沟通东西的阿拉伯文化

材料十三 根据1249年的阿拉伯文献,埃及阿尤布朝的国务大臣奥姆莱主持了穆斯林国家第一次的火药制造。在阿尤布(1172—1249)苏丹的统治下,埃及完成了将硝用于配制火药、制造火器的初步试验,火药确实在1225—1248年之间传入阿拉伯国家。

——冷东:《中国火药和火器在亚洲的传播和演进》,载《历史教学》,2005年第9期

教师设问:根据材料十三并结合所学知识,指出火药向阿拉伯世界传播的途径及西传的影响。(参考答案:途径——航海贸易传播。影响——骑士制度逐渐消亡,战争向现代化、机械化转变)

教师引导学生分析:13世纪上半叶,火药传入阿拉伯地区。之后,经阿拉伯人传入欧洲,对西方世界产生了巨大的影响。火药武器的出现,使高贵的骑士所进行的感性战争不断向技术性更强的机械化战争演变。火药革命成为塑造欧洲近代社会的重要力量,推动了欧洲社会的民主化,成为西欧各国走出封建制度,确立资本主义体系的重要因素,并带动了社会上其他制度的近代化。在此基础上,合理化的国家机器逐渐建立起来。这一切,都与阿拉伯帝国对东方文化的有力传播密不可分。

材料十四 到1125年,指南针开始被应用于航海,显然是来中国的阿拉伯商人学会使用这种仪器,并将其传入欧洲的。……751年,被带到撒马尔罕的中国战俘将造纸术传给阿拉伯人,阿拉伯人又将它传入叙利亚、埃及和摩洛哥。……中国还栽培了许多水果和植物,它们通常由阿拉伯人传遍欧亚大陆。这些水果和植物包括菊花、山茶花、杜鹃花、茶香玫瑰、翠菊、柠檬、柑橘等;柑橘至今在荷兰和德国还被称为"中国苹果"。

——[美]斯塔夫里阿诺斯著,吴象婴等译:《全球通史:从史前史到21世纪》,北京:北京大学出版社,2006年,第204页

教师设问:根据材料十四,列举除火药外中国传入欧洲的其他发明或物种。(参考答案:指南针;造纸术;水果和植物)

教师引导学生分析:中国的四大发明和印度的数字、十进位制等先进科学技术成果都是经阿拉伯人传入西方的,此举不仅促进了东西方之间的文化交流,还在不同程度上推动了欧洲社会经济的发展。

(过渡)作为东西方文化交流的桥梁,阿拉伯文化对西方文化的影响不仅仅在于传播东方文化,其自身文化也向西方传播,并深刻影响了欧洲世界。

材料十五 8世纪中叶到13世纪初这一时期,说阿拉伯话的人民,是全世界文化和文明的火炬主要的举起者。古代科学和哲学的重新发现,修订增补,承先启后,这些工作,都要归功于他们。

——[美]希提著,马坚译:《阿拉伯简史》,北京:商务印书馆,1973年,第25页

教师设问:根据材料十五并结合教材,以表格形式归纳阿拉伯文化的主要成就,并指出阿拉伯文化传播的主要作用。(参考答案:成就——略。作用——文明传承,承先启后)

教师引导学生分析： 阿拉伯地域辽阔，民族众多，经济多元，境内各族民众通过长期的交流、探索和积累，在多个文化领域都取得了创造性的成果，涌现出一大批卓有成就的专家学者，他们共同在人类科学文化史上谱写了辉煌灿烂的篇章。阿拉伯文化既有东方文化的韵味，又有西方文化的气质，是东西方文化的综合和创新。同时，阿拉伯文化在文学、科学等领域对欧洲产生了重要影响，促进了欧洲文化的复兴与发展，具有媒介东西、承上启下的历史意义。

材料十六 西方对阿拉伯世界武力入侵和文化渗透的同时，也在客观上自觉或不自觉地将西方近现代文明、文化价值观念带进这一地区，促使这一地区的先进知识分子对本民族、本地区长期落后、停滞的现象进行反思，表示不满，从而决心进行社会改良，争取民族独立、平等、自由、民主。

——王妍慧：《近代阿拉伯民族主义形成研究(1798—1918)——以西欧政治思想的影响为视角》，西北大学 2013 年博士论文，第 155 页

教师设问： 根据材料十六，概括西欧文明对阿拉伯文明的影响。(参考答案：武力征服与文化渗透，促进知识分子进行社会改良)

教师引导学生分析： 阿拉伯文化中蕴含着丰富的欧洲文化遗产，许多古代希腊著述都是通过阿拉伯文转译为拉丁文，才为中世纪的欧洲人所熟知的，这就为他们学习研究欧洲古代文化提供了重要条件。随着西方列强占领阿拉伯世界广大地区，阿拉伯传统社会受到越来越多的西方价值观念的挑战和冲击。

材料十七 (一)多样性是人类文明最本质也是最重要的属性，历来如此，一向如此，今后也如此，不会消失；(二)近代以后，由于西方的优势和霸权的扩张，文明的多样性受到挑战，然而，随着世界现代化进程深入发展，许多国家取得成功，各种文明在现代化成功的过程中恢复了自信，找到了自我，文明的多样性再次焕发新生。在这种形势下，各种文明面临一个共同的任务，就是为人类的共同繁荣作出贡献，这是一个不可推卸的共同责任。

——钱乘旦：《文明的多样性与现代化的未来》，载《北京大学学报(哲学社会科学版)》，2016 年第 1 期

教师设问： 根据材料十七并结合所学知识，指出人类文明的基本特征和当下人类的共同任务。(参考答案：基本特征——多样性、交融性。共同任务——为人类的共同繁荣作出贡献)

教师引导学生分析： 作为东西方文化交流桥梁的阿拉伯文化，是世界文化交流的一个缩影，在当代世界文明发展的过程中，文明多元化与民族多样化构成了人类文明发展的特点。多样的历史和文化传统，使得人类形成了多样的思维方式和表达方式，形成了多样的信仰和思想体系，形成了多样的文化艺术成果。正是人类文化的多样性成就了人类生活的丰富性，成就了当今世界的多彩和灿烂。

(设计意图)通过梳理阿拉伯文化在传播过程中对其他文化与自身的促进作用，聚焦本模块的主题“文化交流与传播”，引导学生在了解各文化区域特色的基础上，领会世界文化的多样性、开放性、交融性，涵养家国情怀意识。本环节指向的是：家国情怀素养水平 3、4——能够把握中华民族多元一体的发展趋势，以及世界历史发展的进步历程，形成正确的世界观、人生观、价值观和历史观；能够表现出对历史的反思，从历史中汲取经验教训，更全面、客

观地认识历史和现实社会问题。

【课堂小结】

教师引导学生小结：本课叙事宏大，从古代西亚文化、古代埃及文化和阿拉伯文化三个角度为我们展示了古代文化的多样性，让我们深入体味到人类文明的交融性特征，认识到在今天承认文明间的差异是文明发展与进步的需要。我们要以一种平等的态度对待其他文明，更应该对所有的文化抱有一份敬意、一份尊重、一份包容，为更好地促进人类文化的赓续献一份力！

第 4 课

欧洲文化的形成

教学设计 1

吕增根　安徽省濉溪中学

一、教材分析

本课是统编教材《文化交流与传播》第二单元《丰富多样的世界文化》的第 2 课，以“古典希腊文化与罗马文化”“中古西欧文化”和“拜占庭、俄罗斯文化”三个子目介绍了欧洲文化的形成。《普通高中历史课程标准(2017 年版 2020 年修订)》对本单元的要求是：通过了解世界各主要区域文化，理解世界文化的多样性；认识世界各国、各地区、各民族对人类文化发展所作出的贡献。教材第一目“古典希腊文化与罗马文化”讲述了古典时代的希腊在文化、哲学、科学、艺术和史学等诸多方面取得了辉煌的成就，其中最值得关注的是古希腊的一些学者把对神的关注转向了人间，并试图从实际出发探究宇宙万物的本来面目，了解人与人之间的关系，蕴含着西方人文主义的萌芽。深受古希腊文化影响的古罗马在法律、文学等领域也多有建树，其对欧洲文明的贡献在于创设了西方社会最为系统完备的法律体系。古希腊和古罗马构建了欧洲特别是西欧文化人文主义的精神内核和强调法制的制度内核，成为欧洲文化的源头。第二目“中古西欧文化”主要讲述了西罗马帝国灭亡后，西欧进入所谓的“中世纪”，基督教会垄断了西欧社会的精神生活，基督教文化成为西欧文化的主要内涵，其一方面阻断了古希腊、罗马开创的文化传统；另一方面却又以宗教形式继承了古希腊、罗马的哲学、法律和科学传统，为之后的文艺复兴、宗教改革和科学革命准备了必要的条件。第三目“拜占庭、俄罗斯文化”主要讲述了属于东正教文明圈的拜占庭文化和俄罗斯文化。

本课第一、二目所涉内容在时序上呈现出一定的继承和发展的关联，主要介绍西欧文化从古典时代到中世纪的发展变迁；第三目所述内容虽然也属于欧洲文化，但是这和欧洲文化以西欧文化为主流有所不同，呈现出独具一格的特点。因此，本课的教学设计以“多元并存、共同发展”为立意，将教材整合为“交融创生，泽被后世”“断裂延续，蓄势待发”和“东西汇流，独具一格”三部分，力求寻找欧洲文化发展的逻辑线。

二、学情分析

通过《中外历史纲要(下)》的学习，学生已经知道古希腊雅典城邦的民主政治和古希腊文化存在着一定的逻辑关系，了解到古代世界存在的文明交流对欧洲文化的发展起到了一定的作用，还掌握了拜占庭、俄罗斯的相关基础知识。通过之前的学习，学生已经初步具备了阅读史料、提取有效信息，阐释历史现象、解释历史问题的能力。这些都为学习本课提供了基础。但是，本课的内容之间相对缺乏逻辑性，且涉及思想史、艺术史等诸多方面的内容，比较庞杂。学生对于古希腊、罗马文化为什么能够成为欧洲文化的源头、如何全面认识中世纪的西欧文化发展等问题存在着一定的学习难度。因此，在教学中除了常规的史料分析、合作探究外，还应丰富材料的呈现方式，设计贴近学生最近发展区的问题，引导学生分析欧洲文化的内涵及其特征，提升学生的学科思维和核心素养。

三、教学目标

1. 分析古希腊特殊的地理环境对文化发展的重要作用，知道地理环境、文明的交流是文化形成与发展的重要因素。探究古希腊、罗马文化的内涵，理解其成为欧洲文化源头的原因。

2. 分析中世纪西欧文化与古希腊、罗马文化之间的联系，认识到中世纪西欧文化虽然出现断裂，但是其在思维方式等更深层次上承继了古希腊、罗马文化的传统，并为后来的西欧文化的大发展奠定了基础，从而全面认识中世纪西欧文化。

3. 探究拜占庭和俄罗斯文化的特点，知道二者文化汇流东西，与西欧文化相比独树一帜。通过学习，知道欧洲文化不仅仅是西欧文化，还包括拜占庭等文化，这些文化共同构成了欧洲文化，从而认识到文化多元并存、共同发展的特点。

四、教学重难点

教学重点：欧洲文化的内涵。
教学难点：欧洲文化的特点。

五、教学过程

【导入新课】

图1　欧洲议会大厦前的欧罗巴雕塑

教师讲述：这座立于欧洲议会门前的雕像名为“欧罗巴”，是21世纪初希腊克里特岛居民的捐赠，意在彰显欧洲的源头在希腊。今天的欧洲远远大于希腊所辖，但是在文化意义上，欧洲的源头要追溯到古代的希腊和罗马，尤其是希腊。哲学家黑格尔在《哲学史讲演录》中甚至特别强调“一提到希腊这个名字，在有教养的欧洲人心中，尤其是我们德国人心中，自然会引起一种家园之感”①。

(过渡)黑格尔之所以强调希腊是欧洲的精神家园，主要是因为古希腊的文化奠定了之后欧洲文化的基础，确立了欧洲文化的精神内核之一。

【学习新课】

(一) 交融创生，泽被后世——作为源头的古希腊、罗马文化

教师讲述：古希腊在文学、艺术、哲学、史学、科技、建筑等诸多领域都取得了辉煌的成就。古希腊文化的辉煌成绩和丰富多彩以及其焕发出来的古希腊人的智慧光芒，自古至今莫不令人惊异。人们不断地追问古希腊何以取得如此成就，尤其是雅典城邦为什么能够从数以百计的希腊城邦中脱颖而出，成为古希腊文化乃至西欧文明的源头？

材料一　希腊的地势，本来是港湾罗布，交通便利，现在却成为那些农民的唯一生路了。于是走！走！走！……国内贵族的压力愈大，农民离国的也愈多，而希腊的殖民地，因此也就布满了小亚细亚的西南岸，黑海的各岸，以及地中海的北岸；而爱琴海及克里特岛就更不消说了。

——陈衡哲著：《西洋史》，沈阳：辽宁教育出版社，1998年，第46页

材料二　同时，民主政治也为雅典的文化创造和经济发展创造了宽松的条件和良好的氛围，在民主制的稳固时期，雅典的国力强大，文人荟萃，思想活跃，成为整个希腊最重要的政治、经济和文化中心，成为“希腊的学校”。

——齐世荣总主编：《世界史·古代卷》，北京：高等教育出版社，2006年，第158页

教师设问：根据材料一、二并结合所学，分析古希腊文化发展繁荣的原因。（参考答案：借鉴古代埃及、古代西亚文明；城邦民主政治的发展提供氛围等）

教师引导学生分析：文化是由一定时间和空间背景下的人类创制生产的。古希腊位于爱琴海之滨，多山少地，内部交通不便。特殊的地理环境并未导致古希腊文化自我封闭、绝缘地演进。它和当时更为古老的东方文明，特别是近东文明的跨文化交往中，吸取其文明的成果，最终创造出辉煌的文化，如希腊古典哲学的形成与发展得益于古代西亚和古代埃及的科学与宗教思想。

除特殊的地理环境外，城邦民主政治则是希腊文化繁荣的重要因素。希波战争中，雅典为首的城邦以少胜多，以实践论证了民主政治的优势，城邦公民对城邦的认同感也得以强化。随着雅典城邦民主政治的进一步发展，人们越来越多地参与政治生活，人在社会中的地位日益突出，雅典也成为希腊的文化中心。

雅典的直接民主制极大地调动了城邦公民参与国家管理的积极性。他们在和平年代，

---

① 欧阳康：《中华民族共有精神家园如何构建》，载《光明日报》，2012-08-12。

为城邦的富强和昌盛贡献自己的聪明才智。因此雅典的公共空间非常发达,这主要体现在各类公共建筑,包括神庙、议事厅、剧场和市政广场等的建设上。其中最能体现希腊建筑艺术水平和特色的是希腊神庙,尤其是神庙上的雕像。

(设计意图)本环节通过分析古希腊文化繁盛的原因,引导学生认识到古希腊文化的繁盛是特定时空背景下多因素共同作用的结果。本环节指向的是:(1)唯物史观素养水平3——能够将唯物史观运用于历史学习、探究中,并将其作为认识和解决现实问题的指导思想。(2)时空观念素养水平2——能够将某一史事定位在特定的时间和空间框架下。(3)历史解释素养水平3——尝试从来源、性质和目的等多方面,说明导致这些不同解释的原因并加以评析。

图2 帕特农神庙雅典娜的雕塑

教师设问:根据图2并结合所学,说说你得到的信息。(参考答案:言之成理即可)

教师引导学生分析:英国诗人济慈曾经写诗赞叹过雅典的雕塑,"啊,希腊的形象,雅典风貌!周身用大理石雕饰的男男女女……这时你将作为朋友对人们说:'美即是真,真即是美'——在这世界,这就是你们所知和需知的一切。"①古希腊的雕塑通常是作为建筑物的一部分而存在的。这些雕塑早期以神像居多,材料也以大理石为主。在古希腊人的眼中,神和人同形同性。雕塑中的神其实是以人为模特的,神不过是完美的人。因此,我们可以看到图片中的雕塑十分写实,比例和谐,体态优美自然,渗透着人本主义思想。

(过渡)古希腊的雕塑家之所以给予人以特殊的关注,有着明显的精神动机,这种动机受到当时哲学思想领域大变动的影响。提及古希腊哲学,苏格拉底是绕不开的人物。

材料三 苏格拉底认为社会中的人应该具备美德,美德来自知识,最高的知识就是人们内心深处的道德知识,美德就是关于善的知识,于是他提出"美德即知识"的思想。

——《普通高中课程标准实验教科书·历史3·必修》,北京:人民教育出版社,2007年,第23页

材料四 希腊哲学是在与传统的宗教观念的对立中成长起来的。石匠的儿子苏格拉底(公元前469年—前399年)因为"引进了陌生的神"和"毒害青年"在雅典被判处死刑,喝下了毒芹做成的酒。然而,苏格拉底的用来检验构成知识的假设的不断深入地提出问题的方

① 黄宏煦主编:《英国浪漫主义诗人抒情诗选》下册,南京:江苏人民出版社,1988年,第172页。

法为后来所有的理性思考提供了基础。

——[英]诺曼·戴维斯著,郭方、刘北成等译:《欧洲史》上卷,北京:世界知识出版社,2007年,第74页

教师设问:根据材料三、四并结合所学,概括苏格拉底的主张及其影响。(参考答案:主张——美德即知识等。影响——为后来的理性思考提供基础)

教师引导学生分析:苏格拉底生活的时代,雅典城邦正在走下坡路,世风日下、道德沦丧的现象比较严重。苏格拉底针对当时智者学派提出的"人是万物的尺度"带来的消极弊端,倡导"有思想力的人是万物的尺度",希望重建城邦公民的道德观。

在苏格拉底眼中,人是应该具备美德的,而美德又来自知识。这里所谓的"知识"是人们内心深处的道德知识。苏格拉底还指出,善是人的内在灵魂,世界上的人并没有谁自愿作恶,人之所以作恶是出于无知。要改变这一状况,就需要教育,因为教育可以使人认识到自己灵魂之内已有的美德。

苏格拉底将关注的重点放在了人的伦理道德上,他还借用德尔菲神谕"认识你自己",强调人应该过经过审视的人生。苏格拉底对人性的研究,是人类精神觉醒的一个重要表现,他使哲学真正成为一门研究"人"的学问,对后世西方哲学产生了极其重要的影响。

(过渡)苏格拉底本人是述而不作,他喜欢以提问和交谈的方式,讨论各类问题,引导对方思考,像一只牛虻一般。他的思想主要由他的弟子记载并得以流传,其中柏拉图是其弟子中最杰出的代表,而柏拉图的弟子亚里士多德更是提出了"吾爱吾师,吾更爱真理"。

教师设问:阅读教材第21—22页,归纳古希腊文化在其他方面取得的成就并填写表格。(参考答案:见表一)

表一 古希腊文化成就表

项目	代表人物	主要成就
哲学	柏拉图	《理想国》
	亚里士多德	《政治学》等
史学	希罗多德	《历史》
	修昔底德	《伯罗奔尼撒战争史》
医学	希波克拉底	体液说
雕塑	米隆	《掷铁饼者》

(过渡)雅典为代表的古希腊文化取得了斐然的成就,但是其受制于小国寡民的城邦民主。过于泛滥的直接民主,成为政治腐败、社会动乱的原因。狭隘的城邦体制,难以适应政治、经济的迅速发展。与此同时,雅典和斯巴达之间的争霸战争更是加速了雅典的衰落,而其他的城邦也被席卷其中。公元前338年,马其顿人打败了希腊联军,确立了对希腊的统治。古希腊虽然被消灭,但是古希腊文化却以各种各样的形式辐射他国,并奠定了后世西欧文化人文主义的内核,如古罗马就不可避免地受到先进而又相邻的古希腊的某些影响——所谓"征服者反被被征服者所征服"。

材料五 天神朱庇特大体与宙斯相当、爱神维纳斯与阿芙罗狄蒂相当、米涅娃与雅典娜相当。月神狄安娜(Diana)、战神马尔斯(Mars)更是由希腊神变成罗马人自己的神。公元前490年,德墨忒耳(Demeter)与狄奥尼索斯(Dionysus)传入罗马,成为罗马的谷物女神克瑞斯(Ceres)和酒神巴克斯(Bacchus);卡斯托尔(Castor)与波吕丢克斯(Pollux)也成了罗马的保护神;公元前294年医神阿斯克勒庇奥斯(Aesculapius)被迎至罗马,并在台伯河中的岛上为他建立了医神庙;克洛诺斯(Cronus)则成了罗马农神萨图恩(Saturn)。

——陈恒、鲍红信:《希腊化,还是罗马化——罗马对希腊文化的模仿、调适与创新》,载《史林》,2011年第5期

教师设问: 根据材料五并结合所学,指出古罗马文化和古希腊文化之间的关系。(参考答案:古罗马文化继承和发展了古希腊文化)

教师引导学生分析: 作为后起之秀的古罗马在文化上显然处于落后的地位,其学习古希腊文化是势所必然。古罗马的文学是在模仿和继承古希腊文化的基础上发展起来的,在雕塑等艺术上,古罗马从古希腊艺术那里汲取了营养,如《奥古斯都立像》等。古罗马最著名的文学大师西塞罗也是自觉地学习古希腊,向古罗马的文化灌输新鲜的血液。

(过渡) 除了文学艺术,古罗马文化的重要组成部分——罗马法也吸收借鉴了古希腊的成果。

材料六 自公元前460年起,历经8年激烈斗争,组成立法委员会,赴希腊研究梭伦法制并收集其他法律资料,历时3年,后根据罗马社会状况起草一部成文法律,经百人队大会和元老院批准,于公元前450年至公元前449年刻在12块大板上,公布于罗马广场,世称《十二表法》。

——汝信总主编:《西欧文明》,北京:中国社会科学出版社,2002年,第147页

教师设问: 根据材料六并结合所学,指出罗马法发展的原因。(参考答案:学习古希腊法律等)

教师引导学生分析: 罗马法的内涵非常丰富,包括债务法、婚姻法以及诉讼程序等各个方面,虽然其内容以维护贵族和富人的财产利益为核心,但其不断发展完善,适应了当时社会发展的需要,并对后世欧洲国家的法律制度产生了深远影响。

(过渡) 如果说古希腊是欧洲的精神家园,古罗马在汲取其营养的同时,通过另一种方式将其文化发扬光大,奠定了西欧文化的人文内核。

材料七 进而言之,今日欧洲大陆的几乎所有国家的法律体系都大量吸收了罗马法的成分。……罗马对后世发展的最重要的贡献是把希腊文明传送到了欧洲西部。……由亚历山大带到东方的希腊文明未能持续太长时间,由恺撒、西塞罗和奥古斯丁带到西方的同样的文明,却成了西欧其后许多的成就的起点。

——[美]菲利普·李·拉尔夫等著,赵丰等译:《世界文明史》上卷,北京:商务印书馆,1998年,第360页

教师设问: 根据材料七并结合所学,指出古罗马对欧洲文化发展的贡献。(参考答案:继承、传播古希腊文明;对欧美法律等产生了深远影响等)

教师引导学生分析: 古罗马文化除了在建筑等领域产生了影响外,还通过罗马法构筑了后世西欧的法治文明的基础。更为重要的是随着罗马版图的扩大,其继承的古希腊文化

也得以传播到西欧的其他地区。古希腊文化开创的人文传统和古罗马构建的法律制度为后世欧洲文化的发展奠定了基础。

(过渡)随着基督教文化的兴起，罗马的传统文化一度失去了生存空间。公元 5 世纪，西罗马帝国灭亡，古希腊、罗马的文化传统遭遇了断裂。

(二) 断裂延续，蓄势待发——基督教信仰下的西欧文化

教师讲述：一般认为中世纪自 5 世纪后期始到 15 世纪中期终，这一时期的欧洲政治上处于四分五裂的封建割据状态，天主教会控制了人民的精神生活，科技和生产力发展停滞，文化事业遭遇巨大挫折，中世纪因此也被称为“黑暗时代”。这种传统的观念事实上忽略了在中世纪西欧社会内部一直孕育着的走向近代的因素，尤其是文化上，看似断裂的古希腊、罗马文化背后，却以另一种形式延续并为后来的思想解放、社会转型提供了基础。

材料八　西欧的文化生活，几乎和它的政治经济生活同样落后。古罗马文化已经腐朽衰退。西欧新文明尚未开始发展，验证六、七两世纪的知识水平，莫过于鉴赏当时一些著名学者的著作。……然而格列高利的《法兰克人史》一书是用不合语法的拉丁文写成，文内充满残暴与愚蠢的奇闻，格列高利(图尔的)所刻画的是一个受野蛮残暴统治，被迷信玄想笼罩着的世界。

——[美]C. 沃伦・霍莱斯特著，陶松寿译：《欧洲中世纪简史》，北京：商务印书馆，1988 年，第 47 页

材料九　这也意味着，由于基督教深入人心以及随其而来的新文明，这些未信教地区需要建立一种社会新体制，但又不能完全摈弃过去。这需要提高人们的道德标准。……这样，惩罚和告诫就成了一种纪律，一种循序或不允许人们做某些事情的准则，这在很大程度上抑制了人们躁动的精力，而不是把它们转移他处。

——[法]罗伯特・福西耶主编，陈志强等译：《剑桥插图中世纪史(350—950 年)》，济南：山东画报出版社，2006 年，第 97 页

教师设问：根据材料八、九并结合所学，指出西罗马帝国灭亡后，西欧的文化发展状况并分析导致这种状况的原因。(参考答案：状况——文化事业发展受挫，出现衰退现象。原因——西罗马帝国灭亡，社会动荡；基督教会统治等)

教师引导学生分析：西罗马帝国的灭亡使西欧缺少一个统一的政治实体来控制，陷入四分五裂的状态。一时间战乱纷起，民不聊生，除了少数的教士外，几乎没有人能够读写拉丁文，西欧处于野蛮蒙昧的状态。

基督教会作为唯一保存下来的社会政治和文化实体，在社会混乱与文化真空中借机扩大权势，发挥了独特有效的社会功能。它承担了一些原本应该由政府提供的职能，如救济灾民、维修公共设施等，一定程度上缓解了普通民众的苦难。基督教会积极与当时封建政权相结合，二者相互利用、竞争共存。通过信仰垄断，基督教会控制了西欧社会的精神生活。古希腊、罗马形成的文化传统惨遭摧残，文化发展出现明显的断裂，如古希腊、罗马建筑中那些充满人性色彩的雕塑已经被圣母像所取代，大行其道的教会文学则宣扬上帝的福音，教导人们献身于教会，充满着教义和道德说教。

(过渡)我们看问题不能只看到负面的、消极的。诚然，在基督教会的精神统治下，思想

受到了禁锢，文化传统遭遇断裂，但是我们也应看到，基督教文化作为欧洲文化的重要成分，一直延续至今，必然有其合理性。其中，基督教会在某种程度上使得古希腊、罗马开创的传统得以延续。我们可以从基督教会史上伟大的哲学家奥古斯丁身上找到答案。

材料十 在此后基督教各种流派的著作中几乎无所不包；无论是维护理性或维护权威，论自由意志或是最严格的命定论，都在他的著作中有所涉及，奥古斯丁称许异教徒哲学家，尤其是柏拉图和新柏拉图派哲学家（见《上帝之城》），他关于神的理论就是以此为依据的……

——[奥地利]弗里德里希·希尔著，赵复三译：《欧洲思想史》，桂林：广西师范大学出版社，2007年，第17页

教师设问：根据材料十并结合所学，指出奥古斯丁的理论依据并分析这种方式的意义。（参考答案：理论依据——古希腊哲学的理性主义等。意义——保留和延续了古希腊人文理性传统，对西欧思想文化的传承和发展产生很大影响）

教师引导学生分析：公元410年，西哥特人攻陷罗马并大肆劫掠，基督教首当其冲受到指责：基督教教义软弱，教会笼络了太多民众，使民众无法为罗马帝国服务。在此背景下，奥古斯丁决定写一本书谈谈自己对基督教、对教会、对国家的看法，这本书就是《上帝之城》。奥古斯丁从基督教信仰出发，从神学意义上对柏拉图主义和新柏拉图主义加以接受改造，使自己的神学体系浸透了柏拉图学派的各种学说。“因此，以柏拉图主义、新柏拉图主义为代表的希腊哲学与以奥古斯丁基督教思想为代表的中世纪神学之间的影响是相互的，也是深刻的”①。

（过渡）历史在某些时刻总会出现吊诡之处。进入“黑暗的”中世纪后，基督教会垄断了人们的思想生活，而基督教会下的修道院作为文化拥有者，又不可避免地担负起文化领导者的职责，成为“黑暗时代”的文明曙光。

材料十一 （注：中世纪教育）第一个重大变化是12世纪的隐修院培育外来人的做法。……主座学校在一开始几乎完全只对教士进行基础培训，其课程设置只是为了让学生具备基本的读写能力，能认识教会祷告文即可。但在1100年之后不久，学校的课程范围增广了，……更重要的是，课程表包括了熟练掌握拉丁文法并能用拉丁文写作，其方法往往是学习某些古罗马经典著作，诸如西塞罗和维吉尔的作品。

——[美]菲利普·李·拉尔夫等著，赵丰等译：《世界文明史》上卷，北京：商务印书馆，1998年，第625—626页

教师设问：根据材料十一并结合所学，指出中世纪教育的变化并分析这种变化的意义。（参考答案：变化——修道院教育职能增加；古罗马的知识传统重新受到重视等。意义——培养了更多的人才，推动文化的传承与发展等）

教师引导学生分析：蛮族的入侵，使古罗马的文明成果荡然无存，社会完全倒退到一种野蛮状态，教会和修道院以唯一的文化拥有者身份进入中世纪。不少修道院成为文化的避难地，如在本尼狄克修道院中，图书馆和抄写室是其重要的组成部分。在他们的图书馆，保存了古希腊、罗马和早期基督教的文本。

---

① 黄玉婷、张凯斌：《柏拉图主义在奥古斯丁神学体系中的作用》，载《史学月刊》，2009年第4期。

公元800年左右,查理大帝下令每一个主教辖区和修道院都应兴办初级学校;1179年教皇下令所有主教座堂都应留出一部分收入供养一位教师,这位教师负责免费培养本堂的教士,无偿教授贫穷学生。随着教会和世俗政府的发展,法律再次得到重视。这些为即将到来的文艺复兴积蓄着必需的能量。从这个意义上说,基督教会虽然是“黑暗”的制造者,但从另一方向上看,又如“黑暗”中的曙光,为即将到来的“光明时代”埋下了火种。

(设计意图)本环节通过分析中世纪西欧文化发展的困境与契机,改变传统认为中世纪就是“黑暗时代”的刻板印象。本环节指向的是:(1)时空观念素养水平2——能够将某一史事定位在特定的时间和空间框架下。(2)史料实证素养水平3——在探究特定历史问题时,能够对史料进行整理和辨析;能够利用不同类型史料,对所探究的问题进行互证,形成对该问题更全面、丰富的解释。

(过渡)当西欧正处于黑暗的中世纪时,“希腊文化、基督教思想和东方风格,逐渐形成独具一格的拜占庭文化”①。

(三)东西汇流,独具一格——别样的拜占庭、俄罗斯文化

材料十二 综上所述,希腊文化为拜占庭提供了文化思维的基础和范畴;罗马人为其提供了政治制度和法律思想;基督教为这一文化提供了思维的框架和方向;阿拉伯人以及其他的东方民族为这一文化提供了科学和哲学的因素。

——刘建军:《拜占庭的历史文化特色与文学成就》,载《外国文学研究》,2009年第2期

材料十三 在那个时期,拜占庭帝国要比西欧发达得多。在文明上,在文化上,也是非常繁荣的。……所以拜占庭帝国在文化方面是既有希腊、罗马的东西,又有基督教的东西,也有阿拉伯文化,这是一个鼎盛时期,是一个很繁荣的时期。它有它自己的宗教,宗教当然也是基督教。但是拜占庭帝国又从基督教分出一个“正教”,大家都知道那就是“东正教”。“东正教”的意思就是我是正统的,同罗马分庭抗礼。

——陈乐民著:《欧洲文明十五讲》,北京:北京大学出版社,2004年,第77页

教师设问:根据材料十二、十三并结合所学,概括拜占庭文化的特点。(参考答案:兼顾东西、独具一格等)

教师引导学生分析:拜占庭文化首先属于基督教文化,但是双方又存在着巨大的差异。与西欧教会和国家关系的二元结构不同,拜占庭教会的权威一直受到皇权的约束,皇帝是教会的首脑,重要教职都是由皇帝来任命,教会在皇权面前一直处于屈从地位。

拜占庭文化融合了西方的古希腊、罗马文化的传统,同时又兼具基督教的文化特质,还受到近东文明古国的影响。与西欧中世纪文化事业进入“黑暗时期”遭受巨大挫折相比,拜占庭文化兼顾东西,呈现出独具一格的特点。

材料十四 拜占庭帝国又称为东罗马帝国,其核心区域长期集中的东地中海及其周边地区,是古典希腊文化发生发展始终活跃的区域,这里的居民不仅一直使用希腊语,而且崇尚希腊古典文化传统。历代拜占庭知识分子身处浓厚的古典文化传统中,自然而然成为古希腊文化的传承者。

---

① 齐世荣总主编:《世界史·古代卷》,北京:高等教育出版社,2006年,第331页。

——陈志强:《拜占庭知识分子的一般特征》,载《南开学报(哲学社会科学版)》,2019年第2期

材料十五 拜占庭帝国不同于西欧地理位置上如此远离亚洲东方地区,它的位置距离古代发达的东方文明地区相当近,甚至在帝国初期还包括两河流域、小亚等人类最初的辉煌文明所在之处,所以可以相当便利地接受古代东方文明的优秀成果。

——杨龙:《浅析拜占庭文明的特点和影响》,载《内蒙古农业大学学报(社会科学版)》,2010年第5期

教师设问: 根据材料十四、十五并结合所学,分析拜占庭帝国文化独具一格的成因。(参考答案:地理位置;保存了古希腊罗马文化,吸收借鉴东方先进文明等)

教师引导学生分析: 拜占庭帝国的核心区域长期集中于东地中海及其周边地区,直接继承了古典时代希腊罗马的文化遗产。古希腊文化在这里具有深厚的社会基础和广泛的社会共识,希腊语更是成为当地文化交流的母语。拜占庭人一直自豪地自称为罗马人,他们始终认为自己才是正统的罗马帝国的传承人,他们不仅延续了罗马帝国的称号及帝国的政治理念,而且沿袭包括法律和官制在内的国家制度,几乎所有的拜占庭皇帝都以光复伟大的罗马帝国为荣,因此凡是与古罗马有关的一切文化艺术都获得了拜占庭人的高度赞赏。

另一方面,拜占庭还兼收并蓄古代西亚和东方民族文化的营养,吸取了斯拉夫各族群保持的生存智慧,如圣像造型艺术在拜占庭帝国的长足发展就能体现出东方神秘主义的强大影响。拜占庭圣像中常见的圣母子像中,人们几乎看不到现实主义的妇女婴儿的形象,也感受不到自然主义的人类感情,图画本身缺乏合理的布局和比例,古典艺术的和谐与真实感消失了。

(过渡)地处东西汇流之处,还使得拜占庭文化影响到一些文化相对落后的国家和地区,其中俄罗斯就是其中的典型代表。

教师设问: 请同学们搜索资料并结合所学,概括俄罗斯文化中的拜占庭因素。(参考答案:宗教上信仰东正教等)

教师引导学生分析: 基辅罗斯的统治者在与拜占庭帝国的交往中接受了基督教的洗礼,基辅罗斯进入了基督教文化圈。1453年,拜占庭帝国灭亡后,俄罗斯成为东正教的中心,对俄罗斯的宗教信仰、文学艺术、建筑风格等产生了深远的影响,形成了与西欧不同的文化发展道路。

【课堂小结】

教师引导学生小结: 欧洲不仅仅是一个地理上的名词,它更是一个文化符号。阎宗临先生这样总结欧洲文化的特质:"尽管欧洲的地理、民族、语言、宗教等分歧,我们深感到欧洲有他独特的然而是整个的文化。这种印象,不是来自天然的条件,乃是来自悠久的历史。所以我们说:欧洲是历史的产物,他特别重视时间观念的。第一,整个欧洲的文化,由希腊罗马文化蜕变出来。前者教欧人如何创造,如何致知,使每个人成为独立的人物;后者教欧人如何组织,以建立人与人关系的原则。希腊罗马的文化,虽为埃及与中亚文化的综合,自欧洲观点言,却是整个的。第二,欧洲文化是基督教的文化,自宗教改革后,基督教统一性破坏,可是欧洲人的思想与生活,仍然受基督思想所支配。第三,纵使欧洲各个国家,久暂不

同，大小不等，但是文化形式，大致上是一样的……”①

教学设计 2

谭玲玲　安徽省濉溪中学

一、教材分析

本课是统编教材《文化交流与传播》第二单元《丰富多样的世界文化》第 2 课，教材分为三个子目："古典希腊文化与罗马文化"介绍了古希腊古罗马代表性文化成果。"中古西欧文化"介绍了中古西欧文化产生的背景、主要内涵及其在欧洲文化发展史上的地位。"拜占庭、俄罗斯文化"介绍了拜占庭文化特色、代表性成就及对东欧国家产生的重大影响。三个子目各有侧重，但又相互关联，共同叙述了欧洲从上古时期到文艺复兴之前的文化发展史。

《普通高中历史课程标准(2017 年版 2020 年修订)》对本单元的要求是：通过了解世界各主要区域文化，理解世界文化的多样性；认识世界各国、各地区、各民族对人类文化所作出的贡献。文化的多样性与区域文化对人类文化的贡献是本专题的核心内容，而如何解释人类文化多样性则是本专题的难点所在。

二、学情分析

本课的教学对象是高二年级的学生，他们通过统编教材《中外历史纲要(下)》第 1 课和第 3 课的学习，对于古希腊古罗马以及中古时期的欧洲已有所了解，但大多是从通史的角度掌握基本史实，对于欧洲的文化知之不多，特别是对于拜占庭文化和俄罗斯文化更是知之甚少，对于这些文化之间的继承和发展关系的认识几乎是一片空白。因此，在课堂教学中，需要教师呈现不同史料，补充相关内容，打通知识点之间的逻辑关系。

三、教学目标

1. 通过分析欧洲文化的源头，了解古希腊地理环境的特点及其对希腊文化的形成产生的影响，认识到地理环境和生产方式与区域文化的关系。

2. 通过阅读教材和相关史料，初识古希腊、罗马文化的特色，了解中古西欧文化的来源、特色及影响。

3. 通过分析拜占庭文化的代表性成果，了解其文化特色，进而认识到特殊的地理位置使其集多种文化于一身，同时又对其他文化产生广泛而深远的影响。

---

① 阎宗临著：《欧洲文化史论要》，文化供应社，1948 年，第 14 页。

四、教学重难点

重点：欧洲文化形成、发展的历程；欧洲文化的特色。
难点：拜占庭文化。

五、教学过程

【导入新课】

材料一 没有希腊文化和罗马帝国奠定的基础，也就没有现代欧洲。

——[德]恩格斯著：《反杜林论》，北京：人民出版社，1971 年，第 178 页

教师设问： 根据材料一，思考欧洲文化的源头是什么文化。（参考答案：古希腊、罗马文化）

教师讲述： 如果把欧洲文化比喻成一条河，那么古希腊、罗马文化就是它的源头。欧洲文化在发源之后，经历了怎样的发展演变？哪些文化因素构成了欧洲文化的底色，并使其有别于其他文明？

（设计意图） 利用名人名言创设情境，帮助学生快速找到欧洲文化的源头；利用设问引发学生思考，从而达到点题、起兴和快速切入主题的目的。

【学习新课】

（一）古典之光——古希腊、古罗马文化

1. 最初的源头

教师讲述： 欧洲的全称是欧罗巴洲，英文为 Europe。古希腊神话有关于欧罗巴的传说，欧罗巴是位于腓尼基（今天的黎巴嫩地区）海岸的推罗国王的女儿，宙斯贪恋她的美色，变成一头牛，诱骗欧罗巴爬上牛背，然后跳入海中到了克里特，欧罗巴在那里生下了儿子米诺斯。

教师设问： 从传说中欧罗巴的出生地可以推断出欧洲文明最初的源头是什么？（参考答案：西亚北非文明）

教师讲述： 关于古希腊文明受两河流域的影响，史学界有不少相关的论述，陈乐民在《欧洲文明十五讲》曾说欧洲文明的源头是希腊，希腊文明的源头是同两河流域的交流。不是说从两河流域的文化发展出了一个希腊文化，而是说希腊文化受到了两河流域文化的影响，因为当时两河流域的文明程度高于希腊。斯塔夫里阿诺斯在《全球通史》中也认为希腊人之所以能取得非凡成就与希腊的外部环境有关，希腊人住的地方离埃及和美索不达米亚最早的文明中心很近，能够从后者最早的成就中得到好处，当然，还没近到不能保持自己的特点的地步。

（过渡） 古希腊文化借鉴了西亚、北非文化，为何却发展出与其不同的另一种文化？促使古希腊文化形成的因素还有哪些呢？

2. 辉煌的古希腊

材料二 一种文化的形成，原因是复杂的。它与一定的地理环境、气候及生态环境等自然条件相联系，同时也与一个民族的风俗、习惯、生产方式，以及政治、经济等多方面的因素有关。

——白戈：《浅析西方文化的起源和特征》，载《科学·经济·社会》，2000年第3期

教师设问： 根据材料二、《古代希腊》地图①，并结合所学，思考古希腊文化形成的原因。（参考答案：开放的海洋性地理环境，奴隶主民主政治以及奴隶制商品经济的充分发展）

教师讲述： 独特的地理和社会环境孕育了独具特色的古希腊文化。

材料三 具有较多的民主色彩，崇尚自由，积极地、理性地、乐观地面对人生，面对现实。相信和歌颂人的力量，成为希腊古典时代文化的重要特色。这个时代人的作用、才能、智慧得到了充分的利用，人的自身价值得到了充分体现。人们创造了光辉灿烂的文化，光辉灿烂的文化反过来使人们生活得更充实、更美好。而在世界上古历史中，东方国家的文化虽然也曾放射过灿烂的光芒，但由于地理环境的原因，造成文化传播的隔绝，限制了文化影响的扩大，而且在专制统治政体下，人们的自身才能并未像雅典那样得到充分发挥，公民的总体素质也远未达到雅典公民的水平。

——刘小荣：《希腊古典文化特色及对后世的影响》，载《新疆大学学报（哲学社会科学版）》，1997年第1期

教师设问： 根据材料三，思考与东方文化相比，古希腊文化具有怎样的特征？（参考答案：强调个人，注重民主，闪烁人性与理性的光芒）

教师讲述： 公元前5世纪前后，雅典民主达到顶峰，相对宽松的氛围，使雅典在精神文化领域取得了辉煌成就，个人才智得到了空前的发展，出现了以人和人类社会为研究对象的智者学派，其代表人物普罗泰戈拉提出“人是万物的尺度”，充分体现了对人的尊重和对人价值的肯定，但其忽视了道德、法律等对人的约束力。针对此问题，同一时期的思想家苏格拉底提出“有思想力的人是万物的尺度”，认为有知识有美德的人才具备成为万物尺度的资格。这种理性的思考深深地影响了他的学生柏拉图。柏拉图认为，只有最具智慧、正义和理性的“哲学王”才有资格统治国家。柏拉图的学生亚里士多德继承发展了这些思想，并最终成为古希腊文化的集大成者。从普罗泰戈拉到苏格拉底，从柏拉图到亚里士多德无不体现了对人和人类社会的关注，他们的思想闪耀着人文精神和理性思考的光芒，而这些也体现在他们独具特色的政治理念上。

材料四 西方政治思想产生于古希腊时期，柏拉图和亚里士多德是这一时期政治思想的最大代表，他们的思想集中体现了那个时期政治观的特点：以道德作为政治的核心问题和政治所追求的目标，把国家看作伦理有机体。他们对国家进行了道德应然性解释：国家应当尽可能实现最大程度的正义。正义原则恰恰体现在国家应当以至善为目的，而不是说国家就是至善的。

——王彩波：《西方政治思想史——从柏拉图到约翰·密尔》，北京：中国社会科学出版社，2004年，第1页

---

①《普通高中历史教科书·必修1》，北京：人民教育出版社，2018年，第22页。

教师设问：根据材料四，概括柏拉图和亚里士多德政治思想的特点。（参考答案：以道德为政治核心，以至善为追求目标）

教师引导学生小结：古希腊文化不仅是当时人类思想文化的一颗璀璨明星，而且泽被后世，光照千秋，对后世产生了深远的影响。优美的神话、严肃的悲剧、诙谐的喜剧，成为世界文学的瑰宝，启迪了西方的文学创作和思想；希罗多德首创“历史”一词，是西方“史学之父”；修昔底德成为政治史传统的奠基人；苏格拉底、柏拉图和亚里士多德奠定了西方哲学的基础。

（过渡）古希腊文化首先影响了古罗马，正如古罗马诗人贺拉斯说的，罗马用军事征服了希腊，但希腊反过来又用自己发达的文化征服了罗马。

3. 宏伟的罗马

材料五　希腊文化缔造了伟大的社会，而强烈的英雄价值观念又激励着罗马人在生活中，挑战自我，在奋斗中实现个人价值，提升生存质量。这种精神，造就了一代代历史伟人：苏拉、庞培、恺撒、安东尼、屋大维、哈德良等。同时罗马人在现实中，受希腊努力向上的科学探索精神和深沉强烈的求实思想影响，创造了几近完美的古罗马广场、以弗所图书馆、竞技场、既实用又壮观，解决了罗马百万人用水，历经2000多年风雨仍巍然屹立的加德桥三层引水渠、跨越时代的阿尔坎塔拉桥，以及总长达78000千米条条通罗马的大道，至今仍像君士坦丁堡凯旋门一样熠熠反射着落日的辉煌。

——刘诠路、曹聪：《古希腊文化精神与罗马帝国的兴盛、灭亡》，载《法制与社会》，2007年第12期

教师设问：根据材料五并结合所学，思考古希腊文化对古罗马哪些方面产生了影响。（参考答案：法律、史学、文学、历法、建筑、英雄主义精神方面）

教师讲述：早在公元前3世纪以前，古罗马就直接或间接地受到古希腊文化的渗透，公元前3世纪至共和国晚期，古罗马对古希腊文化经历了从模仿到调适的过程。帝国时期出现了罗马和希腊文化融合的趋势。不过，罗马文化在吸收借鉴希腊文化的同时，既表现出文化的希腊化，也保留了自身的罗马特色。

材料六　希腊人是放大了的个人，希腊文化是一种非常具有诗意的文化；希腊文化又是非常感情化的文化，那是一种极度的诱惑和极度的克制的动态的平衡：表面形式是克制的，却掩饰不住内心的狂热。希腊文化因此也就是英雄主义、理想主义和理性主义的一种浓缩。希腊文化是罗马文化的酵母。但是罗马文化是剑的文化，是实用与功利的文化，因此也就是“放大了的国家”的文化。罗马人特别强调制度和法律，罗马文化取代了希腊文化，对于内心的探讨也就转变成为对于外部秩序的研究。

——李惠军：《刍议文化史教学中的几个认识问题》，载《中学历史教学参考》，2005年第7期

教师设问：根据材料六，思考罗马文化的特色是什么。（参考答案：实用与功利，是放大了的国家文化）

教师讲述：罗马不断扩张，成为地跨欧亚非的大帝国，为了加强对被征服地区的管理，罗马除了实行行省制度外，还不断强化法律的制定与实施。罗马法不仅成了维系罗马帝国统治的工具，而且对后世产生了深远的影响。

材料七 罗马法以深刻的法学理论,精湛的法律思想、科学的体系、合理的法律分类征服了许多国家甚至全世界。罗马法包含的有利于商品经济发展的法权关系,符合中世纪封建社会各国需要,也出现了日耳曼法和罗马法融合的历程,也为民法法系和英美法系的形成提供了理论原则和科学概念。

——卜芳:《浅谈罗马法对中国法律的影响》,载《前沿》,2013年第21期

教师讲述: 正如德国法学家耶林所说:"罗马曾三次征服世界,第一次是以武力,第二次是以宗教,第三次则以法律,武力因罗马帝国的灭亡而消失,宗教随着人们思想觉悟的提高、科学的发展而缩小了影响,唯有法律征服世界是最为平和、最为持久的征服。"罗马帝国灭亡之后,影响欧洲的不仅有法律,还有基督教。

教师总结: 通过本子目的学习,我们可以看到古代希腊文化的发端离不开两河文明的哺育,但独特的地理和社会环境使其与两河文明分道扬镳,形成了自己独特的思想与文化。古希腊文化在文学、艺术、哲学、政治学以及自然科学等方面大放异彩,被西方学者称为古典文化,古罗马承前启后,在古希腊文化的基础上把法制精神灌输到古典传统之中,使古典传统发扬光大。古希腊、罗马文化在西方文化发展史上占有极其重要的地位,它所形成的古典传统启迪了欧洲文艺复兴运动,对近现代西方文化产生了巨大而深远的影响。

(设计意图)本环节首先通过引入可以相互印证的传说与史学界研究成果,引导学生认识到古希腊文化受到西亚、北非文化的影响。其次,通过分析古希腊文化形成的原因,引导学生认识到古希腊文化是特定时空之下,多种因素共同作用的结果。再次,在探究古罗马文化时,以史料为媒介,引导学生思考,使学生认识到古罗马文化在继承古希腊文化的基础上加以发展,更具实用性。其中最有代表性的罗马法不仅维系统治,而且泽被后世。本环节指向的是:(1)史料实证素养水平1——能够区分史料的不同类型;在解答某一历史问题时,能够尝试从多种渠道获取与该问题相关的史料。(2)时空观念素养水平2——能够将某一史事定位在特定的时间和空间框架下;理解空间和环境因素对认识历史与现实的重要性。

(过渡)钱乘旦在《西方那一块土》中指出西方文明的源头除古希腊罗马文明以外,还有一个非常重要的源头,这个源头就是基督教。基督教诞生于公元1世纪前后的巴勒斯坦地区,有创世说、原罪说、救赎说、摩西十诫等教义。基督教诞生初期,屡遭罗马统治者的残酷迫害。随着教会发展和帝国的衰落,到公元4世纪晚期,基督教被定为罗马帝国国教。395年1月17日,罗马皇帝狄奥多西(346—395年)逝世前,把国土分给两个儿子继承,导致罗马帝国分裂。410年,日耳曼的西哥特人劫掠了罗马城,此后在西罗马帝国境内建立许多卫国。476年,罗马雇佣兵领袖日耳曼人奥多亚克废黜西罗马最后一个皇帝,西罗马帝国灭亡。从此欧洲进入中世纪,在这一历史变革中,基督教不但没有消亡,反而被日耳曼民族接纳并迅速壮大,成为中世纪西欧文化的主流。

(二)上帝之城——中古西欧文化

1. 中古西欧文化的形成

教师讲述: 中世纪是欧洲(主要是西欧)历史发展的一个重要时期,指的是从西罗马帝国灭亡到东罗马帝国灭亡的这段时间。这一时期,欧洲没有一个强有力的政权来统治,日耳曼人在西罗马帝国的废墟上建立起众多的蛮族王国,其中5世纪末由日耳曼法兰克人建立

的法兰克王国维持的时间最久，势力最强。496年，法兰克王国国王克洛维率领3 000亲兵皈依基督教。800年，查理曼于罗马圣彼得大教堂受教皇利奥三世亲自加冕，成为神圣罗马帝国的皇帝，使法兰克王国成为基督教王国的同时，也将西欧大部分地区纳入了基督教世界的范围。

材料八 在“蛮族”大入侵所造成的“黑暗时代”，基督教会无可争议地扮演了一个文化接力手和文明教化者的角色。它一方面用变异的方式传承着古典文明火种，另一方面用基督教信仰洗涤蛮族的野性。事实上，日耳曼各部最初的文明教化过程是与其皈依罗马大公教会的过程相同步，他们从一开始所接受的文明化世界观和价值观就是基督教的，当那些凶悍的日耳曼人冲入罗马帝国，他们最初都是听着基督教的赞美诗和忏悔词开始摆脱野蛮状态、走向文明教化的。

——赵林：《基督教对欧洲中世纪文艺复兴的重要影响》，载《暨南学报(哲学社会科学版)》，2012年第4期

教师设问： 根据材料八，思考基督教会在中世纪早期文化中扮演什么角色。(参考答案：文化的接力手和文明的教化者)

教师讲述： 古希腊、罗马文化，基督教文化和蛮族文化，成为中世纪早期文化的三大来源。其中，基督教作为旧世界文明的继承者和整合者，为中世纪文化奠定了最主要的根基，构成了中世纪文化的核心理念。基督教成为当时欧洲的官方信仰，传遍整个欧洲，渗透到西方社会文化生活的每一个层面。

2. 中古西欧文化的内涵及特色

材料九 基督教神学的奠基人是拉丁教父的主要代表奥古斯丁，他的思想被教会广泛宣传，他费时13年写了《上帝之城》，认为神是万物之源，是最神圣的爱，最完美的美，神从一开始就不能被人凭借认识和理性来捕捉，提倡人们“为信仰而认识”。他的另一主题是神国与俗国的对立。神国是仰赖神的恩慈结合的共同体，俗国是被神驱逐的罪人的集合体；形象化俗国就是不信神的异教国家。神国是千年之国，高于俗国。这种思想为教会的存在准备了极好的舆论，即使是神圣罗马帝国也是以“神国”理论为基础的。神圣者就是要超凡入圣，变俗国为神国。

——马克垚主编：《世界文明史》，北京：北京大学出版社，2016年，第411页

教师设问： 根据材料九，概括奥古斯丁的主要观点。(参考答案：信仰上帝；神国与俗国的对立)

教师讲述： 奥古斯丁认为要想实现超凡入圣就必须禁欲，这种禁欲思想成为中世纪的道德准则，也成为罗马教会公开标榜的一种政策，它主张在僧侣中推行独身主义，在妇女中推行女修道院制度，在俗人中提倡不结婚。禁欲并不能禁止爱，但中世纪西方的爱情观依然深受这种禁欲主义思想的影响。

材料十 这种禁欲主义并不像东方那样把性别抹杀，而是充分展开，体现男女之间的不同，男性要求具有男性的魅力，骑士既要有侠义武功，又要有翩翩风度。他们不但肩负保卫妇女、儿童、教会、领主的责任，而且为了爱情，可以置生死于不顾，甚至为心爱者进行生死决斗。这样，男性就成为一种崇拜的对象，就是所谓的“白马王子”。而中世纪欧洲的女性追求的目标是一种淑女形象。她们通过衣着打扮、声音、举止，尽量使自己显得优雅、温柔、富有

女人味。这种男女两极距离的拉开产生出差距和对立。

——马克垚主编：《世界文明史》，北京：北京大学出版社，2016 年，第 405 页

教师讲述：基督教作为当时西欧文化的主宰，不仅影响人们的爱情观，而且渗透到西方社会文化生活每一个层面，各个阶层的生活都毫无例外地被打上了基督教的烙印，哲学成了宗教神学的婢女，文学成为基督教的衍生物，艺术成为基督教神灵的装饰物。

教师设问：根据所学并结合教材，举例说明基督教对中世纪的哲学、文学、艺术等方面的影响。（参考答案：以哲学为例，哲学研究的核心问题是怎么证明上帝的存在，为证明这个问题，神学吸收了古希腊哲学的一些东西，统称为经院哲学。比如，中世纪宗教神学的集大成者托马斯·阿奎那的思想就深受亚里士多德的影响。他认为，整个宇宙从顶点的神到最低的生物构成一种地位阶梯，社会是上帝特意安排的组织，低级的应该服从高级）

(过渡)这种理性的思维方式源于古希腊哲学，在经院哲学中得以继承，并在文艺复兴、启蒙运动中发扬光大，成为西方文化的一大特色。中古西欧文化对近代西方文化的影响还体现在其他方面。

3. 中古西欧文化的影响

教师讲述：理性主义为科学提供了方法论基础，而近代科学的产生则与中世纪人们对神学的研究密不可分，当时的神学家为了说明宗教教育以及天堂地狱等问题，从事了大量的神学研究。在神学研究中，由对天堂的研究发展了对数学和天文学的研究，研究天堂和地狱的构成则发展了物理学、化学。

教师讲述：中古西欧留给近现代欧洲乃至整个世界的另一个宝贵遗产是中世纪大学的诞生。

材料十一　中世纪大学的诞生，使得国民教育的职能逐渐从教会分离出来，大学逐渐取代教会成为专门的教育机关。这为后来的文艺复兴、宗教改革和近代启蒙运动提供了重要阵地。更具有意义的是，尽管世界各国、各民族自古以来就发展出了各种较高水平的教育机构，如希腊雅典学院和中国的书院等，但是，西欧中世纪形成的大学所提供的办学理念、组织原则、教学体系、学位等级制度等，却是近现代世界高等教育制度的直接先驱。

——白虹：《中世纪基督教会与大学的诞生》，载《世界宗教文化》，2007 年第 3 期

教师设问：根据材料十一，思考中世纪大学对近代欧洲思想文化以及现代大学分别产生了什么影响。（参考答案：为近代西欧思想解放运动提供了重要阵地；成为现代大学的先驱）

教师讲述：大学的产生和中世纪欧洲的基督教会有着十分密切的联系。公元 4 世纪，随着罗马帝国对基督教迫害的停止，并进而确定基督教为国教，教会就拥有了国家教育的大权。开始的时候，各地教会在教堂或者主教座堂旁设立学校，一方面培养教会的神职人员，一方面教导民众识字和算术。6 世纪时，著名学者提出知识分子必须掌握"七艺"，后来这"七艺"成为巴黎大学的必修课程。中世纪罗马教会开启了近代大学教育的先声。

教师小结：综上所述，基督教在继承古希腊、罗马文化的基础上，吸收了蛮族文化，并对以上文化因素加以整合，形成了具有浓厚宗教气息的中古西欧文化，该文化表面上板着面孔、非常严肃，但实际上促进了大学的兴起和学术的发展，为西方近代的文化变革活动奠定了重要的基础。

(设计意图)通过分析中世纪西欧文化的形成、内涵以及影响,认识到这一时期在欧洲文化发展史上起到承上启下的作用,从而更好地理清欧洲文化发展史的脉络。本环节指向的是:历史解释素养水平2——能够在历史叙述中将史实描述与历史解释结合起来;能够尝试从历史的角度解释现实问题。

(过渡)在欧洲文化发展史上继承古希腊、罗马文化,并影响近现代欧洲的还有拜占庭文化。

(三)区域之风——拜占庭文化

1. 拜占庭文化的代表

教师讲述:公元395年,罗马帝国分裂为东、西两部分,其中东罗马帝国延续了千年之久。17世纪,西欧的历史学家为了区分古代罗马帝国和中世纪罗马帝国,称东罗马帝国为"拜占庭帝国"。拜占庭帝国历经12个朝代,93位皇帝。

教师设问:根据教材第24页,思考拜占庭文化代表性的成就有哪些。(参考答案:《罗马民法大全》、圣索菲亚大教堂等)

教师讲述:圣索菲亚大教堂是拜占庭皇室的主教堂,拜占庭建筑最光辉的代表,东正教的中心教堂。1453年后被土耳其人改为清真寺。教堂屋顶以穹隆覆盖,其中中央大穹隆直径32.6米,穹顶离地54.8米。

材料十二 拜占庭建筑样式最突出的风格是在平面十字形建筑物上方建造半球形穹顶,此种风格是在罗马半圆拱顶墙壁基础上发展而来的,而十字形平面建筑则是罗马长方形大会堂(又称"瓦西里卡")建筑的演化建筑形式。君士坦丁堡的圣索非亚教堂是拜占庭建筑的代表作,人们可以清楚地看到拜占庭人在墙体、门窗和内外柱廊方面是如何继承罗马建筑艺术的。

——陈志强:《拜占庭文化的特征》,载《外国问题研究》,2016年第4期

图1 建造于6世纪的君士坦丁堡圣索菲亚大教堂

教师设问:根据材料十二,思考圣索菲亚大教堂继承发展了哪一建筑风格。(参考答案:古罗马建筑风格)

教师追问:结合教材思考拜占庭文化对古罗马文化的继承还体现在哪些方面。(参考答案:法律,宗教等)

教师讲述:拜占庭文化在继承古希腊、罗马文化的基础上加以创新,形成了独具特色的拜占庭文化。

2. 拜占庭文化的特征

材料十三 拜占庭文明是以君士坦丁堡为其文化萌芽、发展、繁荣和向周围地区扩散、影响的中心，以古代亚洲东方文化为其重要补充，以基督教中的东正教思想为其文化的指导思想，以古希腊罗马文化为拜占庭文化形成的基础和核心的一种独特文化体系。

——杨龙：《浅析拜占庭文明的特点和影响》，载《内蒙古农业大学学报(社会科学版)》，2010年第5期

教师设问：根据材料十三，概括拜占庭文明的特点。(参考答案：集多种文明于一身的混合型文化)

教师讲述：拜占庭文化之所以具有以上特点，与拜占庭帝国独特的地理位置密不可分，该帝国处于亚非欧三洲交界处，这也使其文化对其他地区产生了广泛而深远的影响。

3. 拜占庭文化的影响

(1) 对俄罗斯等东欧国家的影响

材料十四 正是由于拜占庭传教士的努力，斯拉夫人不仅接受了东正教信仰，而且接受了拜占庭人创造的文字，从此奠定了斯拉夫文化发展的基础，开启了斯拉夫人文明的进程。……拜占庭文化在东欧的传播具有深远的意义，不仅使斯拉夫人世界得到文化的启蒙，加速了斯拉夫人各民族国家的形成与发展，而且逐步形成了以君士坦丁堡为中心的东正教世界，奠定了近现代东欧文化区域的基本格局。

——陈志强著：《拜占庭帝国通史》，上海：上海社会科学出版社，2013年，第322页

教师设问：根据材料十四，思考拜占庭文化在哪些方面影响了东欧国家。(参考答案：信仰，文字等)

(过渡)拜占庭文化不仅影响了东欧，而且也对西欧产生了影响。

(2) 对西欧的影响

材料十五 拜占庭文化通过输送古籍，接纳西方学者留学以及在拜占庭领土上开展希腊化学术活动等渠道，使古典文化与意大利保持了密切联系。拜占庭文化长期在意大利的渗透，为公元13、14世纪兴起的研究古籍之风创造了条件，这也正是文艺复兴在意大利兴起的原因之一。拜占庭帝国对意大利文艺复兴的直接影响，是晚期拜占庭学者的大量到来，他们将希腊语、人文主义思想和新的艺术风格带到了意大利。

——乔丹：《论拜占庭文化对欧洲文化的影响》，载《郑州航空工业管理学院学报(社会科学版)》，2005年第5期

教师设问：根据材料十五，分析拜占庭文明对西欧影响的具体表现。(参考答案：为文艺复兴的兴起创造了部分条件)

教师讲述：南斯拉夫学者乔治·奥斯特洛格尔斯基曾说："拜占庭帝国于1453年灭亡了，但它的精神永存。其信仰、文化和关于政治生活的理念继续活跃着，不仅在那些曾经是拜占庭的土地上，而且在古老的帝国边界以外的地区仍然能感受到它的影响，成为欧洲各国文明和政治发展的促进因素。"

(设计意图)通过分析拜占庭文化的代表性成果，了解其文化特色，进而认识到特殊的地理位置使其集多种文化于一身，同时又对其他文化产生广泛而深远的影响。本环节指向的是：时空观念素养水平2——能够认识事物发生的来龙去脉，理解空间和环境因素对认识历

史与现实的重要性。

【课堂小结】

教师引导学生小结：通过梳理欧洲文化发展史，可以看出欧洲文化在不同时期各具特色，但又互有交集。古罗马文化继承了古希腊文化，日耳曼征服了罗马，但也继承了罗马的文化，在这段时间里，往往是征服者继承了被征服者的文化，然后再加上自己的东西，产生了新的内涵。同时他们又会受到东方文化的影响，比如古希腊文化、基督教文化、拜占庭文化等。在古希腊、罗马文化的基础上，在中古西欧文化与拜占庭文化的共同影响下，文艺复兴在意大利开展并扩展到整个欧洲，知识与科学的解放使欧洲加速向近代迈进。

第 5 课

南亚、东亚与美洲的文化

教学设计 1

魏云凤　河南省永城市第三高级中学

一、教材分析

本课是统编教材《文化交流与传播》第二单元《丰富多样的世界文化》第 3 课，共分为三个子目："古代印度文化""古代朝鲜与日本文化""美洲印第安文化"。教材主要讲述了印度古代丰富多彩的文化，及其对东南亚产生了重要的影响；古代朝鲜和日本在吸收中国文化的基础上发展了独具特色的民族文化；印第安人独立发展出了特色鲜明的古代文化，但随着殖民者的入侵，独立发展的印第安文化几乎被毁灭殆尽。文化多样性是人类文明进步的重要动力，南亚、东亚和美洲的文化为人类文明发展作出了重要贡献。

《普通高中历史课程标准(2017 年版 2020 年修订)》对本单元的要求是：通过了解世界各主要区域文化，理解世界文化的多样性；认识世界各国、各地区、各民族对人类文化发展所作出的贡献。文化多样性是人类社会的基本特征，也是人类文明进步的重要动力。人类生活方式的多样性，决定了人类文化具有多样性。南亚、东亚和美洲文化由于其各自独特的地理和生存环境，形成了风格迥异的区域文化。这些文化大多在长期的历史发展过程中，不断地进行着跨越时空的继承、交流、融汇、发展和完善，既有地域文化历时性的传承与丰富，也有异域文化共时性的交往与互补互鉴，从而促进多元文化的发展与共生。本课教材时间跨度大，内容庞杂，有一定的理论深度，因此，教师对教学内容要进行适当取舍、重新梳理知识体系，构建逻辑关系，方便学生理解，以便更好地完成教学目标。

二、学情分析

经过初中和高一阶段的学习，学生对世界古代史中不同文明的分布区域和发展特征等史实有了一定的了解，历史思维能力也有一定程度的提高，已经能够较好地运用历史思维方法分析、探究历史问题，并能够初步结合所学知识分析现实问题。但学生对本课内容仍然存在几大困惑：第一，古印度文化对周边地区产生了哪些重要影响？第二，古代朝鲜和日本在吸收外来文化的基础上发展了怎样独具特色的民族文化？第三，美洲印第安人如何在相对隔绝的状态下独立发展出了特色鲜明的古代文化？又是缘何随着欧洲殖民者的到来而迅速衰落的？教学时，需要通过补充史料，构建具体生动的历史情境，引导学生在唯物史观指导下，探寻历史发展的内在逻辑，形成开阔的国际视野和博大的人文情怀，进一步涵养家国情怀。

三、教学目标

1. 通过自主学习和史料阅读，了解古代印度文化、古代朝鲜与日本文化、美洲印第安文化的发展历程、特征。

2. 通过史料研读与合作探究，理解各个独具特色的区域文化形成的原因，尝试运用时空观念架构知识体系，用唯物史观分析经济社会现象。

3. 通过各区域文化的交流共存的相关史实，感知文化的多样性与共进性，涵养文化自信的情怀与文化包容的胸怀。

四、教学重难点

重点：古代印度文化对周边地区的影响；古代朝鲜和日本民族文化的特征及形成原因。
难点：美洲印第安文化迅速衰落的原因。

五、教学过程

【导入新课】

图 1　中亚古城撒马尔罕

图 2　埃及的卢克索神庙

图 3　新加坡的圣淘沙

图 4　泰国的曼谷玉佛寺

图 5　希腊的雅典卫城

材料一 我访问过世界上许多地方，最吸引我的就是韵味不同的文明，如中亚的古城撒马尔罕、埃及的卢克索神庙、新加坡的圣淘沙、泰国的曼谷玉佛寺、希腊的雅典卫城等。

——《习近平主席在亚洲文明对话大会开幕式上的主旨演讲》，载《光明日报》，2019-05-16

教师讲述：人类文明发展史之所以波澜壮阔，激荡人心，一个重要原因就在于不同文明之间的交流互鉴。文明因多样而交流，因交流而互鉴，因互鉴而发展。追溯古代区域文化发展痕迹，我们不难发现文化的并存、多元和相互影响。今天就让我们跟随时间的脚步，一起来探寻古代印度文化、古代朝鲜与日本文化以及美洲印第安文化的异彩纷呈和相互影响，深切体会文化因交流而发展并存，因封闭而衰落暗淡！

(设计意图)从学生比较熟悉、感兴趣的“习大大语录”入手，拉近历史与现实的距离，有利于提升学生的学习兴趣，让学生直观地体会文化的多样性和交流发展，形成对该问题更全面、丰富的解释。本环节指向的是：历史解释素养水平2——能够选择、组织和运用相关材料，对个别或系列史事提出自己的解释；能够在历史叙述中将史实描述与历史解释结合起来。

(过渡)古代印度文化是人类文明发展史上具有代表性的古代文化之一，风格独特，熠熠生辉，并对周边国家和地区产生了深远的影响。我们首先追溯古代印度文化，了解南亚的特色文化。

【学习新课】

(一) 丰富多彩的古印度文化

1. 古印度文化的表现和特征

教师讲述：走近印度文化，我们便进入一个完全不同的世界，这个文化具有鲜明的特性，它的独特不仅仅体现在自然环境的差异，而且在职业、饮食、居住等方面也具有鲜明的个性，如此形成的印度文化模式既与众不同，又丰富多彩，对周边的文化产生了深远的影响。

教师设问：请同学们阅读教材第26—28页，用关键词概括古印度文化。(参考答案：制度——种姓制度。宗教——婆罗门教、佛教、印度教。史诗——《摩诃婆罗多》《罗摩衍那》。艺术——与宗教相关：佛塔、石柱、石窟。数学——十个数字符号、十进位计算法)

材料二 吠陀是雅利安人最古的文献，既是宗教经典，又包含多方面的知识，其中还有许多诗不愧为古老的文学作品。古代印度最著名的文学作品是《摩诃婆罗多》《罗摩衍那》两部史诗。……两篇史诗的基本内容都是神话性的，但也反映了当时印度社会生活多方面的内容，还反映了雅利安人向东、向南扩展中的一些斗争情况。

——吴于廑、齐世荣主编：《世界史·古代史编》上卷，北京：高等教育出版社，2011年，第147页

教师设问：根据材料二，指出古印度文学的特点。(参考答案：和宗教紧密相连，神话色彩浓厚；是社会生活的反映；多部经典作品流传)

材料三 由于农业生产和生活方面的需要，古代印度人民很早就注意观察天象。在吠

陀时代，他们就知道金、木、水、火、土五星，将五星与日月并称为七曜。他们还知道月亮所经过的星座，共 27 宿。以后又增加一宿，成为 28 宿。……当然，他们那时的天文知识还是和占星学的迷信混合在一起。

——吴于廑、齐世荣主编：《世界史·古代史编》上卷，北京：高等教育出版社，2011 年，第 147 页

材料四 与希腊人的交往使双方的思想发生了有益的交流。公元 476 年出生的华氏城的阿耶波多是天文学史上最伟大的人物之一。他教导说，地球是一个球体，它围绕地轴自转；月食是地球的阴影落在月亮上所引起的；太阳年的长度为 365.3586805——这一计算的误差极小。无疑，笈多时代最伟大的贡献是提出了"0"的理论和作为演算基点的十进制。……这些简单的数字被阿拉伯商人和学者传到西方，并被称为"阿拉伯数字"。

——[美]斯塔夫里阿诺斯著，吴象婴等译：《全球通史：从史前史到 21 世纪》，北京：北京大学出版社，2006 年，第 152 页

教师设问：除了宗教、文学等，印度在科学技术方面的成就也是很杰出的，根据材料三、四，概括古印度科学知识的特点。（参考答案：成果突出，水平先进；和农业生产生活联系密切；带有迷信色彩；和外来文化相互交流借鉴）

（过渡）在古印度文化中，种姓制度和佛教文化是其最具代表性的部分，它的形成也有着特殊的原因。

2. 古印度文化产生的原因

材料五 在后期吠陀时代，以吠陀梵语（即吠陀文献的语言）、婆罗门教和种姓制度为核心内容的雅利安文化基本形成。由于雅利安人是占统治地位的民族，其文化也渐成为主导地位的文化。自后期吠陀时代以后，古印度文明的结构特点是，以雅利安文化为主导地位的文化的并存（土著文化也有多样性）。

——易宁著：《走进古印度文明》，北京：民主与建设出版社，2001 年，第 18—19 页

教师设问：根据材料五，指出种姓制度的形成体现出的古印度文化的特征。（参考答案：种姓制度的形成体现了古印度文化和外来文化的融合，体现了以雅利安文化为主导的多种文化的并存）

材料六 印度的文化史可以说是一部不断地接受异质文化挑战的历史。不过，异质文化挑战的结果是，外来文化既没有消灭印度文化，印度文化也未能完全把外来文化同化。种姓是长期遭受外力打击下产生的一种保护机制。对具有不同文化，不同生活方式的人采取不接触的办法，是一种保护自己文化传统的有效方式。

——尚会鹏著：《印度文化史·绪论》，桂林：广西师范大学出版社，2007 年，第 14 页

教师设问：根据材料六并结合教材，指出古印度种姓制度对外来入侵者所采取的不接触的办法是什么，产生了什么影响。（参考答案：办法——种姓制度所规定的不通婚、不通商、不通话等封闭行为。影响——一方面影响了民族间的融合和文化吸收。另一方面，保护了自己的文化传统，同时也让外来文化作为独立部分在印度得以保存，为古印度文化的多样性提供了条件）

教师引导学生分析：种姓制度，是中国古代文献中对印度的一种复杂的等级制度的泛

称，是在印度数千年的历史中建立起的一套严格的阶层划分和细致的职业分工，形成的一种相对稳定的社会结构。军事征服和社会分工，是种姓制度形成的最初原因。到后期吠陀时代，四个等级的种姓制度正式形成，基本内容是以神的名义把人按照严格的等级加以区分，分为四个等级：婆罗门（掌管宗教祭祀）、刹帝利（以国王为首的武士集团）、吠舍（小生产者）、首陀罗（雇工或手工业者）。种姓制度的形成体现了古印度文化和外来文化的融合，同时也体现了以雅利安文化为主导的多种文化的并存。既保护了自己的文化传统，同时也让外来文化作为独立部分在印度得以保存。

材料七　（印度）历史上较大的外来民族的征服，现在知道的就有十多次，如雅利安人、马其顿人、塞种人、贵霜国人、匈奴人、波斯人、土耳其人、阿拉伯人、莫卧儿人以及近代英国人等。

——尚会鹏著：《种姓与印度教社会》，北京：北京大学出版社，2001 年，第 372 页

材料八　从种姓制的另一端看，穷人和地位卑微者也有支持种姓制度的强烈理由。除了最悲惨和最边缘的人之外，所有的人都可以轻视某些人，这是种姓制度一个并非不重要的心理特点。

——[美]威廉·麦克尼尔著，施诚等译：《世界史》，北京：中信出版社，2013 年，第 72 页

材料九　《摩奴法经》的根本精神是要人从思想上接受和承认一切现存的社会制度是合理的。个人生活上的痛苦都是前世所种下的“因”所致，……这样，以因果轮回的宗教说法来解决现世社会所存在的一切问题的结果，就是避免对现存的极端不平等的社会制度产生怀疑与动摇，因而大大地加强了它。

——雷海宗著：《世界古代史纲要》，天津：天津人民出版社，2016 年，第 57 页

教师设问：根据材料七至九并结合教材第 26 页，概括古代印度种姓制度存在的原因。（参考答案：频繁的外来入侵强化了种姓制度；底层民众丧失了反抗意识；歧视的优越感固化了种姓制度）

教师引导学生分析：种姓制度是印度文化的重要内容，也是不被外人理解的印度文化之一。这样一种看起来不公平、不合理、以自然血统来严格地进行阶层划分和细致的职业分工的制度却能够在印度存在数千年，一定有一些必然的因素。我们之前学习种姓制度内容的时候知道军事征服和社会分工，是种姓制度形成的最初原因。古代印度是传统的农业国，商品经济不发达，缺乏平等自由的社会观念，经济形态长期没有大的改变，是种姓制度存在的根源。加上底层民众丧失了反抗意识；歧视的优越感固化了种姓制度；频繁的外来入侵强化了种姓制度。以上种种原因，使得种姓制度长期存在，至今仍然在印度的社会生活中发挥着广泛而深刻的影响。

材料十　佛陀所传的教义适应了当时各种姓（尤其是刹帝利和富有的吠舍）反对婆罗门种姓特权的要求。佛教反对苦行，并用比较易懂的通俗语言传教。因此佛教得到了摩揭陀等国君的支持，受到了富人的大量布施，也从各种姓中获得了大批的信徒，很快地就发展成了一个大的宗教。

——吴于廑、齐世荣主编：《世界史·古代史编》上卷，北京：高等教育出版社，2011 年，第 138 页

材料十一　佛教教义的形成过程，便是堕落的婆罗门教进行革新的过程。它否定种姓

差别，主张众生平等。佛教教义的本质是一种彻底的无常观，否定恒常不变的“实我”（灵魂）的存在，而将“无我”作为终极理想。

——[日]宫崎市定著，谢辰译：《亚洲史概说》，北京：民主与建设出版社，2017 年，第 44 页

教师设问：宗教是印度文化中非常重要的内容，印度的佛教曾对世界的宗教文化产生了深远的影响，结合材料十、十一，总结归纳印度佛教能够发展起来的原因。（参考答案：佛教所传的教义适应了当时各种姓反对婆罗门种姓特权的要求；传教语言通俗易懂；主张众生平等，迎合了大众的需求）

教师引导学生分析：印度的宗教非常复杂，印度教、佛教、伊斯兰教目前在印度都有数量众多的信徒。在历史的发展中，由于佛教所传的教义适应了当时各种姓反对传统特权阶层婆罗门种姓特权的要求，所以佛教的影响力在一定时期内逐渐增强。

（过渡）古印度文化丰富多彩，在世界文化中的地位是很突出的，对周边地区也产生了重要的影响。

3. 古印度文化对周边文化的影响

材料十二　在印度，商业的繁荣促使大城市日新月异，而佛教的传播掀起了宗教狂热，两相结合，刺激了艺术才能的勃然焕发。这个时期中，印度的影响远出国门之外。佛教在中亚扎了根，又从中亚移植到中国、朝鲜和日本。由于印度的殖民，佛教和印度教连同它们的艺术和文学一起，传入东南亚和马来群岛（这个群岛现在仍然叫作印度尼西亚）。

——[美]爱德华·麦克诺尔·伯恩斯、菲利普·李·拉尔夫著，罗经国等译：《世界文明史》第一卷，北京：商务印书馆，1987 年，第 337 页

教师设问：根据材料十二并结合教材第 26—27 页，指出古代印度文化对周边哪些地区产生了重要影响。（参考答案：古印度文化中的宗教、艺术、文学、语言、文字、思想等对周边的东亚、东南亚、中亚和马来群岛均产生了深远的影响）

教师引导学生分析：在漫长的历史发展进程中，印度人民在同自然界的斗争和阶级斗争当中，创造了灿烂的古印度文化。古印度文化内涵丰富，特征明显，多姿多彩，对周边的东亚、东南亚、中亚和马来群岛均产生了深远的影响，在世界文化中有着十分重要的地位，为世界文化宝库作出了突出的贡献。

（设计意图）学生是学习的主体，调动学生探究历史问题的积极性是教学的关键。对于古印度文化内容的诸多方面，本环节通过列举学生关注的相关问题的文字史料，设置问题链引导学生一步步追根溯源，探寻种姓制度、宗教等发展的特征和原因。本环节指向的是：(1)史料实证素养水平 1——能够从所获得的材料中提取有关的信息；史料实证素养水平 3——能够利用不同类型史料，对所探究的问题进行互证，形成对该问题更全面、丰富的解释。(2)历史解释素养水平 2——能够选择、组织和运用相关材料并使用相关历史术语，对个别或系列史事提出自己的解释；能够在历史叙述中将史实描述与历史解释结合起来。

（过渡）东亚文化以华夏文化为基础，发源于黄河流域，传播到长江流域和珠江流域，再传到越南、朝鲜和日本。古代朝鲜和日本都是在吸收汉文化的基础上发展了独具特色的民族文化，接下来我们一起学习因文化交流、互鉴而发展、并存的古代朝鲜与日本文化。

（二）借鉴并存的古代朝鲜、日本文化

教师设问：请同学们阅读教材第28—29页，分别概括古代朝鲜文化和日本文化的突出成果。（参考答案：古代朝鲜文化——科学：7世纪的瞻星台、13世纪的金属活字印刷术；史学：12世纪的《三国史记》；在汉字基础上创制文字；特色乐舞等。古代日本文化——太阳神崇拜；武士道；诗歌集《万叶集》、小说《源氏物语》、法隆寺、大和绘和浮世绘、形成假名字母等）

材料十三 追根溯源，日本文明在很大程度上是从大陆，特别是从中国移植引进而来的。日本落后于中国、印度许多世纪，并且是靠了来自中国的推动才取得飞跃进步；但这一事实并不说明日本的岛国居民缺乏才智或创造性，日本人吸收外国成分并加以改造，以为己用，在这方面，他们表现出非凡的机智。不仅如此，在历史的某些时期中，他们似乎比远东其他民族更具有首创精神。

——[美]爱德华·麦克诺尔·伯恩斯、菲利普·李·拉尔夫著，罗经国等译：《世界文明史》第一卷，北京：商务印书馆，1987年，第366页

教师设问：根据材料十三并结合教材知识，思考古代日本文化和古代朝鲜文化独具特色的原因是什么。（参考答案：自身生产力的进步为文化的发展奠定了基础；中华文化的进步性和吸引力；日本和朝鲜人民善于学习外来先进文化；自身的创造性）

材料十四 好几个世纪里，日本人继续与朝鲜交往不绝，并继续从那里获得文化上的推动力，这就意味着他们间接地受到汉代中国和以后几朝的更古老、更丰富的文明的影响。……日本人通过朝鲜引进了中国的文字体系和佛教，这对日本以后的历史影响深远。

——[美]爱德华·麦克诺尔·伯恩斯、菲利普·李·拉尔夫著，罗经国等译：《世界文明史》第一卷，北京：商务印书馆，1987年，第371页

材料十五 中国未能充分消化和吸收的西亚、印度的文化也经由中国流向了日本，日本社会在吸取这些文化资源的同时，也实现了自身独有的发展进程。

——[日]宫崎市定著，谢辰译：《亚洲史概说》，北京：民主与建设出版社，2017年，第291页

教师设问：我们一直在强调中华文化对朝鲜和日本的影响，根据材料十四、十五，分析朝鲜、日本文化的发展还受到哪些文化的影响。（参考答案：间接受到西亚、印度文化的影响；自身的发展）

教师引导学生分析：众所周知，汉字是东亚国家和中国少数民族创造文字的模式，并形成了“汉字文化圈”。中华文化具有明显的进步性和强大的吸引力，古代朝鲜和日本是在吸收汉文化的基础上发展了独具特色的民族文化，加上自身生产力的进步为其文化的发展奠定了坚实基础。在历史发展的进程中，日本和朝鲜人民善于吸收借鉴外来先进文化的优点，同时，朝鲜和日本自身较强的创造性，最终形成了风格独特的东亚文化，在历史的长河中如点点星辉，闪耀发光。

材料十六 在整个7世纪和8世纪中，大和政府源源不断地向唐朝宫廷派遣官方外交使节，他们之中大部分人是为了在科学、艺术、文学上得到更多的培养。结果是全盘抄袭中国的技术和意识形态，影响到日本社会和生活的几乎每一个方面。中国的医药知识、军事战

术、筑路方法、建筑风格、家具款式，甚至穿着打扮都引进了。采用了中国的度量衡制，8世纪初也开始使用铜钱了。

——[美]爱德华·麦克诺尔·伯恩斯、菲利普·李·拉尔夫著，罗经国等译：《世界文明史》第一卷，北京：商务印书馆，1987年，第373页

教师设问：根据材料十六并结合教材，分析中华文化对日本的影响体现在哪些方面。（参考答案：政治制度、生产、生活用具、文字、科学、艺术、文学、医药知识、军事战术、筑路方法、建筑风格、家具款式，甚至穿着打扮等社会和生活的方方面面）

教师小结：纵观东亚区域文化发展的历史可知，中华传统文化的影响力随着多种文化的交流和融合而不断扩大，朝鲜和日本在吸收借鉴中华先进文化的基础上不断创新，并相互交流，从而形成了各具特色的文化形态。由此，我们可以得出结论：文化因交流借鉴而发展进步！

（过渡）古老神秘的美洲大陆虽然与其他大陆相比处于相对隔绝的状态，却很早就出现了辉煌灿烂的美洲大陆三大特色文化。美洲独具特色的文化是如何发展起来的？又为何会迅速衰落？接下来让我们回望美洲，一起来探寻其中的奥秘。

（三）隔绝衰落的印第安文化

材料十七　在白人踏上美洲几个世纪前，危地马拉、墨西哥和安第斯高地的印第安人已经拥有几乎具有一切文明特征的较高文化。假如不是被征服的话，他们完全可以为发展中南美自己的文化打下一个基础，这一文化可以同任何其他洲的文化相媲美。

——[美]爱德华·麦克诺尔·伯恩斯、菲利普·李·拉尔夫著，罗经国等译：《世界文明史》第三卷，北京：商务印书馆，1987年，第186页

教师设问：印第安人在15世纪欧洲殖民者到来之前已经发展出了自己独特的文化，阅读材料十七并结合教材第29—31页，找出其代表性文化有哪些，水平如何。（参考答案：代表性文化——玛雅文化、阿兹特克文化和印加文化。水平——独具特色，文化水平较高）

教师小结：美洲印第安人的三大文明是：位于今尤卡坦、危地马拉和伯利兹的玛雅文明、位于今墨西哥地区的阿兹特克文明和厄瓜多尔中部到智利中部、延伸3 000英里的印加文明。玛雅人创造了南北美洲最古老的文明，并以其艺术和科学的惊人发展而闻名于世；阿兹特克人粗野好战，在献祭仪式中，醉心于大屠杀，并建立了富有、豪华、令人眼花缭乱的国家；秘鲁的印加人精力旺盛，擅长饲养美洲驼和种植马铃薯，崇拜太阳神，并用复杂的宗教仪式维持帝国的统一。

材料十八　呈现这种文化发达的原因几乎完全是因为这里具有适合农业发展的地理条件。中美洲的河谷及南美洲西北部草木茂盛，土地肥沃，气候温和，粮食自给有余。因此人口迅速增加，贸易和工业向多样化发展，城镇迅速增加，出现了以致力于开发宗教知识的牧师阶层。这些发展助长了科学与其他知识领域的发展并有助于新工艺技术的发明。

——[美]爱德华·麦克诺尔·伯恩斯、菲利普·李·拉尔夫著，罗经国等译：《世界文明史》第三卷，北京：商务印书馆，1987年，第186页

教师设问：我们知道古代美洲大陆与世隔绝，不仅美洲印第安文明与其他大陆诸文明相隔绝，而且诸印第安文明彼此之间基本上也相互隔绝，那么美洲大陆为什么还会产生如此

闪光夺目的印第安文化呢？（参考答案：地理条件优越；农业发展、人口增加；牧师阶层的出现）

教师讲述：在漫长的几千年里，美洲印第安人的确产生并发展了丰富多彩的文化，他们不仅使这些文化适应他们所生活的范围广阔的自然环境，而且还使这些文化相互适应。印第安人培植了100多种植物，与整个欧亚大陆所培植的植物一样多，这是一个非凡的成就。如今，美国50%以上的农产品都来自印第安人驯化的各种作物。农业的发展大大增加了定居的人口，贸易和手工业也向多样化发展，城镇迅速增加，出现了以致力于开发宗教知识的牧师阶层，促进了科学与其他知识领域的发展，并有助于新工艺技术的发明，这些都促进了印第安文化的快速发展。

教师设问：自主阅读教材，总结印第安文化发展所取得的辉煌成就。（参考答案：玛雅文化：自然神崇拜，建造金字塔作为神庙塔基或宗教仪式场所；创造了独特的文字；发明玛雅历；创造了20进位法，有“零”的概念。阿兹特克文化：太阳神崇拜，建造金字塔作为神庙塔基或宗教仪式场所；使用图画文字记史述事；锻造铜器；制作精美的陶器、石雕、木刻和金银首饰。印加文化：太阳神崇拜，建造金字塔作为神庙塔基或宗教仪式场所；建造驿道和太阳庙；会使用麻醉剂，能进行人体解剖；制定太阳历和太阴历）

教师讲述：美洲文明是由印第安人创造的一种较高的文化，在当时就已经拥有几乎一切文明的特征。以玛雅文化为例：玛雅人创造了南北美洲最古老的文明，并以其艺术和科学的惊人发展而闻名于世。他们独自发展了表意文字，用字母或者记号作为表达思想的传统符号。为了计算时间、预言未来、献祭和主要的丧葬事宜推算吉日，他们还研究了天体的运动。他们的天文知识与当时欧洲的天文学知识不相上下。玛雅人的圣历，也以其精确、复杂和科学的周期性让后人叹为观止。《世界文明史》一书有云：“假如不是被征服的话，他们完全可以为发展中南美自己的文化打下一个基础，这一文化可以同任何其他洲的文化媲美。”那么如此闪光的美洲文化，为何会迅速衰落呢？这个问题值得我们深思。

材料十九　他们（印第安人）的耕作技术从未超过养活全体居民所须达到的最低限度，而他们的人口也很少达到东半球的人口密度。他们的工具仅用石头、木头或者骨头制成。印第安人不会冶铁矿石，尽管他们也使用金属，但几乎只用于装饰目的。他们所制造的船只有独木舟和远洋木筏。……印第安人用长矛和弓箭对付西班牙人的马和枪，显然处于极为不利的境地。……（阿兹特克人）认为战争是短期的，是为宗教仪式尽力。他们在战争中主要关心的是捕捉俘虏，用俘虏的心脏祭神。因此他们发动的战役常常是礼仪上的争夺……西班牙人杀人是为了获胜，而阿兹特克人只想捕捉俘虏。……由于印第安人在数万年前渡过白令海峡之后就没再与其他大陆诸民族有任何联系，所以他们在生物上变得很易受欧洲人及其非洲奴隶所带来的天花、麻疹、斑疹伤寒、黄热病和其他疾病的伤害。

——［美］斯塔夫里阿诺斯著，吴象婴等译：《全球通史：从史前史到21世纪》，北京：北京大学出版社，2006年，第327—329页

教师提问：根据材料十九并结合教材第31页，概括印第安文化衰落的原因。（参考答案：美洲在经济上和技术上远远落后于侵略者的文明；印第安各民族之间缺乏团结；捕捉俘虏献祭的落后战争观念；缺乏抵御种种外来疾病的免疫力等）

教师引导学生分析：独特的地理位置使美洲和其他大洲隔绝，生产力发展水平的限制

使他们缺乏进行频繁、多样化文化交流的条件，因此美洲虽然产生了独具特色的印第安文化，一度熠熠生辉，辉煌灿烂。但美洲在经济上和技术上远远落后于侵略者的文明，加上印第安各民族之间缺乏团结、战争观念传统且落后，终因外来侵略者的恶意入侵，自身缺乏抵御种种外来疾病的免疫能力而迅速衰落下去。回望美洲文化，我们除了扼腕叹息之外，也更加深刻地体会到：交流、互鉴是文化多元共生的重要途径！

(设计意图)通过引用大量史料，引导学生深入探究印第安文化衰落的原因，从而引发学生进一步的思考：不同的文化如何相互和谐相处、共存共生？使之体会交流和相互借鉴在文化多元共生中的重要作用。本环节指向的是：(1)时空观念素养水平2——能够认识事物发生的来龙去脉，理解空间和环境因素对认识历史与现实的重要性。(2)历史解释素养水平2——能够选择、组织和运用相关材料并使用相关历史术语，对个别或系列史事提出自己的解释；能够在历史叙述中将史实描述与历史解释结合起来。

【课堂小结】

教师引导学生小结：我们知道：每一种文化都扎根于自己的生存土壤，凝聚着一个国家、一个民族的非凡智慧和精神追求，都有自己存在的价值。人类只有肤色语言之别，文化亦只有姹紫嫣红之别，但绝无优劣之分。作为文化的最高形式或高等形式的文明更是如此，认为自己的人种和文明高人一等，执意改造甚至取代其他文明，不愿意吸收借鉴其他文化的优点，在认识上是愚蠢的，在做法上是灾难性的！人类所居住的这个蓝色星球正是因为多种多样的人类文明和文化，而华光溢彩、绚丽多姿。如果人类文明和文化变得只有一个色调、一个模式了，那这个世界就太单调了，也太无趣了！文化如水，润物无声。激发人们创新、创造活力，最直接的方法莫过于走入不同文明和文化，发现别人的优长，启发自己的思维。文化因交流而共生并存，因封闭而中断湮灭。我们应该秉持平等和尊重，摒弃傲慢和偏见，加深对自身文化和其他文化差异性的认知，推动不同文化交流对话、和谐共生。

教学设计2

黄秋瑾　安徽省淮北市教育局教研室

一、教材分析

本课是统编教材《文化交流与传播》第二单元《丰富多彩的世界文化》第3课，教材内容主要有“古代印度文化”“古代朝鲜和日本文化”“美洲印第安文化”三部分。第一目主要讲述了印度文明的产生及发展历程，介绍了印度的种姓制度、宗教及其影响，还涉及古代印度的文学、佛教艺术、数学等文化成就及对东南亚的影响。第二目主要讲述以古代朝鲜、日本为代表的东亚文化的发展概况，以及与中华文化之间的相互影响。第三目主要讲述以玛雅文化、阿兹特克文化和印加文化为代表的美洲的印第安文化。

《普通高中历史课程标准(2017年版2020年修订)》对本单元的要求是：通过了解世界各主要区域文化，理解世界文化的多样性；认识世界各国、各地区、各民族对人类文化发展所作出的贡献。本课是本单元最后一课，与第3、4课是并列关系，共同构成多元化的世界文化。本课知识点庞杂、时间跨度大，不利于学生掌握，因此，需要教师重新整合教材、化繁为简、突出重难点。

二、学情分析

本课的教学对象是经过一年系统训练的高二年级学生，他们的思维能力有了一定提高，具备一定学习历史的素养。但本课是世界古代文化史内容，知识相对抽象，且年代久远，无形中拉大了学生与历史的距离。通过影视剧、课外读物及网络，学生对印度、朝鲜以及日本文化有初步了解，但也仅限于初步认识阶段；而对神秘的美洲印第安文化了解甚少，增加了本课教学的难度。本课学生的主要任务是梳理东亚、南亚和美洲文化的相关史实，依据相关史料理解世界文化的独特性和多样性。教学中，教师要充分挖掘课外资源，引导学生分析、理解、认识。

三、教学目标

1. 通过阅读教材图片、地图及文字，了解古代印度文化、朝鲜和日本文化、玛雅文化等主要成就。

2. 通过研读佛教、印度教等史料，理解宗教在印度文化产生发展中的作用，提升依据史料解释历史的能力。

3. 通过研读史料，知道中国对古代朝鲜、日本的影响，理解文明影响的相互性，培养史料实证意识。

4. 通过分析古代印度文化、朝鲜和日本文化、玛雅文化等，认识到世界文化的发展具有独特性和多样性，涵养尊重各国文化的家国情怀。

四、教学重难点

重点：南亚、东亚和美洲文化的特点及意义。

难点：理解世界文化的独特性和多样性。

五、教学过程

【导入新课】

材料一 对于印度人的生活而言，宗教的影响可谓无处不在，无时不有。正如有人所说：“印度教教徒不但一生下来就是个宗教徒，同时，从他下地的第一声啼哭起，就被浓重的宗教仪式、语言、精神所包围，他的一生从此总是脱离不了宗教的影响。”

——贾孟喜：《宗教对印度社会生活的影响及其启示》，载《广东农工商职业技术学院学报》，2015年第2期

教师讲述：印度因可找到世界上几乎所有的宗教，被誉为“宗教博物馆”。全印度约有70%的人信仰印度教，还有信仰伊斯兰教、佛教、锡克教、耆那教等教的。印度为何深受宗教影响？印度文化和印度宗教有何关系？带着这些问题，我们一起走进第5课“南亚、东亚和美洲的文化”，去一探究竟。

【学习新课】

（一）宗教影响下的印度文化

教师讲述：印度是世界文明的发祥地之一，其文明在众多领域的辉煌成就以及它独特的价值观念和思想体系，使它在整个世界文明中占有极其重要的地位。

1. 社会法令与宗教法令结合下的种姓制度

材料二 雅利安人中的祭司阶层为第一种姓，称婆罗门，他们世代执掌宗教大权，有时也参与政权，是古代印度的精神统治者。雅利安人中的军事贵族为第二种姓，称刹帝利，他们是古代印度的世俗统治者，国王大多出自这一阶层。其余普通的雅利安自由民为第三种姓，称吠舍。被征服的土著居民属于第四种姓，称首陀罗，其中有些人是奴隶。

——王斯德主编：《世界通史》，上海：华东师范大学出版社，2001年，第67页

教师设问：材料二中反映的是印度的什么制度？这种制度产生的背景是什么？（参考答案：制度——种姓制度。背景——雅利安人入侵；原始社会解体，社会分化加剧）

教师引导学生分析：雅利安人在进入印度之前，属于氏族部落社会。最初的印度雅利安人划分为武士贵族、祭祀和平民三大等级，他们没有与社会等级有关的种种限制。但随着生产力的提高和经济的发展，逐渐形成婆罗门（主管祭祀的僧侣阶层）、刹帝利（武士贵族）、吠舍（平民）、首陀罗（沦为奴隶的土著居民）四个等级的种姓制度。其中，身居首位掌握神权的婆罗门，为了维护自己的崇高地位，想方设法为这种等级制度制造理论依据。他们通过宗教的方式把这种制度神圣化、固定化。婆罗门祭祀阶级在当时的宗教和社会生活中占有至高无上的地位，在社会生活中享有政治特权，所以他们指导和传播的宗教被称之为“婆罗门教”。

材料三 公元前6世纪的印度，虽然奴隶制经济发展较快，政局却动荡不安，列国纷争不休，下层群众的反抗此起彼伏。随着社会经济的变化，阶级关系也在不断调整、变动之中，刹帝利和吠舍大商人的地位明显上升，影响日益扩大，他们对婆罗门阶层的宗教特权和种姓特权多有不满。

——王斯德主编：《世界通史》，上海：华东师范大学出版社，2001年，第69页

教师设问：公元前6世纪的印度存在哪些问题？这些问题带来哪些影响？（参考答案：问题——政局动荡；列国纷争；群众反抗；阶级关系变动等。影响——新教派产生；新学说迅速传播）

教师引导学生分析：公元前6世纪的印度，政局动荡、列国纷争。随着经济的不断发

展，富裕的商人等级吠舍种姓地位上升，他们对婆罗门阶层的宗教特权和种姓特权十分不满。在意识形态领域出现抨击婆罗门宗教观念的现象，各种新教派产生、新学说迅速传播，佛教是其中影响最大的。

2. 提倡“众生平等”的佛教

教师讲述：佛教的创始人是释迦牟尼，他出身刹帝利种姓，原为十六国之一居萨罗属下的迦毗罗卫国王子。传说释迦牟尼29岁时因痛感人生生、老、病、死等各种苦恼和不满婆罗门教的说教，看破红尘，弃家出走，以寻求解脱人生痛苦的途径。他曾到菩提伽耶的一棵菩提树下，静坐冥想，沉思人生的真谛。35岁时终于大彻大悟，领悟了关于生命和死亡的最高真理，遂成佛。其后释迦牟尼长期游历恒河中下游地区，弘扬佛法，广收弟子，80岁时殁于拘尸那。

材料四　阿育王在完成大规模扩张事业，希望进一步巩固自己地位之时，才注意到佛教在精神方面的作用价值，采取行政措施给予扶持。他亲自去佛教圣地朝拜，还皈依佛教，亲自主持“结集”。阿育王大兴土木，建造佛塔84 000座和不计其数的佛寺。

……佛教认为“有生皆苦”，过于强调苦行、禁欲与超俗修习，追求涅槃与来世。身后涅槃乐园怎比得人世荣华富贵？使得那些大权在握养尊处优的世俗统治者感到为难，对它的兴趣日趋淡薄。

——朱锡强：《略论罗马基督教兴盛与印度佛教衰落原因之比较》，载《史学月刊》，1988年第2期

教师设问：佛教在印度发展的原因有哪些？为何后来会衰落？（参考答案：发展原因——佛教教义反映下层民众的现实苦难；统治者支持。衰落原因——佛教本身的问题；统治者的利益和政策）

教师引导学生分析：佛教教义复杂，内涵深奥，一定程度上客观反映了列国时代下层民众的现实苦难。早期佛教提倡“众生平等”，不排斥低等种姓的人加入佛教，因此佛教信徒人数迅速膨胀。另外，孔雀王朝建立后，阿育王为巩固统治，在国内广建寺塔，大力宣扬佛教，有力地推动了佛教的发展。但是，佛教没能继续迎合统治者的需求，未能为应付通常的生活中的危机作好准备，未能为出生、结婚、去世和俗人生活中其他一些关键性的转变提供种种仪式。佛教在本土不可避免地衰落了。

(过渡)面对佛教等宗教的冲击，婆罗门教走上了改革之路。

3. 被迫改革的婆罗门教

材料五　婆罗门教出现了一位划时代的改革者商羯罗。他认识到了婆罗门教的弊端，在强调梵天、毗湿奴、湿婆这三大主神基本信仰不变的前提下，改革了婆罗门教纷繁复杂的教义，指出世界万物皆由“梵”组成，“梵”是世界本源，进一步简化了婆罗门教的宗教仪式，并支持中下层种姓参加婆罗门教的宗教活动。

——和红梅、周月：《印度教的历史演进与派别之争》，载《南亚东南亚研究》，2019年第3期

教学设问：婆罗门教改革的内容有哪些？产生了什么影响？（参考答案：内容——改革教义；简化仪式；扩大宗教活动主体的范围。影响——发展为更强大的印度教）

教师小结：在佛教等沙门思潮的冲击下，婆罗门教有相当长一段时间处于消沉或沉寂

的状态。面对危机,婆罗门教不得不重新审视自己,逐渐走上改革的道路。商羯罗的改革顺应了中下层种姓的心愿,使该群体能够通过修行达到"梵我如一"的最高境界,达到修行的目的。改革通过支持中下层种姓参加婆罗门教的宗教活动,积极回应了中下层种姓的呼声。经过改革,婆罗门教渡过难关,重新焕发出欣欣向荣的面貌,并逐渐发展为更加强大的印度教。

(过渡)宗教的发展,促进了古代印度文化的发展和传播。

4. 宗教影响下的文化与传播

教师设问:阅读教材第26—27页,概括古代印度的文化成就。(参考答案:史诗、佛教艺术、数学、建筑等)

教师讲述:古代印度在文学、建筑艺术和自然科学等领域都取得了引人注目的成就。《梨俱吠陀》是一部以赞颂诸神为题材的原始诗歌集;《摩诃婆罗多》和《罗摩衍那》是古代印度最著名的文学作品。古代印度建筑雕塑艺术多与佛教有关,阿旃陀石窟是印度集建筑、雕刻和绘画三种佛教艺术于一处的典型,极具研究、观赏价值。古代印度在数学领域成果颇丰,尤其是创造了0、1等十个简单方便的数字符号和十进位计算方法。

材料六 印度人民使自己的文明达到炉火纯青时,也把它输出到东南亚其他各国人民中间去了。……8到9世纪之间,苏门答腊和爪哇的室利佛逝帝国堪称举世无双的佛教艺术中心。……9世纪中,高棉人建立的柬埔寨帝国后来居上,建造了更加宏伟庞大的建筑。

——[美]爱德华·麦克诺尔·伯恩斯、菲利普·李·拉尔夫著,罗经国等译:《世界文明史》第一卷,北京:商务印书馆,1987年,第348—349页

材料七 最大的佛教大学之一位于恒河河谷的那烂陀。……据7世纪中访问过这所大学的朝圣者们所说,有五千名学生在校,其中有一些来自中国和朝鲜。虽然那烂陀是佛教徒创立的,在十八个分院中讲授佛学,但是教师们也讲授印度教哲学、语法、医学、数学以及吠陀时代文学和当代文学等课程。

——[美]爱德华·麦克诺尔·伯恩斯、菲利普·李·拉尔夫著,罗经国等译:《世界文明史》第一卷,北京:商务印书馆,1987年,第343页

教师设问:根据材料六、七并结合教材第27—28页,思考印度文化对世界有何影响。(参考答案:对东亚、东南亚、欧洲等地产生影响)

教师小结:印度文明有五千多年的历史,在漫长的岁月中,印度文化随着商贸往来和人员流动,传播到世界五大洲各个地方,并对各地思想文化产生了很大影响。阿育王时代,印度佛教就向南传到锡兰,向东传到缅甸,向西传到叙利亚和埃及。公元前后,印度教随着印度移民也传播到东南亚各国。5世纪时,印度的语言、文字、艺术、思想、风俗习惯等各个方面已经在东南亚产生了广泛的影响。

(设计意图)通过呈现史料,分析印度宗教的发展演进,理解印度文化的发展和宗教发展息息相关。通过分析印度文化的对外传播,理解世界各地文明之间的交流共同促进世界文明的发展。本环节指向的是:(1)史料实证素养水平3——在探究特定历史问题时,能够对史料进行整理和辨析。(2)唯物史观素养水平3、4——能够将唯物史观运用于历史学习、探究中。

(过渡)而东方的朝鲜和日本因与中国相邻,且长期以来与中国交往较为频繁,所以两国

政治、经济和文化等诸多方面颇受中国影响，尤其是进入封建社会之初的表现最为明显。

（二）中国文化影响下的东亚文化

1. 儒家文化影响下的朝鲜文化

自主学习：阅读教材第28页，归纳古代朝鲜文化取得的主要成就。（参考答案：瞻星台、《三国史记》、金属活字印刷术、文字、音乐舞蹈等）

材料八 7世纪末，新罗人薛聪曾利用汉字作音符，发明了被称为“吏读”的朝鲜文字。……新罗的科举以儒家经典试考生，合格者分三等授官。……13世纪上半叶，在中国胶泥活字印刷术的基础上，朝鲜发明了金属活字印刷术。

——王斯德主编：《世界通史》，上海：华东师范大学出版社，2001年，第284—285页

教师设问：古代朝鲜文化有何特点？（参考答案：受中国文化影响）

教师讲述：古代朝鲜位于亚洲东部边缘，由朝鲜半岛及其周围的3 000多个岛屿组成，境内多山地，水资源较为丰富，平原地区适于农耕。朝鲜与中国为邻，自古以来两国多有政治、经济和文化交流。

材料九 前194年燕人卫满率移民进入朝鲜，推翻原来的政权，自立为王，史称卫氏朝鲜，统治范围大约不出今平壤一带。公元前108年，汉武帝发兵攻朝，灭卫氏朝鲜，设乐浪、玄菟、临屯和真番四郡，乐浪郡位于卫氏朝鲜的中心地带，是汉朝在朝鲜的统治中心。

——王斯德主编：《世界通史》，上海：华东师范大学出版社，2001年，第272页

材料十 自先秦时起，中国文化通过各种途径传入朝鲜，对朝鲜文化产生了广泛而深刻的影响。在周、汉时期，中国的文字、典籍和礼仪已经传到朝鲜半岛；至隋唐时期，高句丽、百济、新罗极力吸收中国文化，除了儒学之外，在佛教、官吏制度、服饰、地名、姓氏等方面无不模仿中国；在高丽时大兴佛教，到末期从元朝引进宋代理学，孔子、朱子后裔的学说一并传入朝鲜。

——廉松心：《十八世纪中朝文化交流研究》，中央民族大学2004年博士论文，第1页

材料十一 中韩古代文化交流网罗以上两个层次的所有内容，其中包括第一个层次的儒学、理学、实学、佛教、道教、语言文字、古诗、小说、图书、医学、音乐、绘画、天文历法、数学、礼仪等，还包括第二个层次的政治制度、法律文化、教育、科举制度、人员交流、使臣、印刷术、造纸术、火药、造船、制陶技术、农业等。

——王旭：《中韩古代文化交流史特点浅析》，载《辽东学院学报(社会科学版)》，2013年第6期

教师设问：根据材料九至十一，指出古代朝鲜与中国文化交往的特点，分析朝鲜文化受中国文化影响的原因。（参考答案：特点——范围广；以中国输入朝鲜半岛为主，朝鲜半岛输入中国为次。原因——汉朝的统治、中朝交流的频繁）

教师引导学生分析：汉朝在朝鲜设立的四郡，对古代朝鲜历史的发展产生了重大影响。从春秋战国时期的齐国与古朝鲜之间的经济交流开始，经秦、汉、隋、唐、宋、元、明一直到清朝前期，中国的历代王朝与朝鲜半岛的国家在政治、经济、文化等各个领域里的交流从来没有中断过。可以说，从高句丽到百济、新罗一直到朝鲜，古代朝鲜文化的发展过程，与中国文化的传入与影响是分不开的。朝鲜不仅受到中国儒家文化的影响，而且佛教、基督教文化也

是通过中国传入朝鲜的，对朝鲜社会产生重大影响。

(过渡)在东亚，受中国文化影响的除了朝鲜还有日本。

2. 吸收选择下的日本文化

自主学习：阅读教材第 29 页，概括古代日本文化的主要成就。(参考答案：神道、武士道、诗歌集《万叶集》和小说《源氏物语》、法隆寺、大和绘和浮世绘、日本文字等)

教师讲述：日本位于亚洲的东北部，由九州、四国、本州、北海道 4 个大岛和 3 000 余个小岛组成。大约距今 1 万年前，日本进入新石器时代。公元前 1 世纪至公元 2 世纪期间，中国的青铜铸造技术经朝鲜传入日本，后又传入冶铁技术，日本由此进入金属器时代。公元 3 世纪以后，大和国通过一系列征服战争，5 世纪时基本统一了日本列岛。日本用汉字作音符来书写日本语，后又利用汉字的偏旁和草体创制了片假名和平假名，从此日本有了自己的文字。日本在文学、建筑、绘画等方面亦取得巨大成就。

材料十二 日本奈良时期，日本学习了大量的隋唐文化，开始使用汉字音义来标记日语发声，快速推进了日本文化的发展。日本中期，封建社会禅宗与武士文化盛行，逐渐发展成为日本文化独特的象征。日本后封建社会文化时期，中国朱子学成为官方的意识形态，这一时期日本精神文化迎来了繁荣的发展，日本也在这一时期逐渐形成了独特的思想文化。

——赵静：《从日本文化发展历程审视日本文化的独特特征》，载《中国民族博览》，2019 年第 1 期

材料十三 日本人借用了汉字，但发展了他们自己的书写体系；借鉴了儒家学说，但更改了它的道德标准，调整了它的政治学说，以适应他们的社会结构。在保留其本族的神道教的同时，日本人还接受了佛教，但对之作了修改，以满足他们自己的精神需求。以唐都长安为模型，日本人首先在奈良，然后在京都建立了帝国新都。但其中的庙宇、楼阁、神龛和花园都具有日本的特征。

——[美]斯塔夫里阿诺斯著，吴象婴等译：《全球通史：从史前史到 21 世纪》(第 7 版)，北京：北京大学出版社，2006 年，第 269—270 页

教师设问：日本文化发展的特点是什么？为什么会有这样的特点？(参考答案：特点——吸收性、选择性。原因——地理环境的影响；外来文化的影响)

教师引导学生分析：日本对待外来文化，向来都是采用吸收、借鉴、择善取之的态度，不断进行消化融合及创新，体现出较强的继承性和创造性。日本并非一味地吸收外来文化，而是保持开放性和主体性，结合自身实际情况吸收外来文化，并使其本土化。

日本是一个相对狭长的岛国，其土地资源有限且较为贫瘠，受自然因素影响，台风、地震、火山爆发等灾害频发。这种特殊的环境锻造了日本人极度敏感的危机意识，同样也造就了其应对任何变局的灵活性、适应性。加上日本本身靠海，在交通方面是非常便利的，这也是从古至今日本能够吸收优秀文化的主要原因。文化的发展本身具有一定的必然性和特殊性，日本要想持续追求物质文化和精神文化的发展，就必须吸收先进的文化理念，并根据本国的发展形势，对文化内容进行适当的改革，使其逐渐成为具备本国特色的文化。在文化的交流和碰撞当中，日本不仅没有让外来的文化同化自身，还能做到吸收文化的优势，保证自身的民族特色。这对我们亦有借鉴意义。

材料十四　在隋唐时，朝鲜三国的优美音乐和舞蹈传入中国，在长安等地流行。……高丽制作细致的文席、毛笔、墨、扇，在中国早已有很好的声誉，无论宫廷或文人、市民都十分欢迎。……古代朝鲜国家通过朝贡和民间商贸，不断地向中国的唐、宋、明等中原王朝和辽金元等北方游牧民族建立的国家提供各种金属品、丝织品、土特产品、药材、牛马以及农业生产工具，把朝鲜的物质文化带到中国，对丰富和发展中国物质文化起了重要作用。

——廉松心：《十八世纪中朝文化交流研究》，中央民族大学2004年博士论文，第9—10页

材料十五　从中日关系在古代的发展变化来看，无论是在发展繁荣日本的政治经济，还是文化科技等诸多领域，遣唐使都担负着极为重要的使命并起到了极为重要的作用。作为古代中日关系的桥梁和纽带，遣唐使在古代中日文化交流中起到十分重要的作用。遣唐使不仅将先进的唐文化带回日本，同时也将古日本优秀文化带到了唐朝。

——邹维：《遣唐使与古代中日文化交流》，载《兰台世界》，2012年第15期

教师设问： 根据材料十四、十五，分析中国与朝鲜、日本的交流给双方带来了哪些影响？(参考答案：相互影响，促进了各自民族文化的发展)

教师引导学生分析： 由于地域相邻，朝鲜、日本与中国的文化交流源远流长。古代中国文化不断地传入朝鲜、日本，对朝鲜、日本文化的发展产生重大影响，同时朝鲜、日本文化不断地传入中国，促进了中国文化的发展。在漫长的古代历史发展过程中，中国文化对朝鲜、日本的影响是主要的，中国古代的历代王朝依靠其领先的文化和泱泱大国的气势对周边国家或民族形成文化辐射。但文化的发展是双向的，在双方的交往过程中，朝鲜、日本文化对中国的影响也是不容忽视的。古代朝鲜文化通过使节往来、物资交换、人口移动等三种渠道不断地传入中国，在一定程度上影响和促进了中国文化的发展。作为古代中日关系的桥梁和纽带，遣唐使在古代中日文化交流中起到十分重要的作用。中国与朝鲜、日本两国在长期的交流过程中相互影响、取长补短，丰富和发展了各自的民族文化。

教师小结： 一个国家、一个民族，只有不断地、积极地与外部世界进行交流、吸收外来文化的优秀成果，才能使自己在政治、经济和文化上获得更快的发展，并创造出自己文明的辉煌。如果固守传统、自我封闭，不与世界上不同国家或民族的文化进行交流，只能导致停滞不前、走向衰亡的命运。

(设计意图) 通过自主学习，了解朝鲜、日本的文化成就。在初步了解古代朝鲜和日本文化的基础上，通过研读史料分析两国文化繁荣的原因，从而得出结论：中国古代文化对东亚文化产生重要影响。本环节指向的是：(1)时空观念素养水平3——能够把握相关史事的时间、空间联系，并用特定的时间和空间术语对较长时段的史事加以概括和说明。(2)家国情怀素养水平3——能够表现出对历史的反思，从历史中汲取经验教训。

(三) 别具一格的美洲文化

教师讲述： 按照考古学、人类学和地质学所提供的资料，一般认为，印第安人的祖先从距今大约三四万年前起，陆续分批自亚洲大陆东北部迁入美洲。东半球的古代文明一般发轫于大河流域，而西半球的印第安古代文明的发祥地却别具一格，大多起源于高原峡谷盆地一带。在印第安人不同的文化群体中，玛雅人、阿兹特克人和印加人是他们之中的杰出

代表。

1. 神秘的玛雅文化

教师讲述：玛雅人的文化是中美洲印第安人古代璀璨耀目的杰出文化代表，素有“美洲的希腊”之誉，在人类文明史上享有很高的地位。

材料十六 16世纪中叶，西班牙殖民主义者，顺着哥伦布的足迹，踏上中美土地，来到了玛雅部落。玛雅人委派通译者佳党，向西班牙第一任主教兰多介绍了自己的文明。兰多被玛雅典籍中记载的事情吓坏了，认为这是“魔鬼干的活儿”，于是下令全部焚毁。

——宁广远：《玛雅文明之谜迷雾重重难揭开》，载《中国地名》，2012年第12期

教师设问：兰多为什么认为“这是‘魔鬼干的活’”？（参考答案：玛雅文化的神秘和繁荣）

教师追问：玛雅文明被破坏的原因是什么？（参考答案：西班牙的殖民破坏）

图1 羽蛇神金字塔

材料十七 每年3月春分和9月秋分日的下午，日落时分，边墙受阳光斜射，光照部分从上至下，逐渐由笔直变成波浪形，弯弯曲曲形成七段等腰三角的蛇身，连同蛇头，宛若巨型羽蛇从塔顶向大地游动。古玛雅人认为这就是羽蛇自天而降。随着日落光幅的变化，十多分钟后蛇头变成阴影，随之七段等腰三角也由下而上依次消失。古玛雅人在春分“羽蛇下凡”，雨季来临了，便着手耕种；秋分“羽蛇上天”就意味着旱季的到来。这座金字塔是玛雅人把精确的天文计算与精湛的建筑艺术结合起来为其农事服务所创造的一个奇迹，它也是玛雅人在数学上的高深造诣和文化上的灿烂成就的结晶。

——李颖息：《玛雅文化拾贝》，载《当代世界》，1996年第6期

教师设问：玛雅文化繁荣的表现是什么？（参考答案：发明文字、发达历法、数学等）

教师讲述：美洲的金字塔与大家熟悉的埃及的金字塔不同，大多数是印第安人各部族祭祀神祇的祭坛，而不是陵墓。通过玛雅人建造的金字塔，我们能看到玛雅人创造出的辉煌灿烂的文化。玛雅人为适应农业生产的需要，制定了精确的历法。玛雅人的历法分为两类：一为圣年历，一年分为13个月，每月20天，全年260天；二为太阳历，一年分为18个月，每月20天，另加5天忌日，全年365天，每四年加闰1天。玛雅人建造了美洲最早的天文观象台，能准确推算日食周期，掌握月亮、金星的运行规律。玛雅人还依照人的手脚趾数，创造了二十进位计数法，并独立发明和使用“零”的概念。从公元初年开始，玛雅人便创制了独特的象形文字体系。他们用头发制成毛笔在无花果树皮上书写，记录历史、神话、天文、历象以及宗教祷文、叙事诗等。

2. 阿兹特克文化和印加文化

自主学习：阅读教材第31页，概括阿兹特克人和印加人创造出的文化成就。（参考答案：阿兹特克文化——图画文字、陶器、石雕、木刻等。印加文化——太阳庙、麻醉剂、太阳历和太阴历等）

教师讲述：阿兹特克人社会繁荣，文化发展。主要农作物除玉米外，还有蚕豆、甘薯、棉花、西红柿。阿兹特克人使用图像和象形文字来表达有关历史、地理及纳贡账据之类的事物。他们手工业水平很高，善于织布、刺绣。阿兹特克人的石刻艺术发达。南美的印加人也曾创造了灿烂的物质文明。印加人修筑的道路系统是古代世界最伟大的工程之一；在没有铁制工具和炸药的条件下，他们用巨石建造了位于海拔3 000多米高原上的库斯科城。印加人制定的历法定一年为12个月，每月30天，以10天为一周，每月3周，每年外加5天，共计365天，四年一闰再加一天。他们的医学也达到了一定的水平，已经能够使用麻醉药物，用许多草药治病，还掌握了开颅术，能制作木乃伊。

材料十八 他们（印第安人）的生产工具虽不那么先进，但千百年来，他们辛勤劳动，开发美洲，发展生产，把几十种野生植物培养成为农作物，其中主要的有玉米、马铃薯，还有西红柿、烟草、向日葵等，后来传播出来，大大丰富了世界人民的生活。

——刘于孟：《古代美洲文化漫谈》，载《广西民族学院学报（哲学社会科学版）》，1986年第3期

教师设问：美洲文明为世界文明发展作出哪些贡献？（参考答案：农作物的培育丰富了世界人民的生活）

教师讲述：印第安人长于农耕，培育了包括玉米、棉花、南瓜、马铃薯、辣椒、西红柿、花生、可可豆、烟草在内的40多种农作物。印第安人流传下来的药用植物有：药鼠李、可卡因、山金车花、因皮卡克和奎宁等。这些作物日后陆续传播到世界各地，改善了全体人类的物质生活。而且，在发现新大陆以前美洲种植的植物没有一种是在东半球培植的，这一事实最终证明两半球的农业各有独立的起源。

（四）多样发展的文化世界

材料十九 德国历史哲学家斯宾格勒曾把世界文化分为8种，即埃及文化、巴比伦文化、印度文化、中国文化、雅典文化、玛雅文化、伊斯兰文化、西欧文化。……《多种文化的星球——联合国教科文组织国际专家小组的报告》，将世界文化区分为欧洲文化、北美洲文化、拉丁美洲文化与加勒比地区的“解放文化”、阿拉伯文化、非洲文化、俄罗斯文化和东欧文化、印度和南亚文化、中国和东亚文化等表现形式。

——夏建国：《当代世界文化的多样性与统一性论略》，载《长沙理工大学学报（社会科学版）》，2009年第3期

教师设问：根据材料十九及本单元所学知识，概括世界文化的特征。（参考答案：独特性、多样性）

教师引导学生分析：联合国教科文组织2001年11月2日通过的《世界文化多样性宣言》指出，人类的共同遗产文化在不同的时代和不同的地方具有各种不同的表现形式。这种多样性的具体表现是构成人类的各群体和各社会的特性所具有的独特性和多

样化。[①] 由于人类在不同地域栖息、繁衍和发展，受不同自然环境和社会条件的影响，因此形成不同的生产和生活方式，它体现为不同的民族语言、不同的思维方式和交流方式，也体现为不同的物质条件、不同的风俗习惯和行为方式。可以说，在不同的人群、不同的社会、不同的时代和不同的地方，文化具有不同的表现形式，呈现出文化样式的独特性和多样性。

材料二十 联合国教科文组织对世界文化多样性的意义曾有过明确表述，第一，文化多元性作为人类精神创造性的一种表达，它本身就具有价值；第二，它为平等、人权和自决权原则所要求；第三，类似于生物多样性，文化多元性可以帮助人类适应世界有限的环境资源。在这一背景下多元性与可持续相连；第四，文化多元性是反对政治和经济依赖与压迫的需要；第五，从美学上讲，文化多元性呈现出一个不同文化的系列，令人愉悦；第六，文化多元性启迪人们的思想；第七，文化多元性可以储存好的和有用的做事方法，储存这方面的知识和经验。

——周文华：《世界文化多样性的形成、意义及困境》，载《齐鲁学刊》，2014 年第 1 期

教师设问： 世界文化多样性有何意义？（参考答案：有利于人类文化保持活力）

教师引导学生分析： 首先，文化的多样性是人类文化得以延续和保存的重要前提。任何一种文化，都有自身的长处，同时也有其缺陷。一种文化要想在不利于自身存在的条件下获得生存的机会和可能性，就只有通过吸收其他文化的优势因子以取长补短，来迎接挑战，积极地适应环境。其次，世界文化多样性有利于人类文化保持自身活力。文化间的多样并存为大家提供了彼此交流、学习和借鉴的机会，以及共享彼此文化成果的机会，并在相互试探、接触和了解中形成不同文化间的张力关系，这都有利于保持人类文化自身的活力，并推动人类社会向前发展。

（设计意图）通过对世界各地文化的梳理，引导学生得出世界文化的特征是独特性和多样性，并认识到世界文化的发展产生的深远影响。本环节指向的是：(1)历史解释素养水平 2——能够选择、组织和运用相关材料并使用相关历史术语，对个别或系列史事提出自己的解释。(2)家国情怀素养水平 1、2——能够理解和尊重世界各国优秀文化传统。

【课堂小结】

教师引导学生小结： 由于人类在不同的地域栖息、繁衍和发展，受不同自然环境和社会条件的影响，因此产生了不同的生产和生活方式。人类生活方式的多样性，决定了人类文化具有多样性。在人类历史的发展长河中，人类社会创造了形态各异的、璀璨夺目的文化样式，有西亚、东亚、南亚文化，埃及文化、阿拉伯文化、希腊罗马文化、拜占庭文化、玛雅文化等，各种文化都以各自的独特方式为人类进步作出了贡献。

① 秦治来：《尊重、维护和推进世界文化多样性》，载《国际关系学院学报》，2011 年第 5 期。

第三单元

人口迁徙、文化交融与认同

第6课

古代人类的迁徙和区域文化的形成

教学设计1

苏艳　上海市张堰中学

一、教材分析

本课是统编教材《文化交流与传播》第三单元《人口迁徙、文化交融与认同》第1课。本课有两个子目内容，即“印欧人的迁徙及其对早期区域文化的影响”“亚欧游牧民族大迁徙对区域文化发展的影响”，主要讲述了古代游牧民族的迁徙对亚欧大陆区域文化形成和发展的影响。亚欧大陆区域文化的形成和印欧人的早期迁徙有着直接关系。公元前2千纪开始，印欧人借助马拉战车，陆续进入印度河流域、巴尔干半岛、西欧和北欧等广大地区，在与当地农耕民族的融合中形成了古代印度、西亚和希腊罗马等几个主要的文化区域。3—6世纪，匈奴、日耳曼等游牧部落的迁徙改变了亚欧大陆的政治地图。

《普通高中历史课程标准(2017年版2020年修订)》对本单元的要求是：通过了解历史上跨洲、跨国家、跨地区不同规模的人口迁徙，以及移民所面临的机遇与挑战，认识在迁徙与融入当地社会过程中出现的文化认同。结合本课内容来看，本课的重点应放在古代游牧民族迁徙对区域文化形成和发展的影响上。但是区域文化有多个，各自形成和发展的过程又有所不同，涉及的知识点庞杂繁多，教学过程中需要有所取舍。

二、学情分析

在《中外历史纲要(下)》的学习中，学生初步了解了古代西亚、印度和希腊等最初文明的产生和扩展，知道古代文明的区域性扩张促使波斯等帝国兴起；在选择性必修1《国家制度与社会治理》中，学生学习了西方国家古代制度的演变和中国古代的民族关系与对外交往等内容，对古代东西方的制度文明有了一定的了解，这些知识储备为本课的学习奠定了良好的基础。印欧人的早期迁徙史是学生比较陌生的内容，结合语言学家的发现过程和考古遗址的印证过程展开教学，会利于学生理解这段遥远的历史。

三、教学目标

1. 通过查阅历史地图等方式，知道印欧人的大致起源地和早期对外迁徙的过程；了解马拉战车对印欧人迁徙的重要作用；理解印欧人的迁徙促使印欧人与当地的农耕民族融合，形成了古代印度、西亚和希腊罗马等几个主要的文化区域。

2. 运用时空定位，知道匈奴、日耳曼等游牧民族部落的位置；通过对历史地图的分析，加强时空观念，从历史发展的角度认识3—6世纪，世界游牧部落的迁徙过程；通过对不同区域文化形成过程的分析，理解亚欧游牧民族大迁徙的影响，并能理解和尊重世界各国优秀文化传统。

四、教学重难点

重点：游牧民族迁徙对区域文化形成和发展的影响。

难点：游牧民族的迁徙过程。

五、教学过程

【导入新课】

材料一 梵语语言尽管十分古老，但是其结构十分严谨；比希腊语更加完美，比拉丁语更加丰富，比上述两种语言更加精炼，但是梵语与二者的关系十分密切，体现在动词词根及语法结构上，基本不存在巧合的可能性。这种相似性让任何一个语言学家都必须确信三者拥有共同的祖先，否则几乎没法研究这三种语言。

——刘欣如：《从雅利安人到欧亚游牧民族：探索印欧语系的起源》，载《历史研究》，2011年第6期

教师讲述： 1783年，威廉·琼斯爵士从英国来到印度，就任英国殖民政权的高等法官。除了英语之外，琼斯爵士还精通希腊语和拉丁语。出于工作的需要和兴趣，琼斯决定学习印度最古老文献所用的语言——梵语。他惊奇地发现，这种语言的语法与他所精通的古典语言是那么相像。很快，他便发现爱尔兰语、哥特语和早期波斯语遵循着相似的法则。在1786年的一次演讲中，他宣布所有这些语言构成了一个单一的语系，也就是我们现在所说的“印欧语系”。为什么印度的梵语会和遥远欧洲的古典语言相似？历史中发生了什么事件使得相隔千里的两地有了联系？

(设计意图) 本课内容是离学生比较遥远的世界古代史，学生比较陌生，在阅读教材内容的时候也不免会有疑惑：这么遥远的历史是怎么被知道的？而了解印欧语系和印欧人历史绕不开的一个人物就是英国的威廉·琼斯爵士，他最早提出了“印欧语假说”(也被称为“琼斯构想”)，开创了现代比较语言学。之后，欧洲语言学家深入、细致地比较了许多相互关联的语言，证明这些语言都属于一个体系——印欧语系。印欧人的历史和迁徙过程也由此逐

渐明晰。在导入中讲述威廉·琼斯爵士的假说,一是为了引发学生探究的兴趣,二是介绍历史学家和语言学家的相关研究方法和过程,让学生"知其所以然"。本导入指向的是:时空观念素养水平 2——能够将某一史事定位在特定的时间和空间框架下;能够认识事物发生的来龙去脉,理解空间和环境因素对认识历史与现实的重要性。

【学习新课】

(一) 印欧人的迁徙及其对早期区域文化的影响

1. 印欧人的起源

材料二　在印欧语系各族语言中,都有狼、熊、水獭等属于北温带动物的同根词汇,而属于热带或亚热带的动物,如骆驼、狮子、象、猴、猫等,属于极地动物的海豹、海象、海狮等,在印欧语中则没有共同的词根……从气候上看,印欧语中都有"雪""冬"等的同根词汇,"冬"一词出现的频率要比"夏"高……在以黑海北岸为中心向东西两翼伸展的草原地带,曾发现柄上钻孔的战斧和凹型坟墓,以后这种战斧和凹型坟墓也出现于希腊。

——陈唯声:《古代印欧语系各族的起源、迁徙及其对世界历史发展的影响》,载《北方论丛》,1988 年第 5 期

教师设问: 阅读材料二,你能得出关于印欧人起源的哪些结论?支撑这一结论的史料有哪些?是否还需要补充其他证据?(参考答案:结论——印欧人的故乡可能是以黑海北岸为中心向西延伸到多瑙河流域,向东延伸到里海沿岸的广漠草原地带。史料——语言学和考古资料。其他证据——还需要补充其他比较完备的考古资料)

教师引导学生分析: "语言是历史的宝库"①,语言学家通过从印欧语中筛选出共同或共根的关于生物、气象、食物的词,可以断定他们故乡的生活环境。而有些词在印欧语系的多种语言中各不相同,那么这些词可能是他们迁徙到新居留地之后产生的,能够反应新居留地的情况。所以,人们可以借助语言工具追溯起源。语言学家分析印欧语系的各族语言,发现有属于北温带动物的同根词汇,没有属于热带、亚热带、极地动物的共根词汇。在植物中,有山毛榉这种只生长在克里米亚至加里宁格勒一线以西地区的共根词汇。因此,根据这些信息,大致推测出他们的起源地在黑海和里海沿岸。但是这种证据只能有一个大致的方向和范围,历史学家还需要根据考古发掘资料来相互印证。考古发掘发现:柄上钻孔战斧和凹型坟墓在黑海为中心的草原地带以及希腊北部均有出现,这一方面印证了希腊和印欧人的关系,另一方面也说明了印欧人的起源地有可能就是在黑海、里海附近。

教师讲述: 正是借助语言学、考古学以及文献资料的分析,我们可以对古代印欧语系各族的故乡以及他们的物质文化、社会状况有粗略的了解。在大规模迁徙之前,也就是公元前三千年代,他们生活在东欧平原上,已进入铜器或青铜器时代,以游牧为主,有马和马车作为交通工具,他们已会使用轮子(wheel)、车轴(axle)和轭(yoke)。"印欧人还将笨重的四轮车改装成轻便的可以转向的两轮车,高大的马和轻便的两轮车组成的马拉战车,其威力远比其他地区的牛车和驴车更强悍和快速,也为他们日后的大迁徙提供了技术上的保障,拥有了远

---

① [英]L. R. 帕默尔著,李荣等译:《语言学概论》,北京:商务印书馆,1983 年,第 148 页。

超周边民族的军备力量。而由于印欧人所处的东欧大草原和欧洲最早的青铜文化发源地高加索山脉迈科普文化相连，所以印欧人也成为最早一批掌握青铜武器的欧洲人。印欧人手持青铜武器，驾驭马拉战车，开始了大规模的种族迁徙。”①

2. 印欧人的迁徙

自主学习： 阅读教材第 34 页“印欧人早期迁徙路线示意图（公元前 3000—前 1000 年）”，在箭头处写出迁徙到该地的印欧人的名称。

教师讲述： 古代印欧语系各族根据他们居住的地区、语言文化和迁徙过程大体可分为三支。生活在里海沿岸一带的是东支。从公元前两千年代开始，他们分批南下，一部分选择居住在波斯湾北岸，被称为波斯人，后来建立起了地跨欧亚非的大帝国；一部分继续南下进入印度，被称为“雅利安人”。居住在黑海北岸的是中支，他们发展最为迅速，也最早迁徙。公元前三千年代末二千年代初他们中的一些部落越过高加索山脉，来到小亚的安纳托利亚，这些居民以后被称为赫梯人。黑海以西至多瑙河流域的印欧人为西支，他们迁徙的目标为希腊和罗马。纵观整个世界历史，公元前两千年代，印欧人掀起了一个影响世界历史发展全局的民族迁徙浪潮，来到西亚、南亚和南欧等地，建立起了印度、波斯、希腊、赫梯等多个国家。

3. 区域文化的形成

材料三 这些半游牧部落人（雅利安人）与土著不同，肤色白皙，个高鼻挺，自称为“雅利安人”，而把被征服的土著居民称“达萨”（Dāsas）或“达休”（Dasyus），意为“敌人”（后指“奴隶”），并贬称他们是黑皮肤、塌鼻子、不敬神、口齿不清、不守法纪的人。雅利安人在次大陆的活动和生活时期，史称“吠陀时代”，得名于其留世的圣典和历史文献资料——《吠陀经》。

——张广智主编：《世界文化史·古代卷》，杭州：浙江人民出版社，1999 年，第 120 页

材料四 印欧人迁徙的另一个目标是希腊，大约在公元前三千年代末至二千年代初，第一批印欧语系部落从黑海沿岸沿着巴尔干半岛东北部进入希腊，柄上钻孔的战斧、凹型坟墓和米尼亚型陶器是他们进入希腊的信物……其中以阿卡亚人最为先进。他们于公元前 1500 年左右在伯罗奔尼撒半岛建立了几个奴隶制国家，其中以迈锡尼最为著名，故总称为迈锡尼文明。

——陈唯声：《古代印欧语系各族的起源、迁徙及其对世界历史发展的影响》，载《北方论丛》，1988 年第 5 期

材料五 公元前 3000 年代后期和前 2000 年代中期印欧语人南徙与赫梯、米坦尼、加喜特王国的兴起，对古代西亚历史发展的影响是多方面的……但这些游牧、半游牧部族都逐渐融入了当地的定居农业生活，由野蛮转入了文明，并使西亚古老文明中心的边缘地区得到了开发，从而扩大和发展了西亚的农耕文明世界……游牧民族最早使用的马和马拉战车及新型的青铜武器此时在西亚得到推广……稍后，赫梯冶铁术在西亚的传播，又带来了武器和生产工具的革命性变化。

——陈隆波：《印欧语人南徙与公元前 2000 年代中期的西亚》，载《武汉大学学报（社会科学版）》，1991 年第 4 期

① 翁启宇著：《全球史下看中国·第 1 卷·上古时代》，南京：译林出版社，2016 年，第 85 页。

教师设问： 根据上述材料，分析印欧人迁徙带来的影响。（参考答案：印欧雅利安人征服了印度，创造了以“吠陀”为代表的古代印度文化；巴尔干半岛的印欧人与当地居民融合，逐渐演变为后世的希腊人，并形成了以希腊神话和《荷马史诗》为代表的古希腊、罗马文化；印欧人迁徙到西亚形成了赫梯等王国，使得游牧、半游牧民族逐渐融入农耕生活，并将马、马拉战车和冶铁技术传播开来，促进了国家的发展）

教师引导学生分析： 印欧人的早期迁徙带来的影响是多方面的。以西亚为例，印欧人的迁徙，使得古老文明中心巴比伦尼亚出现了停滞和衰退，但也让这些游牧、半游牧部落渐渐融入了当地的定居农业生活，由野蛮转入了文明，扩大和发展了西亚的农耕文明世界。而从整体来看，经过公元前 2 千纪游牧民族的冲击，古埃及进入分裂时期，西亚有些大国灭亡。古希腊的迈锡尼文明灭亡了，原来的居民先后被印欧人同化了。南亚地区的印度河流域文明彻底灭亡，以游牧为主的雅利安人成为南亚的主宰。整个亚欧大陆的政治格局发生了根本改变，取而代之的是古代印度、西亚和希腊罗马等几个主要的文化区域。

（设计意图） 承接导入的内容，先用比较语言学研究探索印欧种人的起源地，让学生理解对于此问题的研究方法；接着用查找地图的方式，让学生自主梳理印欧人迁徙的路线；最后以西亚为例，分析印欧种人早期迁徙的多种影响。问题设置层层递进，有利于发散学生的思维。本环节指向的是：(1)史料实证素养水平 2——在对史事与现实问题进行论述的过程中，能够尝试用史料作为证据论证自己的观点。(2)历史解释素养水平 2——能够选择、组织和运用相关材料并使用相关历史术语，对个别或系列史事提出自己的解释；能够在历史叙述中将史实描述与历史解释结合起来。

（过渡） 印欧人的迁徙浪潮，直到公元前一千多年起，才逐渐平息。游牧部落和农耕部落相互融合，在各自的文化区域形成了特色文明。一千多年后，又一场大迁徙改变了欧亚大陆的面貌。

（二）亚欧游牧民族大迁徙对区域文化的影响

1. 亚欧游牧民族的分布

材料六　从亚洲东端日本、朝鲜，经中国的黄河、长江流域，东南亚、南亚，到西亚和小亚细亚，再连结东南欧、东欧、中欧、西欧和隔海相望的不列颠岛，气候温润，宜于种植，形成一条长弧形的农耕世界。在农耕世界的北方，横亘一条水草丰满的草原地带，东起西伯利亚、蒙古草原，经中亚细亚、里海、咸海和高加索，直至欧洲黑海北岸和喀尔巴阡山麓，适合于饲养牲畜，形成一个大体与农耕世界南北平行的游牧世界。

——吴于廑、齐世荣主编：《世界史：古代史编》下卷，北京：高等教育出版社，1994 年，第 1 页

教师设问： 根据材料六并结合西汉疆域图和古代罗马的地图[①]，在地图中识别出亚欧大陆农耕国家或地区，以及游牧民族部落。（参考答案：亚洲东部的农耕地区主要是汉代中国，北方游牧民族主要有匈奴、乌桓、鲜卑（东胡），西北有羌、乌孙等。南亚农耕国家主要是印度，其北游牧各族有康居、大宛、大月氏等，间或从事农耕。在欧洲，南部农耕地带为东西

---

① 参见张芝联、刘学荣主编：《世界历史地图集》，北京：中国地图出版社，2002 年，第 23、28 页。

罗马帝国，其北东欧草原地带则为萨尔玛提亚等游牧民族）

教师追问：结合所学知识，指出农耕民族和游牧民族之间的关系。（参考答案：游牧世界与农耕世界邻近的各国各族之间，不断发生接触和交往——和平时期是经济与文化的交流，暴力冲突时期则是土地与财富的掠夺）

教师引导学生分析：两个世界在和平时期互相交流，但也经常彼此侵略和征服。农耕世界的国家和民族往往以优秀民族自居，蔑视周边的游牧和半游牧民族，视之为蛮夷。在农耕文明强盛时，会以武力夺取游牧世界的土地；游牧民族也会经常入侵农耕世界，掠夺资源和能工巧匠。

2. 亚欧游牧民族大迁徙

材料七　根据中国的史籍，3 世纪初，大草原上的旱灾严重影响中国北方的经济，以致全国爆发了农民起义（黄巾军），汉帝国在农民起义中崩溃了，公元 220 年以后，中国长期陷入分裂局面。这时，大量匈奴人为了逃避草原上的旱灾，纷纷逃入中国边境，占领中国北方的魏武帝将其分为左右南北中五部，以便控制。晋朝统一中国（265 年）后，又有不少塞外落后民族要求内附。

——吴兴勇：《匈奴与世界民族大迁徙》，载《求索》，1992 年第 5 期

材料八　4 世纪后期，日耳曼人对罗马帝国的缓慢渗透，已演变为疾风暴雨式的大迁徙。各族日耳曼人沿帝国边境全线入侵，整族整族地长期盘踞。促成欧洲民族大迁徙的是匈奴的西侵……西哥特人不胜罗马官吏的欺凌压榨，378 年在其领袖弗里提格伦的领导下举兵反罗马……强劲善战的罗马军团，一战即败于蛮族骑兵。

——吴于廑、齐世荣主编：《世界史：古代史编》下卷，北京：高等教育出版社，1994 年，第 16—17 页

教师设问：根据材料七、八并结合《阿拉伯帝国形势图》①，梳理亚欧游牧部落的迁徙原因和过程。（参考答案：原因——亚欧大草原发生旱灾。过程——中国：匈奴内迁，转向定居，在中原地区建立政权；欧洲：西哥特人攻陷罗马，建立西哥特王国，汪达尔人、法兰克人、盎格鲁—撒克逊人等进入西罗马帝国境内并建立国家；阿拉伯：7 世纪时，阿拉伯人开始扩张，到 8 世纪建立起地跨欧、亚、非三大洲的帝国）

教师引导学生分析：根据历史学家的考证，在公元 2 世纪下半期到 3 世纪，大草原上发生了特大旱灾，这次大旱灾绵延了约一个世纪，把旺盛的草原变成半沙漠。游牧民族的生存受到威胁，他们纷纷向四处迁徙。在中国，一部分匈奴人内迁，在中原地区与农耕民族混居，部分少数民族甚至在北方建立了政权。另一部分匈奴人选择向西迁徙，他们战胜了西欧的哥特人，使得西哥特人被迫到罗马帝国境内避难。当时的罗马帝国皇帝允许西哥特人入境，目的是将这些西哥特人当作“同盟者”防御匈奴。然而，西哥特人入境后遭到罗马官吏欺压、凌辱，于 378 年起兵反抗罗马人。公元 395 年，狄奥多西一世死去，罗马帝国正式分裂为东西两部分。此后，东罗马帝国经过复杂的发展过程，成了封建国家，以拜占庭帝国闻名于世，一直存在到 15 世纪中叶（1453 年），而西罗马帝国则于公元 476 年正式灭亡。7 世纪时，阿拉伯半岛北部的两个大帝国拜占庭和波斯，因长期的抗争和国内的阶级民族斗争而疲惫不

---

①《历史地图册·中外历史纲要（下）》，北京：中国地图出版社；上海：中华地图学社，第 8 页。

堪。阿拉伯人看准了这个机会，准备对外扩张，到8世纪前半叶，阿拉伯帝国基本形成。它的版图，横跨亚、欧、非三大洲的土地，是当时世界上领域最大的帝国。

3. 区域文化的新发展

材料九　在日耳曼人入侵期间，意大利和高卢的城市面临着巨大的威胁。由于帝国本身已经岌岌可危，无力保护这些城市，在这种情况下，贵族们纷纷迁入自己的乡村别墅，让庄客、士兵、佃农和奴隶们居住在四周，形成了一个狭小而坚固的军事堡垒，用于自我防范。由于罗马帝国的崩溃，这种最初只是为了应急的社会组织形式就被固定下来了，成为在经济上自给自足、在政治上和军事上拥有相当大的独立权力的社会基本单元。

——谭炯玲编著：《西方文化概论》，广州：华南理工大学出版社，2018年，第58页

材料十　在幅员辽阔的欧洲大陆，多数人自幼就受洗，他们对有别于自身的其他崇拜模式一无所知。因此，他们的宗教在本质上具有崇拜性——认为教会通过祷求所获得的受到上帝护佑的权力高于一切。对于基督教来说，只有在上帝的干预下，人类的日常事务才能得以进行。

——[英]约翰·麦克曼勒斯主编，张景龙、沙辰等译：《牛津基督教史》，贵阳：贵州人民出版社，1995年，第168页

教师设问：根据材料九、十，分析日耳曼等游牧部落的入侵对欧洲的影响。（参考答案：使欧洲形成采邑制庄园经济；建立起封建制度；形成以基督教为基础的中世纪欧洲文化）

教师引导学生分析：西欧的民族大迁徙使得当时各民族之间互相交往和融合，逐渐形成了许多新的民族，如德意志人、英吉利人、法兰西人、意大利人等，从而为近代西欧国家的形成奠定了基础。在材料九中，日耳曼人的入侵使得西欧形成了封建制度。这一方面是因为在日耳曼人入侵期间，贵族为了自保迁入乡村别墅，形成军事堡垒。另一方面是因为日耳曼人在瓜分和蚕食完罗马帝国的领土之后，日耳曼的首领也把这些占领的土地赏赐给有功的将领，这个土地就被称为"采邑"。而将领们又进一步把自己的"采邑"分给自己的下属，这样就逐渐形成了中世纪时期的封建制度。基督教自1世纪产生之后影响就逐渐扩大，4世纪时成为罗马帝国的国教。日耳曼人的入侵也使得基督教渗透到日耳曼的生活中。国王需要以"上帝"的名义宣誓就职；保证社会公义的是"上帝"决定的神裁法；人们治愈疾病依赖的是教会圣徒或者行医者的力量和法术；神父和修道士的主要职责是向"上帝"祈求，普通信徒需要捐助教会。在这一过程中，日耳曼文化、古典文明和基督教等多种文化，共同构成了西欧文明的三大来源，形成了中世纪文化的"混血"体质。

材料十一　拜占庭帝国文明是由罗马政体、基督教及希腊-东方文化三种因素综合而成。东罗马帝国从罗马汲取了它的立法制度、官僚政治结构及行政管理原则。拜占庭政体的确是直接承袭三、四两世纪的罗马政治体系而来，拜占庭专制体制本源于过去受人颂扬的君士坦丁等罗马君王；国家对拜占庭教会的严密控制与君士坦丁及狄奥多西一世过去所推行的政策有关。

——[美]C. 沃伦·霍莱斯特著，陶松涛译：《欧洲中世纪简史》，北京：商务印书馆，1988年，第30页

材料十二　阿拉伯人对前人或外族文化遗产的汲取主要体现在他们著名的翻译运动上……到阿拔斯王朝初期，波斯的主要典籍均已被译成阿拉伯文，其中既有波斯历史、波斯

文学，亦有波斯哲学及希腊哲学译本……由于阿拉伯人所占领的大都是受希腊文化影响的地区，而且希腊文化在各个领域的智慧，对阿拉伯文化的发展有着相当重要的价值，因而阿拉伯人非常重视对希腊文化的介绍和研究。

——张广智主编：《世界文化史·古代卷》，杭州：浙江人民出版社，1999年，第426—427页

教师设问：根据材料十一、十二，分析亚欧民族大迁徙所带来的文化影响。（参考答案：亚欧游牧民族大迁徙使得各个区域的文化在碰撞、交流和融汇中发生了不同程度的变化。拜占庭帝国保存并继承了古代希腊、罗马的部分文化遗产，并把基督教传到东欧。阿拉伯文化以伊斯兰教为底色，融合了古代希腊、罗马和西亚传统文化，日渐繁荣）

教师引导学生分析：拜占庭帝国原先是罗马帝国的一部分，但是它离罗马中心较远，在地理位置上又处于古希腊文化和东方文明的范围，因此拜占庭的文化带有混合性的特征。拜占庭的政体是直接承袭罗马政治体系而来，但由于地处希腊及希腊化地区，希腊文化逐渐取代罗马精神成为拜占庭文化的源泉。基督教被罗马确立为国教后，基本上是统一的，在罗马分裂后，拜占庭的基督教逐渐与西罗马产生了分歧，东、西教会发生分裂，东方教会正式称为“东正教”。阿拉伯国家形成的过程是伊斯兰教确立和发展的过程，伊斯兰教的形成为阿拉伯半岛的统一提供了思想基础。在阿拉伯对外扩张的过程中，很多地区本身经济和文化都很发达，为了了解这些地区，阿拉伯人重视对当地文化的研究。波斯的主要典籍被翻译成阿拉伯文，对阿拉伯的生活方式和语言文学产生了重要影响。阿拉伯帝国与印度有直接或间接的关系，大量印度的文化知识及典籍被翻译介绍到阿拉伯来，如阿拉伯数字便是借用了印度的数字。阿拉伯占领的大都是受希腊文化影响的地区，因此阿拉伯保存和翻译了希腊的众多典籍。古希腊文化对阿拉伯文化产生了广泛而深刻的影响。

（设计意图）这一部分的主要内容是亚欧游牧民族的大迁徙对区域文化发展的影响。从这一时期的历史中可以很明显地看出游牧民族和农耕民族之间的互动关系。这一环节首先呈现公元2世纪左右东西方的游牧带和农耕带范围，让学生了解这一时期的农耕国家、地区和游牧民族部落，方便他们有一个整体的印象。接着，出示史料，让学生了解亚欧游牧民族大迁徙的原因，并结合地图，呈现这一时期大迁徙的具体过程。之后，引入史料分析亚欧游牧民族大迁徙对欧洲和亚洲地区的文化影响，让学生能够认识到大迁徙也带来了典籍大翻译、文化大交流和民族大融合，深化对人口迁徙的认识。本环节指向的是：(1)史料实证素养水平1——能够从所获得的材料中提取有关的信息。(2)历史解释素养水平2——能够选择、组织和运用相关材料并使用相关历史术语，对个别或系列史事提出自己的解释；能够在历史叙述中将史实描述与历史解释结合起来。

【课堂小结】

教师引导学生小结：古代游牧民族随水草迁居生存，却也在此过程中促进了文明的孕育和发展。从公元前2千纪初开始，以印欧人为主体的游牧部落陆续进入印度、巴尔干半岛、西欧和北欧等广大地区，使得印度当地的土著被消灭或征服，形成“吠陀”文化；巴尔干半岛的印欧人与当地居民融合，演变成希腊人，并发展出希腊文化；西欧北部的广大地区被占领；小亚细亚和伊朗高原的印欧人发展出西亚文化，早期人类的几个主要文化区域形成。从

公元前后开始，亚欧大陆的游牧民族因自然环境恶化开启了大迁徙的狂潮，并在3—6世纪形成新的高潮。这一时期的匈奴人逐渐内迁，并建立起了政权，但中国在部分吸收游牧民族因素的基础上保持了本民族的文化传统；日耳曼人进入罗马帝国境内并建立起了多个国家，这些国家基本吸收了基督教和罗马帝国的文化，并发展出以神学、骑士文学和市民文学为主要表现形式的欧洲新文化；阿拉伯在逐渐征服亚欧非的过程中，也融合了希腊罗马和西亚传统文化，促进了文化的交汇。

教学设计2

黄秋瑾　安徽省淮北市教育局教研室

一、教材分析

本课是统编教材《文化交流与传播》第三单元《人口迁徙、文化交融与认同》第1课，教材内容主要有"印欧人的迁徙及其对早期区域文化的影响""亚欧游牧民族大迁徙对区域文化发展的影响"两部分。本课第一目主要讲述了印欧人的起源，从公元前2千纪起，印欧人向印度、巴尔干半岛、西欧及北欧进行了长达数百年甚至上千年的迁徙，并最终形成印度、西亚和希腊罗马等几个重要的文化区域。第二目主要讲述了公元前后几个世纪里，亚欧大陆众多游牧民族的迁徙过程，这些迁徙使得各个区域的文化相互碰撞、交融，形成了欧洲文化、阿拉伯文化等文化区域。

《普通高中历史课程标准（2017年版2020年修订）》对本单元的要求是：通过了解历史上跨洲、跨国家、跨地区不同规模的人口迁徙，以及移民所面临的机遇与挑战，认识在迁徙与融入当地社会过程中出现的文化认同。由于生存环境、经济发展、政治局势、对外战争等原因，古代印欧人、亚欧大陆游牧民族等不断迁徙。人口的迁徙，带来了文化的交汇，而在这种文化交汇的机遇与挑战中，各区域文化相互吸收、渗透，在调整中相互认同。本课内容时间跨度大、涉及内容庞杂，教学中不能面面俱到，教师应该在梳理主线的基础上，有所取舍。

二、学情分析

本课的教学对象是经过一年系统训练的高二年级学生，他们的思维能力有了一定提高，具备一定学习历史的素养。且《中外历史纲要（上）》第一单元涉及匈奴问题，《中外历史纲要（下）》第一单元《古代文明的产生与发展》涉及中国文明、古代西亚文明、古代印度文明、古代希腊罗马文明，第二单元《中古时期的世界》涉及中古时期的欧洲、阿拉伯帝国等相关史实，这为本课教学的有序展开奠定了坚实的基础。但本课的主要内容"欧亚民族迁徙"必修教材涉及较少，特别是印欧人的大迁徙是学生的知识盲点。通过导学案反馈可知，学生主要的知识困惑点是：印欧人来自哪里？为何要进行迁徙？公元后的几个世纪里，亚欧游牧民族为何进行大迁徙？这些迁徙带来哪些影响？什么是文化认同？文化认同与人口迁徙有何关系？等等。因此，在教学过程中，教师要依据课程标准确定重难点，充分挖掘课外资源，引导学生分析相关问题并形成合理的认识。

三、教学目标

1. 通过对《印欧人早期迁徙路线示意图（公元前 3000—前 1000 年）》等地图的阅读，了解印欧人、匈奴人、日耳曼人的迁徙方向，理解亚欧民族的人口迁徙与自然环境的关系。

2. 通过对印欧人迁徙史料的分析，理解人口迁徙对古印度、西亚和希腊罗马区域文化形成的影响；通过对匈奴和日耳曼民族大迁徙史料的分析，理解亚欧人口大迁徙对中西文化产生的不同影响。

3. 通过对比、分析人口迁徙对不同文明产生不同影响，理解人口迁徙与文化认同之间的关系，能够理解和尊重世界各国优秀文化传统。

四、教学重难点

重点：欧亚人口迁徙与文化交融和认同。

难点：欧亚人口迁徙与文化交融和认同。

五、教学过程

【导入新课】

图 1　匈牙利布达佩斯英雄广场的匈人雕像

图 2　“上帝之鞭”阿提拉

教师设问：看到图片，大家心中肯定会产生疑问：为什么匈牙利布达佩斯英雄广场会出现匈奴人的雕像？“上帝之鞭”阿提拉是谁？为什么称其为“上帝之鞭”？

教师讲述：433 年，27 岁的阿提拉和其兄布莱达一同从他们的叔父手中继承王位。436 年，布莱达暴毙，阿提拉独自掌权。阿提拉身材矮小，胸宽头大，皮肤黝黑，鼻子扁平，双眼炯炯有神。他酷爱战争，善于谋划，是一位狡诈与勇猛集于一身的君王。相比于其前辈的侵略性和掠夺性，阿提拉有过之而无不及。阿提拉在位 20 年，率领盛极一时的匈奴铁骑东征西讨，南征北战，夷平了多瑙河一线许多重要城市，直入西罗马帝国腹地、击溃东罗马帝国主力，兵临君士坦丁堡。在匈奴的征服过程中，沉重打击了当时的日耳曼人和罗马人，所有被侵略和即将被侵略以及被占领的地区和人民，都对匈奴人怀有深深的恐惧，甚至到了闻风丧胆的地步。虽然匈奴帝国不是阿提拉所建，但在阿提拉统治时期，匈奴空前强大，达到历史顶峰。在阿提拉征战期间，因当时匈奴的强大和阿提拉的赫赫威名，人们便习惯性地以他的名字来命名当时建立在欧洲的匈奴帝国。阿提拉具有令西方人沮丧而无奈的强大军事实力，以至于欧洲人认为这是上帝降下的惩罚，击打每一个有罪的人，称之为“上帝之鞭”。

(过渡)游牧民族匈奴为何要西征？他们最终征服了哪些地方，带来了哪些影响？让我们带着这些问题，一起学习第 6 课《古代人类的迁徙和区域文化的形成》。

【学习新课】

(一) 生存、发展：欧亚游牧民族的迁徙

材料一　游牧民族的经济特点就是生产资料种类少，生产结构单一，这也决定了游牧经济基础薄弱，往往难以承受天灾人祸的打击。正是由于游牧经济的脆弱性和不稳定性，因而游牧民族对自然环境尤其是气候有着高度的依赖性，其抵御自然灾害的能力极其有限，在自然面前常处于被动的状态，一旦气候变化，水枯草死，往往会造成牲畜大量死亡，瘟疫流行，民不聊生。

——周彩云：《古代中国气候和生态环境变迁与游牧民族的迁徙》，载《湖北教育学院学报》，2007 年第 5 期

教师设问：根据材料一，概括游牧民族的经济特点，并分析游牧民族迁徙的原因。(参考答案：特点——生产资料种类少，生产结构单一。原因——受自然和生态环境影响)

教师讲述：在古代，游牧民族迁徙频繁，与游牧民族地区自然生态环境的变迁有很大的关系。古代游牧民族的经济能否维持起民族基本生存之需要，在很大程度上取决于自然生态环境的好坏。生态环境的变化，尤其是干旱、严寒的发生，动摇了游牧民族赖以生存的基础，使生产资料的数量满足不了现有人口的需要，就会造成人口的相对过剩。马克思在论述古代世界人口流动问题时指出：“这种过剩人口对生产力的压力，迫使野蛮人从亚洲高原侵入古代世界各国”。

(过渡)气候的反常、生态环境的不断恶化，迫使游牧民族离开原始居留地而不断迁徙。

教师讲述：古代印欧人包括西亚的赫梯人、米底人、波斯人，南亚的雅利安人、南欧的希腊人、罗马人，东欧的斯拉夫人，北欧的日耳曼人，西欧的克尔特人等。

材料二　欧亚大陆边缘地区那些古老的文明中心对周围的游牧民族来说，有如一块块有着不可抗拒的吸引力的磁铁。丰富的农作物、堆满谷物的粮仓、城市里令人眼花缭乱的各种奢侈品，所有这一切都吸引着大草原和沙漠地区饥饿的游牧民。

——[美]斯塔夫里阿诺斯著，吴象婴等译：《全球通史：从史前史到 21 世纪》(第 7 版)，北京：北京大学出版社，2006 年，第 74 页

材料三　印欧人是公元前 2 千纪“战车革命”的缔造者，他们从草原游牧民族手中接受

这种强大的武器，用之征服城市社会。

——刘欣如：《从雅利安人到欧亚游牧民族：探索印欧语系的起源》，载《历史研究》，2011 年第 6 期

教师设问：根据材料二、三并结合教材第 34 页《印欧人早期迁徙路线示意图(公元前 3000—前 1000 年)》，指出印欧人迁徙的方向及方式，并分析印欧人四处迁徙的原因。(参考答案：方向——印度、巴尔干半岛、西欧和北欧等广大地区。方式——以武力为主。原因——缓解生存压力、追求财富)

教师引导学生分析：在欧亚大陆，古文明犹如星星点点的绿洲，总是遭受周边游牧部族的威胁。或是因为气候的变化给山地和草原牧民带来灾难，或是出于对文明国家财富的垂涎，在绵亘东西的北方草原上，在公元前二三千纪——这一特定的时空领域，发生了长达一千多年的民族大迁徙，迁移的民众前赴后继、不绝如缕。印欧人创造了一种将高大的马和灵便的车相结合的令人生畏的武器——马拉战车，他们驾着这种战车，掀起了最早的入侵浪潮。公元前 2 千纪初，印欧人的一支(赫梯人)建立国家，并创造文字。古代印欧人的东支南下分别定居在里海南岸和波斯湾北岸，建立了米底国和波斯帝国。印欧人中使用印度语族的一支进入印度，历史上称为“雅利安人”，他们侵入印度河流域，代替原来的土著居民成为南亚次大陆的统治民族。进入希腊的印欧人则创造了迈锡尼文明。而印欧人的西支则进入意大利，建立了叱咤风云达千年之久的罗马。

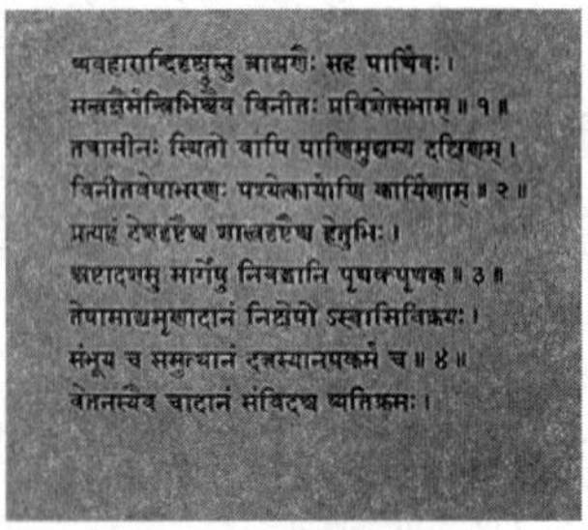

图 3　雅利安人经典《吠陀》

图 4　阿旃陀石窟

图 5　巴特农神庙

教师追问：结合三幅图片思考，印欧人的迁徙带来了哪些影响？(参考答案：给被征服地区带来破坏；加强了各地之间的文化交流，促进区域文化的形成)

教师引导学生分析：古代印欧人的迁徙对世界历史发展产生了深远的影响。印欧人的迁徙是落后的游牧民族对先进的文明地区的武力入侵，给被征服地区带来了不同程度的破坏，造成了先进文明中心出现暂时停滞甚至倒退的局面。但古代印欧人的迁徙也为历史的发展和社会进步带来了不少积极的影响。印欧人的迁徙有利于当时先进的社会制度的确立和扩大。由于受到先进文化的影响，印欧人很快结束了野蛮状态，进入文明时代。印欧人的迁徙一定程度上打破了古代文明地区的闭塞状态，扩大了经济、文化交流，还带来了一些先进的生产技术。他们在迁徙的过程中建立的国家，促进了古代印度、西亚和希腊罗马等几个主要文化区域的形成，使古代世界面貌发生了重大变化。

(过渡)而公元 3—6 世纪的亚欧民族大迁徙则改变了亚欧的政治版图。

自主学习：阅读教材第 35—36 页，说说亚欧民族迁徙的概况。(参考答案：略)

教师讲述：公元前后，中国北方的匈奴不断对外扩张，建立了强大的游牧民族政权，改变了亚欧各游牧民族的历史进程。大月氏人从祁连山西迁，直至阿姆河流域，其中一部最后南下，在阿富汗至印度西北一带建立了颇为庞大的贵霜帝国。3—6世纪，亚欧游牧部落开始新一轮的迁徙。公元3世纪，由于罗马帝国的衰落，属于印欧语系的日耳曼人又发动了一次大规模的民族迁徙运动，建立了许多封建王国。从7世纪开始，阿拉伯人不断对外扩张，到8世纪前半叶，东起印度河和帕米尔高原，西至大西洋的比斯开湾，南自尼罗河下游，北达里海和咸海南缘的横跨欧、亚、非三大洲的阿拉伯帝国基本形成。

(设计意图)印欧人的人口迁徙这一部分是学生较为陌生的史实，通过对《印欧人早期迁徙路线示意图(公元前3000—前1000年)》等图片、文字史料的分析，引导学生梳理印欧人人口迁徙的概况，理解游牧民族人口迁徙与自然环境、生产生活方式的关系，进而理解求生存、谋发展的人口迁徙促进了区域文化的形成和发展。本环节指向的是：(1)时空观念素养水平2——能够利用历史年表、历史地图等方式对相关史事加以描述；能够认识事物发生的来龙去脉，理解空间和环境因素对认识历史与现实的重要性。(2)史料实证素养水平2——在对史事与现实问题进行论述的过程中，能够尝试运用史料作为证据论证自己的观点。

(过渡)下面我们以匈奴和日耳曼人的迁徙为例，分析古代亚欧游牧民族的大迁徙过程及对区域文化形成的影响。

(二) 融合、认同：匈奴和日耳曼人的民族大迁徙

教师讲述：匈奴的迁徙影响了当时欧亚大陆的历史进程。匈奴族是中国历史上北方重要的少数民族之一，汉初盛时人口约200万。匈奴各王驻牧地，东起大兴安岭的乌桓、鲜卑西部边界，西至阿尔泰山脉，绵亘数千公里，遍布大漠南北。匈奴兴起于战国末年(公元前3世纪前后)，西汉中期以后，在汉朝大规模军事打击下日益衰落。直至东汉前期(公元1世纪)，匈奴族分裂为南、北两支，南匈奴附汉内徙，其属部在中原地区活跃了近两百年。北匈奴逐渐西迁，其后裔在此后的几百年间不断向西征服，直达地中海西岸，引起欧洲大陆民族大规模迁徙。

材料四　在匈奴并未迁徙时，匈奴民族不认同汉文化，甚至抵抗汉文化。匈奴人有着强烈的自尊意识。……随着匈奴民族的不断南下，在与中原王朝的接触和交流中，部分匈奴人发现了中原文化的先进之处。……南下匈奴一方面不断加快自身的“中国化”进程，一方面也试图通过完成“大一统”来让自己的“中国”身份和成为“中华正统”的权利事实化。

——张娟：《从匈奴的迁徙看匈奴对中原文明的认同过程》，载《文山学院学报》，2018年第2期

材料五　频繁的经济文化交流不仅丰富了以汉族为主体的内地各族人民的经济文化生活，同时也促进了匈奴族社会经济的发展，匈奴部分地区出现了农业和定居生活。

——朱绍侯、张海鹏、齐涛主编：《中国古代史》上，福州：福建人民出版社，2000年，第278页

教师设问：根据材料四、五，概括匈奴南迁民族认同心理发生了哪些变化，并分析匈奴南迁带来的影响。(参考答案：变化——由抵抗汉文化的自尊心理到以汉之长补匈奴之短，再到完全肯定汉文化。影响——促进了民族交融，加强了文化认同)

教师引导学生分析：匈奴南迁的方向由长城以北向中原内地不断深入。随着匈奴不断内迁，匈奴的民族认同心理也在不断发生着变化，主要由抵抗汉文化的自尊心理向以汉之长补匈奴之短转变，再向完全肯定汉文化转变，甚至出现在华夏文明中寻根的现象。随着匈奴民族的不断南下，在与中原王朝的接触和交流中，部分匈奴人发现了中原文化的先进之处。中原先进的精神、物质文化对他们产生了巨大的吸引力，于是他们开始学习中原先进的文化制度。匈奴与汉人接触交流范围的扩大，对双方文化的发展都产生了很大的影响。进入匈奴地区的汉人，带去了中原先进的农业生产技术、建筑技术及冶炼技术，改变了匈奴单一的游牧经济，出现了农业、手工业等多种经营方式，并出现了城市。内徙的匈奴人，逐渐认同了汉族的文化和礼仪习俗，汉化倾向日益加深。魏晋南北朝时期，匈奴的这种趋势进一步加强，并最终融入汉族和其他民族之中。

(过渡)南匈奴族在东汉后期的一百多年里，受到汉文化的熏陶，社会经济、组织等都发生了很大变化。为求得一线生机，溃败的北单于只得携匈奴民众，沿草原踏上了漫长的西迁之路，再未返回高原故土。

材料六 在公元前104年至公元前68年，匈奴部族经历了四次罕见的天灾。最为严重的是公元前71年，匈奴遭遇的大雪，这次大雪造成匈奴人员、牲畜大量死亡。公元前68年，遭遇的饥荒又使匈奴的大量人员、牲畜死亡。连年的天灾，使得匈奴受到巨大的损失，对其发展是致命的打击。

——吴曦：《浅谈北匈奴西迁的原因与过程》，载《中国民族博览》，2017年第6期

材料七 东汉王朝实行的羁縻政策以及所采取的联夷共击和武力征伐等手段，迫使北匈奴离开漠北走上迁徙之路。……民族矛盾紧张，乌桓、鲜卑和西域诸国等周边民族的武力打击，使北匈奴孤立无援，处境艰难。

——闵海霞、崔明德：《略论北匈奴西迁的原因》，载《齐鲁学刊》，2008年第3期

教师设问：阅读材料六、七，思考：是什么原因使得北匈奴离开世代居住和游牧的大草原而大规模地向西迁徙呢？（参考答案：自然环境恶劣；周边少数民族的威胁；汉朝的军事打击等）

教师引导学生分析：匈奴民族粗放的流动的畜牧业经济生活要求有足够的游牧空间作为"逐水草而迁徙"的保障。匈奴因战败而失去了地域广阔的漠南地区，可供游牧的土地面积大为减少。退居自然条件恶劣的漠北地区后，草场质量下降，游牧经济躲避和抵御自然灾害的能力下降，其固有的脆弱性充分暴露出来。一场特大的暴风雪或严重干旱，便可"吞噬"数以万计的畜群，加速或导致国家的分裂、衰败以至灭亡。汉武帝时，汉王朝国力大增，面对北方匈奴对汉朝边境的威胁，主动出击，派遣精兵强将，长途跋涉，奔袭作战。著名的抗击匈奴的大将卫青和霍去病，先后在公元前127年和公元前121年，大举收复了被匈奴占据的河南地和河西走廊。匈奴在汉王朝的强力打压下，死伤无数，国力削弱，无力再进犯中原边境，同时西域周边的一些部落趁匈奴衰落之时，不断夹击匈奴部落，使得匈奴不得不向西退居，通过向西迁移的方式为其后续发展保存实力。

材料八 西域的政权较分裂，势力也小，不会给北匈奴造成太大的威胁。南有强大的汉王朝，东北有日渐崛起的鲜卑政权，所以，西面无疑是阻力最小的突破口。

——李英龙：《简论北匈奴西迁》，载《河北工程大学学报（社会科学版）》，2008年第1期

教师追问：北匈奴为何向西迁徙呢？（参考答案：西面的政权势力相对薄弱）

教师引导学生分析：北匈奴之所以向西迁徙，一方面是西面的政权势力相对薄弱，不会给北匈奴造成太大的威胁；另一方面，当时的罗马帝国日益衰退，无暇顾及北匈奴的迁入。

材料九　他（匈奴）以其强悍的、不可阻挡的军事力量驱使欧洲诸蛮族不避艰险、徙其全族，涌向罗马帝国境内。……已经接受了汉文化的匈奴辗转西迁，吸收了西域、中亚的文化进入了欧洲，在与欧洲人的交往、通婚、征战中，不可避免地要发生文化的交流和相互渗透。

——魏蕴华、张汉伟：《匈奴的西迁及其在欧洲历史上的作用》，载《辽宁师范大学学报（社会科学版）》，1987 年第 4 期

教师设问：匈奴西迁带来哪些影响？（参考答案：推动了欧洲的“民族大迁徙”；促进了欧亚文化的融合）

教师引导学生分析：由于匈奴进入欧洲并在巴诺尼亚（今匈牙利河西一带）建立政权，驱使不少蛮族人进入罗马帝国，结果西哥特人攻陷罗马，而非洲、西班牙和高卢等地也被其他蛮族所占领。这样，匈奴人实际上扮演着推动欧洲民族大迁徙的主要角色，把欧洲搅得天翻地覆。匈奴对欧洲的冲击，促进了奴隶制东罗马帝国的衰落和西罗马帝国的灭亡，推动了欧洲的“民族大迁徙”运动，掩护了西罗马境内诸蛮国的建立，使欧洲的政治形势发生根本性的变化。匈奴是一支受汉文化影响较深的民族，西迁前，通过关市、馈赠、和亲、战争等，很多人已逐渐接受了汉族物质文化生活的影响。西迁后，在与欧洲交流过程中相互影响，促进了欧亚文化的融合。

教师讲述：欧洲民族大迁徙主要指居住在北欧的各日耳曼蛮族向罗马帝国等富庶文明的地区迁徙。日耳曼人最早居住在波罗的海西岸与斯堪的纳维亚半岛南部。公元前 1 世纪左右，日耳曼人已在多瑙河、莱茵河和维斯瓦河之间的广大地区定居下来过着亦农亦牧的生活，成为罗马帝国北方的邻居。公元 4 世纪以前，日耳曼人即开始以各种方式向罗马帝国境内渗透。

材料十　455 年，汪达尔人攻占罗马，大肆焚掠达 14 天之久，帝国宫殿被拆毁，连同帝国国徽一同运往迦太基，装饰那里的王宫；无数书籍、艺术品毁于兵燹。

——张五钢：《日耳曼民族的大迁徙》，载《殷都学刊》，1998 年第 4 期

材料十一　日耳曼人中比较落后的法兰克人，进入高卢罗马后，在农耕方面，学会了二圃轮作制，有的还采用三圃轮作制。他们引进了优良的谷物品种，学会种植新的作物、蔬菜和水果，还会使用铁犁、镰刀、鹤嘴锄等工具，懂得翻地、施肥、除草等一套耕作方法。

——刘爱兰：《民族大迁徙对中西文化发展的影响》，载《中央民族大学学报（哲学社会科学版）》，2005 年第 5 期

材料十二　以日耳曼人为主体的游牧民族对罗马帝国旧秩序的破坏程度是欧亚大陆其他地区所不能比的。其结果是昔日的罗马“公民文化”正在悄悄地发生着变化；罗马文化、日耳曼文化与正在兴起的基督教文化一起，在古典文明的废墟上，形成了一种以基督教文化为载体的、包容希腊罗马古典文化与东方各民族文化的世界性的、适应时代需求的新文化。

——刘爱兰：《民族大迁徙对中西文化发展的影响》，载《中央民族大学学报（哲学社会科学版）》，2005 年第 5 期

教师设问：根据材料十至十二并结合教材第 36—37 页，概括日耳曼民族大迁徙的影

响。(参考答案:给欧洲社会带来严重破坏;加强了欧洲的经济文化交流;促进欧洲新文化的形成)

教师引导学生分析:日耳曼人的大迁徙给欧洲社会带来了严重的破坏,田园荒芜,城市破败,人口锐减,文化受到摧残。但日耳曼民族的大迁徙同时也强化了欧洲各地的经济文化交流。日耳曼人很注意学习罗马人的先进生产技术和文化,一些部落开始接受罗马人的教育。可以说,日耳曼人在罗马化的过程中大踏步地向文明迈进。正如恩格斯在《反杜林论》中指出的:"在长期的征服中,比较野蛮的征服者,在绝大多数情况下,都不得不适应征服后存在的比较高的'经济情况';他们为被征服者所同化,而且大部分甚至还不得不采用被征服者的语言。"日耳曼民族大迁徙,一方面加速了罗马奴隶主旧政权的崩溃,在欧洲版图上形成了西欧主要民族国家的雏形,奠定了后来西欧政治格局的基础;另一方面,为欧洲社会注入了新的活力。在统治西欧的历史进程中,他们接受了基督教,并使基督教获得空前发展。最终在西欧形成了日耳曼因素、罗马因素和基督教相结合的欧洲新文化。

材料十三 在西欧,这次民族大迁徙为当时各民族之间"新的组合"创造了条件,在经历了一个长期复杂的发展过程之后,逐渐形成了许多新的民族,如德意志人、英吉利人、法兰西人、意大利人、西班牙人、葡萄牙人等,从而为近代西欧民族国家的形成奠定了基础。……中国民族大迁徙后产生的民族融合,主要表现在进入中原地区的诸族,大多"汉化"或融于汉族之中,他们为汉族的发展和壮大输入了新鲜的血液。

——刘爱兰:《4—6 世纪西欧和中国游牧民族的迁徙和融合》,载《云南社会科学》,1990 年第 6 期

教师引导学生分析:通过日耳曼各部对奴隶制的罗马帝国的征服,才有了罗马与日耳曼两种文明、两种制度和两大民族之间的碰撞与结合,在此基础上,逐渐形成了西欧的封建制度。而中国古代内迁的北方少数民族,大部分融入汉族中间去了,使汉族得到新的发展和壮大,最终在古代各族人民大融合的基础上,迎来了封建文化的发展。

教师追问:游牧民族大迁徙,为何对中国和西欧文化的发展产生了截然不同的结果?(参考答案:主体民族人口的不同;经济结构不同;传统文化根基不同等)

教师引导学生分析:游牧民族大迁徙,对中国和西欧文化的发展产生了截然不同的结果,究其原因,主要有以下几点:首先,在中国,汉族是中原地区的主体民族,人口众多,形成了相对稳定的共同体,南下的游牧民族人数有限,难以对汉族造成致命的打击。西欧则不同,在罗马作为主体民族的罗马人由于公民制度和连年征战,其人数不断减少。罗马处于地中海区域,是东西方文化的交汇处,境内民族众多,且流动性强,形成相对不稳定的共同体。当罗马发生危机时,旧的文化体系被打破,各种文化在社会裂变中重新组合,很容易形成独特的新文化。其次,从文化的基础看,中国与罗马的经济结构不同。中国的自给自足的自然经济足以满足人们的各种生活所需,而罗马粮食不能自给,故其商品经济发达。中国文化具有保守性,罗马文化具有开放性。所以,当遇到异质文化冲击时,中国文化与生俱来的聚合性,能够自我调适,在吸收外来文化的基础上不断发展。西欧则是各种文化经过剧烈地冲突和融合,形成一种崭新的文化。尽管游牧民族的大迁徙对中西文化产生不同影响,但对东西方古代文明地区的社会发展、疆域版图以及民族形成和融合都产生了巨大的影响。

(设计意图)本部分内容涉及面广,不可能面面俱到。以匈奴和日耳曼人的迁徙为例,引

导学生分析欧亚游牧民族迁徙的原因、过程，进而认识民族迁徙对区域文化形成的影响，有利于学生建构知识体系，形成对问题全面的认识。本环节指向的是：(1)唯物史观素养水平 3、4——能够将唯物史观运用于历史学习、探究中，并将其作为认识和解决现实问题的指导思想。(2)历史解释素养水平 3——能够分辨不同的历史解释；尝试从来源、性质和目的等多方面，说明导致这些不同解释的原因并加以评析。

【课堂小结】

教师引导学生小结：印欧人为求生存、谋发展的民族大迁徙带来的外来刺激，促进了欧亚大陆古代文明的发展与变奏，其结果比较复杂：有的文明因之而泯灭，有的因之而异化，有的因之而提升。世界五大古老文明，在印欧人的民族大迁徙冲击下，或涅槃重生(如印度与中东)，或孤苦伶仃以待新生(如地中海的希腊)，或交融互补进而发扬光大(如商周时期的中华文明)。而 3—6 世纪形成高潮的欧亚大陆民族大迁徙为游牧民族与农耕民族之间的交往提供了“可接近性”的机会。他们的行动不仅为农耕世界的社会经济注入了新鲜活力，也使社会发展相对落后的游牧民族大多融入农耕世界，从而加快了人类文明的进程，并对中国和西欧文化的发展产生了巨大的影响，且一直影响到今天。

第7课

近代殖民活动和人口的跨地域迁移

教学设计1

李广元　广东省深圳市第二高级中学

一、教材分析

本课是统编教材《文化交流与传播》第三单元《人口迁徙、文化交融与认同》的第2课，主要讲述了从新航路开辟到19世纪末近代殖民活动和人口跨地域迁移的过程与影响。本课教材共三个子目。第一子目"殖民扩张与美洲族群的变化"，介绍了新航路开辟以来，西方殖民者在美洲进行疯狂的殖民扩张和掠夺，造成美洲土著居民印第安人大量死亡。为了弥补劳动力的不足，殖民者开始贩卖黑人奴隶到美洲。这导致了美洲族群发生了重大变化。第二子目"英国的殖民活动与大洋洲人口结构的改变"，主要介绍了18世纪中后期，英国殖民者来到澳大利亚和新西兰，随着工业革命的开展，英国殖民者开始对澳大利亚进行大肆掠夺并屠杀当地的土著居民。到19世纪中叶，白人已经成为当地的主要居民。第三子目"华工与美洲、大洋洲的开发"，主要介绍了19世纪中叶以来，中国等亚洲国家的劳工远涉重洋，来到美洲和大洋洲并为当地的开发作出了突出贡献。

《普通高中历史课程标准(2017年版2020年修订)》对本单元的要求是：通过了解历史上跨洲、跨国家、跨地区不同规模的人口迁徙，以及移民所面临的机遇与挑战，认识在迁徙与融入当地社会过程中出现的文化认同。本课时空跨度大(从16世纪至19世纪，涉及欧洲、美洲、非洲、大洋洲及亚洲等)，内容极为丰富。但教材较多叙述历史上跨洲、跨国家、跨地区不同规模的人口迁徙，没有对人口迁徙过程中出现的文化认同进行介绍，教师在教学时应精选史料，弥补教材的这一不足。

同时，如何用一课时完成如此繁重的教学任务？必须紧扣课标，重构教材。本教学设计对教材内容进行了整合，把教材整合为"'新大陆'的移民大潮""'新大陆'的族群变动""'新大陆'的文化认同"三部分。

二、学情分析

本课的授课对象为高二年级学生，他们选修历史学科，说明他们对历史较感兴趣，同时又有一定的历史基础。本课的内容如西方列强的殖民扩张在必修教材中已有所介绍，只是对伴随而来的人口跨区域转移及移民所面临的机遇与挑战等内容学生不熟悉。基于这样的认识，教学时教师要精选史料，师生共同建构、梳理人口的跨区域转移的史实，理解其对当地开发作出的突出贡献。

三、教学目标

1. 知道欧洲殖民扩张造成了美洲印第安人、大洋洲土著居民的大量死亡，根据史料分析美洲、大洋洲人口结构的变化。

2. 了解黑奴贸易和华工出国的原因和影响，认识黑奴为美洲，华工为美洲、大洋洲的开发作出了重要贡献。

3. 理解移民所面临的机遇与挑战，认识移民在迁徙与融入当地社会过程中出现的文化认同。

四、教学重难点

重点：了解近代历史上跨洲、跨国家、跨地区不同规模的人口迁徙。

难点：认识移民在迁徙与融入当地社会过程中出现的文化认同。

五、教学过程

【导入新课】

教师讲述：从历史上看，印第安人是美洲大陆的土著居民，他们曾统治美洲大陆，在这里创造了十分灿烂的文明和文化成果。然而，在新航路开辟后“一个多世纪的时间里，墨西哥印第安人口减少了90%（从2 500万人减少到150万人），秘鲁印第安人口减少了95%。拉斯卡萨斯估计，1495—1503年间，有300万人在中美诸岛上消失”①。印第安人为什么会大量减少？美洲的族群发生了什么变化？

（设计意图）通过印第安人数量的变化及其原因，引入本课的主题“近代殖民活动和人口的跨地域转移”，引导学生把历史事件或历史现象放到特定的时空背景下去分析。本环节指向的是：时空观念素养水平2——能够将某一史事定位在特定的时间和空间框架下。

【学习新课】

（一）“新大陆”的移民大潮

教师讲述：地理大发现是一座划时代的世界历史界标。在此之前，人类在很大程度上

---

① ［法］米歇尔·波德著，郑方磊、任轶译：《资本主义的历史：从1500年至2010年》，上海：上海辞书出版社，2011年，第6页。

受到自然环境的局限，处在与世界隔阻或甚少交往的境况下，各地区的社会历史基本上是独立发展的。到地理大发现之后，各地区各民族才得以建立起意义深远的直接交流。世界历史的地域性阶段宣告终结，让位于真正的全球范围有普遍联系的世界历史。从此，人类的活动领域空前扩展，并引动了一股史无前例的人口迁移浪潮。

1. 人口跨地域转移的表现

材料一 人口的大迁移，重新调整和配置了世界的人口布局，使以往全球人口的绝大多数集中居住在欧亚大陆的旧格局变得更趋均衡。它不但重绘了世界政治地图，而且不同程度地改变了世界部分地区人口的民族和文化构成，因而成为影响近现代历史发展的一个值得重视的因素。

这股移民大潮，就其主要流向而言，大致包括以下几个方面：(1)从西欧到北美；(2)从西南欧到中南美；(3)在奴隶贸易时期，从非洲到美洲；(4)从西欧到非洲和澳洲；(5)19世纪以后从印度到东非、东南亚和美洲加勒比地区；(6)从中国到东南亚、美洲和澳洲；(7)在美国，从东部到西部；(8)在俄国，从西部到东部；等等。

——沈坚：《地理大发现与人口大迁移》，载《社会科学》，1992年第7期

教师设问：根据材料一，概括移民大潮主要流向的特点。（参考答案：从旧大陆向新大陆转移）

教师引导学生分析：在这历史性的转变中，欧洲扮演了特殊的角色。组成这股强劲的世界性冲击波的，其实不只是欧洲商品、技术、文化和制度，更有欧洲的人口——络绎不绝奔涌而出的无数移民。由欧洲的人口迁移又引发了后来亚洲、非洲的人口外移。这场规模宏阔、影响深远的移民浪潮，几乎是有史以来牵动范围最广的一次，其余波甚至延及20世纪仍方兴未艾。人们离乡背井，纵横跋涉，在一片片新的土地上拓殖定居。这一系列的大迁徙突破了人们自身相对封闭的活动空间，第一次把欧洲、美洲、亚洲、非洲、澳洲等各大洲联成了一个互通的整体。

(过渡)这股移民潮流如此宏阔，包容了来自欧、亚、美各大洲不同种族和文化背景的众多人群。他们各自所处的社会发展程度不一，生活方式、风俗习惯、价值观念殊异，是什么因素将他们纳入了同一股历史大潮？

2. 人口跨地域转移的原因

(1) 自愿性的移民

材料二 自愿性移民大致为不同程度地基于主观愿望而奔赴海外者，或为改善自身的物质境况，谋求致富和发展的机遇，如由淘金狂引起的移民；或欲实现政治扩张、宗教传播之类的抱负。另外，还有部分移民则是迫于客观环境的压力而自动迁离故土的，譬如，出于逃避失业、饥荒、自然灾害、政治动乱、宗教迫害等等。从总体上说，当时欧洲外迁人口大都属于以上所述不同类型的自愿性移民。

——沈坚：《地理大发现与人口大迁移》，载《社会科学》，1992年第7期

教师设问：根据材料二，指出自愿性移民产生的原因。（参考答案：谋求致富和发展的机遇；实现政治扩张、宗教传播的抱负；迫于客观环境的压力而自动迁离故土）

教师引导学生分析：商品货币经济的急速发展，使得15—17世纪的西欧孕育着一场空前的社会大变革。封建制度的躯壳被挤裂，新生的资本主义幼芽破土而出茁壮成长。地理

大发现、宗教改革、三十年战争、尼德兰革命、胡格诺战争、英国革命……这一连串的社会震荡和暴力冲突构成了当时欧洲几百年历史画面的主色调，同时也冲击了欧洲社会固有的人口结构。一方面，商品经济的催化功能有力地调动起了各色人等的物质贪欲，从相对保守的传统型农业人口中分离出了一批不安分者。这部分人以最大限度地增殖财富、扩展权势为己任，具有极端强烈的冒险性和扩张性，而海外领地的开辟，为其宣泄欲能提供了最为合适的场所。另一方面，这几百年来层出不穷的变故战乱，也迫使相当一部分人口因身罹其祸、生计无着而不得不远涉重洋，避走他乡。无论是前者那种征服扩张型人口，还是后者这类避害趋利型人口，在一定意义上，都已逐渐转化为自外于欧洲社会本体的异己力量了。

(2) 非自愿性强迫移民

材料三　十五世纪末，美洲被“发现”，西方殖民者在争夺美洲殖民地的过程中，以人类罕见的暴虐手段，屠杀和驱逐当地的土著印第安人，导致印第安人人口锐减，劳动力严重不足。距离欧洲和美洲较近的非洲，成了西方殖民者获取劳动力的目标。哥伦布到达美洲的第十年，即1502年，葡萄牙人便把奴隶运到了美洲的圣多明各岛，投入种植园，这是向美洲贩运黑人奴隶的开始。1672年，英国首先成立了“英国皇家非洲公司”。此后，各种各样名目的专做奴隶买卖的垄断公司接连出现。

——吕昆：《黑奴贸易的兴起与发展》，载《辽宁大学学报(哲学社会科学版)》，1978年第5期

教师设问：根据材料三，分析西方人为什么进行黑奴贸易。(参考答案：土著印第安人被屠杀和驱逐，美洲劳动力严重不足；非洲距离欧洲和美洲较近，贩卖黑奴便捷且利润丰厚)

材料四　澳大利亚的第一批移民可以追溯到18世纪末。当时英格兰、苏格兰和爱尔兰地区犯罪频发，美国在1776年独立后，不再愿意接受英国的流放犯，因此澳大利亚便成了大英帝国新的海外监狱。1788年1月26日，英国流放到澳大利亚的第一批犯人抵达悉尼港，英国开始在澳洲建立殖民地。1790年，第一批来自英国的自由民移居澳大利亚，正式开启了澳大利亚接受移民的历史。这些来自英国的自由移民以悉尼为中心，逐步向内陆发展，到1803年，殖民区已拓展到如今的塔斯马尼亚。

——苏佳卓：《19世纪初到20世纪90年代澳大利亚移民政策回顾》，载《滁州学院学报》，2016年第3期

材料五　1851年，新南威尔士州和维多利亚州金矿的发现把国内劳动力紧缺的局面暴露无遗。采矿需要大量的矿工，于是部分矿主提议政府适当雇佣一些中国人、印度人及太平洋岛屿人作为契约劳工。第一批中国移民出现在澳大利亚的确切时间尚难定论，但是据派驻厦门的英国领事报告说，1851年约有1 438名中国人抵达澳大利亚，到了第二年，在澳华人总数已达2 666名。受淘金热潮趋势的影响，越来越多的各地移民奔赴澳洲。到了1857年，在澳华人数字已高达3万人以上，而后一年间(1858—1859)，又增到4万2千人。据史料记载，1858年，维多利亚每7个成年男子中就有1名中国人，中文也成为当时人际交往的第二语言。

——苏佳卓：《19世纪初到20世纪90年代澳大利亚移民政策回顾》，载《滁州学院学报》，2016年第3期

教师设问：根据材料四、五，指出18世纪末以来，哪些地区的人口迁移到澳大利亚。其原因什么？（参考答案：地区——英国流放犯人到澳大利亚、英国自由民、大批中国人等。原因——英国流放犯人的需要；英国殖民扩张，澳大利亚人口稀少，不能满足经济发展的需要；采矿业的发展；政府的政策；等）

教师引导学生分析：非自愿性的强迫移民，主要包括两个部分：自欧洲流放美洲、澳洲的罪犯、流浪汉和奴隶贸易盛行时期自非洲输往美洲的黑奴。二者性质迥异，却都被剥夺了自由。贩运黑奴出于开发美洲殖民地对大批劳动力的需求。将服刑囚犯（刑事犯、政治犯）以及其他所谓社会不良分子强行移送海外，是地理大发现以后西欧人口外迁中不应忽略的一个重要方面，英法两国尤多采行此法。两国17、18世纪流放罪犯的主要地点是美洲。英国多在西印度群岛的巴巴多斯、蒙特塞拉特及其他岛屿和北美大陆各殖民地；法国多在北美路易斯安那殖民地和西印度法属岛屿。18世纪末美国独立战争结束后，英国不再把北美作为罪犯流放地，并于19世纪改为流放至澳洲大陆。将国内犯人和社会流民强行遣送于新大陆，对西欧国家政府来说，可收一举两得之效：既能免除其在国内寻隙滋事之弊，转移社会矛盾；又可多少缓解殖民地的劳动力之需。正因为此，该项政策曾在英法等国深得重视。

同强迫移民相关的，还存在契约奴问题。英法等国在北美、西印度殖民地和大洋洲广泛实行过契约奴隶制。契约奴移民人数很多，其身份比较复杂，当时一些欧洲国家的穷人，包括破产农民、失业手工业者、负债者、无家可归者，欲赴美洲谋取生计，因无力负担横渡大西洋的旅费，遂同船主或商人签订契约，应允以服役偿还。多数契约奴往往是为改善自身境遇，在受人诱骗之下而自愿离开欧洲的。19世纪以来迁居美洲、澳洲的中国、印度契约劳工，其境遇亦大抵相类。

（过渡）由上述分析可知，导致这股历史性移民大潮的原因，各大洲不尽相同。在欧洲，主要缘起于内部的社会、经济和政治问题；在非洲，则显然是由于欧洲殖民势力从事血腥的贩奴活动所致，亦即大体上是由外力强加的；引起19世纪亚洲一些国家以契约劳工形式向美洲、澳洲输出人口的原因，似乎内外因素兼而有之。这些因各种因素而进行的人口跨地区转移带来了怎样的结果呢？

3. 人口跨地域转移的结果

材料六 黑奴贸易在400多年的时间里，给亿万非洲人造成了不幸。他们被迫妻离子散、背井离乡，被贩至世界各地为奴。在猎奴战争中、在阴森的奴隶堡、在恐怖的大西洋航程中以及在目的地，大量的黑人过早地死去了。他们或被杀死、打死，或累死、病死，或自杀而死。所以黑奴贸易是黑人的一部血泪史。同样，中国苦力贸易也充满血泪。苦力名义上不是奴隶，然而他们在途中和目的地受的苦难与黑奴没有什么两样。

——张忠祥：《中国苦力贸易与非洲黑奴贸易之比较》，载《浙江师大学报（社会科学版）》，2000年第6期

材料七 近代流入美国的华工总人数，没有很确切的统计数字。特别是早期的统计很缺。根据格勒哥雷所著《移民论》列举的中国人到美国的数目，自一八五三年至一八八四年，中国移入美国的人数为二十九万二千四百零七人。加上之前和之后往美华工人数，近代流入美国的华工总人数至少超过三十万人。他们兴修铁路、采矿、开垦荒地、从事农业劳动，同时也是工业与服务行业的重要力量，对美国经济的发展作出了很大的贡献。

——摘编自李其荣：《近代美国的华工述略》，载《华中师院学报》，1982 年第 4 期

材料八　从历史发展的总进程来看，地理大发现所引起的全球性人口迁移，的确有着十分重要的意义。世界的人口格局由此得以调整和重组，在新旧大陆之间益趋均衡。世界范围的人口移徙，有助于形成广泛的物质和人文交流，缩短不同地区人类集团间的发展差距，也有利于新的民族和文化融合。尤其是深刻地改变了美洲及澳洲的面貌，重塑了当地人口的民族与文化构成，从而对整个世界近现代的发展产生了毋庸置疑的影响。人类的迁徙流动，对于其自身发展所体现的积极意义，大约也正在于此。

——摘编自沈坚：《地理大发现后流向新大陆的移民潮》，载《史林》，1993 年第 4 期

教师设问：根据材料六、七、八，概括人口跨地区转移的结果。（参考答案：非洲丧失上亿精壮劳动力，导致长期落后；促进了美洲、大洋洲地区的开发和社会经济发展的进步；调整和重组了世界的人口格局；有助于形成广泛的物质和人文交流，缩短不同地区人类集团间的发展差距；有利于新的民族和文化融合，深刻地改变了美洲及澳洲的面貌，重塑了当地人口的民族与文化构成）

教师引导学生分析：地理大发现体现了人类能力的巨大突破，然而它却酿就了任意摆布人类自身的极富戏剧性的后果：欧洲运用优势手段夺取了美洲及澳洲原有居民的绝大部分生存空间，将之作为倾泻其过剩人口的场所，而且还将数以千万计无辜的非洲人口强制输入美洲，以供其役使。这场靠人为作用掀起的人口大迁移，从初始时起就是不平等的。欧洲凭借其较为发达的生产力和先进的武器，获得了疏导自身日益增长的人口、缓解内部社会压力以利于进一步发展的机缘。显然，这在相当程度上是以牺牲其他地区人口的基本利益换取的。然而，从长远来看，由地理大发现而激起的全球性人口流动和欧洲资本主义的兴起，加速了世界历史的总进程。文明以人为载体，文明的创建源自人的活动；而文明的流布，又总是伴随着人的移徙。海道畅开，百川汇流。以往被浩瀚大洋所分隔的人类不同种族，终于有了全面的交往；各具特色的不同文明彼此相遇，既触发了剧烈的冲突碰撞，也促成了意味隽永的融汇。

(设计意图)通过引用史料，打破教材原有的体系，从宏观上构建了新航路开辟后人口跨地域迁移的原因、表现及结果，引导学生对新航路开辟后人口跨地域迁移有整体认识，并能运用辩证唯物主义和历史唯物主义基本观点，客观地分析近代殖民活动和人口跨地域转移的影响。本环节指向的是：(1)史料实证素养水平 4——在对历史和现实问题进行独立探究的过程中，能够恰当地运用史料对所探究问题进行论述。(2)唯物史观素养水平 3、4——能够将唯物史观运用于历史学习、探究中，并将其作为认识和解决现实问题的指导思想。

(过渡)欧洲移民的入据，往往伴随着对土著印第安人的无情摧残。这里展示了一幅悲剧式的“人口置换”的历史图景：一方面是本地人口的被驱赶和消灭，另一方面是大量外来人口的涌入和进占。作为地理大发现活动的自然延伸，从 18 世纪末 19 世纪初起，欧洲移民又相继徙居澳洲。这种人口迁移同样导致了一场类似的“人口置换”。

(二)“新大陆”的族群变动

材料九　在当今美洲人口的种族构成中，各类混血种人以及来自欧非的白人和黑人分别占有显要地位。以 1976 年为例，拉美混血种人共约 1.5 亿多，白人在 1 亿以上，黑人约

2000 多万，印第安人仅约 3700 多万。这就是说，占总人口约 88%的，是地理大发现以后逐渐迁入的欧、非移民后裔、土著居民及其彼此混血的后裔。这同哥伦布以前的美洲相比，自然是面目全非了。白人占人口比例大的国家有阿根廷(97%)、乌拉圭(90%)、哥斯达黎加(80%以上)、波多黎各(99%)、古巴(66%)、美国(80%以上)、加拿大(96.7%)等。黑人比重大的国家主要集中在西印度群岛，占人口 80%以上的有海地、格林纳达、牙买加、巴哈马和巴巴多斯等。黑人绝对数量较多的国家有巴西、美国、古巴、委内瑞拉等国。相形之下，作为美洲土著居民的印第安人，则在当今美洲国家的人口结构中处于相对薄弱的地位。即便是印第安人口比重大些的国家，如秘鲁(41%)、玻利维亚(54%)、危地马拉(43%)和厄瓜多尔(39%)，亦多为中小国家，影响不大。

——沈坚：《地理大发现与人口大迁移》，载《社会科学》，1992 年第 7 期

教师设问：根据材料九，指出美洲人口结构发生了怎样的变化。(参考答案：由于历史条件不同，美洲国家的人口结构不尽相同。在北美的美国、加拿大，白人占据了人口的大多数。在海地等西印度群岛国家，黑人人口占多数。拉丁美洲的最大族群是混血种人。只有在秘鲁等少数国家印第安人相对较多，但也很少超过人口的半数)

教师引导学生分析：美洲堪称最典型的民族大熔炉。就总体而言，现代美洲的人口结构在很大程度上是由各方移民构成的。英裔移民主要参与了美利坚、加拿大现代民族的形成过程；西、葡移民分别参与了原西属美洲和巴西等民族的形成；黑人则成为当前西印度群岛各国的民族主干。同时，在整个美国历史上，白人总有冠冕堂皇的借口，夺占印第安人土地：所谓“上帝的旨意”，所谓对野蛮人的开化教育，所谓地域开拓中先进文明的优先权等，不一而足。纵然印第安人一万个不情愿舍弃故土，美国政府仍动用武力，强迫印第安人不断西迁。19 世纪 30 年代被迫西迁的南方印第安人有一半以上在迁移途中死去，光是切诺基人就损失了 4000 人以上。经过千难万险幸运地到达密西西比河西岸的印第安人中，又有不少人因不适应恶劣的地理环境，或与当地土著发生冲突而死去。西迁之路由此被称为“眼泪之路”(Trail of Tears)。

材料十 欧洲白人移民至 1810 年时达到 1 万人，至 1830 年时达到 10 万人，1840 年时达到 25 万人，至 1850 年时达到 50 万人大关。在 1788 年到 1850 年这一时期内流放到澳大利亚的 15 万名罪犯中，有 10 万名是 1820 年以后到达的。至 1860 年则突破 100 万人大关。从 1860—1870 年，澳洲大陆外来移民又增加了 100 万人，其中来势最猛的是英国人。

——姜天明：《论澳大利亚的人口、民族及其社会文化》，载《辽宁大学学报》，1998 年第 6 期

材料十一 除澳洲黑人外，还有很多其他种族或民族的移民人口，如亚洲籍人口、大洋洲籍人口、欧洲籍人口，从肤色上说有黄种人、白种人、黑种人，等等。亚洲籍澳大利亚人以华人为最多。除华人外还有日本人、印尼人、印度人、阿富汗人、菲律宾人……华人也是在 1851 年“淘金热”时到来的，在 19 世纪 50 年代达到 5 万人，绝大部分居住在墨尔本附近地区，华人人数曾一度占维多利亚殖民区总人口的 8%，并有了自己的社会团体和领袖。白种人是鄙视与仇视华人的，认为他们是社会不安定不文明的因素，因此经常发生欺凌，以至毒打、抢劫华人的事件。澳大利亚殖民当局对华人亦采取排斥政策，法律上不予以切实的保护。

——摘编自张天、张静杼：《关于澳大利亚人口的几个问题》，载《上海社会科学院学术季刊》，1998年第3期

教师设问：根据材料十、十一，概括19世纪中期澳大利亚人口结构的特点。（参考答案：白人人口占据主导，人口的多种族化与多民族化）

教师引导学生分析：大洋洲的主要国家人口结构亦与美洲相仿。据统计，在全新的现代澳大利亚民族中，原住民仅占总人口的0.01%，英格兰、爱尔兰移民后裔占到82%。在新西兰，毛利人仅占9%，英格兰、苏格兰、爱尔兰移民后裔达76.4%①。越来越多的英国人和欧洲其他国家的人来到澳大利亚和新西兰，19世纪中叶，白人已经成为当地的主要居民。总之，欧洲移民在澳、新现代民族形成过程中，起了决定性的作用。

(设计意图)运用史料说明新航路开辟后人口跨地域转移所带来的族群变动，培养学生多角度分析、阐释历史问题的能力。本环节指向的是：历史解释素养水平2——能够选择、组织和运用相关材料并使用相关历史术语，对个别或系列史事提出自己的解释；能够在历史叙述中将史实描述与历史解释结合起来。

(过渡)地理大发现后人口的大规模流动，在改变美洲、澳洲人口固有种族和民族构成的同时，也改变了它们的文化构成，从而建构起色泽斑斓的多元文化格局。

（三）“新大陆”的文化认同

图1　三文化广场②

教师设问：图片显示的是墨西哥城著名的三文化广场，你知道它的含义和由来吗？（参考答案：三文化广场由三个不同时代、代表三种不同文化内涵的建筑组成：古代阿兹特克金字塔大祭坛遗址、16—17世纪西班牙殖民者修建的教堂以及20世纪50年代建造的具有现代建筑风格的外交部大厦）

教师引导学生分析：墨西哥城是一座典型的多种文化混合城市。其根是印第安人的“玉米文化”，但又与古印第安人的纯玉米文化不同，是用欧洲文化“嫁接”和“杂交”出来、并将各自文化的特色和优点发挥得淋漓尽致的拉美文化。墨西哥城地域内的历史、人文和文化遗产极为丰富，能吸引眼球的数不胜数，但最能体现墨西哥文化具有巨大的宽容性和包纳性、最能显示其对其他民族文化兼收并蓄和开放包容的，当属位于墨西哥城市中心不远的三

---

① 沈坚：《地理大发现与人口大迁移》，载《社会科学》，1992年第7期。

② 张家哲：《站在墨西哥城的三文化广场上》，载《社会观察》，2006年第10期。

文化广场。这些建筑奇妙地共存于一个广场上，分别代表了古代印第安人的阿兹特克文化、具有西班牙特色的欧洲文化以及墨西哥现代文化。而这个广场的“灵魂”或者说是“点睛之作”则是铭刻在广场中一座纪念碑上面的碑文“1521年8月13日，曾经被夸乌特莫克捍卫着的特拉特洛尔陷入埃尔南·科尔特斯之手。这不是胜利，也不是失败，而是一个混血民族痛苦的诞生——这就是今日的墨西哥”。这是当代墨西哥人对自己民族和国家历史形成的高度概括和超越，是墨西哥人对世界和文化的指导性观念，它包含着深刻的哲理和海一般广阔的胸怀，客观而理性地面对自己的那一段历史。

材料十二 近代的美洲文明已经不是纯粹的土著文明，而是被历史重塑过的再生文明，是欧洲文明和美洲印第安文明及非洲文明(黑人比重较大的国度尤为明显)长期冲撞的历史结晶。这个新文明之异乎于原生的旧文明，就在于它是一种综合性的、混血的文明。它既不是欧洲文明在异域的简单移植，也不是土著印第安文明的自然延续，而是两者从血液到精神的杂交、融合，而这种融合曾经历过长期孕育和分娩的痛楚。

——沈坚：《地理大发现与人口大迁移》，载《社会科学》，1992年第7期

教师设问： 根据材料十二，概括近代美洲文明的特点。(参考答案：近代的美洲文明不是纯粹的土著文明，而是欧洲文明和美洲印第安文明及非洲文明长期冲撞的历史结晶)

教师引导学生分析： 新航路的开辟与对美洲的殖民，使美洲形成了独具一格的文化圈，其特点是印第安文化与外来诸多文化的有机融合。这是由于各大洲人民(印第安人、欧洲人、黑人、亚洲人)混居和融合而形成的，是通过漫长而痛苦的相互排斥、撞击、渗透、吸收和改造才最后形成的，也是拉美各国人民基本共同的历史、共同的遭遇和命运的产物。美洲文化是一个有机的整体，各民族文化你中有我，我中有你，因此它不是各种文化的简单的组合。这就是为什么美洲文化有着强烈的个性和越来越强的生命力的原因之一。但是，在强调美洲文化统一性时，也应看到它的多样性——实际上，每个国家或地区的文化都有它们独自的个性。例如，古巴和海地，其文化多带黑人文化特色；墨西哥和危地马拉，其文化多带印第安文化特色；阿根廷和乌拉圭，其文化则更具西方文化色彩。

实际上，对于移民群体来说，首先，一定要认识自己本民族的文化，并根据环境的变化和社会的发展对其进行取舍；其次，要想适应社会，移民群体还必须理解与尊重日常所接触的新的文化。经过这种文化自觉之后，一个文化多元的世界与社会才能在互相融合中形成具有广泛共识的基本秩序，最终形成各种文化和平共处、相互促进、共同发展的局面。

(设计意图)《普通高中历史课程标准(2017年版2020年修订)》明确指出，通过历史学习，要“了解世界历史发展的多样性，理解和尊重世界各国、各民族的文化传统，具有广阔的国际视野，树立正确的文化观”。通过墨西哥城著名的三文化广场，拉近历史与现实之间的距离，重视历史学科作为人文学科的特有功能，关注学生情感教育，强调人文精神的培养。本环节指向的是：家国情怀素养水平1、2、3、4——能够理解和尊重世界各国优秀文化传统；能够表现出对历史的反思，从历史中汲取经验教训，更全面、客观地认识历史和现实社会问题。

【课堂小结】

教师引导学生小结： 发轫于哥伦布时代、延续久远的人口大移动，从外在的面貌到内在

的精神，深刻地改变了美洲以及澳洲，同时也影响了整个世界。它客观上推进了全球范围的物质和人文大交流，带来了新的民族和文化的融合。欧洲新兴资产阶级通过地理大发现，获取了新的活动场所，它"把一切民族甚至最野蛮的民族都卷到文明中来了……它迫使一切民族——如果它们不想灭亡的话——采用资产阶级的生产方式；它迫使它们在自己那里推行所谓文明制度，即变成资产者。一句话，它按照自己的面貌为自己创造出一个世界"[①]。毋庸讳言，移民在新大陆实现近代化的过程中，充任了主要的角色。如果没有欧洲移民为美洲和澳洲输入先进的资本主义生产方式与管理体制，并同亚非移民一道，提供大量劳动力；如果没有这场人口大迁移以及无数移民数百年手胼足胝、辛勤劳作的贡献，也就难以想象会有新大陆日后的历史性开发壮举。流水不腐，人口的流动，昭示着人类社会自身内蕴的活力。历史活动终究是人的活动。人们独处一隅的地域性活动，造就了地域性的历史；惟有真正进入全球范围，才有世界性的历史。在一定的意义上说，地理大发现及由此引发的人口大迁移，实在也是一种历史的必然。

教学设计 2

苏艳　上海市张堰中学

一、教材分析

本课是统编教材《文化交流与传播》第三单元《人口迁徙、文化交融与认同》第2课，共分三个子目："殖民扩张与美洲族群的变化""英国的殖民活动与大洋洲人口结构的改变""华工与美洲、大洋洲的开发"，主要讲述了殖民扩张所带来的美洲和大洋洲人口变化。自哥伦布开辟新航路后，欧洲国家开始在美洲进行殖民，导致印第安人大量死亡，之后黑人奴隶不断增加，欧洲很多白人也因为各种原因来到美洲，使得美洲的族群结构发生变化。大洋洲则是因为英国殖民活动的增加而使得土著居民大量减少，白人成为当地的主要居民。华工出国也是殖民活动所带来的结果之一。

《普通高中历史课程标准(2017年版2020年修订)》对本单元的要求是：通过了解历史上跨洲、跨国家、跨地区不同规模的人口迁徙，以及移民所面临的机遇与挑战，认识在迁徙与融入当地社会过程中出现的文化认同。文化认同的主题是自我身份以及身份正当性的问题，而文化认同又与文化冲突相辅相成、不可分割[②]。从这个意义上来看，殖民扩张首先带来的是文化冲突，形成"我们"与"他们"的区别，而文化冲突的结果又是形成文化认同，使"我们"的边界扩大，或者更明确。本教学设计依据教材内容分为"美洲：'发现'与重构""大洋洲：探险与移民"两部分，突出殖民扩张带来的人口迁徙所形成的文化冲突与认同。

---

① 《马克思恩格斯选集·共产党宣言》第1卷，北京：人民出版社，1972年，第250页。
② 崔新建：《文化认同及其根源》，载《北京师范大学学报(社会科学版)》，2004年第4期。

二、学情分析

本课的授课对象为选考历史科的学生，在前面的学习中，学生已经学习了古代美洲文明、全球航路的开辟以及人口迁移与物种交换等内容，对美洲和大洋洲文明发展的这段历史背景已有初步了解，但对人口迁移的过程缺乏较为具体的认知。因此，在教学中需要按照时间发展顺序补充相关的背景材料。华工出国与开发美洲、大洋洲部分，学生较为陌生，且具体经过和融入过程并没有在教材中体现出来，因此，将华工出国分别放在美洲和大洋洲的人口发展历史中去讲解，将会有利于学生的认知。

三、教学目标

1. 知道欧洲殖民扩张造成了美洲原住民印第安人的大量死亡，引发了严重的文化冲突；了解黑人奴隶贸易兴起的原因、规模；理解美洲在各种文化冲突的过程中也在逐渐因混血等因素形成文化认同。

2. 知道大洋洲等地被西方探险"发现"的过程；了解英国对澳大利亚的殖民过程及影响。

3. 了解华工出国的原因和规模；知道华工对美洲、大洋洲开发的贡献和影响。

四、教学重难点

重点：殖民扩张与美洲族群的变化。

难点：认识人口迁徙与融入当地社会过程中出现的文化认同。

五、教学过程

【导入新课】

材料一　据美联社15日报道，美国多个州不再庆祝哥伦布日，在本周一庆祝其首个原住民日……29岁的美国原住民比盖伊表示，看到多个美洲原住民部落为共同节日聚在一起，感到很激动。"当我上学时，全是铺天盖地的哥伦布日以及他'发现了'我们"，她说："真的是这样吗？我们的长辈并不是这样告诉我们的。我们早已在这里。"

——王会聪：《美国哥伦布日在变原住民节》，载《环球时报》，2019-10-16

教师讲述：10月的第二个星期一是美国的哥伦布日，为纪念哥伦布1492年首次登上美洲大陆，从1792年起，美国便开始庆祝这一节日。但是从2019年开始，美国的多个州不再庆祝哥伦布日，改为庆祝原住民日。这项改变受到了原住民的极大欢迎。

（设计意图）本课的主要内容是近代殖民扩张所带来的人口迁徙。从世界人口的发展进程看，哥伦布开辟新航路所带来的影响是广泛而深远的。因此，在导入中呈现哥伦布日的变化，一方面是激起学生疑问，为第一部分的教学作铺垫，另一方面是引导学生思考殖民扩张与美洲人口、文化的关系。本导入指向的是：(1)史料实证素养水平1——在解答某一历史问题时，能够尝试从多种渠道获取与该问题相关的史料；能够从所获得的材料中提取有关的信息。(2)家国情怀素养水平3、4——能够表现出对历史的反思，从历史中汲取经验教训，更全面、客观地认识历史和现实社会问题。

(过渡)这则新闻报道中的原住民是指什么人？他们和哥伦布有何关系？

【学习新课】

(一) 美洲："发现"与重构

1. "发现"：哥伦布到达美洲

教师设问：请根据《美洲文明分布示意图》[①]，并结合所学知识，说说你了解的古代美洲。(参考答案：美洲的原住民是印第安人；印第安人在中美洲、南美洲创造了玛雅、阿兹特克和印加文明)

教师引导学生分析：美洲位于地球的西半球，以巴拿马运河为界，分为北美洲和南美洲。大约是在一万八千年前印第安人就已经到达美洲大陆，并创造了灿烂的古代美洲文明。因此，从印第安人的角度来说，在哥伦布"发现"他们之前，美洲大陆一直存在，他们也是最早的原住民。

教师讲述：1492年8月3日，被西班牙国王和王后封为上将的克里斯托弗·哥伦布，率领一支由3艘帆船、90名水手组成的船队，从西班牙巴罗斯港起航，历经70天的航行，横渡大西洋，于当年10月12日清晨抵达离美洲大陆不远的巴哈马群岛。哥伦布上岸后即将登临的海岛命名为"圣·萨尔瓦多"——西班牙语意为神圣的救世主。在哥伦布返航途中，他给他的朋友圣安赫写道：

材料二　我在该处找到众多的岛屿，居民无数。我为国王及王后陛下全部占领了它们，发布了宣言，并展示了王威的旗帜而没有遭到任何人的抵制……这是一个很有用的岛，谁见了它都不会放弃，我已为国王和王后陛下把它全部占领了，整个岛的富饶程度比我的口才能力能表达的要高得多……国王和王后陛下将看到我能带给他们所需的黄金，只要陛下给我少许援助就可办到……香料和棉花马上就可按陛下要求的数量装船运来，乳香也可马上如数运来。

——张至善编译：《哥伦布首航美洲——历史文献与现代研究》，北京：商务印书馆，1994年，第127、131、133页

教师设问：根据材料二，分析哥伦布探寻新航路的目的。(参考答案：占有土地、寻找金子、香料和棉花等)

教师引导学生分析：这封信是1493年初，哥伦布在从西印度群岛返航途中所写。当时船队遇上了特大风暴，他做好了随时毁灭的打算，但害怕君主将永远不知道他何等努力的效劳，便决定将他的事迹写出来放在一个木桶里托付给大海。在这封信中，我们能看到哥伦布

① 《中外历史纲要(下)》，北京：人民教育出版社，2019年，第30页。

到达美洲后，就宣布占领了他所到达的所有地方。在与当地人的交往中，哥伦布获得了很好的照顾，并知道了产黄金的岛。在信件的最后，他请求王室给予援助，这样就能从美洲源源不断地运来黄金、香料和棉花等。

(过渡)从哥伦布给第一个岛的命名中，我们不难想象，哥伦布在经历漫长的探险航行后那种脱险获救的激动心情。是的，哥伦布的登陆之举不仅救了他的船队，还为西班牙和欧洲其他国家抱有种种希望的人们，"发现"了一块充满诱惑的新大陆。而这次登陆小岛则实实在在标志着欧洲殖民者征服美洲的开始，在回到欧洲后，哥伦布又相继组织了第二次、第三次远洋航行，美洲印第安人的生活也发生了巨大的变化。

2. 重构：美洲人口的变化

(1) 印第安人大量减少

材料三　1495年，哥伦布为了加紧搜刮黄金，更强制实行残酷的贡金制，部落酋长每3个月要缴纳满满一葫芦金砂，凡14岁以上的男人每人每3个月要缴纳能装满一个鹰脚铃的金砂……哥伦布勒索的贡金，无论如何是缴不足数的。再加上殖民者无尽无休的苦役，结果无数的土著人劳累致死，大批的横遭残杀。如果起而反抗，则又整村整个部落遭到无情屠戮。

——严四光：《哥伦布功过说》，载《北京师范大学学报(社会科学版)》，1993年第3期

材料四　(西班牙古巴总督的)讨伐军中有一个非洲黑人士兵染上天花，浑身痘疮。此人把天花病从欧洲传入美洲……因美洲此前没有这种病，印第安人不懂此病的防治，便一再用水洗，结果加速了天花的蔓延，引起更大量的死亡……随后数世纪，天花病又造成数百万北美印第安人死亡，某些部落如曼丹人(Mandans)、密苏里河上游河谷的阿西尼鲍恩人(Assiniboins)等部落濒于灭绝。

——张箭著：《地理大发现研究：15—17世纪》，北京：商务印书馆，2002年，第455页

教师设问：根据材料三、四并结合教材，分析印第安人大量减少的原因。(参考答案：累死于采矿；在战争中死亡；哥伦布等欧洲殖民者实行种族屠杀；天花等流行性疾病传染致死；等等)

教师引导学生分析：1493年哥伦布第二次去美洲时，带去了1200多名移民和300多名水手，也开始了对印第安人的征服、杀戮和奴役，印第安人口则开始了锐减和被灭绝的过程。在整个美洲的发展史上，有两次对印第安人的大规模摧残：一是西班牙、葡萄牙殖民者占领西印度、中南美大陆初期，二是18—19世纪美国"西进运动"时期。这两个时期既有殖民地的大屠杀和奴役，又有天花、鼠疫等传染病的打击，"在一个多世纪的时间里，墨西哥印第安人口减少了90%(从2500万人减少到150万人)，秘鲁印第安人口减少了95%。拉斯卡萨斯估计，1495—1503年间，有300万人在中美诸岛上消失，他们或是死于战争，或是被送往卡斯蒂利亚为奴，或是累死于采矿或其他工作"①。海地、古巴等地区甚至出现了种族灭绝的惨剧。美国的印第安人在"西进运动"后仅剩20万人。

(过渡)在印第安人锐减的同时，为了弥补劳动力的不足，欧洲殖民者从非洲运来了大量

---

① [法]米歇尔·波德著，郑方磊、任轶译：《资本主义的历史：从1500年至2010年》，上海：上海辞书出版社，2011年，第6页。

的黑人奴隶。

（2）黑人奴隶增加

材料五　到16世纪初，美洲殖民地逐渐开发，种植园、牧场、矿山需要大量劳动力。而当地印第安人几乎被屠杀殆尽，剩下的印第安人奴隶不愿为他们驱使和奴役，经常进行反抗，宁死不屈……从亚洲沿海掳掠劳动力又难以成功。于是，欧洲殖民者就把非洲作为掠夺奴隶的主要地区……黑人耐热带劳动，熟悉农业，价格低廉，来源充足，到美洲后又不易逃亡，成为欧洲殖民者的理想掠夺对象。

——裴耀鼎：《从奴隶贸易看哥伦布发现美洲的影响》，载《杭州师范学院学报》，1992年第4期

教师设问：根据材料五，分析黑奴贸易兴起的原因。（参考答案：美洲殖民地的开发需要大量劳动力；印第安人大量减少；黑人自身耐热带高温，价格低廉）

教师讲述：欧洲殖民者最早在西非沿海一带掠卖黑人奴隶，后来扩展到非洲东海岸的莫桑比克、坦桑尼亚等地。16世纪，葡萄牙控制了黑奴贸易的垄断权。从16—18世纪末，西班牙、英国、法国、荷兰、瑞典等都陆续加入了国际贩奴行列。19世纪，美国成为最大的奴隶贩子。

材料六　一种认为非洲损失的人口大约在1亿至1.5亿，主要的支持者是美国著名的黑人历史学家W. E. B. 杜波伊斯和法国学者杜加斯。杜波伊斯估计能够活着运到美洲的奴隶约1500万人，而每运一个奴隶就要牺牲五个人，非洲的实际人口损失高达1亿……另一种则表示，上亿人的估算缺乏档案支撑，主观臆测的成分太多，真实的数目仅在1100万至1500万之间。

——汪峰：《学界争议问题，教材引用需谨慎——从奴隶贸易中非洲损失的人口数字说起》，载《中学历史教学研究》，2015年第3、4期

教师设问：根据材料六，分析黑奴贸易的人口数量。（参考答案：受限于档案材料，史学界难以就非洲在奴隶贸易中损失的人口数达成一致；黑奴贸易的人数至少在一千万以上）

教师引导学生分析：西方殖民者从非洲究竟贩卖了多少人口到美洲，恐怕是永远难以准确统计出来的，其原因是很多的贩奴船并没有记录。黑人在贩卖过程中的死亡率也非常高。目前学界根据有记载的官方档案，认为人数至少在1500万左右。

教师讲述：黑人和白人的大量涌入，促进了美洲的开发。19世纪三四十年代开始，自由贸易取代了垄断政策，黑奴贸易不再有利可图，加上黑奴们的反抗，黑奴贸易逐渐被取消。但是美洲和大洋洲的种植园以及金矿的开发需要大量的劳动力，和华人相关的苦力贸易由此兴起。

（3）苦力贸易出现

材料七　十九世纪四十至八十年代，先后约有三十万华工被掠贩到美国。华工对开发美国西部作出了不可估量的贡献……以加州为例，华工占加州矿工总数的二分之一以上……华工占加州农业工人的百分之七十五，他们参加田园劳动，参加排涝、筑堤、防洪、防潮等工程，使不毛之地变成肥沃良田……中央太平洋铁路的修筑，有五分之四是由华工承担的。

——梁碧莹：《美国与中国的"苦力"贸易——兼论十九世纪中国旅美"苦力"华工》，载

《中山大学学报(社会科学版)》,1985年第1期

材料八 但废除黑奴制以后,秘鲁农业由于缺乏劳动力,几乎处于半瘫痪状态。在这种危急时刻,大约有十万名华工被掠卖到秘鲁,其中近九万人被投入到种植园中从事甘蔗和棉花的生产,这无异于给一个垂死的病人输了氧。

——张铠:《十九世纪华工与华人对拉丁美洲的历史贡献》,载《近代史研究》,1984年第6期

教师设问: 根据材料七、八,以美国和秘鲁为例,概括华工对美洲的贡献。(参考答案:在美国,华工是加州金矿和中央太平洋铁路工地等繁重劳动场所的主要劳动力;在拉丁美洲也有众多的华工在甘蔗园、棉田、铁路等方面作出贡献)

教师讲述: 华工满足了美洲对劳动力的需求,在农业、种植园、畜牧业、矿藏业、铁路等各个方面促进了美洲的开发。但是与黑人一样,华人并没有在当地获得认同,他们处于被歧视的地位。其中,秘鲁的华人社会逐渐演变成较为强势的群体,有很多华裔担任过秘鲁的总理、省长、将军、议员等要职。

材料九 获得自由以后,他们(在秘鲁的华人)的由雇主所起的西班牙名字仍被很多人保留着。他们虔诚地皈依天主教,并且对教堂礼仪极为重视。信仰上的趋同促进了华工与当地人的通婚……第一代华工的后代基本上都是混血华人,从语言、受教育方式、生活习惯等各个方面都已经完成了"被同化",成为"土生土长"的秘鲁人,因此华人族群逐渐被秘鲁主流社会所接纳,没有受到排斥和歧视。

——张华贞:《斗争与融合:契约华工与秘鲁华人社会的形成》,载《西南科技大学学报(哲学社会科学版)》,2014年第1期

教师设问: 依据材料九,并结合所学知识,分析秘鲁华人社会地位较高的原因。(参考答案:通过接受文化和宗教、与当地人通婚等方式融入主流社会)

教师引导学生分析: 秘鲁华人拥有比较高的社会地位,与他们的移民观念有着密切关联。秘鲁华人最早是契约华工,他们当时是因为国内战乱、穷困潦倒来到秘鲁,所以不再想着"叶落归根",而是选择"落地生根"。这种观念和欧美国家的很多华人不同。也正是因为没有了退路,秘鲁华人选择主动融入当地主流社会,与当地人通婚组建家庭,把秘鲁当成自己的"新祖国",这对以后移民到秘鲁的华人产生了重要影响,也为移民国家的文化认同提供了一个范例。

(4) 新的族群形成

材料十 从人种和民族构成上,由于欧洲移民的进入,美洲出现了大批混血人种,如印欧混血人种"梅斯蒂索"、黑白混血种人"穆拉托"和带有混血成分的所谓土生白人"克里奥尔"等,他们在现今美洲人口的种族构成中占有显要地位。以1976年为例,拉美混血种人(不包括克里奥尔人)共约1.5亿多,白人(含克里奥尔人)在1亿以上,黑人约200多万,印第安人仅约3700万。美洲堪称最典型的民族大熔炉。

——王觉非主编:《欧洲五百年史》,北京:高等教育出版社,2000年,第13页

教师设问: 根据材料十,思考美洲的人口和族群发生了什么变化。(参考答案:美洲出现了新的族群,白人、黑人、印第安人以及他们相互之间的混血后代逐渐成为美洲大陆的主要居民;在北美,白人占据大多数;在西印度群岛,黑人人口占多数;拉丁美洲的最大族群是

混血人种）

教师引导学生分析： 殖民扩张带来了人口大迁移，在殖民者移民美洲、杀戮印第安人、贩卖黑人奴隶的同时，客观上促使了新的民族形成。欧洲人和印第安人、白人和黑人、黑人和印第安人之间互相通婚，产生了许多混血儿。混血儿之间互相通婚或者与三大人种通婚，又出现了新的混血人。这些混血人构成拉丁美洲各民族的主体。从非洲运来的大量黑奴首先改变了印第安人人口灭绝或接近灭绝的地区，如在加勒比海地区，海地、牙买加、巴哈马等逐渐变为以黑人为主的地区、国家和民族。在英国资产阶级革命前，英国人、法国人、荷兰人大量移民北美，最后形成了今天以白人为主体的美国和加拿大。这种国际人口大迁移及其带给美洲的千百万外来移民，对美洲地区的发展产生了重大影响。

教师引导学生小结： 欧洲殖民者的到来使得美洲的原住民印第安人大量减少，为补充劳动力开始从非洲掳掠、贩卖黑人奴隶。在黑人奴隶贸易被禁止之后，又选择从中国运送苦力补充劳动力。这些或主动或被动的移民促进了美洲的开发，不同人种之间的通婚使得美洲出现了新的族群。

（设计意图） 美洲人口结构的变化是本课的学习重点，也是理解殖民扩张与人口迁移关系的重要载体。这一环节的内容，主要分为两部分："发现"、重构。在"发现"部分，先让学生回忆古代美洲文明的相关内容，理解早在几万年前，美洲就一直存在，美洲的原住民就是创造了辉煌文明的印第安人。哥伦布的"发现"是从欧洲殖民者的视角去看待。"重构"部分则是按照殖民扩张的进程讲述美洲新族群的形成过程。由浅入深，条理清晰，方便学生理清历史。本环节指向的是：(1)史料实证素养水平 2——在对史事与现实问题进行论述的过程中，能够尝试运用史料作为证据论证自己的观点。(2)历史解释素养水平 2——能够选择、组织和运用相关材料并使用相关历史术语，对个别或系列史事提出自己的解释；能够在历史叙述中将史实描述与历史解释结合起来。

（过渡） 殖民者的对外扩张和迁徙不仅改变了美洲的族群，也使得大洋洲的人口出现了结构性变化。

（二）大洋洲：探险与移民

1. 探险："未知南方大陆"的发现过程

教师讲述： 大洋洲位于地球的南半部，太平洋的西南面，由一块大陆（澳大利亚大陆）和分散在海中的无数岛屿组成。早在 4 万多年前，居住在塔斯马尼亚岛上的塔斯马尼亚人和分布于整个大陆的澳大利亚人已成为澳大利亚大陆的最早主人。在 18 世纪欧洲人到来之前，澳大利亚原住居民约有 30 万，分为 500 多个部落，塔斯马尼亚人约有 4 000—5 000 人。[1] 对欧洲人而言，澳大利亚大陆一直是一个想象的世界，直到一系列探险活动的出现，这个地区的神秘面纱才被揭开。

材料十一　大约在公元前 150 年时，大哲学家托勒密曾绘制了一张地图，图上称有个"未知南方大陆"存在（拉丁文是 Terra Australis Incognitia）……中世纪时，居住在爪哇一带的印度人就传说在爪哇以南以东有个黄金岛……亚洲人的"黄金岛"的传说和欧洲人"未知

---

① 郑寅达、费佩君著：《澳大利亚史》，上海：华东师范大学出版社，1991 年，第 6 页。

南方大陆”的传说结合起来，就成了 15 世纪以来的患有“黄金狂”症的西欧殖民者不惜漂洋过海寻找这块他们想象中埋藏有大量金银的“未知南方大陆”的根据了。

——张天：《澳大利亚地理大发现述略》，载《宁夏大学学报(社会科学版)》，1982 年第 1 期

教师设问： 根据材料十一，分析西欧探寻澳大利亚大陆的原因。(参考答案：受欧洲“未知南方大陆”传说的影响和寻找黄金的渴望)

教师引导学生分析： 关于澳大利亚大陆的传说古代时期就已盛行于欧亚两洲。古代希腊的一些天文学者认为大地是球形的，欧洲和亚洲位于北半球，在南半球一定也有一块同等的大陆存在，以保持地球的“平衡”。托勒密绘制的地图中就将这块想象中的大陆称为“未知南方大陆”。澳大利亚(英语为 Australia)一名就是由此而来，意为“南方大陆”。此后，“未知南方大陆”的说法就流传下来。受限于当时的经济条件和航海技术，欧洲人只能“望洋兴叹”，但这种猜测和想象对欧洲的航海家有着很大的吸引力，鼓舞他们为了寻求真相而去探险。在亚洲也有类似的传说，如爪哇的“黄金岛”说法，中国古代典籍中“阇婆”的记载等。15 世纪以来，伴随着商品经济的发展，对于作为货币的黄金需求空前提高。造船技术和指南针的传入也使得探险具有了更多的可能性。于是，自 1519 年开始，欧洲掀起了寻找“未知南方大陆”的探险狂潮。

表一　欧洲探寻澳大利亚大陆的过程

时间	国家	发现
1526	葡萄牙	到达新几内亚岛的北部海岸，据说发现了“未知的南方大陆”
1569	西班牙	发现太平洋西南部的一些岛屿，命名为“所罗门群岛”
1606	荷兰	到达澳大利亚北端约克角半岛的西部海岸，没深入
1623	荷兰	驶入澳大利亚北部的卡奔塔利亚湾，没深入
1770	英国	库克船长在一个巨大的海湾处登陆上岸，发现这里土地并不荒凉，将登陆港口命名为“植物湾”，并宣布英国占领东海岸部分区域，将其命名为“新南威尔士”
19 世纪初	英国	发现了巴斯海峡，知道了“新荷兰”是和新南威尔士连在一起的，它就是数千年来人们想象中的“南方大陆”，从此关于“未知的南方大陆”的谜底才真正揭开

——摘编自郑寅达、费佩君著：《澳大利亚史》，上海：华东师范大学出版社，1991 年，第 15—20 页

教师设问： 根据表一并结合所学知识，分析谁真正“发现”了澳大利亚。(参考答案：荷兰：因为他们最先到达澳大利亚本土，只是没有深入；或者英国：发现了土地肥沃可耕种的南方地区，促进了澳大利亚的开发)

教师引导学生分析： 荷兰航海家扬茨最早到达澳大利亚的北端约克角半岛的西海岸，从这个意义上而言，荷兰人扬茨是第一位发现澳大利亚的欧洲人。但是因为澳大利亚北部地区都是荒漠，扬茨并没有作进一步的探索就开始了返航，也不知道这块大陆就是传说中的“南方大陆”。

在西班牙和荷兰人的基础上，英国人于1688年开始了探寻“未知南方大陆”的活动。1768年，英国海军部委任航海家詹姆斯·库克去南半球探险，他在1770年4月到达了一个巨大海湾后，便登陆上岸，花八天时间进行观察，发现了许多奇观和茂密繁多的植物，便将这个巨大的海湾命名为植物湾。库克的发现改变了欧洲人对澳大利亚不毛之地的看法，又因为库克的第二次、第三次远航，仍然没有发现欧洲人想象中的南方大陆，从此，“南方无大陆，澳洲可耕种”的事实完全战胜了欧洲人的错误观念。从这个意义上而言，澳大利亚的真正被发现，应归功于英国人。

2. 移民：从罪犯到自由移民

教师讲述：在库克第一次发现新南威尔士和植物湾后，又沿东岸向北航行，直到发现澳大利亚东北岸的顶角。库克正式宣布：他所发现的地区，都是大英帝国的领土，也是英国开始占领澳大利亚之日。1779年，曾随库克第一次探险的植物学家，向英国国会提议：把澳大利亚变成一个流放犯人的殖民地。1786年，内务大臣宣布澳大利亚植物湾地区为英国新的流放地。1788年1月，294名海军陆战队员、军官和文官等押运736名罪犯到达悉尼港，这批人实际上成了最早开发澳大利亚的移民。

材料十二 因为那块土地沙石遍地，铁锹难入；树木坚硬，斧头难砍；烈日当空，热气蒸人；巨蚁咬伤，不易疗治。同时，当地原有黑人又满怀敌意……菲利普总督根据两年来的观察与思考，当即制定三项开发政策：1. 多方吸引自由移民到澳开发；2. 决定分配土地给到澳的军官，并搭配犯民协助耕种；3. 对于服刑期满、品行良好的犯人，给予适当土地，令其自由耕种，生产自给。

——骆介子著：《澳大利亚建国史》，北京：商务印书馆，1991年，第25—26页

表二 服刑中的罪犯(总人口百分比)

	新南威尔士	凡·第门地区	总计
1790	74	—	74
1800	32	—	32
1810	50	30	48
1821	41	53	43

——[澳]格林伍德编，北京编译社译：《澳大利亚政治社会史》，北京：商务印书馆，1960年，第16页

教师设问：根据材料十二及表二，分析总督制定澳大利亚开发政策的原因和影响。(参考答案：原因——初来澳洲，需要大量的犯人和自由移民参与建设；当地土著对白人充满仇恨，无法组织利用。影响——使得服刑期满的犯人得到重新工作、生活的机会；大量自由移民涌入，有利于澳大利亚的开发；土著人的生存空间被挤压，冲突增加)

教师引导学生分析：英国运送罪犯到澳大利亚，初期供养是非常艰难的。需要把犯人组织起来，砍树、装铁炉、搬石块，办伙食，还要把随行军人组织起来，搭帐篷作为临时住房。这在酷热的澳大利亚是非常艰苦的事情。如果能有当地人帮助就会好很多，但是，当地的土

著人怨恨白人侵占了他们的土地，所以一有时机就会进行报复。当地的粮食和生活用品也需要英国政府及时接济。因此，将表现良好的罪犯转化为开发者，并给予军官和自由移民土地，能够一定程度上缓解当时的焦虑，促进澳洲的开发，但也必然引起土著人的反抗。

材料十三 19世纪30年代以后，殖民地政治经济体制发生重大转变。政治上，公民殖民地纷纷建立，流放制度逐渐废止。经济上经历了两次大发展，第一次是1830—1860年期间牧羊业的发展；第二次是从1851年到19世纪末的淘金热。随着澳洲由流放地演变为殖民地，农业和牧业的发展，强占土著土地成为发展的必须，白人与土著的冲突越发不可避免。

——杨洪贵：《白人殖民对澳大利亚土著社会的破坏》，载《西华大学学报(哲学社会科学版)》，2009年第4期

教师设问：根据材料十三，归纳白人殖民者与澳大利亚土著人发生冲突的原因。(参考答案：澳洲由英国的流放地转变为殖民地，并大力发展农业和牧业，需要抢占土著的土地)

教师引导学生分析：随着英国流放制度的废止、畜牧业的发展和淘金热的出现，大量的欧洲移民涌入澳大利亚。1840年，这块大陆已有116 000人，其中56%是自由定居者。1851—1860年澳发现黄金时期，很多人到澳洲来淘金，使澳人口增至1 145 000人[①]。这么多欧洲人的涌入势必要占据土著人的土地。再加上当时的原住民没有私有观念，会像他们以前生活那样采集看到的农作物，捕杀牲口，尽管在白人看来这是他们的私有财产。因此原住民越来越成为白人殖民扩张的障碍。

教师讲述：英国为了争夺土地的控制权，殖民当局允许对土著进行射杀，使得"澳大利亚每个州都有被大屠杀的场地"[②]，最为典型的就是有组织的猎杀直接导致塔斯马尼亚人的灭种，再加上殖民者携带过来的天花等病毒使得土著人大量减少。

表三 1891年、1947年和1978年澳大利亚的民族构成

民族出身	1891年		1947年		1978年	
	人数(千人)	%	人数(千人)	%	人数(千人)	%
欧洲人	3 090	94.2	7 602	98.6	13 794	96.8
土著民族	111	3.4	59	0.8	142	1.0
其他人	79	2.4	48	0.6	317	2.3
合计	3 280	100.0	7 709	100.0	14 263	100.0

——摘编自姜天明：《论澳大利亚的人口、民族及其社会文化》，载《辽宁大学学报》，1998年第6期

教师设问：根据表三并结合所学，分析澳洲的人口结构发生了什么变化。(参考答案：原住民的数量在减少，欧洲白人的数量在增加；欧洲白人取代原住民成为澳大利亚的主要居民)

教师引导学生分析：澳洲大陆是世界上最晚发现的有人居住的洲，作为最早到达并留

---

① 王德华著：《澳大利亚：从移民社会到现代社会》，上海：上海社会科学院出版社，1997年，第27页。
② [澳]伊韦·费丝尔著，阮西湖译：《1988年将庆祝什么?》，载《国外社会科学》，1987年第11期。

在澳洲大陆的唯一种族，原住民已经定居生活了1万多年。澳洲大陆的人口一直停留在游牧、狩猎和采集为生的状态。从1788年英国把大批罪犯及看守他们的少量卫兵送到了这块大陆开始，仅仅几十年，欧洲白人的数量就超过了原住民。

教师讲述：从上面的表格中，我们看到澳大利亚的民族构成不仅有欧洲人和原住民，还有一类是其他人。其中，就包括从亚洲过来的中国人。在澳大利亚发现黄金后，大批中国人前往澳洲淘金，他们从香港或厦门历时4个月到达悉尼。由于船上设备简陋，人员的死亡率很高。"淘金热"持续了十年，这十年中大概有5—20万人到达澳大利亚。

材料十四　华工不仅寄金回国，即便死后，也要把尸体运回中国安葬，因此澳洲华人会馆非常兴盛，并把为华工购买船票，将故亡同伴的遗骸送回国内安葬作为会馆主要职能之一。1875年发生了本迪戈华人易勇(Yick Yourn)的自杀事件，易勇留有遗嘱，希望死后能被送回国内，并对家人和在澳亲人嘱托周到。

——赵昌：《华工出国与近代中国历史场域的拓展——以澳洲淘金华工史为例》，载《历史教学问题》，2017年第5期

教师设问：根据材料十四，分析淘金华工在澳洲的融入情况。（参考答案：淘金华工在生活上并没有太多融入迹象，离散性较强）

教师引导学生分析：华工虽然在澳洲淘金有半个世纪，而且人数也非常可观，但并没有融入当地的生活。华工赴澳的最初动机是淘金致富，一旦成功就会很快回国，因此普遍怀有客居心态；华工的价值观念仍然深受广东当地传统的影响，他们仍然通过信件等方式与家庭保持紧密联系。在组织生活中，华工的生活圈子通常都是中国人，食品、交通都是通过中国人自己的组织，较少与白人交流，也造成了一定的封闭性。

教师讲述：1855年，维多利亚通过排华法案，之后其他地区也采取了类似的排华行动。1901年，澳大利亚联邦成立，实行所谓的"白澳政策"，明确规定：白人血统高贵，土著居民、有色人种低贱无知，实行种族歧视。华人移民骤降，有1万多名太平洋群岛族裔的居民被驱逐出境。之后澳大利亚政府更是出台同化政策，规定：土著居民要被迫放弃原有的生活方式，要逐渐接受、适应、习惯白人统治的新的澳大利亚生活方式，接受白人统治澳大利亚的社会意识形态。带有种族歧视性质的"白澳政策"的推行，对澳大利亚甚至亚洲、大洋洲各国都产生了深刻的影响，废除"白澳政策"，实行多元文化政策，是历史发展的必然趋势。

材料十五　随着民族文化多样性的发展，1973年澳大利亚开始以多元文化政策来处理民族问题。1989年，这种政策被确认为基本国策，并为以后直到今天的历届政府所遵从和发展……在承诺对澳大利亚及其根本的社会制度和民主的价值观念承担压倒一切的义务和责任的前提下，认可和尊重所有澳大利亚人表达和享有自己独特文化传统的权利。

——杨洪贵：《试论澳大利亚国民认同的构建》，载《黑龙江民族丛刊(双月刊)》，2007年第6期

教师设问：根据材料十五并结合所学知识，分析澳大利亚多元文化政策的影响。（参考答案：促进多种文化的和平共处；有利于不同民族文化的互相融合；有利于形成国家认同）

教师引导学生分析：多元文化政策是在"白澳政策"产生危机之后出现的。它不再强调单一的种族和肤色，而是强调多种文化和平共处。由此，原住民、早期移民、新移民都有选择保持与传承自己文化传统的权利。在努力维护民族文化共存的前提下，移民能够在正视自

己文化传统的基础上，与其他民族的文化进行比较，以克服弱点，互相吸收优秀的文化和价值观，从而在潜移默化中互相融合。之后，各族移民之间的认同超越族群认同，形成澳大利亚的国民属性。这有利于减少民族隔阂，维护统一和实现各民族平等。

教师引导学生小结：与美洲相似，大洋洲地区也因为欧洲的殖民活动而发生了人口的大规模迁徙。以澳大利亚为例，英国在一系列的探险之后“发现”了澳大利亚，并将本土的罪犯流放到澳大利亚，为澳大利亚的初期开发作出了贡献。之后伴随畜牧业的发展和“淘金热”的出现，大批移民前往澳大利亚，并屠杀和驱逐原住民，使得澳大利亚的人口结构变成彻底的白人国家。中国沿海的一批劳工也因为“淘金热”来到澳洲，但在这个白人至上的国家，他们并没有很好地融合到当地的生活中。在1973年之后，多元文化政策取代单一种族政策，促进了澳洲不同文化之间的交流与融合，使得澳大利亚的国家认同增强。

(设计意图)大洋洲地区的人口迁徙过程和美洲类似。在这一环节中，以澳大利亚为例，呈现欧洲最初探寻“未知南方大陆”的过程、英国移民的经过、中国淘金工的离散生活以及后期澳大利亚民族认同的构建，目的是展现澳大利亚移民及文化认同的整体脉络，在叙事中引导学生感受移民背景下不同群体的态度，认识不同文明之间相处的正确方式。本环节指向的是：(1)史料实证素养水平1——能够从所获得的材料中提取有关的信息。(2)历史解释素养水平2——能够选择、组织和运用相关材料并使用相关历史术语，对个别或系列史事提出自己的解释；能够在历史叙述中将史实描述与历史解释结合起来。

【课堂小结】

教师引导学生小结：欧洲自新航路开辟之后，逐渐踏上了殖民扩张的道路。在这一过程中，大量的欧洲人迁徙到美洲和大洋洲，在争夺土地和财富的过程中原住民人口锐减，两地的人口结构发生了改变。黑奴贸易和苦力贸易使得黑人和华人也参与到了这场大迁徙当中，构成了当地人口的重要组成部分。多民族的交往、斗争和融合最终促使新兴民族诞生，展现旺盛的生命力。

第8课

现代社会的移民和多元文化

教学设计1

魏云凤　河南省永城市第三高级中学

一、教材分析

本课是统编教材《文化交流与传播》第三单元《人口迁徙、文化交融与认同》第3课，共分三个子目："经济全球化和劳动力的全球流动""难民的困境和救助""移民社会的多元文化"。本课主要讲述了经济全球化带来的劳动力的主动迁移和难民的被动流亡所产生的文化交汇，在这种文化交汇的机遇和挑战中、借鉴与适应中所产生的文化认同，催生出了海纳百川、多元一体的"移民文化"。经济全球化背景下正在逐渐形成的移民社会，经历着融合与冲突调试，吸收借鉴和矛盾碰撞。

《普通高中历史课程标准(2017年版2020年修订)》对本单元的要求是：通过了解历史上跨洲、跨国家、跨地区不同规模的人口迁徙，以及移民所面临的机遇与挑战，认识在迁徙与融入当地社会过程中出现的文化认同。移民产生的路径以及移民社会多元文化所带来的交流碰撞是本课的重点。为什么在经济全球化的背景下会出现这些新的移民形式？这些移民对社会产生了怎样的影响？带来了哪些社会问题？值得我们深入探究。本课教材容量较大，内容学生较为生疏，且有一定的理论深度，因此，教师对教学内容要进行适当取舍、重新构建逻辑关系，以便于学生理解，更好地完成教学目标。

二、学情分析

经过初中阶段和高一阶段的学习，学生对经济全球化的概念、背景及其对当今世界政治、经济的深远影响有了一定的了解。他们已经能够较好地运用历史思维方法分析、探究历史问题，并能够初步结合所学知识来分析现实问题。但对本课内容涉及的移民问题以及移民问题带来的多元文化影响比较陌生。教学时，需要通过适当补充史料，构建具体生动的历史情境，引导学生在唯物史观指导下，探寻历史发展的内在线索，并进一步涵养家国情怀。

三、教学目标

1. 了解经济全球化背景下劳动力全球流动的表现，了解难民群体的类型和产生区域等具体史实。

2. 理解劳动力全球流动和难民问题出现的原因，尝试运用唯物史观分析经济社会现象。

3. 认识人口的迁移必然带来异质文化的交汇与接触，只有既尊重自己民族文化的价值，又尊重其他民族文化的价值，才能在交流中认同，在沟通中理解。

四、教学重难点

重点：全球劳动力市场的结构演变对人口迁移的影响；难民的救助。

难点：移民社会多元文化的并存、交流与碰撞。

五、教学过程

【导入新课】

材料一

图1　在墨西哥恰帕斯州，一名移民坐在货运火车上准备前往美墨边境地区

今年6月24日，一名年轻的萨尔瓦多男子和他年仅两岁的女儿欲游过美墨边境界河格兰德河，从墨西哥进入美国，但不幸双双溺亡。两人脸朝下倒在水中的照片震撼全美，美国有线电视新闻网的主持人在播报这条新闻时难掩泪水。《纽约时报》援引边境巡逻人员的话说，从去年10月到今年6月初，他们已经从格兰德河中救出至少315名移民，而上年同期只有12名。

——张梦旭：《美国移民政策加剧社会分裂》，载《人民日报》，2019－07－11

教师讲述：材料一和图1中的这些人为什么要采取如此极端和危险的方式移民呢？近年来，移民倡议组织称，正是由于以美国为代表的西方发达国家的移民政策加大了寻求庇护者入境的难度，导致移民被迫穿越更危险的地区，危险系数成倍增加，由此引发了更为严重的困境和灾难。那么现代社会的移民问题究竟是如何产生的呢？你怎么看待这个问题？让我们带着这些问题进入本课的学习。

（设计意图）从图片和时事新闻入手，新鲜、直观，有利于提升学生的学习兴趣，并能够以小见大，从细节变化来折射移民政策的调整对移民的影响，有利于培养学生恰当地运用史料探究问题的能力，形成对该问题更全面、准确的解释。本环节指向的是：历史解释素养水平2——能够选择、组织和运用相关材料，对个别或系列史事提出自己的解释；能够在历史叙述中将史实描述与历史解释结合起来。

【学习新课】

（一）主动迁移的劳动力——经济全球化和劳动力的全球流动

教师设问：首先，我们来学习经济全球化背景下劳动力的主动迁移。请同学们根据教材第43—44页，归纳劳动力全球流动的大致阶段和方向。（参考答案：二战后，南欧、北非、东南亚、拉丁美洲大量的劳动力进入西欧、北美和大洋洲等发达地区；20世纪七八十年代，大量非洲劳动力涌向中东产油国，同时日本和亚洲新兴工业国家地区吸引了亚非移民；20世纪90年代东欧成为西欧、北美劳动力的新的来源地）

材料二 因此，20世纪八九十年代，技术移民剧增成为全球化的一个突出的现象，并呈膨胀之势。“哥伦比亚的知识分子前往美国、西班牙和澳大利亚；古巴医生到南非；南非护士去英国和新西兰；新西兰博士后赴加拿大；加拿大科研人员到美国；法国金融交易员去英国，年轻科学家去美国；香港工程师赴澳大利亚、美国和英国；印度信息技术专家前往德国和美国；阿根廷心理分析师奔向墨西哥、西班牙或美国，等等”。技术移民的流向基本一致，即从世界知识经济相对落后的地区前往更具活力的地区。

——李其荣：《经济全球化和国际人口迁移》，载《民族研究》，2003年第6期

教师设问：根据材料二并结合教材，思考二战以来国际劳动力的迁移具有什么特点？（参考答案：国际人口迁移的主要方向是发展中国家向发达国家移居，亚非拉发展中地区向欧美、大洋洲发达地区迁移人口；国际移民成分的多样化；技术移民比重增加，从世界知识经济相对落后的地区前往更具活力的地区）

教师引导学生分析：随着新的国际分工的出现，不同的劳动力满足了不同的市场需求，由此构成了多样性的移民群体。经济全球化为具有技术专长的人提供了更广阔的生存和发展空间。经济全球化导致了国际人口迁移新特点的出现，其中一个重要特点是，国际人口迁移的流向变为从发展中国家向发达国家移居。国际移民成分多样化，其中技术移民比重增加，技术移民的流向主要是从世界知识经济相对落后的地区前往更具活力的地区，技术移民的发展给全球化背景下世界经济的发展带来了活力。

材料三 从发展中地区向发达地区迁徙的工人增多。“第三世界国家的外籍工人多于发达国家。”外籍工人是一种国际契约劳工，他们到国外谋生，只是为了赚钱，并非想永久定居下来取得国籍；对于迁入国来说，他们是廉价的劳动力，从事繁重的体力劳动。外籍工人主要集中在北美、西欧、南美、中东、南非、澳大利亚等地，有人估计人数在3000万

左右。

——李其荣:《经济全球化和国际人口迁移》,载《民族研究》,2003年第6期

教师设问:根据材料三并结合教材,思考20世纪50—70年代迁移的国际劳动力主要从事的是什么职业,来源地是哪里。(参考答案:职业——繁重的体力劳动和公共服务行业。来源地——发展中国家)

材料四 历史延续下来的国际经济与社会发展不平衡的二元结构形成了国际人口迁移的推动力和吸引力。

——佟新:《全球化下的国际人口迁移》,载《中国人口科学》,2000年第5期

材料五 在"9·11"事件的冲击下美国已经出台和即将出台的严格的移民政策只是暂时和局部的,从长远看,美国的移民政策不会发生根本性的变化,吸收一定数量的移民是美国的既定方针。

——姬红:《"9·11"事件与美国的移民政策》,载《国际论坛》,2002年第10期

材料六 为了争夺21世纪科学技术的领先地位,美国正瞄准新的科技目标,在世界范围里大力吸引高科技人才。

——高原:《美国吸引高科技人才的方法》,载《21世纪》,2000年第4期

材料七 发达国家主导全球范围的不平等的政治和经济格局,使得发展中国家无法摆脱对发达国家的依赖。虽然发达国家对人口迁移进行限制,但是这些发达国家接受了相当数量的国际移民。

——李其荣:《经济全球化和国际人口迁移》,载《民族研究》,2003年第6期

教师设问:根据材料四至七并结合教材,归纳20世纪50年代以来,国际移民特别是技术移民增加的原因。(参考答案:国际经济与社会发展不平衡;以美国为代表的发达国家为了科技领先积极吸引人才,对科技人才采取宽松的移民政策;发展中国家对发达国家的依赖等)

教师引导学生分析:经济全球化形成了全球流动的劳动力市场,也改变着全球劳动力市场,20世纪50—70年代大多数移民主要从事传统行业的职业,20世纪80年代开始,随着新兴产业的发展和发达国家的产业升级,雇佣单位对劳动力的受教育程度和专业素养提出了更高的要求,使国际移民成分呈现多样化的特征,技术移民比重增加,呈现出"精英移民"的新趋势,一些发达国家网罗知识和技术人才,形成了像硅谷等技术创新基地。而技术性移民作为移民中的精英在跨国业务中发挥了重要的作用。大量精英人才通过移民流向广大发达国家是因为在经济全球化背景下,国家之间的政治经济发展不平衡加剧,发展中国家对发达国家的依赖依然严重,加上发达国家有更多的就业机会、更好的待遇、更宽松的移民政策,大量的技术人才源源不断地涌向发达国家。国际人口迁移表现出的新特点,呈现出的不同类型,对迁出国和迁入国均产生了重要影响,并成为促进世界各个地区社会转型的一个重大因素。

(过渡)在移民大潮中,还有一个独特的群体——难民,他们因为一些特殊的原因,如战争和地区冲突、宗教或部族矛盾、自然灾害、经济恶化等,被迫离开原籍国,流亡他乡,遭受着非人的待遇,难把他乡当故乡。

（二）被动移民的流亡人——难民的困境和救助

教师讲述：冷战结束后，随着国际政治形势的变化，难民内涵也随之延伸发展。根据难民产生原因的不同，可以将难民分成政治难民、战争冲突难民、经济难民、环境难民四类。前两者是传统难民概念，主要是指基于宗教、种族、政治信仰和意识形态以及地区冲突、战争等方面造成的流离失所的人。后两者是新增加的规模却在不断上升的难民群体。

材料八 一方面，据联合国难民署统计，涌入欧洲的难民数量2013年、2014年、2015年分别约为6万、21.8万和50万，2015和2016两年预计至少有85万难民通过地中海前往欧洲，请求在欧洲避难的人数也逐年攀升……另一方面，诸多海难频发使死亡人数不断攀升，使人道救助与难民治理的矛盾上升。……国际移民组织数据显示，2014年，3 500名难民在地中海丧生，2015年1—9月中旬，已有2 800多名难民葬身地中海，这一数字还在持续上升。

——方华：《难民保护与欧洲治理中东难民潮的困境》，载《西亚非洲》，2015年第6期

材料九 受近年发生的中东变局深刻且持续的影响，此次涌向欧洲的大多是西亚、北非地区的战争难民。……希腊、意大利、西班牙、匈牙利成为难民冲击的一线国家，不堪重负。导致这种形势的重要因素首先是信息化。逃难者的生存工具是智能手机等高科技产品和“脸谱”等社交网络媒介。

——方华：《难民保护与欧洲治理中东难民潮的困境》，载《西亚非洲》，2015年第6期

教师设问：根据材料八、九，分析中东难民潮呈现的特点。（参考答案：难民规模不断攀升，人道灾难频发；难民人员构成以中东战争冲突移民为主；受信息化导引，难民流向集中）

教师引导学生分析：冷战以来，欧洲连续经历了20世纪90年代与21世纪开始迄今的两次难民潮的冲击，对欧洲各国提出了前所未有的挑战。进入21世纪，欧盟正值推动共同难民政策的关键时期，而近期中东难民潮的迅猛之势正不断挑战欧盟一体化建设的意愿。从难民流出国、登陆国和目标国方面看，中东难民潮形势复杂，不确定因素多。

教师设问：近年来，欧洲发达国家既面临因人口出生率下降而导致的劳动力短缺，又面对日益加剧的来自中东、非洲等地的“难民潮”。面对日益严重的难民问题，如果你是联合国难民署的官员，你有什么好的建议来解决这一问题？（参考答案：开放性问题，言之成理即可）

教师引导学生分析：难民因为种种原因被迫背井离乡，他们流亡他国不仅仅基本生活难以得到保障，在收留国一般也没有基本的国民权利，处境十分艰难。为了保障他们的基本人权，国际社会也作出了相应的努力。成立了难民署并制定相关公约和倡议书来保障难民的基本权益。第一，对难民问题进行限制性治理，一定程度避免难民流向一个国家或地区引发避难泛滥问题。第二，成立保证数量、质量的避难机构，除了照顾其生活，也要保障其人权。第三，制定相对统一的对待难民标准。第四，成立相关的难民基金会组织，通过权利和义务的协调，调动成员国安置难民的积极性。第五，加大国家合作，呼吁更多的国家承担国际责任。第六，内外兼治，对难民产生的源头国多关注，寻求共同发展方能真正走出战略困境等。

（过渡）上海犹太难民纪念馆留下了中国在二战中帮助犹太难民的深刻记忆。咱们通过索尼娅·米尔伯格女士的故事，来一起重温那段不能遗忘的历史。

教师讲述：1998年，米尔伯格女士第一次回到上海，如今，她已去过上海8次。她收集犹太难民姓名，努力恢复犹太人的上海逃亡记忆。2014年，上海犹太难民纪念馆中落成的

“二十世纪三四十年代逃亡上海犹太难民名单墙”上，共记录了 13 732 位原上海犹太难民姓名，均由米尔伯格一一审核确认。她还帮助建立了上海犹太难民数据库。米尔伯格因此于 2018 年 12 月获得德国总统颁发的联邦十字勋章。

图 2　米尔伯格在位于德国柏林东郊小镇的家中介绍她在上海旧居的照片

材料十　米尔伯格的父母来自法兰克福。1938 年底，她的父亲被关进达豪集中营。……那时的德国犹太人越来越危险，很多人选择逃亡。母亲从其他犹太人口中得知，当时只有上海仍然安全，且无须入境签证。……1939 年 3 月 29 日，他们在意大利热那亚登上去上海的客船，4 月 26 日抵达。……在米尔伯格的记忆中，中国人热情而友善。她和父亲老板的女儿年龄相仿，成了好朋友。

——任珂、张远：《不能遗忘这段历史——一个德国犹太难民的上海故事》，http://www.xinhuanet.com/world/2020-05/08/c_1125958310.htm，2020－05－08

教师设问：二战期间，中国为犹太难民提供了哪些援助？（参考答案：安全的避难环境且无需入境签证；基本的生存保障和尊重人权等）

教师讲述：在第二次世界大战期间，中国上海收容了大量的欧洲犹太难民，为他们提供“生命签证”，这段历史对中国和犹太人来说都是不能遗忘的。联合国大会决定，从 2001 年起，每年的 6 月 20 日为“世界难民日”，希望引起国际社会对难民问题的关注，但是由于难民人数的逐年增加，难民问题日趋严重，加上有些国家限制性、惩罚性的移民政策，难民问题的解决仍任重道远。

(设计意图)课堂的主体是学生，如何调动学生探究历史问题的积极性才是关键。设置问题探究新情境，引导学生进行更深入的思考，让学生提出切合实际的解决措施，从而培养学生史料实证和解决问题的能力。本环节指向的是：(1)史料实证素养水平 1——能够从所获得的材料中提取有关的信息；史料实证素养水平 3——能够利用不同类型史料，对所探究的问题进行互证，形成对该问题更全面、丰富的解释。(2)历史解释素养水平 2——能够选择、组织和运用相关材料并使用相关历史术语，对个别或系列史事提出自己的解释；能够在历史叙述中将史实描述与历史解释结合起来。

(过渡)在移民社会，多元的文化也经历着融合与冲突，彼此吸收借鉴和矛盾碰撞。

(三) 文化的交汇和碰撞——移民社会的多元文化

材料十一　二战后，资本主义国家经济发展不平衡规律继续发生作用，有的经济发展快，如西欧和北美发达国家，他们亟需招募国外劳动力，因为本国劳动力满足不了国内经济和社会发展的需要。……为此本国政府不得不招募以赚取外汇为主旨，并愿意从事累活脏活的“客籍工人”。

——邬沧萍、侯文若著：《世界人口纲要》，北京：中国人民大学出版社，1987年，第188页

材料十二　欧洲人最初将这些移民当作“客籍工人”加以欢迎，认为他们几年后就会带着积蓄返回自己的家园。（新移民）在移居的国家扎下了根，自然也就不想再次迁移。……然而，当战后经济繁荣期结束时，失业成为欧洲人面临的严重问题，前“客籍工人”发现自己不再被当作“客人”受欢迎。……有些国家的政府试图通过向愿意回家的移民提供路费的方式来解决这一困境，却极少有人愿意接受这种提供。

——［美］斯塔夫里阿诺斯著，吴象婴等译：《全球通史：从史前史到21世纪》，北京：北京大学出版社，2006年，第783页

教师设问：二战后，欧美政府对待“客籍工人”的态度发生怎样的改变？原因是什么？（参考答案：改变——从最初的需要、欢迎到后来的反感、排斥。原因——失业问题的加剧，“客籍工人”和本地劳动力争夺就业岗位；文化、宗教的冲突和差异；政府排斥“客籍工人”的政策）

材料十三　（美国政府）在实施难民法的过程中，哪些难民能够优先入境并不取决于难民的受害性质和程度，而是美国社会的需要和难民自身所具有的利用价值，如政治、外交、科学技术及商业资本。那些不具有这些利用价值的难民，不管其属于何种类型的难民，也不管其受害程度如何，都会受到冷落和歧视。过去是如此，将来也必亦然。

——梁茂信著：《美国移民政策研究》，长春：东北师范大学出版社，1996年，第346页

教师设问：美国作为一个典型的移民国家，在历史发展的不同阶段均有大量移民来到北美，美国政府对待移民的态度是由什么决定的？（参考答案：由美国的国家利益以及移民对于美国的利用价值决定的）

教师引导学生分析：目前很多发达的资本主义国家对待移民的态度和政策仍然由国家利益和移民对于它们的利用价值决定。但是在经济全球化日益加剧的今天，不管你是否情愿，移民社会的多元文化的共生共存已经是一个迫切、不得不面对的问题了。

材料十四　属于不同种族和民族的广大移民把各自的语言、宗教、风俗习惯和文化艺术带到了拉美。这些不同渊源的文化之间，以及它们同印第安文化之间，经过长期的互相影响和互相适应的过程，终于形成一种新的拉美文化。在当今拉美文化各个领域中，人们既能看到欧洲文化的影响，又能看到非洲文化的影响，甚至有时还能看到东方文化的影响。

——夏丽仙：《国际人口迁移与拉丁美洲》，载《拉丁美洲研究》，1992年第3期

材料十五　不同国籍、不同文化背景和不同的生活习俗在美国社会生活的各个方面都反映出来。如纽约的城市建筑风格，吸收了各民族文化的特点，形成了实用、和谐统一的物质形态。在报业方面，移民创办了具有多种文化背景的多种报纸杂志，如《纽约周报》《自由问询报》《纽约先驱晨报》《纽约世界报》和《纽约时报》。

——林广：《移民与纽约城市发展》，载《城市问题》，1999年第2期

教师设问：根据材料十四、十五，归纳移民社会文化多元共生的表现，并谈谈你的认识。

（参考答案：表现——不同国籍、种族、民族、文化背景、生活习俗的广大移民的血统、语言、宗教、风俗习惯和文化艺术，经长期的互相影响、交流碰撞、和谐共处，互相适应，形成一种新的文化，在社会生活的各个方面都反映出来。认识——移民社会存在着本土与外来人口的文化认同问题；宽容是文化发展的基础，既要尊重本土民族文化的价值，又要尊重外来民族文化的价值）

教师引导学生分析：移民问题必然对移民社会产生深远的影响，影响移民社会的血统、语言、宗教、风俗习惯和文化艺术等等。增加文化认同，促进不同文化的和谐共处是人类社会必须面临和解决的问题。宽容是文化发展的基础，既要尊重本民族文化的价值，又要尊重外来民族文化的价值。目前很多国家已经采取了积极的应对措施，比如新加坡政府就采取了多元的文化政策，并颁布相关的法律保障多元文化政策的实施。

（设计意图）通过引用大量史料，使学生对西方国家的移民态度和政策变化及其对多元文化交流碰撞的影响有基本的了解，从而进一步思考：怎样做才是对待多元文化的正确态度。本环节指向的是：(1)史料实证素养水平2——能够认识不同类型的史料所具有的不同价值；能够尝试运用史料作为证据论证自己的观点；史料实证素养水平3——能够利用不同类型史料，对所探究的问题进行互证，形成对该问题更全面、丰富的解释。(2)家国情怀素养水平3、4——能够表现出对历史的反思，从历史中汲取经验教训，更全面、客观地认识历史和现实社会问题。

【课堂小结】

教师引导学生小结：随着全球化进程的加速，国家和民族之间的人员流动和文化接触已成为各界关注的社会现象。在人类联系日益紧密的今天，多元文化从不同叙述角度展现出现代社会中不同文化的相互接触和冲突，在这个过程中人类如何面对自我和“他者”，以及多元文化何去何从这一重要命题迫切地摆在人类面前。人口的迁移必然带来异质文化的交汇与接触，只有充分理解移入区域和民族的文化，既尊重自己民族文化的价值，又尊重其他民族文化的价值，文化才能在交流中被认同，在沟通中被理解。宽容是文化发展的基础，也是文化生生不息的活力之源和文化内在的演变逻辑，也唯有如此，才能更好地构建人类命运共同体！

教学设计 2

周庆　安徽省芜湖市繁昌第一中学

一、教材分析

本课是统编教材《文化交流与传播》第三单元《人口迁徙、文化交融与认同》第3课，共分三个子目：“经济全球化和劳动力的全球流动”“难民的困境和救助”“移民社会的多元文化”。

本课主要讲述了经济全球化背景下劳动力全球流动的浪潮，战争、灾难和经济因素造成的难民群体规模的日益增长等现代社会移民现象，以及现代移民社会面临的文化认同新课题。

《普通高中历史课程标准（2017年版2020年修订）》对本单元的要求是：通过了解历史上跨洲、跨国家、跨地区不同规模的人口迁徙，以及移民所面临的机遇与挑战，认识在迁徙与融入当地社会过程中出现的文化认同。二战结束后，尤其是20世纪60年代以来，伴随着全球化以及交通、通讯技术的迅速发展，国际移民的流量、流向和结构都发生了很大变化，国际移民逐渐成为一个与全球化、发展、贫困、人权以及安全等密切相关的全球性问题。本课涉及课程标准中的两个关键词：人口迁徙和文化认同。人口迁徙主要表现在劳动力的全球流动和难民收留，由此形成的移民社会中出现了文化认同的问题。因此，本课三个子目之间既是并列关系，又有一定的因果关系，涉及知识面广、知识点零散。且本课是本单元最后一课，主要任务是要让学生从人类各个历史阶段、世界各地区不同规模和类型的人口迁徙中，认识人口迁徙对人类文化变迁的影响。

二、学情分析

本课教学对象为高二年级学生，这一阶段的学生有一定的基础知识储备，如经济全球化、移民、难民等，这些基础知识的掌握有利于深化本课学习。结合课标要求及教材分析，本课的教学重点应当是经济全球化与移民现象之间的关系、难民问题面临的困境以及移民社会的文化认同问题，这些内容部分涉及社会学知识，且需要学生对概念的准确掌握和对历史现象的理性分析，教学难度较大。在教学中应精选史料、厘清概念、巧设问题，引导学生进行分析理解。

基于对课程标准、教材内容和学情的分析，我将本课的教学立意确立为：现代社会移民的形成和发展，其碰撞中交融、冲突中调适的特征推动了现代移民社会多元文化的繁荣。本课教学架构以“现代社会移民”为主线贯穿整个教学设计，从现代社会移民的形成和面临的困境，到移民社会的文化融合，展望多元文化的未来。本课内容相对庞杂，涉及移民带来的文化认同问题，难度较大，在教学时既要补充相关材料进一步深化学生对重难点的理解，又要主次有别，详略得当。

三、教学目标

1. 运用时空定位，梳理现代社会移民的形成过程，认识经济全球化背景下劳动力的全球流动和独特的移民——难民。

2. 通过史料分析，理解现代移民社会的文化冲突和难民救助的困境，培养对历史现象、历史事件之间关联性和逻辑性的解释能力，提高史料实证意识。

3. 通过对现代社会移民文化的了解和分析，运用唯物史观，理解文化的融合和多元文化的形成，反思文化认同中存在的矛盾和冲突。

四、教学重难点

重点：经济全球化与人口迁徙；难民问题。

难点：人口流动与文化认同的关系。

五、教学过程

【导入新课】

材料一 早在3年前，国际奥委会就有了帮助难民运动员参与奥运会的设想，并开始寻求与联合国难民署进行合作。经过多轮选拔，最终10名难民运动员代表全球6 000多万难民入选。

图1 难民代表团在里约奥运会开幕式上

——尹航：《奥运史上首支难民代表团》，载《时事：高中版》，2016年第4期

教师讲述：2016年，里约奥运会开幕式上，有一支特殊的代表团。当他们步入马拉卡纳体育场时，全场观众起立鼓掌欢迎。他们就是奥运历史上首支难民代表团。他们的出现，让一个庞大的、却不容忽视的群体——难民进入了人们的视野。

(设计意图)从学生感兴趣的体育赛事入手，拉近历史与学生的距离，激发学生学习和探究的兴趣，为本课教学作好铺垫。本环节指向的是：(1)时空观念素养水平1——在叙述个别史事时能够运用恰当的时间和空间表达方式；时空观念素养水平2——能够将某一史事定位在特定的时间和空间框架下；能够认识事物发生的来龙去脉，理解空间和环境因素对认识历史与现实的重要性。(2)史料实证素养水平1——能够从所获得的材料中提取有关的信息；史料实证素养水平2——明了史料在历史叙述中的基础作用。

(过渡)难民作为国际社会的一个特殊群体，也是现代社会移民中的一个独特群体。二战后，全球人口迁移日益频繁，国际移民人数迅速增加。人口迁移给现代社会带来哪些影响？难民为何会成为其中不容忽视的一个群体引起世界日益广泛的重视？带着这些问题，我们一起走进第8课《现代社会的移民和多元文化》。

【学习新课】

(一) 现代社会移民的产生

1. 经济全球化与全球劳动力市场

材料二　国际移民组织对“国际移民”作了如下定义：一般来讲，国际移民是指为了定居目的而永久性地或在一定时期内生活在另一国家的跨越国界流动的人群；游客和短期商务考察者通常不计入移民之列。

——杨恕、王术森：《人口迁移：全球化进程中的“双刃剑”》，载《人民论坛·学术前沿》，2014 年第 14 期

材料三　与前两次移民相比，世界第三次移民浪潮有以下三个特点：一是，从发展中国家向发达国家的主动迁移成为本次移民的重点；二是，经济全球化对移民发生的作用特别突出；三是，国际迁移的方向发生逆转。……欧洲从移民移出国，成为移民移入国。

——陈天林：《欧洲移民社会冲突中的多元文化主义困境》，载《社会主义研究》，2012 年第 1 期

教师设问：根据材料二、三回答，什么是国际移民？与前两次移民相比，世界第三次移民浪潮发生了哪些变化？（参考答案：国际移民——为了定居目的而永久性地或在一定时期内生活在另一国家的跨越国界流动的人群。变化——劳动力流向上，发展中国家向发达国家主动迁移；迁移原因上，全球化作用突出；迁移方向上，欧洲成为移民移入国）

教师引导学生分析：移民并不是现代社会的新生事物，这个词最早出现在 1787 年，当时是用来专指迁移到美国的欧洲人①。后来，移民的概念随着时空的变化，内涵不断丰富。根据移民迁移的空间区域，一般可以分为国内移民和国际移民。本课主要讲述的是国际移民，它指的是跨越了国界，以永久居住或定居为目的的人群。

在前两课的学习中，我们了解了历史上许多次大规模的人口迁移活动。广义上，全球性大移民有三个时期：第一时期，欧亚大陆的古代游牧民族为寻求新的生存资源、居住地和军事征服进行的几次大迁徙；第二时期是新航路开辟后欧洲殖民者对非洲、亚洲以及美洲的殖民活动带来的结果；第三时期则是二战结束后，在全球化的推动下发生的。

材料四　在全球化时代，造成劳动力跨国流动的主要因素也是区域间的经济利益差异，即发展中国家同发达国家经济发展的不平衡。……在经济差异当中，起主要作用的不仅有工资差异，而且还有工作机会多少的差异和福利水平高低的差异。

——金喜在、孔德威：《全球化时代的劳动力流动》，载《经济论坛》，2003 年第 11 期

教师追问：劳动力流向上，为何会出现发展中国家向发达国家流入的情况？（参考答案：经济全球化下，发展中国家和发达国家的经济差异，西方发达国家的工资待遇、工作机会和福利水平优于发展中国家）

教师引导学生分析：经济全球化造成世界按照市场原则重新分配资源、资金、技术和人才，随着国际分工日益深化，上述生产力要素自动流入经济条件、自然条件较好的地区，由此

① 杨恕：《人口迁移：全球化进程中的“双刃剑”》，载《人民论坛·学术前沿》，2014 年第 14 期。

造成发展中国家同发达国家间的经济发展不平衡日益扩大。竞争和技术的发展使发达国家有着比发展中国家更多的工作机会。二战以后，西方发达国家为缓和尖锐的社会矛盾，普遍建立起了以社会保障为核心的福利制度，而大部分发展中国家社会保障制度建设远不及发达国家。这些差异推动着大批劳动力从发展中国家向经济发展快、工作机会多、福利水平高的西方发达国家流动。20世纪七八十年代，中东地区的石油工业快速发展，吸引了大量非洲劳动力。同时，经济高速发展的日本和亚洲新兴工业国（地区）也吸引了许多亚非移民。此外，20世纪90年代跨国公司进入新的大发展时期，并一改过去不聘用或很少聘用当地人才的做法，尽可能地聘用当地人才。跨国公司的高收入吸引了发展中国家高科技人才和企业管理人才更多进入外国跨国企业工作，于是出现了跨国公司雇员在全球流动的现象。可以说，全球化时代最重要的特征就是人口流动，在经济全球化加速发展的过程中，全球劳动力市场逐渐形成。因此，也有人说全球化时代是“移民时代”。

材料五　第二次世界大战后，源于国家经济和社会重建的需求，西欧主要国家如英国、法国、德国等国面对战争带来的劳动力的缺乏，相继与其他国家签署引进劳工协议或双边协议，大量地引进劳工。

——宋全成：《简析欧洲移民历史进程及移民类型》，载《天津社会科学》，2006年第4期

材料六　高素质的劳动者将成为跨国企业的争夺对象，发展中国家的企业由于不能提供较高的工资和优良的工作环境而面临人才流失的威胁。经济全球化过程中的跨国投资和产业转移使各国专业人才在不同国籍的企业间转移，甚至在不同的国家间转移都变得更加容易，全球性的人才争夺将愈演愈烈。

——徐林清：《经济全球化与全球劳动力资源的重新配置》，载《华南金融研究》，2002年第3期

材料七　随着全球化程度的不断加深、教育合作的日益繁荣，留学已成为国际移民的主要方式和有效途径。……联合国教科文组织数据显示，2012年全球高等教育阶段的在读留学生人数是405.83万人，2017年则超过了508万人，显然，近些年来高等教育阶段的留学生增长较快。

——周灵灵：《国际移民和人才的流动分布及竞争态势》，载《重庆理工大学学报（社会科学）》，2019年第7期

教师设问：根据材料五至七并结合教材相关内容，概括全球劳动力市场结构的变化趋势及原因。（参考答案：趋势——从二战后初期劳工输出以体力劳动为主，到跨国企业争夺高素质劳动者；留学生群体在国际移民中增长较快。原因——全球化程度加深）

教师引导学生分析：20世纪五六十年代，经过二战后的恢复，尤其是欧共体的成立和扩大，欧洲经济持续发展，生产力突飞猛进，但欧洲人口结构不合理，人口生育率非常低，人口数量出现了负增长。而且，西欧发达国家的本土居民主要从事资本、知识密集型工作，因此需要大量熟练、年轻的劳动力承担劳动密集型工作。为解决劳动力问题，欧共体国家开始寻求外部劳动力，它们与其他国家签订了一系列双边或多边协定，鼓励劳动力流动，对外来移民持欢迎态度。在招募劳工政策的作用下，20世纪六七十年代，外来劳动力大量流向西欧和北欧。20世纪七八十年代，随着新兴产业的发展和发达国家的产业升级，传统行业的劳动力需求减少，高层管理者和主要技术人员可能被跨国公司派驻到世界各地，高技术移民剧

增成为全球化的一个突出现象。近年来，来自发展中国家的留学生前往发达国家求学进修，毕业后留下工作并融入当地生活。他们作为移民中的精英，在跨国公司的国际业务中发挥了重要作用。在经济全球化背景下，为了争夺人才、留住精英，各国在移民政策上都给予所需要的外籍人士以"永久居留许可"，使之享受准国民待遇，这就是所谓的"绿卡"制度。"绿卡"一词起源于美国。2004 年，我国也开始实施"绿卡"制度。

（过渡）"绿卡"是经济全球化背景下，各国为招揽人才、留住精英而采取的一项重要制度。然而，以中国为例，自 2004 到 2014 年，10 年间，只有 7 300 名外籍人士拿到了中国"绿卡"[①]。可见，在数以千万计的移民大潮中，获取"绿卡"的精英们只是其中的极小部分。而在没有"绿卡"的庞大群体中，更有一个极为特殊的移民群体，与光鲜亮丽的精英们比起来，他们无助而被动。

2. 独特的移民——难民

材料八　2017 年中东和北非地区收容了全球 26%的难民，非洲则收容了全球 30%的难民；土耳其收容了 290 万难民（主要来自叙利亚）、巴基斯坦收容了 140 万难民（主要来自阿富汗），黎巴嫩则收容了 100 万难民（主要来自叙利亚）。非洲的埃塞俄比亚、乌干达的难民也比较多[②]，主要来自相邻地区。

——周灵灵：《国际移民和人才的流动分布及竞争态势》，载《重庆理工大学学报（社会科学）》，2019 年第 7 期

材料九　联合国难民署是 1951 年《关于难民地位的公约》和 1967 年《关于难民地位的议定书》的坚定守护者和践行者，它的首要目标是保护难民的基本权利，而最终目标是帮助他们找到长远的解决方案，让难民能够重获尊严并在和平环境中重建生活。目前联合国难民署主要是通过自愿遣返、重新安置和融入本土三种机制应对难民大规模流动现象。

——谢垚琪：《联合国难民署应对难民大规模流动的困境与出路》，载《武大国际法评论》，2019 年第 2 期

教师设问：根据材料八、九并结合教材思考：什么是难民？难民有哪几种类型？其收容地和来源地有何特征？联合国难民署如何应对难民大规模流动现象？（参考答案：难民——因为战争和地区冲突、宗教或部族矛盾、自然灾害、经济恶化等被迫离开祖国且不能或不愿返回原籍国的人。类型——战争难民、经济难民、自然灾害难民。特征——收容地与来源地主要集中在中东、非洲等地区，大多相邻。应对机制——联合国难民署主要是通过自愿遣返、重新安置和融入本土三种机制应对难民大规模流动现象）

教师引导学生分析：难民问题在历史上很早就已出现，但直到一战结束以后才开始引起国际社会的普遍关注。难以化解的、未被解决的和持续发生的冲突和暴力事件是导致世界难民人数增加的最主要原因。难民主要集中在中等收入和低收入经济体，往往缺乏远距离迁徙的能力和条件，通常只能前往毗邻冲突地区的国家避难。难民在收留国一般没有基本的国民权利，处境十分艰难。1950 年联合国大会创建联合国难民署，致力于帮助世界各地的难民和流离失所者，在紧急情况下为他们提供帐篷、食品、水和药等生活必需品，并为其

---

① 朗博：《中国绿卡：700 万人梦想，60 万人申请，但每人还缺一个诺贝尔奖》，载《世界华人周刊》，2017 - 12 - 04。
② 2017 年，埃塞俄比亚收容难民 79.16 万人，乌干达收容难民 94.08 万人。

寻求长久解决问题的方案，如自愿返乡、就地融合和重新安置。此后，又通过制定《关于难民地位的公约》《关于难民地位的议定书》等，规定救助难民的行动准则、扩大适用范围。2000年联合国大会决定，自2001年起，每年的6月20日为“世界难民日”，以期引起国际社会对难民问题的重视。

（设计意图）本课以移民为核心，教材第一部分着重介绍经济全球化和劳动力的全球流动。但结合教材第二部分“难民的困境和救助”来看，现代社会移民并不仅限于正常的劳动力流动，还有特殊状态下的被迫流动。为了便于学生更直观准确地掌握这一点，本环节重新整合教材内容，首先介绍现代社会移民的主要类型，试图以此帮助学生对现代社会移民这一群体有一个比较完整的认识。本环节指向的是：(1)时空观念素养水平3——能够把握相关史事的时间、空间联系，并用特定的时间和空间术语对较长时段的史事加以概括和说明。时空观念素养水平4——在对历史和现实问题进行独立探究的过程中，能将其置于具体的时空框架下；能够选择恰当的时空尺度对其进行分析、综合、比较，在此基础上作出合理的论述。(2)史料实证素养水平3——在探究特定历史问题时，能够对史料进行整理和辨析。史料实证素养水平4——在对历史和现实问题进行独立探究的过程中，能够恰当地运用史料对所探究问题进行论述。

（过渡）目前全球无家可归的人数已突破6 500万，导致难民增多的因素日趋复杂化，难民的跨国管理、接收和保护也面临着新挑战，亟需国际社会共同应对。

（二）现代社会移民的困境

1. 难民的救助

材料十 然而难民大规模流动有着突发和无序等特点，联合国难民署在应对之际也面临难民公约和议定书对难民定义过窄、难民来源国与收容国责任分担不均以及联合国难民署与国际移民组织缺乏明确分工等诸多困境。

——谢垚琪：《联合国难民署应对难民大规模流动的困境与出路》，载《武大国际法评论》，2019年第2期

材料十一 迁徙至中国的难民主要来自周边邻国，已有大约30万越南难民在中国政府的保护援助下，成功融入中国社会。仅1978年至1982年间，就有来自越南、老挝和柬埔寨约29万印支难民在中国得到安置，获得了安家、居住、教育、工作方面的援助和福利。20世纪90年代，中国又接收、安置了来自朝鲜、中东国家数十万难民。

——罗超、高鹏：《国际难民问题的挑战、应对及中国的参与》，载《世界经济与政治论坛》，2017年第2期

教师设问：根据材料十、十一，指出联合国难民署在应对大规模难民流动过程中面临哪些困境，面对国际难民问题中国政府持什么样的态度。（参考答案：困境——《关于难民地位的公约》和《关于难民地位的议定书》对难民定义过窄、难民来源国与收容国责任分担不均以及联合国难民署与国际移民组织缺乏明确分工等。态度——积极参与难民全球治理，安置来自周边国家的难民）

教师引导学生分析：《关于难民地位的公约》和《关于难民地位的议定书》是国际难民法的重要渊源，也是国际社会应对难民大规模流动的法律基础。而《关于难民地位的公约》和

《关于难民地位的议定书》所确定的难民定义，是因“畏惧迫害”而产生的传统政治难民。该定义在公约制定时符合当时国际社会对难民的理解，但是近年来世界不同地区出现了新的形势，战乱动荡、恐怖主义、气候变化、环境恶化、贫穷饥饿、疾病蔓延等新兴因素的涌现，半个多世纪前的难民定义已不能满足联合国难民署实践中的需要。此外，难民来源国理应承担应对难民大规模流动的主要责任，然而该责任在实践中往往由难民收容国代为承担，责任分担不均直接导致联合国难民署在应对难民大规模流动过程中，难以调和难民来源国与收容国之间的矛盾。并且，随着关注群体范围的扩大，联合国难民署和国际移民组织在职能上存在一定程度的交叉。国际移民组织的移民治理主要集中在移民与发展、促进移民、规范移民、帮助被迫移民四个领域，而难民的安置和遣返都属于帮助被迫移民领域。这意味着联合国难民署和国际移民组织在难民大规模流动应对上存在分工不明的问题。中国一直关注世界难民问题。二战期间许多欧洲犹太难民获得中国驻维也纳总领事何凤山签发的“生命凭证”，上海接纳了至少25 000名犹太难民。作为联合国常任理事国，中国还积极参与联合国难民署的活动，在难民的管理、安置工作上取得了不少成绩。2016年，中国正式加入国际移民组织，为履行职能提供必要的资金、物资、人员和技术支持，彰显了大国责任。

(过渡)2015年至今，欧洲正经历着二战之后最严重的难民危机。尤其在新冠肺炎疫情危机形势下，大量难民涌入欧洲，给欧洲带来巨大压力，整个欧洲对于这些外来者的态度越来越排斥。难民问题的解决，道阻且长。然而，难民问题仅是移民社会众多问题之一，移民社会由于文化差异带来的冲突、矛盾也很尖锐。

2. 现代移民问题

材料十二 随着全球化趋势的加速发展和欧洲经济的相对衰落，加之移民成分的复杂化，移民问题逐渐暴露出来。集中表现在：经济层面上，移民加重了欧洲各国的福利负担，失业率以及失业人数攀升；政治层面上，移民削弱了民族国家的主权和自主能力，并引起了欧洲极右翼政党的崛起和民主制度的危机；安全层面上，移民犯罪和反移民的排外主义与种族主义加剧了各国安全的不稳定性；民族层面上，移民对欧洲主体民族构成冲击并引起民族认同危机；社会文化层面上，外来移民给欧洲主流文化和基本价值观带来了冲击和挑战等等。

——尹志国、陈权、荆海涛：《从全球化角度解读欧洲移民问题》，载《学术探索》，2012年第7期

材料十三 西欧社会几乎没有采取任何在社会和文化上使这些外来移民融入当地社会的措施，甚至根本不把最终融合这些移民当作一个适当目标。主流社会对外来移民的排斥，使移民处于文化和社会上的封闭状态。由于文化背景差异、缺乏起码的社会经济条件，外来移民无法融入当地主流社会，成为处于边缘地位的少数民族。

——王建娥：《移民地位和权利：对现代民族国家及其政治制度的严峻挑战》，载《民族研究》，2002年第5期

材料十四 美国本土公民认为，新移民文化是不受欢迎的“少数族裔”文化。而移民又不可能在短时间内遗忘族裔文化，仍会坚守民族文化根基及信仰，这势必导致美国人与移民在文化的取舍上产生冲突。

——李朝阳：《教育与移民“美国化”(1880—1920年)》，载《全球教育展望》，2018年第11期

教师设问：全球化趋势下，欧洲移民问题集中表现在哪些方面？哪些因素阻碍了移民

融入当地社会?(参考答案:表现——集中表现在经济、政治、安全、民族、社会文化等多个层面。阻碍因素——主流社会的排斥;文化背景差异;移民缺乏起码的社会经济条件;移民对族裔文化的坚守等)

教师引导学生分析:在全球经济一体化不断深入的今天,作为生产要素的资本、货物、技术全球性流动,必然要求劳动力的全球流动,移民社会就在这样的条件下形成。所谓移民社会,是指外来人口成为当地社会的重要组成部分,并对本土居民生活产生深远影响的社会。移民社会的居民来自不同文化传统的民族。随着移民社会的形成,外来人口不断增加,外来移民带着自身族裔文化进入移民社会,一方面冲击了本土传统文化,引发本土民众的排外情绪;另一方面文化差异越发凸显,外来移民被边缘化。在欧洲,移民大多生活在移民聚居区,这些移民聚居区一般是在城市的郊区,与主流社会隔离,外来移民并没有充分享受到自由平等民主的权利,这尤其激起了在欧洲自由平等理念熏陶下成长起来的年轻一代移民后裔的不满。

(设计意图)本环节将"难民的救助"和"现代移民问题"两部分整合在一起,共同组成"现代社会移民的困境",主要目的在于将本课知识点形成框架,方便学生的整体把握,同时适当拓展移民问题内容,让学生了解移民社会面临的种种复杂矛盾,丰富学生的知识体系。本环节指向的是:(1)家国情怀素养水平3、4——能够表现出对历史的反思,从历史中汲取经验教训,更全面、客观地认识历史和现实社会问题。(2)历史解释素养水平2——能够在历史叙述中将史实描述与历史解释结合起来;能够尝试从历史的角度解释现实问题。

(过渡)移民带来的外来文化以及与本地人生活习惯等的差异,势必对迁入国的文化、风俗、传统和宗教等提出挑战。在当今美国社会,移民再次形成浪潮,当下的移民在美国会出现各种新问题和新挑战,需要对新情境下移民的社会融入问题进行深入思考。

(三)文化认同:现代移民社会的愿景

材料十五 美国是个开放的移民国家,移民群体的多元性带来了文化的多样性,因而文化多元不是现代才有的现象。……长期坚持的文化同质的理想破灭,以及少数族裔对自身历史传统和文化习俗的保留,使得美国社会体现出自下而上的多元文化主义色彩。

——何良:《论多元文化主义及其对美国社会的影响》,载《北京化工大学学报(社会科学版)》,2015年第2期

材料十六

表一 2010年6月底按族群分的新加坡居民

族群	人数(千)	百分比
总数	3771.7	100.0
华人	2794.0	74.1
马来人	503.9	13.4
印度人	348.1	9.2
其他	125.8	3.3

注:新加坡居民包括新加坡公民和永久居民。

表二　新加坡按家里最常使用语言分年龄从5岁起的居民(百分比)

族群/语言	2000	2010
华人	100.0	100.0
英语	23.9	32.6
华语	45.1	47.7
华人方言	30.7	19.2
其他	0.4	0.4
马来人	100.0	100.0
英语	7.9	17.0
马来语	91.6	82.7
其他	0.5	0.3
印度人	100.0	100.0
英语	35.6	41.6
马来语	11.6	7.9
泰米尔语	42.9	36.7
其他	9.9	13.8

——游俊豪:《中国新移民与新加坡社会》,载《第四届移民法论坛:出入境管理法、中国和世界》,2012－11－18

材料十七　每个族裔群体独特的文化价值观和行为规范,并非与生俱来、一成不变,而是环境的产物,并且会随着环境的变化而不断变更。

——周敏著,刘宏译:《美国华人移民家庭的代际关系与跨文化冲突》,载《华侨华人历史研究》,2006年第4期

教师设问: 根据材料十五至十七,指出移民社会文化上呈现出的共同特征,并分析其原因。(参考答案:特征——文化的多样性、多元化。原因——移民群体的多元性带来文化的多元化;不同文化之间的冲突、交融)

教师引导学生分析: 美国是一个典型的由多元种族和族群构成的移民国家,来自不同国家、种族和文化传统的移民在美国的经历是不同的。因此,美国的传统不是建立在某一个族类群体的历史经验基础之上,而是在不断地碰撞交融中形成了以欧洲文化为主流,并吸纳了亚洲、拉丁美洲及北美印第安文化的美国移民文化。

民族和文化的多样性是美国社会的显著特征。但在这个多族群多文化共存的社会,少数族群文化的价值及其与主流文化的差异一直没有得到真正的承认。在几百年的历史中,在主流社会对移民和少数族裔的同化与少数族裔固守自己的文化认同之间,始终存在着一种紧张的竞争关系。

被称为“人种博物馆”的新加坡，同样是具有移民社会特征的城市国家。华人、马来人、印度人等，各个族群聚族而居，保留着自己的文化、语言和风俗习惯，族群差异性极大，容易造成彼此之间的纠纷和摩擦。因此，新加坡自独立以来实行多元文化政策并将其定为一项基本国策，尊重各民族的价值观念，将英语、汉语、马来语、泰米尔语四种语言同时作为官方语言，兼顾各族感情，让各民族继承与弘扬本民族优秀文化传统的同时，又增进民族之间的相互沟通与融合。在多元文化和族群的语境当中，形成了独特的文化景观。

总而言之，开放的大都市并不是单指人口稠密的城市，而是在城市中充斥着各种文化，这些文化又是相互补充、相互影响、相互交融共存的。全球化下社会文化越来越呈现多元化，不同民族和国家的文化既有共通性、相融性，也有差异性、民族性，他们之间的交流和碰撞是不可避免的。树立文化自信心，在交流中增进互信理解；尊重文化差异性，在碰撞中实现沟通包容，最终实现社会多元文化认同。

教师小结：从城市的角度看，移民担负着作为城市文化载体的使命，接纳移民的城市原有居民也是如此。双方在不断地互动实践中，一方面各自作为文化的一元展现自己，另一方面，也认识和适应城市中的各种“他文化”。在这个意义上，生活在现代城市中的各类主体可以看到“他们”和“我们”的生活方式与行为方式以及相互间的“共振”现象，从而去思考文化的多元。

（设计意图）这一部分强调移民下的多元性，以美国移民文化和新加坡多元文化为例，剖析他们的文化特点、产生原因，从而延伸到文化的多元化。多元文化是该部分的核心内容，同时又是相对抽象的概念，讲述中以新加坡多元文化政策为例，将文化的差异、多元具体到人们生活中的某个方面，化抽象为具象。本环节设计指向的是：(1)唯物史观素养水平3、4——能够将唯物史观运用于历史学习、探究中，并将其作为认识和解决现实问题的指导思想。(2)史料实证素养水平2——明了史料在历史叙述中的基础作用；在对史事与现实问题进行论述的过程中，能够尝试运用史料作为证据论证自己的观点。(3)家国情怀素养水平1、2——能够具有对家乡、民族、国家的认同感；能够理解和尊重世界各国优秀文化传统。

【课堂小结】

教师引导学生小结：在移民普遍化的当今世界，文化的变迁与文化多样化的过程是完全正常的现象。移民群体，包括被迫移民的难民群体在内，让传统的孤立的社会不复存在。现在的世界是一种开放的、不同于以往的、具有多元文化和价值观的世界，它需要世界理解与尊重不同的生命个体，这种理解需要超越民族国家的界限，形成真正全球的文化。全球化浪潮下的移民群体并不是冲突的催化剂，也可以是文化交流的使者。处理好移民群体文化与原住居民文化之间的关系，势必会促进一个更加多元开放、理解包容的全球社会的形成。

第四单元

商路、贸易与文化交流

第9课

古代的商路、贸易与文化交流

教学设计 1

陈朋朋　安徽省淮北市实验高级中学

一、教材分析

本课是统编教材《文化交流与传播》第四单元《商路、贸易与文化交流》第 1 课，本课共分为三个子目："丝绸之路""欧亚大陆其他重要商路""古代商路上的中西文化交流"。三个子目之间因果相连、密切相关，"丝绸之路"主要介绍陆上丝绸之路的发展。"欧亚大陆其他重要商路"主要介绍草原丝绸之路与海上丝绸之路。"古代商路上的中西文化交流"主要介绍东西方商路上物质、技术、精神文化的交流。第四单元《商路、贸易与文化交流》主题是了解不同时代、不同类型的商路，深入理解贸易活动在文化交流中扮演的重要角色。丝绸之路开辟了一条古代商业贸易的重要通道，也是文化交流的重要桥梁，它不仅沟通了东西方两大文明，还促进了多元文明的相互对话，彼此借鉴。

《普通高中历史课程标准(2017 年版 2020 年修订)》对本单元的要求是：了解不同时代、不同类型商路的开辟；通过了解商品所体现的特色文化，理解贸易活动在文化交流中所扮演的重要角色。本课内容比较丰富，为了更好地完成教学任务，必须紧扣课标，重整内容。本教学设计对教材内容重新进行整合，分为三个子目："古商路的兴起与发展"：主要介绍丝绸之路的开通与发展状况；"古商路上的物质与精神文化交流"：主要介绍丝绸之路上的物质文化和精神文化的交流；"古商路的衰落与新发展"：主要介绍古丝绸之路的衰落与新丝路的延续。

二、学情分析

本节课所要学习的内容为商路、贸易与文化交流，学生在学习初中历史和《中外历史纲要(上)》后对丝绸之路已经有一定的了解，如张骞通西域和丝绸之路的形成等。但这些史实毕竟发生在两千多年前，历时久远，而且学生对西域的情况比较陌生，尤其对丝绸之路开辟后贸易活动在文化交流中扮演的角色理解起来有一定难度。在教学中，对于张骞通西域这些基础知识教师无需过多阐释，重心应放在丝绸之路开辟后推动东西方物质、技术和精神文化交流上。还要特别注意深入浅出，借助多媒体展示多种形式的史料，将教材上的知识点形象化，一方面要激发学生的学习兴趣，从学生的兴趣点切入教学，在师生互动中激发学生的探索热情；另一方面要引导学生站在全球视野下观察古代东西方交往，提升学生的历史思维能力。

三、教学目标

1. 了解张骞通西域、丝绸之路开辟的相关史实。通过学习西汉丝绸之路的开辟、发展，理解丝绸之路在中外文明交流史上的重要地位，思考和认识历史现象之间的内在联系。

2. 通过对古代东西方物质、技术和精神文化交流的探究，学会将历史事件置于具体的世界历史大背景下去分析。

3. 通过对古代东西方物质、技术和精神文化交流的认识，联系当下中国提出“一带一路”的发展战略，将历史与现实有机结合。

四、教学重难点

重点：理解商路发展和商品交换促进了中外文化交流。

难点：认识丝绸之路具有的文化内涵及其在中外文化交流史上的重要作用。

五、教学过程

【导入新课】

2014年6月22日，在卡塔尔首都多哈召开的第38届世界遗产大会上，由中国、哈萨克斯坦与吉尔吉斯斯坦跨国联合申报的“丝绸之路：起始段和天山廊道的路网”项目列入世界遗产名录，为“一带一路”建设增添了新的光彩。

教师设问：为什么多国要合作申报丝绸之路为世界文化遗产并能获得成功？（参考答案：丝绸之路连接多个不同国家、民族、文明，属于世界文化遗产）

教师引导学生分析：多国合作申报世界文化遗产并获得成功，说明丝绸之路不属于某一个民族或国家，而是丝绸之路沿线各民族共同建设、共同享有的文化遗产，同时也说明丝绸之路不仅是经济和政治之路，更是文化之路。作为人类文化遗产，丝绸之路在贯通后对推动东西方物质以及精神文化交流起到了巨大的作用。

（设计意图）通过介绍丝绸之路申报世界文化遗产并获得成功，让学生更直观地了解到丝绸之路不仅是一条商路更是一条文化之路，为帮助他们进一步理解丝绸之路在贯通后对推动东西方物质以及精神文化交流起到了巨大的作用作铺垫，创设良好的教学情境。本环节指向的是：(1)时空观念素养水平2——能够将某一史事定位在特定的时间和空间框架下。(2)历史解释素养水平2——能够选择、组织和运用相关材料并使用相关历史术语，对个别或系列史事提出自己的解释。

【学习新课】

(一) 古商路的兴起与发展

1. 丝绸之路的开通

教师讲述: 两千年来丝绸之路让中国的文明风靡全球,让各种文明在这条道路上交流融汇。丝绸之路的历史就是一部浓缩的世界史,丝绸之路就是人类历史上最耀眼的舞台之一。丝绸之路,这个美丽又特别的名称是从何而来呢?1877年德国地质地貌学家李希霍芬在他的《中国》一书中指出:"古代中国通向西方的道路,因运载大量的中国丝绸而被称为'丝绸之路'。"这是"丝绸之路"概念第一次被明确提出,这个美丽名称在出现之后很快得到中西学者的支持和大众的认可。"丝绸之路"这个名称为什么能得到认可呢?

材料一 在古代中西贸易中,丝绸是重要的物品之一。"游牧部落极为看重这种丝织品,因为它质地好、分量轻,铺床做衣都用得上。丝绸同样是一种政治权力和社会地位的象征",它作为"一种奢侈品的同时,还成为一种国际货币",具有特殊的影响力。"丝绸之路"的提出并不是突兀的,而是丝绸的特殊影响力和西方学者长期研究所产生的必然结果。西方最早是通过"赛里斯"来关注和认识中国的。

——田澍、孙文婷:《概念史视野下的"丝绸之路"》,载《社会科学战线》,2018年第2期

教师设问: 为什么选择丝绸作为这条商路命名的核心要素?(参考答案:丝绸作为东西方贸易交流中重要的物品,具有政治权力和社会地位的象征意义)

教师讲述: 历史上的丝绸之路横贯欧亚大陆,是古代交通贸易的主干线。中国是丝绸的故乡,在经由这条路线进行的贸易中,中国输出的商品尤以丝绸最具代表性。要了解丝绸之路,我们要先知道一个重要的地方——西域。

教师设问: 仔细观察教材第51页《丝绸之路路线示意图》,找出西域的地理位置。(参考答案:玉门关、阳关以西,葱岭以东,即今巴尔喀什湖东、南以及新疆广大地区)

材料二 古代丝绸之路从根本上是由于中国在汉代所处历史方位变化,以及由此引发对外关系变化,以汉武帝为代表的西汉统治阶级基于汉初不断积累的、深厚的社会物质财富基础,出于维系政权安全需要,以及对大一统政治格局构建的追求,进而实施消解匈奴这一西汉王朝外部的、直接的、重大的威胁而造就的战略附属产物。

——王振:《"一带一路"推进中沿线历史文化符号的运用》,载《兰州学刊》,2018年第12期

教师设问: 西汉王朝寻求开辟并增强与西域诸国之间联系的最初目标是什么?(参考答案:剪灭周边的政治威胁,主要是匈奴势力)

教师引导学生分析: 古丝绸之路是在当时政治、经济、文化等多方面条件交互影响下形成的,政治因素是影响古丝绸之路兴衰的关键性因素。这种贸易活动的初衷主要不是为了利润,而是维护对外关系。秦末汉初,中国北方匈奴日益强大,屡次进犯中原地区,汉王朝为巩固自身的统治,制定了与西域诸国联合攻打匈奴的策略。正是在这样的背景下,张骞出使西域,一条从汉帝国的都城长安出发,经河西走廊,途经高原沙漠,连接中亚、西亚,到达地中海的世界贸易商路得以开辟。这条贸易路线,最初运输中国古代出产的丝绸,后来各国使

者、商人、传教士等,沿着张骞开通的道路,来往络绎不绝。

材料三 在西汉之前,欧洲与中亚、南亚的通道通过中亚和欧洲不同政权的经营和管理,已经具备了丝绸之路西段畅通的条件,……处于东方的中国也逐渐从黄河中上游的若干城邦小国不断发展,经历有史记载的夏、商、西周、春秋、战国时期,最终由秦这个文武兼备的政权统一了中国,居于中国之西又被匈奴占据的河西走廊自然就成为继秦之后经略的主要区域。丝绸之路的贯通指日可待。

——徐黎丽、万红:《为什么丝绸之路在西汉"贯通"》,载《青海师范大学学报(哲学社会科学版)》,2016 年第 5 期

材料四 汉唐时代虽然生产力比较落后,但是由于扩张形成的大帝国面积较大,导致国际一体化程度很高,比如,东汉时期依次相邻的四大帝国以及罗马帝国。

——孙先民:《论古代丝绸之路贸易维持体系》,载《学术交流》,2015 年第 11 期

教师设问:古代丝绸之路产生后得以维持和发展的因素是什么?(参考答案:日益强大的东西方政权对交通的维系和保障;国际秩序的稳定)

教师引导学生分析:早期丝绸之路的形成并不是建立在市场经济原则基础上的纯粹商业行为,而是借助于国家政治、军事、经济政策的有力推动得以实现的政治关系构建的副产品。汉代丝绸之路的兴起最初是为了寻找友军共建军事联盟以围攻匈奴,政治和军事目的性很强,即使开辟之后,随之而来的主旋律也多是战争、遣使、通婚、朝贡,而后才是贸易和经济互通。贸易往来也是在各国人民需求发展到一定程度后才渐次产生的。

教师讲述:古代丝绸之路是历史上横贯欧亚大陆的贸易大通道,对于促进东西方经济、文化、技术以及宗教思想等方面的交流起到了十分重要的作用。这条贸易通道上千年的繁荣,得益于它自身形成的具有支撑作用的贸易维持体系。

材料五 至明清等时期,瓷器、茶叶是陆上和海上丝绸之路的重要商品交易内容,而随着中原王朝整体的发展态势出现内向化趋势,尤其是明清两朝错失近代工业化先机之后,传统中国遭遇了内生外发型资本主义国家的全方位的系统性挑战——传统丝绸之路贸易受到西方工业化造就的商品倾销式输出的极大冲击,并由于大航海时代的发展和成熟,陆上和海上资本主义霸权国家的崛起而走向式微和衰亡。

——王超:《中国古代丝绸之路的概念、特点及其对"一带一路"建设的启示》,载《华北电力大学学报(社会科学版)》,2019 年第 1 期

教师设问:丝绸之路在发展过程中呈现怎样的特点?(参考答案:丝绸之路的路线及繁荣程度受到沿线各国尤其是中国实力强盛与稳定的重要影响,并呈现出与中原政权兴衰盛亡相同步的波动性变化特征)

教师引导学生分析:从中华民族自身角度而言,随着北方游牧民族主体以及中原政权的更迭,汉代以后的中原农耕文明与北方游牧民族进行了持续一千多年的碰撞、冲突与融合。在此过程中,一旦中原王朝出现以朝代更替为主要特征的周期性变动,会依据自身实力的变化而在内外战略方面采取不同的措施,进而影响丝绸之路的发展。

(过渡)除了这条陆上丝绸之路发挥着巨大的历史作用之外,当时影响比较大的对外交往路线还有一条海上丝绸之路,海上丝绸之路的开辟对推动东西方物质文化交流同样起到了突出的作用。

2. 丝绸之路的发展

教师讲述：海上丝绸之路是陆上丝绸之路的延伸。丝绸之路不仅仅运输丝绸，也运输瓷器、糖等出口货物和香料、药材、宝石等进口货物。海上丝绸之路是古代中国与外国交通贸易和文化交往的海上通道，起点是福建泉州。

材料六 随着造船和航海技术进步，宋代中国商船的载重量超过600吨，商船已经结束了循岸航行状态，实现了远距离、长时间航行，贸易的触角已经伸向南亚、西亚、波斯湾沿岸各国、非洲与欧洲，外国商人与使节也多乘中国商船来到中国沿海与内地。

——陈奉林：《建设21世纪海上丝绸之路的初步构想》，载《人文杂志》，2015年第10期

教师设问：推动海上丝绸之路发展的因素有哪些？（参考答案：造船和航海技术的进步）

教师引导学生分析：南宋时期，我国经济重心完成南移，加之航海技术的进步与发展，以及海洋运输成本低、运输量大等优势，海上贸易成为国家之间进行贸易活动的主要方式。海上丝绸之路持续的时间远比陆上丝绸之路久，通达的范围也更广，从其先后开通的各条航路来看，几乎将亚、非、欧三洲连成一片。然而，中国航海到了17世纪开始趋于低谷时，这条丝路也渐渐地衰落了。

教师讲述：除了陆上丝绸之路和海上丝绸之路，还有西南丝绸之路和草原丝绸之路。西南丝绸之路和草原丝绸之路在历史上也扮演着重要的角色，其形成、发展和繁荣代表了中国历史的一个辉煌时期。无论是陆上丝绸之路与海上丝绸之路，还是西南丝绸之路与草原丝绸之路都彰显出和平合作、开放包容、互学互鉴、互利共赢的丝路精神。

（过渡）丝绸之路的开辟至今已有两千多年历史，它既是古代东西方商贸物流的大动脉，也是沟通各国各地区政治、经济、文化交流和巩固边疆、发展西北经济、文化的纽带。

（二）古商路上的物质与精神文化交流

1. 物质文化的交流

教师讲述：通过丝绸之路传播的有丝绸、陶瓷、香料、茶叶、金属、纸张等物质文化产品，还有伴随这些物质商品的制造技术、生产方式和生活方式，而人类的商业活动、人们的交往方式等本身也具有文化意义。正是通过这样的交往，不同文明、不同样式的文化得以交流融合。中国古代的四大发明经由丝绸之路传到西方，推动世界文明的发展。印度、阿拉伯的数学、天文、历法、医药等科学技术，也通过丝绸之路传到中国。

随着东方航路的开通、远洋贸易时代的到来，中国瓷器大量销往欧洲，如同陆上丝绸外销而形成了“丝绸之路”，华瓷外销亦形成相对稳定的海上“瓷器之路”。华瓷运销欧洲对中世纪以后的欧洲文化产生了重要的影响。

材料七 随着外销欧洲景德镇瓷器数量的激增，为满足欧洲人日常生活和饮食习惯的实用性需求，使之适应于欧洲市场大规模的需要，荷兰东印度公司开始订制一些仿制当时欧洲日常生活中使用的金银器、陶器和玻璃器等器形，景德镇陶工按照送来的画稿、木制模型或是欧洲玻璃和陶制器皿，“因需制宜”地对这些订制的新器形进行烧制。

——牟晓林：《海外需求对明清景德镇瓷器的影响》，中国艺术研究院2014年博士论文，第26页

材料八 如正德年间(1506—1521)伊斯兰教传播得到朝廷的重视,销至近东的青花瓷常以阿拉伯式的图案、风格化的枝叶、阿拉伯文的《古兰经》短语和波斯铭文装饰;1516年,葡萄牙人到达中国以后,景德镇制作的青花瓷器开始出现葡萄牙铭文;17世纪,荷兰铭文又因荷中通商出现在当时的外销瓷器上。尔后,法文、德文、英文等西方文字也相继出现。

——孙锦泉:《华瓷运销欧洲的途径、方式及其特征》,载《四川大学学报(哲学社会科学版)》,1997年第2期

教师设问: 根据材料七、八,分析瓷器在欧洲受到消费者广泛喜爱的原因及瓷器外传呈现的特征。(参考答案:原因——结合欧洲市场需求,制作出符合欧洲居民生活习惯的瓷器。特征——由于时间、销售地的不同或者客观条件的变化而调整改变)

教师引导学生分析: 外销华瓷迎合了欧洲人世代相袭的"神秘东方"情结,远隔重洋的欧洲人对当时处于世界领先地位的中国文化倾慕有余,欧洲遂掀起一股华瓷收藏的热潮,中国瓷器一时成为财富和地位的象征。为了占有更多的华瓷,试制硬瓷和仿造华瓷之风亦盛行于欧洲各国。中国的造瓷技术在欧洲被推广的同时,中国文化也在欧洲广泛传播。欧洲人在对中国瓷器长期的接触、使用和仿制过程中,从瓷绘艺术和造型艺术中,加深了对中国文化的了解,提高了艺术鉴赏的品位,并逐渐产生了崇尚中国文化的社会观。

教师讲述: 中国文化传入欧洲后,导致了波澜壮阔的"中国热"。他们通过瓷器上的自然景物、人物服饰、风俗习惯、神话故事来感受中国。民以食为天,作为中国陶瓷的典范,景德镇瓷器闯入欧洲厨房和客厅,深刻地改变了欧洲人的用餐以及饮用茶、咖啡、啤酒、巧克力等饮品的习俗。

材料九 中国瓷器气孔率少、吸水率低,密封性能好,不利于病菌的粘附和繁殖,能保证食物的卫生清洁,非常适合盛装食品。……为了适合欧洲人生活方式,景德镇传统瓷器逐步西化,出现了欧式的剃须盘、梳妆用具、痰盂等卫生便具。

——詹嘉、袁胜根、胡伟:《明清时期景德镇瓷器在欧洲文明进程中的作用》,载《中华文化论坛》,2008年第4期

教师设问: 瓷器传入对欧洲社会生活起到了怎样的推动作用?(参考答案:提高了人们的生活品质)

教师讲述: 中国的瓷器等物质文化产品传入欧洲后,改变了欧洲百姓的生活方式,推动了欧洲社会的发展。在20世纪以前很长的历史时期内,瓷器都被作为具有民族独特性和代表性的贸易产品之一,通过陆上或海上丝路销往世界各地,被视为世界珍稀产品,成为当时中国国家形象的物质表征,传递着中国的文化影响力。

(过渡) 丝绸之路上来往的不仅有商人,而且有大量的文化人。他们传播的主要不是物质文化,而是体现世界观、人生观、价值观、审美观的精神文化。古代中国成百上千的高僧到印度取经,如著名的法显、玄奘、义净等,他们或通过陆路,或通过海路,走的都是丝绸之路。沿着这些丝路,印度或西域高僧也络绎不绝地到中国传经译经。

2. 精神文化的交流

教师讲述: 在丝绸之路上传播的除了丝绸,还包括瓷器、陶器、茶叶等大量具有特色的产品及科学知识与文化等,因而把沿丝路所传播和衍生的文化称为"丝路文化"。丝绸之路不仅是古代亚洲与欧洲进行贸易的通道,同时也是促进亚欧各国文化交流的友谊之路。

材料十 中国古代物质文明和精神文明辉煌成果的取得离不开“丝绸之路”带动的对外历史文化交流，同时中国古代国家形象的塑造，基于儒家文化圈而构建的“天下”秩序乃至“中国”“汉族”“汉语”等具有文化基因属性的系列历史文化符号的生成，都与丝绸之路的贯通息息相关。可以说，丝绸之路不仅是一条经贸通道，还是一条东西文明交流互动、磨合交融并推动人类文明进步的人文通道。

——王振：《“一带一路”推进中沿线历史文化符号的运用》，载《兰州学刊》，2018 年第 12 期

教师设问：为何说丝绸之路是“一条东西文明交流互动、磨合交融并推动人类文明进步的人文通道”？（参考答案：丝绸之路带动周边国家的历史文化交流；极大地推动了中国传统文化的传播）

教师讲述：丝绸之路对中华文明及沿线其他国家和民族的文化发展和文明进步产生了长远的历史影响。在丝绸之路开辟以前，中华文化在东亚相对封闭的地缘环境中形成了独具地域特色的文化发展模式，并在先秦“百家争鸣，百花齐放”的文化争鸣中出现第一次文化高峰。丝绸之路开辟后，随着佛教文化、伊斯兰文化乃至基督教文化传入，中华文化发展的面貌乃至方向都在多元文化的冲撞、交流与融合中发生重大改变。其中，尤以佛教文化对中华文化影响至深。

材料十一 佛教不仅融合了中国传统文化中的优秀理论，而且延续至今仍有众多的信众在身体力行地践行。佛教对宋明理学的深刻影响更是大家所公认的，佛教的理事学说、心性思想和修持模式等成为理学的重要来源。佛教的禅宗和儒家的理学，就是佛教与中国固有文化互动而产生的两大文化成果。佛教与中国固有文化的磨合，推动了古代中国文化的发展，与这种发展同步，佛教也获得了相应的发展。

——曹永萍、赵宪军：《丝绸之路上的佛教》，载《广东省社会主义学院学报》，2018 年第 3 期

教师设问：佛教东传产生怎样的影响？（参考答案：佛教逐渐中国化，深刻影响中国传统文化）

教师引导学生分析：佛教传入中国仅是丝绸之路上中西历史文化交流的一个缩影。汉传佛教在佛教理论方面，融汇中国的儒道文化要素，成功实现佛教的本土化。除佛教外，丝路沿线各个国家和民族的物产、艺术及科技成就也在丝绸之路开辟后，进行着持续的相互交流借鉴，如印度和西域诸国的农作物、音乐和舞蹈、阿拉伯数字等。今天汉语中许多带“胡”字的物品，如胡萝卜、胡椒、胡桃亦得益于此。中国的四大发明正是沿着丝绸之路传到西方，并对人类文明进步以及近代西方国家冲破黑暗的中世纪、开启近代化进程作出突出贡献。可以说，丝绸之路不仅是一条经贸通道，还是一条东西文明交流互动、磨合交融并推动人类文明进步的人文通道。

（设计意图）丝绸之路贯通后推动物质、精神文化交流是本课的重点内容之一。学生对于丝绸之路贯通后对推动精神文化交流的内容理解起来有一定难度，站在全球史的大背景下去分析理解起来更是难上加难，而教材的表述又很简略。因此要在教学中通过史料的呈现，引导学生分析丝绸之路贯通后对推动东西方物质、精神文化交流所起到的作用，培养学生史料实证的能力，深化对丝绸之路在文化交流中扮演的角色的认识，提高学生的历史理解

能力。本环节指向的是:(1)史料实证素养水平1、2——能够从所获得的材料中提取有关的信息;明了史料在历史叙述中的基础作用。(2)历史解释素养水平2——能够选择、组织和运用相关材料并使用相关历史术语,对个别或系列史事提出自己的解释。

(过渡)回首丝路兴衰历程,它带给我们的除了对历史的感慨以外,更多的或许是启示与借鉴。如今,中国推进"一带一路"又在创造新的历史,"一带一路"绝非对丝绸之路的复制,而是在"中国梦"的框架下对丝绸之路文化精神的传承和在全球化背景下现代化进程中重建中国国际话语权的伟大实践和超越创新。

(三)古商路的衰落与新发展

1. 古丝路的衰落

材料十二 五代、宋以后,国家政治中心东移至开封、杭州、南京、北京,西北地区在国家安全战略中地位下降,从腹心之地变为周边地区。由于多民族政权的建立,北宋以来,西北地区的开发并不构成国家战略重点,多采用消极之策,不积极开拓。

——李锦绣:《古代"丝瓷之路"综论》,载《新疆师范大学学报(哲学社会科学版)》,2017年第4期

材料十三 过去波斯人前往中国采购的最古老的产品之一是麝香,这种产品的交易可能持续了18个世纪,而最后却为以石油副产品为基础的合成麝香所取代。铜镜、铸铁火炉和饭锅的情况也如此。

——傅梦孜:《对古代丝绸之路源起、演变的再考察》,载《太平洋学报》,2017年第1期

材料十四 伊斯兰文明从本质上讲由于伊斯兰教的创立使它带有鲜明的排他性,所以在与中国文化相互接触中,两大独立的文明体系很难融合。

——贺茹、朱宏斌:《丝绸之路衰落原因新探》,载《兰台世界》,2014年第7期

教师设问:根据材料十二至十四,概括陆上丝绸之路衰落的原因。(参考答案:政治中心的改变;技术替代效应使所交易的产品变得不必要;外部文明的竞争)

教师讲述:古代丝绸之路的兴盛,往往都伴随着国运强大,经济繁荣,社会安定;反之,当社会发生动荡,战乱纷起,经济衰退,民不聊生,陆上丝路便趋于衰落。随着沿线各国政治经济在不同的历史时期进入动荡衰退之际,陆上丝路的发展也就逐渐埋下了没落的种子。再加上受到许多国家政策的限制、自然条件的变迁等因素的影响,这条原本繁荣兴盛的丝绸之路不断受阻,贸易渐次中断,战火一再滋生。此前兴盛繁荣的一系列基本条件已不复存在,陆上丝路也就渐渐衰落,被世人遗忘。

(过渡)在陆上丝绸之路逐渐走向衰落时,16世纪以后东方海上丝绸之路逐渐受到来自欧洲殖民势力的冲击与挑战,造成传统的贸易关系格局向近代由欧洲人主导的贸易关系格局转变。

材料十五 虽然亚洲人在印度洋和太平洋的水域发展了规模很大的海上贸易,却不能与新来的人争夺海上霸权;这是因为在他们企业的背后没有政治上强而有力的商业主义的推动力,没有对于海外扩张的不懈的国家支持,没有积极的海上雄心来促进造船和战术方面的革新。

——陈奉林:《建设21世纪海上丝绸之路的初步构想》,载《人文杂志》,2015年第10期

教师设问：根据材料十五，概括海上丝绸之路衰落的原因。（参考答案：国家政治权力不能持续发挥有效作用）

教师讲述：如今，丝绸之路已然成为历史，然而古丝路沿线依然留存有大量历史遗存，沿线城市和道路上分布的古寺庙、清真寺、驿站、驿道和关卡等建筑遗存，散落在沿线的丝绸、瓷器、货币和古船等遗物，以及行走在古丝路上的人们遗留的生产生活痕迹都充分证明丝绸之路开启的中外文化交流盛况。

（过渡）从西汉时期张骞"凿空"西域，构建东西方友好交往的桥梁，到东汉时期班超克服重重困难，使西域各国重新与汉朝建立联系，再到阿拉伯人通过丝绸之路在不同文明之间搭起了文化交流的桥梁，丝绸之路从诞生之初就促进了这些地区的经济和文化发展，为世界的进步和发展作出了重大贡献，那么它对当今的"一带一路"建设有何借鉴意义呢？

2. 新丝路的延续

教师讲述：从汉丝路诞生之日起，历经两千余年，世界在和平、战乱、纷争、竞争中发展至今，出现了历史上从未有过的复杂局面——世界多极化、经济全球化、社会信息化、文化多样化。而对于中国来讲，经过40多年的改革开放，中国经济总量已跃居世界第二，中华民族从未像今天这样距离崛起如此之近，我们在自信的同时更要保持清醒的头脑，要汲取历史的经验，发掘并传承汉丝路精神，提出与世界同呼吸共命运的全球治理方案——"一带一路"。古丝路的繁荣靠的不是战马和长矛，而是驼队和善意；依靠的不是坚船和利炮，而是宝船和友谊。这恰恰点出了古丝路的精神核心——和平合作。传承古丝路精神的核心就是要将"一带一路"建成和平之路。

材料十六　以改革促发展构成了中国古代社会历史进程中的普遍共识，并贯穿于中国古代历代统治者的统治理念和实践。尤其是一个政权初期和后期的改革的合理性和有效性亦即改革成败与否，决定着旧政权能否延续或新政权能否确立和稳固，其也直接关涉到政权对外交流的积极或被动。

——王超：《中国古代丝绸之路的概念、特点及其对"一带一路"建设的启示》，载《华北电力大学学报（社会科学版）》，2019年第1期

教师设问：古代丝绸之路对当今"一带一路"建设有何启示？（参考答案：推进"一带一路"建设，必须妥善处理好改革、发展与开放三者之间的辩证关系）

教师引导学生分析：国家兴则丝路畅，国家衰则丝路阻，古代丝绸之路的波动性变化，以及其最终在近代归于消亡，与中国历史上的政权兴衰变动曲线大致呈现出同步姿态。从整体上而言，古代丝绸之路实质上是中国古代社会在内部改革、发展与对外开放状况的延续。

改革开放本质上是中国社会对改革、发展和开放三者辩证关系的当代运用，而"一带一路"是科学处理三者辩证关系的最新发展，"一带一路"倡议的提出，是在中国坚定不移地实施了多年改革开放实践之后提出的。改革开放以来经济、政治、文化等各方面的长足发展，是"一带一路"倡议提出的重要基础。

（设计意图）通过史料的呈现，引导学生分析，使学生认识到：自汉代古丝路兴起以来，绵延千年，历经盛衰，其丝路精神依然经久不息。今天我们传承其精神内涵，提出"一带一路"的倡议，不仅预示着中华民族的再次崛起，更彰显出人类即将进入一个全新的开放包容、相互理解、共富共赢的新时代。本环节指向的是：(1)时空观念素养水平2——能够将某一

史事定位在特定的时间和空间框架下。(2)家国情怀素养水平3、4——能够表现出对历史的反思，从历史中汲取经验教训，更全面、客观地认识历史和现实社会问题。

【课堂小结】

教师引导学生小结：综上所述，丝绸之路以丝绸的独特性来高度概括这条商路上所发生的一切东西方物质文化乃至精神文化的交流，中国自始至终在这条商道上扮演着重要角色，丝绸将中国与世界紧密地联系在了一起。丝绸属于中国，但丝绸之路属于世界。“丝绸之路”一词的迅速传播并被世界普遍接受，就在于它能准确地表达通过中亚、西亚、印度、北非将中国和欧洲连接的这一历史通道。丝绸既是物质的，又是精神的；既是具体的，又是抽象的。它像一条丝带，将沿途的人民紧密地连接在一起；它像一道彩虹，架起了中西方交流的桥梁。在经济全球化的今天，丝绸之路的意义已经超越了历史上的任何时期，也早已超出了李希霍芬、赫尔曼、斯文·赫定等人对丝绸之路的理解。目前中国对丝绸之路的认知已经进入了一个全新的历史阶段，“一带一路”的提出，是21世纪丝绸之路的中国表达，是中国对丝绸之路认识的超越，是经济全球化背景下中国对丝绸之路精神的发扬光大。

教学设计2

付欣　安徽省淮北市实验高级中学

一、教材分析

本课是统编教材《文化交流与传播》第四单元《商路、贸易与文化交流》第1课，本课共三个子目：即“丝绸之路”“欧亚大陆其他重要商路”“古代商路上的中西文化交流”，主要讲述了丝绸之路等古代重要商道、交通线，以及古代商道上东西方文化交流情况。第一目主要讲述了丝绸之路名称的由来、地位、开辟的经过、意义、重要支线、发展状况等；第二目主要讲述了古代欧亚大陆之间的其他重要交通线，如草原丝绸之路、西南丝绸之路、海上丝绸之路等；第三目主要讲述了丝绸之路等古代商路对东西方物质和技术交流、精神文化交流等方面的促进作用。

《普通高中历史课程标准(2017年版2020年修订)》对本单元的要求是：了解不同时代、不同类型商路的开辟；通过了解商品所体现的特色文化，理解贸易活动在文化交流中所扮演的重要角色。从课标要求来看，本课着重介绍丝绸之路等重要商道、交通线，及其对东西方文化交流的重要作用，授课时教师要讲清楚丝绸之路等重要商道的开辟、发展及其与东西方文化交流的关系。

二、学情分析

通过对《中外历史纲要》的学习，学生对本课涉及的相关知识已有基本的认知和掌握。

因此，教师应把重心放在帮助学生理解丝绸之路等重要商道、交通线对促进东西方文化交流的作用等方面。但是，我们不能把结论直接“塞”给学生，应该在教学过程中通过史料解读、问题探究等，引导学生在分析史料的基础上得出合理的历史解释。所以，教师应该将丝绸之路等重要商道、交通线促进了东西方物质、技术和精神文化等方面的交流等情况交代清楚，引导学生构建知识体系、知识框架。在依据课程标准、教材及学情分析的基础上，我将本课设计为“商路上的人群”“商路上的商品”“商路上的文化”三个部分，通过讲述丝绸之路上人群的往来、商品的流通，从而帮助学生更好地理解丝绸之路等重要商道、交通线在东西方物质、技术和精神文化等方面交流中的巨大作用。

三、教学目标

1. 了解丝绸之路的发展历史、贸易活动等史实，能将具体史事放在特定时空下进行梳理、总结。

2. 了解丝绸之路上的商贸活动，理解商人对丝绸之路发展的推动作用以及商品流通情况，提升史料实证、历史解释意识。

3. 通过丝绸之路促进东西方文化交流等史实的学习，认识东西方文化交流有利于东西方社会的发展，不同文明的交流是历史发展的潮流，理解和尊重各国传统文化，涵养家国情怀。

四、教学重难点

重点：丝绸之路上的商品流通。

难点：丝绸之路对东西方文化交流的影响。

五、教学过程

【导入新课】

图 1　三彩胡人牵骆驼俑

教师设问：图1中的人是哪里人？这个人和骆驼各有什么动作？为什么本土出土的唐三彩会出现外国人的身影？（参考答案：地点——中亚、西亚。动作——这个人双手握拳，姿势呈拉缰绳状；骆驼头上昂，张嘴作嘶鸣状。原因——中西方商贸发达）

教师讲述：这一作品的名字是三彩胡人牵骆驼俑，"胡人"是古代汉人对西北少数民族的称呼，并扩而大之，涵盖中亚、西亚等周边民族与国家。骆驼是商客的坐骑，也是托运物资的工具，被称为"沙漠之舟"。由长安通向中亚、西亚以至于阿拉伯的丝绸之路是中国对外交通、贸易的重要纽带，唐代时这条商路更加繁荣，商队络绎不绝。唐代，胡人大量进入内地，对长安、洛阳等地的社会风俗产生了重要影响，穿胡服、饮胡食、赏胡曲、观胡舞，成为唐人的一个新风尚，这都是东西方文化交流的印证。

（设计意图）由三彩胡人牵骆驼俑导入，既可以激发学生的学习兴趣，调动学生学习的积极性，又可以直接引出丝绸之路以及商路上的人群，从而顺利导入新课。本环节指向的是：(1)时空观念素养水平2——能够将某一史事定位在特定的时间和空间框架下。(2)史料实证素养水平2——在对史事与现实问题进行论述的过程中，能够尝试运用史料作为证据论证自己的观点；史料实证素养水平4——在对历史和现实问题进行独立探究的过程中，能够恰当地运用史料对所探究问题进行论述。

【学习新课】

（一）商路上的人群

教师讲述：在很长一段时间里，胡人一直活跃在丝绸之路上。丝绸之路，简称"丝路"。是指西汉时期开辟的以长安(今西安)为起点，东汉时以洛阳为起点，经甘肃、新疆，到中亚、西亚，并连接地中海各国的陆上通道。因为由这条路西运的货物中以丝绸制品的影响最大，故得此名。丝绸之路有狭义和广义之分。狭义的丝绸之路是指起始于古代中国长安或洛阳，通过甘肃河西走廊和今天的新疆地区，越过帕米尔高原，进入中亚、伊朗等地，连接亚欧的交通和商业贸易路线。广义的丝绸之路是指古代中国到相邻各国的交通路线，不论是陆路还是海路，均可称为丝绸之路，是古代东西方之间经济、文化交流的代名词。当时，丝绸之路开辟的原因有哪些呢？

材料一　自汉朝开始中国饱受北方匈奴政权的侵扰，汉武帝刘彻一改祖辈的柔性和亲策略，希望通过军事力量来征服匈奴，积极派使者前往西域，与西域小国合作抗击匈奴军事力量。

在张骞出使西域之前，已有不少商旅往来于中原以及西域之间，这也为以后张骞出使西域提供了可供参考的路线和经验。在距今约三千多年前，新疆的玉石工艺品已经开始流向中原，这条路从中原地区经河西走廊到南疆，被称为"玉石之路"。

——尹璐：《谈丝绸之路成因及影响》，载《才智》，2017年第13期

教师设问：根据材料一，指出丝绸之路的开辟有哪些原因。（参考答案：国家安全战略的需要、民间交流的结果）

教师讲述：丝绸之路的开辟服务于国家政治安全以及军事战略的需要，并促进了东西方商贸往来，同时，它还成为以后各个朝代联系欧亚各国的友好交往之路。在丝绸之路上，

东西方商贸往来主要是靠形形色色来自不同民族、地区和国家的商人完成的。

材料二 就商队的组成来看,商队中的参与者肯定不会来自单一民族,由于都能从丝绸之路上获得利益,很多民族都是丝路贸易的参与者和经营者。参与者的民族成分是复杂的,粟特人、波斯人、突厥人等都是其中的参与者。就商队的规模来说,参与商队的人数不会是小数字。

——李瑞哲:《古代丝绸之路商队的活动特点分析》,载《兰州大学学报(社会科学版)》,2009 年第 3 期

教师设问: 根据材料二,指出丝绸之路上的商人组成结构的特点。(参考答案:多元、复杂)

教师讲述: 参与商品流通全过程的商队成员,其组成结构十分复杂多变。丝绸之路上商品流通的参与者有汉人、波斯人、粟特人、突厥人、大食人、鲜卑人、乌孙人、回鹘人等等,他们往往结成商队沿丝绸之路前行。而他们有何特点呢?

材料三 同犹太人和腓尼基人一样,在粟特人的贸易活动中,虽然并不排除其民族内部具有某些物质生产的能力,但他们商业活动中的主要交换商品,并不是以自己生产为主,而是以转运贸易为主。

这些粟特人聚落基本都集中在粟特人商业活动的商道沿线,因此与商业贸易必然有着千丝万缕的联系,有些则明显就是其商业活动的直接结果,尤其是在长安、洛阳等地建立的商业类型的粟特人聚落。而有些则为粟特人的商业活动提供必要的支持与援助,如在敦煌、吐鲁番文书中就有大量定居粟特人为过境之粟特商人在商业活动中充当保人、译语人等的文书。

——陈海涛、刘惠琴:《古代中亚的商业民族粟特人》,载《烟台师范学院学报(哲学社会科学版)》,2005 年第 3 期

材料四 唐代中国和大食国几乎是同步兴起、繁荣和强大的两大帝国,两国间的友好往来揭开了中阿文化交流史的新篇章。唐初,阿拉伯人通过丝绸之路和海路来中国经商并定居,他们带来了伊斯兰教和西亚、中亚的名贵香料和珍珠宝石。

——丁克家:《唐代中国与大食的军事冲突及文化交流》,载《阿拉伯世界研究》,1990 年第 1 期

教师设问: 根据材料三、四,指出丝绸之路上的商队有哪些特点。(参考答案:商贸往来的承担者;商业活动以转运贸易为主;对外贸易的过程就是对外移民的过程)

教师讲述: 在世界历史舞台上,基于地理、政治、经济和文化等方面的因素,众多民族成为独具特色的商业民族,成为东西方商业贸易的承担者。因为他们,丝绸之路变得更加繁忙而富有生气。

(设计意图) 丝绸之路的开辟促进了东西方商贸往来,而东西方商贸往来主要是靠来自不同民族、地区和国家的商人来完成。通过本部分介绍,学生可以较好地理解商人促进了丝绸之路上的东西方贸易往来。本环节指向的是:(1)史料实证素养水平 4——在对历史和现实问题进行独立探究的过程中,能够恰当地运用史料对所探究问题进行论述。(2)历史解释素养水平 2——能够选择、组织和运用相关材料并使用相关历史术语,对个别或系列史事提出自己的解释。(3)时空观念素养水平 2——能够将某一史事定位在特定的时间和空间框

架下。

（过渡）商人对于丝绸之路的开辟和发展贡献非常大，他们积极从事贸易活动并活跃在繁华的丝绸之路上。在熙熙攘攘的商旅穿梭中，驼铃声从东到西，又自西而归。丝绸之路上的商品交易可以直接进行，也可能经过某个民族的中介间接完成。在数千年发展过程中，出现在丝绸之路上的每一个民族、每一个国家都是商品流通的参与者。在此过程中，不同商品在东西方之间流通。

（二）商路上的商品

教师讲述：从丝绸之路开辟的原因来看，丝绸之路的开辟有其独特性，而且丝绸之路并不仅仅与丝绸有关，往来于丝绸之路的商人承担着各种商品的流通工作。西方的珍奇异物开始东渐，进而深刻影响了我们的生活，而香料就是其中之一。

材料五 丝路上的人们……这从他们的名字上就可以看出，甚至连婢女都以“香”为名，吐鲁番出土文献《武周先漏新附部曲客女奴婢名籍（二）》记载婢女的名字，有“祀香”“采香”“真檀”，而《唐贞观某年男世达户籍》所记载的婢女有“春香”。

——王启涛：《丝绸之路上的香料研究》，载《一带一路报道》，2017 年第 6 期

材料六 托普卡普皇宫才收藏有大量景德镇窑、龙泉窑、漳州窑的瓷器，元明清销往西亚的各类瓷器精品也都可以在其藏品中一见端倪。

——李智瑛：《丝绸之路上的中国瓷器与伊兹尼克陶瓷》，载《中国陶瓷》，2021 年第 3 期

教师设问：材料五、六反映了什么现象？（参考答案：丝绸之路上的人们喜欢、崇尚香料和瓷器）

教师讲述：古代丝绸之路同时也是一条香料之路。香料体现了人们对生活的美好追求和审美意识，随着近百年来敦煌、吐鲁番文献的出土，我们对丝绸之路的香料类型和香料贸易也有了更加深刻的了解。古代吐鲁番是世界闻名的香料贸易市场，从事香料贸易的往往是粟特人，香料来自中亚、西亚、东南亚、南亚等广大地区。这从高昌国时代的文书可以看出，那时候吐鲁番过往的商品都要收税，在这些税务清单中，非常突出的一种货物就是香料。随着西方商品的东渐，通过丝绸之路，茶叶、瓷器、手工艺品等商品不断西运。此外，宋朝政府还设立专门管理海上贸易的市舶司，海上丝绸之路得以进一步发展。海上丝绸之路由中国东南沿海，经东海、南海、印度洋、阿拉伯海到非洲东海岸或经红海、地中海到西方各地，多以瓷器贸易为主。与陆运相比，海运承载量更大，也有利于保护瓷器等易碎品。由此可见，随着丝绸之路的开通，东西方商品相互流通，而商品流通也在发生着变化。

材料七 罗马人、埃及人开始加入通商行列，他们疯狂迷恋中国丝绸，大量收购阿拉伯帕提亚人从中国转运来的丝绸。而大量新奇的商品也源源不断从欧亚国家流传至中国。

从野兽、家禽、动物皮毛制品、植物到金属矿石、生活用器皿、乐器、书籍，从歌舞伎、外奴到颜料、香料，从工艺艺术品到民俗宗教文化用品等，各类商品举不胜举，激发了隋唐上至宫廷下至百姓的消费欲望。

——据刘静：《古代丝绸之路的商品流通》，载《兰台世界》，2012 年第 16 期

教师设问：根据材料七，指出丝绸之路上的商品流通有何变化。（参考答案：丝绸之路上商品流通的变化不仅仅体现在数量上，更多体现在流通商品的种类上）

教师引导学生分析：在隋唐时期，岭南各地区的经济逐渐发展起来，海上运输也逐渐兴盛，可通往多个国家，如日本、新罗、印度等，当时的主要商品依旧以陶瓷和丝织品为主，除此之外，还有铁制品、马鞍、貂皮、麝香、沉香、肉桂、高良姜等。宋朝以后，我国通过海运基本形成了丝绸、瓷器、茶叶为主的多元化对外产品出口格局。宋朝时期允许出口的商品有丝织品、陶瓷器、漆器、酒、糖、茶、米等。明朝，主要出口商品是生丝、丝绸和棉布。清朝，出口的商品主要有茶叶、丝绸、土布和瓷器等，其中茶叶占主导地位。同时，西方的商品也不断地进入中国。于是，中西方商品互通有无，促进了东西方商贸发展。

（设计意图）丝绸之路是连接亚欧的重要商贸通道，通过本环节对丝绸之路概况的介绍，学生能较好地理解丝绸之路上商品流通的情况。本环节指向的是：（1）历史解释素养水平 2——能够选择、组织和运用相关材料并使用相关历史术语，对个别或系列史事提出自己的解释。（2）史料实证素养水平 4——能够在辨别史料作者意图的基础上利用史料。

（过渡）丝绸之路上商品流通的开辟、存在、繁荣、兴盛，极大地推动了东西方文化在取长补短中不断发展。在商品流通过程中，交换的不仅仅是利益，还有文明。商品自觉或不自觉地为东西方文化交流搭起了桥梁，成为文化的传递者。商品的流通带来了文化的流动及融合。

（三）商路上的文化

材料八

图 2　三彩骆驼载乐俑

图 3　三彩骆驼载乐俑(局部)

教师设问：根据材料八，指出汉人乐俑的乐器主要来自哪里，说明了东西方在哪个领域的交流。（参考答案：地点——基本来自西域。领域——音乐）

教师讲述：三彩骆驼载乐俑构思精巧、造型夸张、做工细致，充满着艺术的想象和浪漫的气息。唐代艺术家用浪漫的手法将舞台设置在驼背上，可谓匠心独具。整件作品中人物形象个个生动鲜活，连骆驼也显得沉稳有加，好似踏着音乐节奏徐徐行进。伎乐俑眉目刻画清晰，姿势各异、神情专注。特别是执拍板俑，侧耳凝神，像是被那美妙音乐所陶醉，栩栩如生。三彩骆驼载乐俑所持乐器基本出自西域，而演奏及舞蹈者皆为汉人。三彩骆驼载乐俑所示七种乐器中的琵琶、箜篌等都由西域传来，成为西域音乐东渐的有力证明。三彩骆驼载乐俑淋漓尽致地展现出丝绸之路上商贸、文化、音乐等领域的兴盛与交流场景，为后世展开了一幅精美绝伦的民族间文化、音乐融合的真实画卷，对研究盛唐音乐、歌舞、服饰、文化交流参考价值重大。

教师引导学生分析：在交流过程中，中国商品对西方国家影响巨大。可以说，中国传给世界茶的名字、茶的知识、茶的栽培加工技术，世界各国的茶叶直接或间接地与我国茶叶有千丝万缕的联系。我国古代陶瓷工艺对世界各国陶瓷工艺的发展以及增进国际贸易都作出了巨大贡献。我国的纺织技术与纺织艺术对当时海外颇具影响力。中国将商品带去了海上丝绸之路的沿途国家，这些商品不仅给当地带来了一些新鲜的元素，也逐渐地影响并改变了当地的文化和部分生活习惯。

(过渡)西方和世界其他地方通过丝绸之路上的这些商品不断认识、接触和理解中国。而丝绸之路上各国商品不断涌进中国，同样也影响和改变了中国。

材料九 在唐以前，中国的工艺美术装饰中大多是人物、禽兽和抽象的几何纹样，很少有植物纹样。但在伊斯兰的世界和佛教的世界里，各类植物和花卉才是他们艺术表达的主题。由于商贸的流动，伊斯兰和佛教国家中律动变化、循环连续的“卷草纹”，格式化的花卉，还有自由表现的莨菪、棕榈叶、牡丹、荷花等各色花卉，都被僧侣和各式工匠模仿在无数佛窟、巨墓内，因而进入中国艺术的主流中，同样也进入中国的陶瓷装饰中，尤其是唐代以彩绘见长的长沙窑的装饰中。

——方李莉：《丝绸之路上的中国瓷器贸易与世界文明再生产》，载《云南师范大学学报(哲学社会科学版)》，2016 年第 4 期

材料十 正是通过这条道路，西方的葡萄、胡桃、石榴、胡萝卜、菠菜、黄瓜、胡椒、宝石、玻璃、骏马、狮子，以及音乐、舞蹈等西方文化，大量传入中国。另一方面，中国的丝绸、漆器、竹器、铜铁、火药、金银器、瓷器、桃、梨，以及造纸、凿井、炼铜、兴修农田水利和制造火药的技术，也经由这一路线传往西方。

——姚健龙：《浅论丝绸之路的形成及意义》，载《中国校外教育》，2017 年第 S1 期

教师设问：根据材料九、十并结合所学知识，指出在丝绸之路上，商品流通对中国的影响。(参考答案：国外的工艺美术、装饰纹样等融入中国古代艺术中；加强了与丝绸之路沿途国家的经济、文化交流)

教师讲述：陆地和海上丝绸之路沿途的商人们，不仅把中国的瓷器运到亚非大陆，同时，也将印度和波斯甚至北非埃及的图饰技法以及图画版本传入中国。青花瓷就是中外文明交流碰撞的结果，青花瓷既具有中国传统文化的特质，又在造型、图案等方面吸收了波斯与阿拉伯风格。那么，人们对于这种新的瓷器种类的态度是怎样的呢？

材料十一 明人曹昭在成书于洪武二十年的《格古要论》中记述“古饶瓷”时说：“御土窑者，体薄而润最好。有素折腰样、毛口者体虽薄，色白且润，尤佳，其价低，于定(器)。元朝烧小足印花者，内有‘枢府’字者高，新烧大者、足素者，欠润。有青色及五色花者，且俗甚矣。”

明人张应文在《清秘藏》中赞誉宣德青花：“我朝宣庙窑器，质料细厚，隐隐桔皮纹起，冰

裂鳝血纹者，几与官、汝窑敌。即暗花者、红花者、青花者，皆发古未有，为一代绝品。”

——周剑、张玮、郑乃章：《青花瓷——中国与阿拉伯文化交流的结晶》，载《陶瓷学报》，2012年第2期

教师设问：根据材料十一，指出士人对青花瓷态度的变化。（参考答案：由不欢迎到接受）

教师讲述：最初，士人认为带有“青色”和“五色花”的瓷器显得非常粗俗，他们更偏爱单色瓷器。但是，到了明朝中后期，人们逐渐接受了这种风格。而促使士人态度转变的原因是什么呢？

材料十二　在郑和下西洋的宏大背景下，扩大的航海贸易、扩大的海外市场、扩大的瓷器生产让贸易、市场、异文化交流紧密联系在一起。强劲的海外市场支撑了景德镇青花瓷的生产，也刺激了瓷器新品种的生产和改进。有明一代以景德镇为中心烧制的青花瓷，其生产在永乐、宣德年间有了飞速的发展，被后人称为黄金时期，为此后青花瓷最终取代传统的青瓷与白瓷，成为中国瓷器的主流，奠定了坚实的基础。

——万明：《明代青花瓷崛起的轨迹——从文明交融走向社会时尚》，载《故宫博物院院刊》，2008年第6期

教师设问：根据材料十二，指出青花瓷崛起的原因。（参考答案：郑和下西洋促使中外经济、文化交流的扩大）

教师讲述：郑和下西洋是中外交流史上的盛举，在宣扬国威加强交流的同时也伴随着朝贡贸易，其中，瓷器贸易特别是青花瓷占了很大比例。郑和的船队所带的大量瓷器，除少部分作为礼物馈赠外，大部分是进行贸易的商品。海外贸易的扩大刺激了瓷器的生产，也促使青花瓷成为瓷器的主流。由此可见，商贸往来推动了东西方文化的交流与发展。

教师引导学生总结：丝绸之路促进了东西方文化的交流。丝绸之路向我们展现了一个事实：今天的中国文化正是在不同的历史时期和其他文明交流融合所形成的，这也恰恰展示了丝绸之路的重要意义，而它在当今社会又有着怎样的深远影响呢？

材料十三　冷战结束后，在欧亚大陆战略空间构建新丝绸之路的倡议屡次被多国所提及。中国提出构建丝绸之路经济带和21世纪海上丝绸之路的战略倡议，迅速得到丝路沿线多国的响应。展示了中国对欧亚空间进行深度交流与合作的开阔情怀，显示了正在崛起的中国对欧亚战略空间发展与合作的责任感和使命感。同时，也具有丰厚的历史积淀性和延续性，而这种历史积淀性和延续性又进一步证明了中国提出新丝绸之路战略的历史逻辑性。经过30多年的改革开放，中国与国际社会的共赢合作已经站在新的起点，此时提出“一带一路”战略，目的是与国际空间进一步共享合作，构建利益共同体。

——姚健龙：《浅论丝绸之路的形成及意义》，载《中国校外教育》，2017年第S1期

教师设问：根据材料十三，指出人类进入21世纪，国际交流的主旋律是什么。（参考答案：合作、共赢）

教师引导学生分析：古代丝绸之路之所以是一项惠泽欧亚大陆的重要工程，最重要的因素是这条路上各国的人互通有无，也借着这样的交流相互影响。近年来，中国政府延续历史上曾辉煌灿烂的丝绸之路，以大国的身份开启了“一带一路”的政策。“一带一路”的终极目的正是在于连接沿线国家，打造政治互信、经济融合、文化包容的利益、命运与责任共同

体。虽然今天的我们有着更为发达的技术条件来推动新丝绸之路经济带，但回顾历史，我们也要主动思考和继承祖先在千年前经营这一人类文明史上的伟大创举时所展现的智慧和包容心态，唯有如此，“一带一路”的顺利发展才能从愿景成为现实。

(设计意图)丝绸之路不仅是东西方重要的商贸通道，而且促进了东西方文化的交流。通过本部分内容的学习，学生可以较好地理解丝绸之路对东西方文化交流所起的作用。本环节指向的是：(1)唯物史观素养水平1、2——能够了解和掌握唯物史观的基本观点和方法，理解唯物史观是科学的历史观。(2)家国情怀素养水平3、4——能够将历史学习所得与家乡、民族和国家的发展繁荣结合起来，立志为新时代中国特色社会主义建设、中华民族伟大复兴作出自己的贡献。

【课堂小结】

教师引导学生小结：丝绸之路是连接亚欧的交通和商业贸易路线。在丝绸之路上，每一个民族、每一个国家都是商品流通的参与者，推动了东西方的众多商品相互交流。而在丝绸之路上，不仅有商品的交流，还有随着商品的流通，所带来的文化的流动及融合，例如，中国茶、瓷器和丝织技术，促进了沿途国家的茶文化、陶瓷工艺和工艺美术、丝织技术的发展；国外的工艺美术、装饰纹样等融入中国古代艺术中，加强了与丝绸之路沿途国家的经济、文化交流；国外的服饰、饮食、戏曲、舞蹈等同样对中国有重要影响。在这一过程中，东西方文化得到交流和发展，并为当今国际交流提供了宝贵经验。

第 10 课

近代以来的世界贸易与文化交流的扩展

教学设计 1

陈朋朋　安徽省淮北市实验高级中学

一、教材分析

本课是统编教材《文化交流与传播》第四单元《商路、贸易与文化交流》第 2 课，共分为两个子目："全球贸易网的形成""商品流动与文化交流国际化"。第一个子目主要介绍 15 世纪以来的世界贸易的发展情况。第二个子目主要介绍商品的流通促进了文化的交流，推动文化交流的国际化。

《普通高中历史课程标准(2017 年版 2020 年修订)》对本单元的要求是：了解不同时代、不同类型商路的开辟；通过了解商品所体现的特色文化，理解贸易活动在文化交流中所扮演的重要角色。本课时间跨度大，内容极为丰富，若用一课时完成教学任务，就必须删繁就简，围绕课标重新整合内容。本教学设计对教材内容重新进行整合，分为三个子目："全球贸易推动商品流动"：主要介绍近代以来各个时期的贸易状况；"商品流动促进文化交流"：主要介绍茶叶和服饰文化的交流；"在文化交流中坚定文化自信"：主要介绍面对各种文化交流，如何坚守本民族文化。

二、学情分析

本节课所要学习的内容为近代以来的世界贸易与文化交流的扩展，高二的学生已经学习了历史必修《中外历史纲要》的相关内容，对于从新航路开辟到经济全球化的进程有一定的知识储备，在一定程度上减少了学生对相关知识学习的难度。本课内容分为两部分：全球贸易网的形成和商品流动与文化交流国际化，第一部分内容学生在必修教材学过一些，可作为文化交流的背景知识简要介绍。第二部分茶叶、服饰等商品流动，学生很陌生，应作较详细的介绍，同时挖掘出商品流动背后的文化价值。在教学中要关注不同层次学生的知识需求，既要突出学生个性成长又要做到面向全体。教学中教师可以呈现图片、文字史料及贴近学生生活的常识性知识，以加深学生对本课重难点知识的理解。

三、教学目标

1. 知道全球贸易形成的过程，了解茶叶、服饰等商品中外交流的史实，认识商品在贸易过程中起到的文化交流作用。

2. 能够依据史料，分析在服饰、茶叶等领域体现的东西方的文化交流，理解其背后的文化价值观。

3. 通过概括不同时期主要商品所体现的特色文化，认识贸易发展是建立世界各地之间直接联系的重要纽带，理解资本主义经济发展是推动全球贸易网形成的主要推动力量，提升历史解释能力。

4. 能够以唯物史观为指导，客观评价资本主义世界经济体系，认识到公平合理的国际政治经济新秩序尚未建立，当今中国面临经济全球化的机遇与挑战，增强社会责任感和历史使命感。

四、教学重难点

重点：全球贸易网形成和文化交流的过程。

难点：如何评价贸易活动在文化交流中所扮演的重要角色；认识商品在文化交流中的媒介作用。

五、教学过程

【导入新课】

图 1　　图 2

教师设问：图 1、图 2 这类外国品牌的商品在我们身边随处可见，反映了怎样的现象？(参考答案：全球化)

教师讲述：新航路开辟后，世界逐渐联结成一个整体，商品开始在全球范围内流动，各国之间的商品贸易联系也在不断加强，伴随着商品贸易而来的是各国文化的交流与碰撞。那么全球贸易网是如何形成的？又产生了哪些作用？伴随着贸易全球化而来的是文化全球化，我们如何在文化全球化浪潮中坚守本民族文化？带着这些问题我们走进今天的课堂，一起来学习第10课《近代以来的世界贸易与文化交流的扩展》。

(设计意图)本课从学生耳熟能详的品牌商品入手，激发学生学习的兴趣，缩小学生与教学内容之间的距离，为之后的教学创设良好的情境。本环节指向的是：(1)唯物史观素养水平3、4——能够将唯物史观运用于历史学习、探究中，并将其作为认识和解决现实问题的指导思想。(2)家国情怀素养水平1、2——能够理解和尊重世界各国优秀文化传统。

【学习新课】

(一) 在全球贸易中推动商品流动

1. 早期殖民扩张时期的世界贸易

教师讲述：世界市场并非自古就有，也不是迟至当今才形成。15世纪之前的旧贸易体系中，世界各地区间已存在贸易联系。但这种联系往往是间接的、局部的，且相互依赖性并不强。纵观世界近代史，世界市场的产生和形成过程，正是国际贸易从西欧、从环地中海区域逐渐扩展到非洲、亚洲、南北美洲及大洋洲的历史。所以，世界市场是国际贸易发展到全球规模的结果。国际贸易的存在与发展是世界市场形成的基础和历史前提。

材料一 西欧进入中世纪中后期，商人们对利润的无限制的追求，推动着商人不断进行市场分工，并且大力拓展国内外商品市场贸易，商人(商业组织)也开始了国际化。……伴随而来的所谓“商业革命”和“价格革命”，形成了有利于商品市场进一步发展的条件，而旧有的商品市场形式则在新的历史条件下注入了全新的内容。16世纪全欧贸易的新中心安特卫普、里昂等商品市场又繁荣起来，以安特卫普为例，那里有来自欧洲和亚洲一些国家的商人。

——魏跃军：《14世纪中叶—16世纪中叶西欧商品市场研究》，东北师范大学2011年博士论文，第58—59页

教师设问：以西欧为中心的世界贸易市场形成的原因有哪些？(参考答案：商人对利润的无限追求；商品需求的国际化；新航路的开辟)

教师讲述：商品市场国际化是14世纪中叶至16世纪中叶西欧经济的主要特点。在这一过程中，西欧与世界其他国家和地区逐渐建立了贸易交往，彼此之间的商品具有一定的依存度。中世纪晚期的西欧商品市场，随着社会经济发展水平的不断提高发生了相应的变化，由相对封闭、低级的封建社会制度下的商品市场向相对开放、高级的商业资本主义市场转型。随着商品市场的扩大、贸易交往的深入，西欧商品市场也由区域性市场发展为国际化的西欧商品市场。

材料二 15世纪末，新航线的发现使西欧人走向了世界，他们以远渡大西洋、太平洋和印度洋的航行代替了地中海的航行，海外市场不断拓展，贸易量快速增长，促进了交易费用的降低，使大西洋沿岸地区成为国际市场主角，从而使世界贸易中心从地中海沿岸转移到大西洋沿岸。……西欧商人资本到16世纪初向安特卫普转移，意味着西欧市场中心从地中海转移到大西洋沿岸。可以说，在商业资本主义时期，谁控制了资本，谁就控制了市场。

——魏跃军：《14世纪中叶—16世纪中叶西欧商品市场研究》，东北师范大学2011年博士论文，第63页

教师设问：西欧商品市场中心发生空间转移的深层原因有哪些？（参考答案：商路和贸易中心发生转移；资本的空间转移）

教师讲述：一般来讲，一个市场中心区的衰落，常常会带来另一个市场中心区的兴起。15世纪末，随着新航路的开辟，西欧贸易市场中心开始转移，西欧地中海市场中心区走向衰落，意大利的威尼斯、热那亚等经济地位下降。后来西班牙人运来美洲白银，使转运贸易港口安特卫普达到其繁荣之巅。资本家们主导着当时大西洋沿岸市场的繁荣发展，一方面意大利商人开始变得保守；另一方面，西北欧商人商船南下地中海，后取代热那亚、威尼斯商人而成为地中海上的“马车夫”，把地中海内部贸易及海外贸易都逐渐控制在自己手里。这逐渐改变了欧洲国际贸易航线，把欧洲贸易中心向北转移到了大西洋沿岸。

教师引导学生小结：新航路开辟彻底改变了世界各部分在旧世界贸易体系中的地位。一世纪之间全球性的贸易网络突然扩大，不仅是地理规模上，更重要的是可交易物品的数量和质量上都出现了质的飞跃。世界范围内的物种交流彻底改变了旧世界贸易体系的面貌。咖啡、烟草、蔗糖等经济作物在世界范围内移植，并在世界贸易体系的调整中扮演越来越重要的角色，使原来独占这些资源的地区失去了在世界贸易竞争中的优势地位。

（过渡）18世纪60年代，伴随着机器的轰鸣和蒸汽的呼啸，工业革命从英国迅速扩散到欧陆和北美。它根本地改变了各国的经济结构与产业结构，开拓并且建立了世界市场。机器大工业把所有地方性的小市场联合成一个世界市场。欧洲的资产阶级，尤其是英国人奔走于世界各地，到处扩张、到处创业、到处建立联系，进一步开拓了世界市场。

2. 两次工业革命时期的世界贸易

教师讲述：其他地区的贸易调整给予英国一个拓展自己贸易领域的机会，通过接手葡萄牙的贸易网络，英国在与荷兰的竞争中胜出，成为新的世界贸易中间商。这一地位带来了对商品的更大需求，工业革命在英国率先开始。英国工业革命的最初目标主要是满足消费市场，消费又以一种独特的方式为工业革命提供它所需要的资金，促进工业革命的发展。因此可以说，工业革命是全球性贸易结构调整作用于英国经济结构的一个产物。

材料三　商品交易所的数量及规模都有长足进展，大宗商品几乎全在交易所成交，现场看货的传统方式让位于凭样品签约，期货交易额增长很快。……当时世界强国英国在1846年和1849年先后废除了谷物条例和航海条例，全面实施自由贸易政策，和一些国家签订了贸易协定：希腊（1837）、土耳其（1838）、波斯（1836，1857）、中国（1840，1842）、日本（1858）等，其中绝大多数是不平等的贸易协定。

——孙明：《概述近代世界市场的形成及其经济意义》，载《四川教育学院学报》，2002年第6期

教师设问：工业革命时期世界贸易发生了怎样的变化？（参考答案：贸易组织形式进一步发展变化；世界贸易的空前发展，使国际经济关系变得更加错综复杂）

教师引导学生分析：这个时期世界贸易可以概括为以一个拥有“世界工厂”称号的英国为中心，其他农业国环绕其四周的格局。世界市场的拓宽，使一切国家的生产和消费都成为世界性的了。过去那种地方的和民族的自给自足和闭关自守状态，被各民族的各方面的互相往来和各方面的互相依赖代替了。

材料四　世界市场将商品货币关系和资本主义生产方式扩展到地球的各个角落，冲击

着落后的社会经济结构，加速了资本主义因素的孕育和成长。……世界市场的出现，不但打破了各国经济的孤立性和闭关自守的割裂状态，而且打破了小生产的狭隘界限，有力地推进了各国社会经济的整体发展。

——孙明：《概述近代世界市场的形成及其经济意义》，载《四川教育学院学报》，2002 年第 6 期

教师设问： 根据材料四，分析世界市场的形成带来了哪些影响。（参考答案：推动了资本主义的发展；推动了各国社会经济的整体发展和世界经济体系的形成）

教师引导学生分析： 世界市场在世界近代历史发展进程中，加强了世界各国经济的联系，使各国能够互通有无，扬长避短，资源互补，充分发挥各自的优势，从而促进本国经济的发展。世界经济的整体性发展是一个历史的进步过程。

教师讲述： 19 世纪晚期 20 世纪初，是世界市场最终确立之时。第二次工业革命的发生是其形成的根本动力。世界资本主义生产体系的形成，使世界贸易关系全面固定。在此期间世界贸易量增长很快。1865—1915 年间世界贸易总额增长了四倍多，而 19 世纪 90 年代至一战前世界出口总额增长了一倍半①。

（过渡） 1929 年爆发的经济大危机，彻底恶化了资本主义世界的政治经济秩序，也间接导致了第二次世界大战的爆发。二战是人类在物质和精神上史无前例的劫难，它的影响也是相当深远的，其中最重要的是它引起了国际经济体系的变化，推动了新国际秩序结构的建立。

3. 战后的世界贸易

材料五　由于实行固定汇率，有利于进出口成本和利润的核算，有利于国际资本的流动。国际贸易的增长速度大大超过战前。……基金组织成员虽然有各自不同的利益，存在着不少分歧和矛盾，但是"协定"毕竟使战后资本主义世界货币体系得到正常运转。……基金组织和世界银行对逆差国提供各种信贷支持，帮助会员国解决国际收支困难，克服国际收支失衡的困难，促进币值的稳定。

——王玮华：《二战后国际经济体系的建立及改革》，外交学院 2012 年硕士学位论文，第 12 页

教师设问： 根据材料五并结合所学知识，指出布雷顿森林体系建立对战后世界贸易起到的作用。（参考答案：促进了国际贸易和世界经济的发展；保证了国际货币关系的相对稳定；缓解了国际收支危机）

教师引导学生分析： 布雷顿森林体系的建立，暂时结束了战前货币金融领域里的混乱局面，在相对稳定的情况下扩大了世界贸易，维持了战后世界货币体系的正常运转。布雷顿森林体系形成后，基金组织和世界银行的活动对世界经济的恢复和发展起了一定的积极作用。基金组织和世界银行在提供技术援助，建立国际经济货币的研究资料及交换资料情报等方面推动了世界经济的恢复与发展。

（设计意图） 通过呈现材料，引导学生了解从早期殖民扩张到战后世界贸易的发展，认识到商品的交换推动贸易的发展，而全球贸易网的形成又促进了商品在世界范围内的流动。本环节指向的是：(1) 史料实证素养水平 1——能够从所获得的材料中提取有关的信息。

① ［德］库钦斯基著，陈东旭译：《资本主义世界经济史研究》，北京：生活·读书·新知三联书店，1955 年，第 75—76 页。

(2)时空观念素养水平2——能够将某一史事定位在特定的时间和空间框架下，能够认识事物发生的来龙去脉。

(过渡)在全球贸易中，大量的商品进行着相互交流，其中来自中国的茶叶在东西方商品交流中发挥着巨大的作用。老百姓常说“柴米油盐酱醋茶”，可见茶在中国百姓生活中的重要地位。中国是茶的故乡，中国茶的外传，推动了东西方的文化交流。

(二) 在商品流动中促进文化交流

1. 茶文化的交流

教师讲述：在中国，饮茶有着十分悠久的历史，唐朝时饮茶之风便已盛行，茶叶作为商品至少已有两千年的历史。约于公元5世纪南北朝时，中国的茶叶就开始陆续输出至东南亚邻国及亚洲其他地区。15世纪末东西航路开通之后，西方人对茶叶慢慢有了直接的接触，17世纪初中西茶叶贸易开始兴起。

材料六 中国茶除了丰富的物态文化之外，更具有精神上的内涵，人们常以茶表达敬意、展示礼仪和明确志向等，是精神文明的象征，中国茶文化就是物质与精神统一的文化。……茶是一种经济作物，是世界三大饮料之一，喝之可以解渴，品之可以怡情，入药可以治病，用于生产化妆品可以美容养颜。同时民间有以茶祭祖或以茶敬神等习俗，因此茶文化表现出较强的功利性。而茶文化又是一种怡情文化，可以茶自娱、茶艺表演、茶文化旅游等。

——盛敏：《中国茶文化对外传播与茶叶出口贸易发展研究》，湖南农业大学2017年博士论文，第143—144页

教师设问：根据材料六，归纳中国茶文化的特点。(参考答案：中国茶文化是一种物质与精神完美结合的文化；茶文化体现了功利与娱乐的统一)

教师讲述：茶是中国人民贡献给整个人类的一种良好饮料。在古代一个相当长的阶段中只有中国种茶、制茶和饮茶。现在茶已是饮遍全球、广种五洲的世界性饮料和作物。但溯其源，各国的饮茶习俗、茶籽的来源、制茶和种茶的技术大都是直接或间接从中国传播出去的，所以中国被称为“茶的祖国”“茶的故乡”。

中国的茶叶不仅改变了西方人的饮食习惯，而且从中国茶的清香中，西方人可以感受到幻想中的中国。17世纪60年代茶叶已成为英国宫廷阁议时的饮料。1664年，英国东印度公司董事会购名茶献赠英王。18世纪初，品饮红茶逐渐在英国流行，甚至成为一种表示高雅的行为，茶叶成了英国上层社会人士用于相互馈赠的一种珍贵商品。

材料七 英国民谣称：当时钟敲响四下时，世上的一切瞬间为茶而停止。在英国人眼中，此时不管有何公事，都须等喝完下午茶再说。即使战争也不能改变英国人饮下午茶的习俗，在第二次世界大战期间，英德两军对垒时，每到四点钟，英军就会喝下午茶。德国人也很君子，在这段时间不进攻，享受短暂的和平。

——刘朴兵：《略论英国茶文化的演变》，载《农业考古》，2010年第5期

教师设问：茶叶的传入给英国社会带来了怎样的影响？(参考答案：饮茶之风盛行，饮茶成为固定的社会习俗)

教师引导学生分析：从初接触茶到今天，英国人在饮茶的道路上已经走过了4个世纪。

茶从最初的一种神奇而又充满东方魅力的“仙草”，逐渐成为英国贵族推崇的奢侈饮料，最后进入寻常英国人的生活，成为英国普通百姓饮食的重要组成部分。不过如此爱茶的英国却不产茶叶，所消费的茶叶全部来自异国他乡，如中国、印度等国。英国人借用一种舶来品，塑造了独具特色的英国红茶文化，开创了优雅自在的欧洲下午茶生活方式，成为许多国家白领阶层追捧的对象。

材料八　1702年，继承王位的安妮又是一位茶叶推崇者，她经常举办茶会，屋内往往饰以屏风，桌上则摆有中国瓷器，以便能够冲出芳香的中国红茶。……特别是在维多利亚时代（1837—1901），英国开始进入全盛时期。这一时期，英国工业发达，农业繁荣，市场扩大，贸易昌盛。社会经济的全面繁荣使人们更加关注生活质量的提高。在这一时代大背景下，英国的茶叶消费迎来了一个更加繁荣的时期。

——刘朴兵：《略论英国茶文化的演变》，载《农业考古》，2010年第5期

教师设问：根据材料八，归纳饮茶之风在英国盛行的原因。（参考答案：英国王室的推崇；工业革命所带来的社会经济的繁荣）

教师讲述：18世纪英国饮茶之风逐渐普及与茶叶价格的大幅下降不无关系。茶价的逐步下跌，使得许多中产阶级以及部分下层阶级的英国民众都能消费得起。但如果英国人本身对茶没有兴趣的话，那么即使茶叶的价格再低，饮茶之风也难以普及，与同时期的欧洲其他国家相比，茶在英国更受人们的欢迎。

饮茶之风在英国普遍盛行。除了中上层人士普遍饮茶外，普通工人大众在温饱之余也开始关注饮茶。这是因为随着工业革命的发展，高强度的工作压力使工人们对茶叶需求急剧扩大，因为茶叶是一种温和而有滋补作用的兴奋剂，加入牛奶和糖后，就成为品味俱佳的提神饮料，既可促进消化，又可振奋精神。

材料九　因为英国茶文化是由上层社会向底层社会传播，因此，在其形成过程中带有皇室贵族的气质，彰显着英国人特有的绅士风范。……与不限饮用时间的咖啡相比，英国人对喝茶时间的安排近乎于对生活仪式感的重视，认为喝茶是上天赐予的生活权利，对这种权利的保护和利用贯穿于英国社会生活的方方面面。

——雷伍峰：《英国茶文化的发展与特点及其影响》，载《茶叶通讯》，2019年第4期

教师设问：根据材料九，概括英国茶文化的特点。（参考答案：彰显了其独有的人文气质；饮茶仪式感强）

教师讲述：英国人在饮茶中不仅注重饮茶仪式，对于饮茶的器具、茶点都非常看重。可以说，饮茶已经融入英国人的日常生活，茶文化对英国产生了极大的影响。

材料十　随着饮茶生活的日益家庭化和社交化，女性在饮食消费生活中日益占据重要地位。……茶文化为英国女性参与社会交往提供了必要的场所——家庭茶室和社会茶园。……18世纪后，英国国内对茶叶的巨大消费刺激了英国对外贸易的发展。茶叶贸易为英国带来了巨额的财政收入，增加了英国的货币财富，丰厚的茶税收入曾一度是英国国库的主要来源。

——刘朴兵：《略论英国茶文化的演变》，载《农业考古》，2010年第5期

教师设问：茶文化对英国社会带来了怎样的影响？（参考答案：提高妇女地位；密切社会交往；刺激殖民扩张）

(过渡)穿衣吃饭是人的基本需求,当中国的茶叶传到西方并与西方饮食文化相结合,形成独特的茶文化时,另一方面,东西方服饰文化也在相互碰撞、融合。沈从文先生在谈及服饰文化时写到:“它反映的不仅是个人爱美的情操,还是这个民族一种深厚悠久的文化。”

2. 服饰文化的交流

教师讲述:服饰是文化的产物,又是文化的载体,而且所有的服饰都是人类物质创造和精神创造的聚合体。世界服饰文化的相互交融不仅促进了各国之间的友好关系,促进了科学进步的发展,而且加强了各民族间的更深层的相互了解。

材料十一 在中国人的穿着观念中,服装一向是被看作穿着者权力和地位的象征,同时中国又是一个礼仪之邦,非常崇尚传统礼教。可以说,中国人是用观念去穿服装的,所以是用一块“精神的布”把身体遮蔽起来。西方的穿着观念与我国截然不同,西方有崇尚人体的传统,要求服装穿着者能更好地表现和反映人体美。西方的穿着观念是服装穿着必须为人体服务,通过穿着能够使人体显长掩短,把人装点得更美。

——皇甫尚华、陈丽娜、肖亮:《试论中西服饰文化》,载《内江师范学院学报》,2008年第S1期

教师设问:中西服饰文化中各自蕴含怎样的着装理念?(参考答案:国人在着装上注重伦理,用服装掩盖人体;西方服装理念以追求人体美为核心,显示了外倾、外显、外向的特征)

教师讲述:服饰文化是直接服务于人的社会文化,不论东方还是西方,对人的不同理解必然导致不同文化范畴内服饰文化理念的差异。

材料十二 叶浅予发表于《玲珑》总第六十四期的作品——《冬季大衣的时装》,其服装是依据西式服装而作:里面是中式的旗袍,立领,外面是西式翻领大衣,收腰身,领口和袖口位置都有裘皮镶边,作品中的模特手上拿有西式皮夹,文章中详细表明:“手上所拿的皮夹,最好和衣料的色彩相仿,个人都可以用自己的眼光配色,穿了这样的大衣,就不愧在交际场走走了。”

——曹彦菊:《西潮东渐洋装渐起——〈玲珑〉杂志中西服饰文化的传播者》,载《山东纺织经济》,2010年第3期

教师设问:根据材料十二,归纳西方服饰传入中国后对中国百姓穿着带来的影响。(参考答案:中国百姓接受了西方的穿着样式,接受了西方的穿着观念,并把这些观念融合到了本民族的穿着方式之中)

教师引导学生分析:进入20世纪以后,受西方文化的冲击,伴随着反帝、反封建和现代化的进程,中国人先是被动地,后来又主动地接纳西方服饰文化,并把这些观念融合到了本民族服饰文化中。

(设计意图)全球贸易推动的东西方商品文化交流是本课的重要内容之一。学生对于商品所蕴含的文化理念理解起来有一定难度,而教材对于这些表述又很简略,因此在教学中要注意通过史料的呈现,引导学生分析伴随着全球贸易网的形成,东西方商品相互流通,以及商品流通中蕴含着文化的交流与交融。本环节指向的是:(1)史料实证素养水平1、2——能够从所获得的材料中提取有关的信息;明了史料在历史叙述中的基础作用。(2)历史解释素养水平2——能够选择、组织和运用相关材料并使用相关历史术语,对个别或系列史事提出自己的解释;能够在历史叙述中将史实描述与历史解释结合起来。

(过渡)在全球化趋势不断加强的今天,文化碰撞与交流也随着经济的不断强化而强化,面临着多种文化碰撞,我们一方面要吸收国外先进文化,另一方面又要坚定本民族文化自信。

(三)在文化交流中坚定文化自信

1. 唤醒文化认同

教师讲述:在当今世界,面临多种文化交流与碰撞,如何提高中国民族文化的影响力?如何传播中国思想和文化?如何彰显民族文化的魅力?如何提高中国文化的话语权?这些是摆在当代中国面前的一个根本问题,是中国人亟需作出回答的问题。应对文化认同危机,建构文化认同,需要从经济、政治、文化等多方面采取措施。

材料十三　共同利益实现的程度,一定程度上决定着共同文化认同实现的程度。……共同身份的政治建构是文化认同建构的通用手段,主体对一种文化的认同需要相关的制度设置予以引导和保障,这就需要政治上进行制度设置以确保对共同身份的保障和强调。……共同文化是全体社会成员的精神家园,其突出特征是共同性,具有民族国家的显著特征,是社会成员文化身份的标志,对社会成员具有凝聚作用。

——张全峰:《唯物史观视域中的文化认同研究》,中共中央党校2018年博士论文,第101、106、111页

教师设问:根据材料十三,概括建构文化认同的措施。(参考答案:建构共同利益;强化社会成员的公民身份;建构共同文化)

教师讲述:全球化的快速发展深深影响着每个国家的文化认同,中国在加入全球化的进程中,要积极地构建适合社会、国家发展的文化认同。我们的任务就是立足中国优秀文化传统,着眼世界文化发展前沿,努力高举先进文化的旗帜。

(过渡)在全球化背景下,如何正确看待中西方文化的关系,积极建构符合中国伦理精神的先进文化,已成为我们不得不思考的大问题,也是我们在应对西方文化霸权的挑战中必须保持的文化自信和科学态度。

2. 提升文化自信

教师讲述:历史上,中华文化认同对于中华民族凝聚与中国民族国家的团结统一一直发挥着正面的支持作用。中国社会成员对中华文化的认同是坚定的,并充满着文化自信。

材料十四　一个拥有高水平文化软实力的外交策略,能够在国家间利益争夺中发挥积极的至关作用,进而影响国家和民族的前途命运。……实现人的自由全面发展是未来社会的根本价值目标,而人要想实现自由的发展和全面的发展,就必须接受文化的陶冶和坚定对其生活其中的社会文化的信心。

——江运东:《中国特色社会主义文化自信研究》,电子科技大学2017年博士论文,第41、44页

教师设问:根据材料十四,归纳中国特色社会主义文化自信的价值。(参考答案:助推我国的民族复兴和国家强盛;逐步提高国民素质,有助于国民的全面自由发展)

教师引导学生分析:在提升文化软实力,实现文化强国,促进民族复兴的过程中,文化作为综合国力高低的重要评价指标,其重要性已日益凸显。坚持文化自信,提升文化软实力,促进文化繁荣发展,都是在有效地提高综合国力。

(设计意图)通过史料的呈现，引导学生分析，使学生认识到：面对贸易全球化带来的文化全球化，我们要唤醒文化认同，提升本民族文化自信；只有坚定文化自信，才能促进民族的自主创新能力，国家在竞争中才能既适应世界发展的潮流，又立于不败之地。本环节指向的是：(1)时空观念素养水平 2——能够将某一史事定位在特定的时间和空间框架下。(2)家国情怀素养水平 3、4——能够把握中华民族多元一体的发展趋势，以及世界历史发展的进步历程，形成正确的世界观、人生观、价值观和历史观；能够表现出对历史的反思，从历史中汲取经验教训，更全面、客观地认识历史和现实社会问题。

【课堂小结】

教师引导学生小结：世界市场并非自古就有，也不是迟至当今才形成。新航路的开辟，促使世界贸易网初步形成。到 19 世纪，伴随着经济和政治领域的革命，一个崭新的现代世界贸易体系最终产生，并在很短时间内改变了世界的格局，也标志一个新时代的到来。贸易领域内的转变反映出近代早期世界各区域间互动的加剧，伴随着贸易的发展，也带来了各国之间商品文化的交流。各个国家文化具有多样性，民俗风情丰富多彩，宗教信仰也不尽相同，语言文字和表达方式差异明显，文化交流的目的和初衷是整合世界观、价值观，建立起覆盖全人类文明的文化价值体系，消减不同国家、地区、人民群众彼此间的误解和文化冲突。在全球商品文化交流中，我们要坚定本民族文化自信，积极宣扬本国优秀文化，为世界发展作出自己的文化贡献。

教学设计 2

梁松　安徽省淮北市实验高级中学

一、教材分析

本课是统编教材《文化交流与传播》第四单元《商路、贸易与文化交流》第 2 课，包括“全球贸易网的形成”“商品流动与文化交流国际化”两个子目。第一子目主要讲述世界市场的形成与发展，第二子目主要通过咖啡、烟草、可可、茶叶、钟表等具体的商品来阐释商品流动与文化传播的关系。商品具有一定的文化价值，反映人们的观念意识、精神追求、价值取向、文化心理。商品的文化价值具有时代性，一个历史时代的商品反映该时代的社会风尚和人们的精神文化需求。随着全球贸易网的形成，商品形成了世界性流动，同时也在世界性的文化交流中起到了重要作用。

《普通高中历史课程标准(2017 年版 2020 年修订)》对本单元的要求是：了解不同时代、不同类型商路的开辟；通过了解商品所体现的特色文化，理解贸易活动在文化交流中所扮演的重要角色。从课标要求来看，本课突出的重点是贸易活动对于文化交流的重要作用，一方面要理清商路和贸易活动的发展，另一方面要讲清商品与文化交流的关系。为了更好地达成课标要求，本教学设计主要以茶叶为例来贯穿教学，使学生通过茶叶这一种特殊商品来理解商品与文化交流的关系。

二、学情分析

学生通过对《中外历史纲要》《国家制度与社会治理》和《经济与社会生活》的学习，已经具备了较好的知识基础，本课的一些内容在之前的通史学习中也已经有所涉及，这为学习本课提供了良好的基础。

但是，高二学生依然欠缺历史思维能力，核心素养能力水平仍然存在不足，这为本课的学习增加了很大的难度。同时，不同地区、不同层次学校的学生由于各方面原因，历史思维能力和基础知识的掌握程度有很大差异，因此在教学过程中，要针对具体问题进行适当的调整。

三、教学目标

1. 通过自主学习和史料研读，了解全球贸易网形成的主要过程，知道全球贸易中的典型商品，提升时空观念与史料实证素养。

2. 通过史料研习与合作探究，以茶叶为例，了解各种商品所体现的特色文化，理解贸易活动在文化交流中所扮演的重要角色，提升历史解释能力。

3. 通过史料研习与合作探究，认识商品和文化交流对于各国和整个世界的重要意义，涵养家国情怀。

四、教学重难点

重点：全球贸易网形成；商品贸易与文化交流国际化。

难点：商品贸易与文化交流的关系。

五、教学过程

【导入新课】

图 1　约翰·莱利：《布拉干萨的凯瑟琳，查理二世的女王陛下》(局部)

教师讲述：这幅画的主人公是西班牙凯瑟琳公主，1662年嫁给刚复辟两年的英王查理二世，成为英国的王后。在英国，她被称为“饮茶皇后”，推动了英国饮茶之风的盛行，诗人E. 沃勒(Edmund Waller)(1606—1687)曾作诗赞美这位饮茶皇后：

花神宠秋色，嫦娥矜月桂；
月桂与秋色，难与茶媲美；
一为后中英，一为群芳最；
物阜称东土，携来感勇士；
助我清明思，湛然去烦累；
欣逢后诞辰，祝寿介以此。①

这首《饮茶皇后》也被称为最早的英文茶诗。茶叶有着怎样的魅力，能够跨越重洋在英国掀起如此巨大的影响？今天就让我们一起来学习第10课《近代以来的世界贸易与文化交流的扩展》，探索那些神奇的树叶是如何做到风靡英国并对世界产生重要影响的。

(设计意图)通过一幅画和一首诗引起学生对本课的学习兴趣，从而引导学生去揭示历史人物背后的历史真相，有利于本课教学的展开。

【学习新课】

(一) 茶：来自东方的神奇树叶

材料一　茶者，南方之嘉木也。一尺二尺，乃至数十尺。其巴山、峡川有两人合抱者，伐而掇之。其树如瓜芦，叶如栀子，花如白蔷薇，实如栟榈，蒂如丁香，根如胡桃。

——(唐)陆羽著，张芳赐等译释：《〈茶经〉译释》，昆明：云南科技出版社，2004年，第1页

教师讲述：陆羽认为茶起源于中国的南方，是一种非常美好的树木，但实际上茶应该属于灌木。我国是茶叶的发源地，在早期，茶叶不经过处理，直接煮汤饮用，后来出现了茶饼，用沸水冲饮。到了唐朝，饮茶的风俗逐渐由南方传到北方，明朝时期，出现了炒制茶叶的技术，制作工艺也不断进步。

(过渡)但是，茶不仅仅是一种饮料那么简单，经过几千年的种植与饮用，已经形成了成熟而又影响深远的饮茶文化。饮茶与社交、审美、文学、甚至参禅悟道等许多方面都有很大的关系，比如，唐代的诗人元稹写过一首很有名的茶诗。

材料二

茶，
香叶，嫩芽。
慕诗客，爱僧家。
碾雕白玉，罗织红纱。
铫煎黄蕊色，婉转曲尘花。
夜后邀陪明月，晨前命对朝霞。
洗尽古今人不倦，将知醉后岂堪夸。

① 盛敏、刘仲华、林海燕：《近代中国茶文化向西欧的传播与中西文化交流》，载《农业考古》，2017年第5期。

——(唐)元稹《茶》

教师设问：这首诗描写了关于茶的哪些方面内容？(参考答案：茶的外形、品质、功效、饮茶的意境、煮茶的过程)

教师讲述：在中国的文化里，饮茶已经不仅仅是为解渴，更是承载了一种文化品位和精神气度，这在另一位唐朝诗人的《七碗茶歌》一诗里表现得更加明显。

材料三　“一碗喉吻润”，水润喉是为品茶之基本。“二碗破孤闷”，一语道破天机，直抒胸臆，茶乃醒世之物而非以酒解愁。“三碗搜枯肠，惟有文字三千卷”，与那些朱门“肥肠”相比之下的枯肠，唯以知识修养作为文人清高孤傲姿态的写照。但卢仝真正能够高人一筹的感觉还是要数第四碗——“四碗发轻汗，平生不平事，尽向毛孔散。”和风细雨般的轻松语言将诗人平生遭遇种种不快和心中郁结都已散发到九霄云外。何以解忧，唯茶是求。“五碗肌骨轻，六碗通仙灵，七碗吃不得也，唯觉两腋习习清风生。”从第五碗到第七碗，则纯粹是卢仝由物质到精神的一种感受和升华，是一种心会和享受的过程。

——舒曼：《从古代茶诗看卢仝在中国茶文化史上的地位》，载《农业考古》，2013 年第 2 期

教师设问：根据材料三，指出卢仝对茶文化的理解。(参考答案：茶不仅仅是饮料，更带来精神的享受和升华，契合古代文人清高孤傲的气质)

(过渡)在古代，中国的茶叶和茶文化在自身不断发展的同时，也在不断向边疆和其他国家传播，改变着这些地区人们日常的生活方式。中原饮茶文化的普及，加速了边疆地区对中原的文化体验和认同。

材料四　与典章制度、礼法制度、官僚制度等较为无形的文化要素相比较，茶文化可感、可观、可学，更重要的是茶具、品茶等都暗含着汉文化内在审美情趣，不断的重复的烹茶和饮茶实践活动看似是日常生活行为，实际上是不断对汉文化的操演和情趣的再体验过程。

——宋时磊：《唐代茶叶及茶文化向边疆塞外的传播》，载《人文论丛》，2016 年第二辑

教师设问：作者认为茶叶贸易和茶文化不断普及产生了怎样的影响？(参考答案：推进和扩大了汉文化在边疆的影响；促进了边疆少数民族对中原的文化认同)

教师讲述：茶叶的种植、加工、贸易属于经济现象，而饮茶属于文化现象。实际上，商品的交换也是一种文化交流，不同国家、不同地区、不同民族之间的商品交换，一方面要进行人员的接触和交往，另一方面又要了解和接受对方的商品，这必然伴随着文化价值观的接触和交流，而商品交换实现的同时，也实现了文化的交流。

(过渡)在古代中国，茶叶正是扮演了“文化使者”这样一种角色，中原的茶叶向边疆地区和周边国家不断传播，实现了文化的交流和传播。但是，茶叶要传播到更远的地方、影响更多的人，还需要等待一次伟大的机遇，而这一机遇很快就来到面前。

(二) 茶：沟通东西的神奇商品

教师设问：《新航路开辟示意图》[①]反映的是哪一事件？有何历史意义？(参考答案：事件——新航路的开辟。意义——加强各地联系，世界从孤立走向整体)

教师讲述：新航路开辟是人类历史一个重要的转折点，它加强了世界各地的联系，使世

① 《普通高中课程标准实验教科书 · 必修二 · 历史地图册》，北京：地质出版社，2014 年，第 23 页。

界从孤立走向整体，同时也改变了世界的贸易格局。

材料五 到1800年，世界大多数地区都被海上贸易路线所连接。欧洲人使用和仿制了大量中国瓷器，他们穿着印度棉织品，以致英语中的“薄棉布”“印花棉布”分别对应印度的港口名字“madras”(马德拉斯)和“calico”(卡里库特)，欧洲人还食用来自东南亚的香料、中国的茶叶、墨西哥的巧克力、也门的咖啡，并用来自加勒比地区的砂糖给咖啡增加甜味。

——施诚：《从早期近代世界贸易的主要商品看世界财富的流向》，载《商业观察》，2017年第10期

教师设问：早期的全球贸易网络有何特点？对世界贸易和文化传播有何影响？(参考答案：特点——欧洲人主导，以欧洲为中心；商品种类更加丰富。影响——扩大了世界贸易范围，促进了商品交流和文化交流)

教师讲述：新航路开辟之后，欧洲人率先建立起近代世界贸易网络。早期近代世界贸易的商品繁多，主要有黑奴、香料、蔗糖、咖啡、茶叶、烟草、毛皮、纺织品、染料、瓷器、贵金属等等。那么，茶叶是如何到达欧洲的呢？

材料六 1606—1607年，荷兰商人到广州购买了一批茶叶，经澳门运到巴达维亚(今雅加达)，后于1610年运回荷兰销售，从而拉开了西欧与中国之间的茶叶贸易的序幕。随后，饮茶之风迅速波及英、法等国，从中国进口的茶叶数量也随之迅速增加。据荷兰人的记载，1648年3月，荷兰船“伯克豪特号”(Berkhaut)从台湾的大员[①]抵达巴达维亚，其所载货物中就包括了中国茶近两千斤。

英国东印度公司也开始大量进口中国茶叶。1664年，该公司首次从中国采购中国茶，价值100英镑。

——李伯重著：《火枪与账簿——早期经济全球化时代的中国与东亚世界》，北京：生活·读书·新知三联书店，2017年，第61页

教师设问：中国的茶叶是如何到达欧洲的？(参考答案：荷兰殖民者通过东印度公司将茶叶运到欧洲，随后英国东印度公司也大量进口茶叶)

教师讲述：17世纪初期，荷兰殖民者第一次将茶叶运到欧洲，茶叶成为这一世界性贸易网络中的重要一环。此后，随着殖民扩张和工业革命的逐步展开，世界市场逐步拓展并初步形成，贸易的规模也越来越大，从茶叶贸易中也能够清楚地看到贸易不断发展的过程。

表一 18世纪英国年均进口茶叶数量统计表

年代	年均数量(千克)
1721—1730	401.4
1731—1740	527.2
1741—1750	913.7
1751—1760	1 688.2

① 大员：是由台湾南部平埔族台窝湾社(Teyowan)之名转化而来。

——施诚：《早期近代世界贸易的主要商品及财富流向》，载《史学集刊》，2016 年第 2 期

表二　18 世纪广东年均出口茶叶数量

年代	英国东印度公司	荷兰东印度公司	其他地方	总数
1719—1725	417	/	354	771
1726—1733	498	181	460	1 139
1734—1740	629	392	1 034	2 055
1741—1748	899	916	1 918	3 733
1749—1755	1 390	1 275	2 661	5 326

——施诚：《早期近代世界贸易的主要商品及财富流向》，载《史学集刊》，2016 年第 2 期

教师设问：你能从表一、表二中获取哪些历史信息？（参考答案：茶叶进出口总额持续增加；英国和荷兰在茶叶贸易中占有重要地位）

教师讲述：茶叶进出口总额不断增加的过程，实际上就是世界贸易不断发展的过程。根据记载，1657 年，茶叶首次在伦敦的一家咖啡馆里销售。1700—1750 年，英国茶叶消费增加了 200 倍。1770 年，荷兰进口的茶叶相当于英国的 2/3，荷兰是欧洲第二大饮茶国家。官方记录俄罗斯最早的饮茶者是 1638 年罗曼诺夫王朝的沙皇。1679 年，俄罗斯与中国签订了茶叶贸易协定，从此俄罗斯进口和消费的中国茶叶都急剧增加。

茶叶传入欧洲后，成为人们十分青睐的商品，特别在英国，茶叶的地位已经超越了作为一种饮料的范畴，影响到英国社会的方方面面。但是，因为当时中国严格管控对外贸易，又加上中国小农经济的顽强抵制，英国的商品很难在中国打开销路，因此，大宗的茶叶贸易是英国与中国之间形成贸易逆差的重要原因之一。面对这种困境，英国人试图自己去种植茶叶，于是，诞生了历史上著名的“茶叶大盗”——罗伯特·福钧。

材料七　1839—1860 年，罗伯特·福钧曾 4 次来华。这是一个动荡不安的时代，战乱、海盗、疾病、陌生的环境、恶劣的气候……福钧的旅程注定不可能平坦。他雇佣中国人为向导，并将自己的头发剃掉，化装成中国人深入杭州、安徽、福建等多个产茶区，运用各种手段获取茶树种子和栽培技术，然后将茶苗和茶种经上海转运印度，同时还招聘中国茶业工人前往印度直接从事相关工作，他的一系列行为直接催生了印度及斯里兰卡地区茶业的兴起，进而替代中国茶成为英国乃至世界茶饮的首选。

——赵青新：《旧中国为何丢失茶业王冠？——读〈茶叶大盗〉》，载《中国茶叶》，2016 年第 3 期

教师设问：罗伯特·福钧能够窃取到中国茶叶技术的原因有哪些？对此你有何认识？（参考答案：原因——准备充分；部分中国人的帮助；政局混乱，政府管理不善等。认识——当时的中国人对技术保护缺乏基本认识，对世界贸易格局也缺乏基本认识）

教师讲述：罗伯特·福钧的行为不仅仅是个人行为，实际上背后还有东印度公司以及英国政府的大力支持。这是一场英国与中国的文明交锋、贸易交锋，其大背景正是贸易全球化下对于茶叶的强烈渴望。因为市场的扩大，必然要求茶叶的生产能力提升。然而，当

时的中国人完全意识不到这个世界的变化，错失了发展的机会，种茶技术的流失也是必然会发生的。印度茶业在19世纪实现了机械化大生产，而同时期的中国仍固守落后的小工坊模式，毫不在意技术的更新，中国茶叶由此走向衰落，印度和英国的茶叶在国际市场走俏。

(过渡)当时中国人自然没想到，罗伯特·福钧盗窃茶苗的行为，改变了全球茶叶市场的格局。这一片小小的茶叶，神奇地见证了世界贸易格局发展、转变的过程。20世纪中期以来，全球化在加速发展，而中国的茶叶又在其中扮演着怎样的角色呢？

表三　三大茶叶生产国的国际市场占有率

年份	斯里兰卡	中国	肯尼亚
2007	22.79	13.53	15.64
2010	22.11	12.68	18.82
2013	20.37	16.61	16.24
2017	19.01	20.23	17.9

——蔡慧梅：《中国茶叶出口竞争力研究——与斯里兰卡、肯尼亚的比较分析》，载《现代营销》，2020年第5期

表四　三大茶叶生产国的RCA(显性比较优势)指数

年份	斯里兰卡	肯尼亚	中国
2007	403.91	520.59	1.51
2010	400.27	547.43	1.21
2013	381.04	548.71	1.41
2017	280.84	540.14	1.55

——蔡慧梅：《中国茶叶出口竞争力研究——与斯里兰卡、肯尼亚的比较分析》，载《现代营销》，2020年第5期

教师设问：表三、表四说明中国目前的茶叶贸易现状如何？（参考答案：市场占有率逐步提高，但是国际竞争力不足）

教师讲述：根据国际茶叶委员会统计，2009年以来，全球茶叶产量仍保持增长态势。2018年全球茶叶总产量为589.7万吨，较2017年同比增长3.49%，其中茶叶产量前三的国家为中国、印度、肯尼亚，其产量分别为261.6万吨、133.9万吨和49.3万吨，占世界产量比例分别为44.36%、22.71%和8.36%[①]。中国也是唯一一个能够生产绿茶、红茶、黄茶、白茶、黑茶、乌龙茶六大茶类的国家。

---

① 前瞻产业研究院：《茶行业市场规模及趋势分析：电商成重要销售渠道》，https://www.sohu.com/a/406231059_473133，2020-07-07。

中国从世界上最著名的产茶国，到近现代逐渐落后于世界，再到今天逐步提高在世界茶叶贸易中的地位，其中所折射的首先是世界贸易发展的过程，从1950年到2000年，世界贸易出口总值增长了约100倍。其次折射的是中国参与国际贸易的过程，随着改革开放的发展和中国加入世界贸易组织，中国的对外贸易稳步增长。茶叶成了沟通中国与世界、东方与西方的标志性商品。

(设计意图)本环节主要通过史料的呈现和问题的探究，引导学生从分析茶叶贸易的发展来理解近代世界贸易的发展，从而对近代世界市场的发展有清晰的认识。本环节指向的是：(1)时空观念素养水平2——能够将某一史事定位在特定的时间和空间框架下。(2)史料实证素养水平3——在探究特定历史问题时，能够对史料进行整理和辨析；能够利用不同类型史料，对所探究的问题进行互证，形成对该问题更全面、丰富的解释。

(过渡)茶叶不仅仅是商品，也是一种文化，茶叶沟通的不仅是东西方的贸易，更联系着东西方的文化。作为中国文化的载体，茶叶随着商业活动向世界各地传播，融入当地人民的日常生活中，进而对世界文明的进程产生了一定的影响。

(三) 茶：影响世界的神奇文化

教师讲述：在近代英国，由于茶叶比较昂贵，一般百姓很难消费得起，茶在社会的风靡是从皇室贵族开始的。正是在本课开头提到的嫁给查理二世的西班牙凯瑟琳公主，也就是那位“饮茶皇后”，推动了英国上层贵族饮茶之风的盛行，饮茶逐渐发展为一种风行全英国的社交活动。

材料八　玛丽二世及安妮女王也都热衷于推广茶文化，曾在宫中多次举办茶会。到18世纪中期，在贝德福公爵夫人安娜的推广下，“下午茶”的风气很快就在整个社会传播开来，形成一种时尚。无论是达官贵人还是普通大众，当午后钟声敲响四下，大家都放下手中的活计，在家中或走进咖啡吧或茶室来喝一杯茶，这种风尚称之为“维多利亚下午茶”。

——盛敏、刘仲华、林海燕：《近代中国茶文化向西欧的传播与中西文化交流》，载《农业考古》，2017年第5期

教师讲述：18世纪前半期，饮茶逐渐在英国社会普及开来，成为一种习俗，但是此时的饮茶习俗依然主要局限于上层社会，茶真正成为“国饮”，要等到工业革命以后。

材料九　工业革命中产生的工厂制度迫使英国人离开乡村，进入工业化的流程之中，工人必须严格遵守时间。……欧洲的奶、中国的茶，加上加勒比海的红糖，三者的组合既是热量和咖啡因的源泉，又能大大地节省时间。这种营养配搭均衡的早餐使得每一个产业工人在清晨的工作中都能够精神奕奕，而英国独创的下午茶也能让大工业生产中工人的营养得到及时的补充。正是这种快捷有效的组合，支持了英国工业革命的顺利完成，为后来英国成为“日不落帝国”铺平了道路。从这个意义上说，推动茶叶成为世界商品的福建海商是工业革命背后不可忽视的重要助力，也只有在这样的情况下，来自东方的茶叶才能进入欧洲的文明体系之中。

——苏文菁著：《海上看中国》，北京：社会科学文献出版社，2016年，第234—235页

教师设问：作者认为茶叶与英国工业革命有着怎样的关系？(参考答案：茶叶改变了人们的生活方式，适应了工业化时代的需要；工业革命推动饮茶融入欧洲文明体系中)

教师讲述：茶叶改变了产业工人的饮食结构和生活方式，相比于酒而言，茶更能让工人保持清醒的状态，更好地去操控机器。在工业革命的推动下，茶叶更加普及，来自遥远东方的茶叶与英国的文化紧密结合，形成了独具特色的饮茶文化。

材料十　英国茶文化体现出了近代开始的妇女解放思潮，它提高了英国妇女在家庭、社会中的地位。英国茶文化早期体现的是纯粹的男性特色，但是这种不合理性很快就扭转过来。随着饮茶生活的日益家庭化和社交化，女性在饮食消费生活中日益占据重要地位。女性是英国茶文化成熟和繁荣的最根本的力量，英国茶文化体现出绝对意义上的女性主导性，围绕着喝茶所形成的时空、服饰、行为仪式都充满女性的温柔与优雅，所以有人把英国的茶文化称为“淑女茶文化”。不论是在家庭中还是在社会上举行的茶会，都是由女性来控制整个饮茶的节奏。

——刘朴兵：《略论英国茶文化的演变》，载《农业考古》，2010 年第 5 期

教师设问：英国茶文化对英国社会有何影响？（参考答案：提高了妇女的社会地位）

教师讲述：除此之外，英国的女性还率先发明了社会化的茶室，她们充分利用茶室广泛开展各种社交活动，以茶会友，发出女性的声音，极大地推动了女性生活的社会化，在一定程度上促进了男女平等，进一步提高了英国妇女在社会上的地位。茶文化也培育了英国男人的绅士风度，在维多利亚时代，参加茶会的男士们对于服饰和礼节有很高的要求，体现出对女性的尊重，这对培育英国绅士风度起到了一定的促进作用。可见，英国的茶文化有其深厚文化内涵，不仅如此，它还影响了其他国家的茶文化。

材料十一　早期的欧洲贵族基本沿袭了中国的饮茶习惯，以早期饮茶最为流行的葡萄牙为例，人们在饮茶时将茶叶用沸水烹煮，饮用时倒入茶杯中享用，保持了其原始风味，茶叶也基本为绿茶，略带苦涩而香味清袭，饮茶时少有点心或者小吃佐配。红茶引入欧洲之后，在煮茶时将茶叶和水隔开，一般只取前四道（有时会倒掉第一道），然后一次性倒入茶杯中供人们享用。19 世纪晚期，随着袋装碎茶的流行，这种快速冲泡的一次性包装茶叶迅速流行，尤其在中低层市民和工人阶层备受欢迎。

——雷伍峰：《英国茶文化的发展与特点及其影响》，载《茶叶通讯》，2019 年第 4 期

教师设问：英国茶文化对欧洲有何影响？（参考答案：改变了冲饮方式；促进红茶的流行）

教师讲述：茶叶传入欧洲之后，不管是对上层社会和还是下层社会都产生了重要的影响，改变了人们的生活方式，甚至对工业革命的完成都产生了一定的影响。虽然茶叶最早由葡萄牙和荷兰等国引入，但随着英国在世界范围内的影响力增强，英国贵族和殖民者将英国本土的茶文化带至世界各地，并深远地影响了当地茶文化的形成，与原有的中国茶文化已经有了很大的变化。

（过渡）随着工业化时代的到来，茶叶的生产以及茶叶饮料的生产都逐渐高度工业化，茶叶这种传统饮料开始越来越具有现代文化的特点。

材料十二　美国茶叶消费主要以快速冲饮茶为主。1890 年汤姆斯·立顿正式在英国推出立顿红茶，并在 1892 年开始了全球化运动，最先在美国设厂。此后，多个英国品牌茶叶进入美国，是美国茶叶市场多样化的助推者。在袋装碎茶冲泡的基础上，美国人还创造性地推出具有鲜明特色的茶饮，发明了冰茶、袋泡茶、瓶茶和速溶茶等，并成为世界主要茶叶进口

与消费国之一。

——雷伍峰：《英国茶文化的发展与特点及其影响》，载《茶叶通讯》，2019年第4期

教师设问： 美国茶文化有何特点？（参考答案：快冲茶为主，方便快捷；多样性；生产高度工业化）

教师讲述： 美国是一个现代化移民国家，经济发达，生活节奏快，同时有着多元文化，这一点在美国的茶文化上也得到很好的体现。首先，美国茶具有快捷方便的特点。美国人惜时如金，有很强的时间观念，生活节奏快，不愿意花太多时间在煮茶、泡茶、倒茶渣上面，于是发明了袋茶和瓶茶。美国人的市场意识很强，当发现茶很有市场前景时，就研制出瓶茶生产线，像生产纯净水和矿泉水一样生产茶水。其次，美国茶具有多样性、包容性的特色。美国是个移民国家，族群成分复杂，包括欧洲移民的后代、拉美裔、非裔、亚裔、原住民等。这些生活习惯各异的种族，饮茶之风也是各异，由此形成美国饮茶习惯方式多样的特点。美国也是开放自由的国度，平等对待各种文化习俗，包容性极强。美国人普遍爱喝冰茶，他们本来就有喝冰水的习惯，冰茶的出现也迎合了西方快节奏生活。他们用红茶泡水去渣，或用速溶茶冲泡（或冷溶），放入冰箱中冷却，饮用时加入冰块、方糖、柠檬或蜂蜜、甜果酒调饮。美国茶饮的特点反映出美国人的性格特点。

图2　现代茶饮

图3　奶茶

教师讲述： 如今，随着全球化的到来，这些瓶装茶、凉茶等等又回到了茶叶的故乡——中国，在超市的饮料区，在街头的小商店里，到处可以见到工业化生产的茶饮料，这也是西方工业文明反过来对中国茶文化的影响。全球化时代，中国人对茶饮的创新也没有停止，一杯小小的珍珠奶茶风靡世界。今天无论在北上广等大城市的繁华街市，还是在西部地区的偏远小镇，到处可见奶茶店的身影，成为年轻人的最爱，代表着年轻人的文化价值取向，这正是传统茶文化的又一次革命性的发展。

（设计意图）本环节主要通过史料的呈现和问题的探究，引导学生分析并理解商品所蕴含的文化内涵，同时认识到同样的一种商品在不同的文化里会具有不同的表现形式，认识到文化是不断发展的，只有顺应世界发展的潮流，才能够将传统文化更好地延续发展下去。本环节指向的是：(1)时空观念素养水平2——能够将某一史事定位在特定的时间和空间框架下。(2)家国情怀素养水平3、4——能够表现出对历史的反思，从历史中汲取经验教训，更全面、客观地认识历史和现实社会问题。

【课堂小结】

教师引导学生小结：商品的意蕴远超物品本身，无论其反映的文化倾向如何，文化品位高低、审美情趣怎样，都反映一定的观念意识、精神追求、价值取向、文化心理。任何商品都是一定历史时代的产物，因此，一个历史时代的商品往往能够反映该时代的社会风尚和人们的精神文化需求。今天这节课，我们一起了解了近代茶叶贸易和通过茶叶进行的文化交流，其他如中国的瓷器、西方的钟表等等无不具有文化交流的功能。而商品交换实现的同时，也实现了文化的交流。通过商品的交换，商品的文化价值差异日益缩小，体现出民族文化的世界性发展趋势和人类文化不断融合的历史取向。在全球化的今天，每个国家每个民族都需要传承创新自己的文化，但是一定不能把自己封闭起来，只有通过不断的交流，才能真正使自己的文化发扬光大。

第五单元

战争与文化交锋

第 11 课

古代战争与地域文化的演变

教学设计 1

赵剑峰　广东省深圳外国语学校龙华学校

一、教材分析

本课是统编教材《文化交流与传播》第五单元《战争与文化交锋》第 1 课，以亚历山大远征和蒙古西征为例，说明战争不仅带给人类深重的灾难，也在客观上为不同文化的碰撞提供了契机。本课教材共两个子目："亚历山大远征与'希腊化时代'"主要介绍了亚历山大远征对西亚、北非等地文化的演变产生了重要影响，引发了东西方文明的第一次大碰撞，促进了世界文明的发展。"蒙古西征与东西方交流"主要介绍了蒙古人进行的三次大规模西征、将一个草原汗国发展为横跨欧亚大陆的世界性帝国，在给被征服地区的社会经济带来严重破坏的同时，也大大推动了东西方的相互了解。

《普通高中历史课程标准(2017 年版 2020 年修订)》对本单元的要求是：通过了解历史上的著名战争，理解战争对人类文化的破坏，以及造成的文化断裂；认识战争在客观上又为不同文化的碰撞提供了契机。本单元通过战争这种独特的文化交流传播方式，展现世界历史上重要文化产品和文化成就交流传播的过程，揭示战争对不同文化发展变化所产生的重要影响。不同文化在相互碰撞中交流、交汇、传播，人们在认识和反思本土文化的精神阵痛中，或被动或主动地对文化进行选择与重构，促进了人类文化的交融与完善。本课程的学习有助于学生更深刻地理解世界文明的多样性，树立要以文明交流超越文明隔阂、文明互鉴超越文明冲突、文明共存超越文明优越的意识。

二、学情分析

高二文科班的学生具备一定的历史素养，历史思维能力有了一定的提高。但是由于统编初中和高中教材涉及的亚历山大远征的相关史实，都只是泛泛而谈，对于蒙古西征均未提及，导致学生存在一定的知识盲点，对战争与文化交流之间关系的认识也不够深入。通过课前搜集问题单，得知学生的困惑主要集中在：什么是"希腊化时代"？"希腊化时代"和"古希腊时代"有何区别？如何理解亚历山大采取的一系列民族融合的措施？如何理解战争是一部巨大的“文化搅拌机”？如何认识战争在制造灾难的同时，客观上为不同文化的碰撞、交流与重构提供了契机？怎样形成对战争全面公允的评价？在具体的教学过程中，我们应当依据课程标准，依托学生的问题，充分挖掘课程资源，进行有效的情境创设，引导学生分析相关问题并形成合理的认识。

三、教学目标

1. 了解亚历山大远征和蒙古西征的基本史实，提升时空观念和史料实证素养水平。

2. 认识战争在破坏经济社会与文化，乃至造成文化断裂的同时，又在客观上为不同文化的交流、碰撞、交锋提供契机，从而促进人类文化的交融、变化与发展，提升历史解释能力。

3. 在深刻认识战争客观上为不同文化的碰撞、交流与重构提供契机的同时，不能忽略了战争的残酷性，更不能为这种残酷性涂上光环，提升历史理解能力，涵养家国情怀。

4. 通过对“希腊化时代”概念的辨析，提升历史思辨能力和反思意识。

四、教学重难点

重点：亚历山大远征和蒙古西征导致的地域文化的演变。

难点：通过亚历山大远征和蒙古西征，揭示战争与文化碰撞、交流、发展之间的关系。

五、教学过程

【导入新课】

材料一　希腊化时代的雕塑艺术作品中，不能不提及“米洛斯的阿芙罗蒂黛”，亦即通常为人所熟知的“断臂的维纳斯”。这尊风格柔婉的作品，已被确认为亚历山德罗斯所作，是古代希腊表现女性人体美的最佳之作。人物躯体呈婷婷立姿，略呈倾斜，端庄典雅，微妙动人。作为一件无与伦比的艺术杰作，它一直受到历代艺术家的赞叹和仰慕。

——王斯德主编：《世界通史·第一编·前工业文明与地域性历史：1500 年以前的世界》，上海：华东师范大学出版社，2001 年，第 126 页

教师设问：你知道闻名遐迩的“断臂的维纳斯”是哪一时代的作品吗？（参考答案：希腊化时代）

教师讲述：“断臂的维纳斯”可谓无人不知，无人不晓。但我们对西方文化的了解有点像雾里看花，水中望月。我们想当然地认为“断臂的维纳斯”是古希腊时代的雕塑作品，殊不知我们早已掉入了认知的误区。我们几乎从不知道希腊化时代和古希腊时代竟然是两个不同的时代，更未曾思考过希腊化时代的文化和古希腊时代的文化有何区别。今天就让我们循着亚历山大远征，了解这一“文化搅拌机”是怎样影响希腊、西亚、北非乃至整个世界文化的，进而理解战争在对人类文化造成巨大破坏的同时，也在客观上为不同文化的碰撞提供了契机。

(设计意图)几乎所有的学生都把希腊化时代和古希腊时代混为一谈。导入设计就是要借助“断臂的维纳斯”这一希腊化时代的标志性雕塑作品，暴露出学生错误的前概念，提前“下好套”，为下一步的探究作好铺垫。本环节指向的是：(1)时空观念素养水平 2——能够将某一史事定位在特定的时间和空间框架下；能够认识事物发生的来龙去脉，理解空间和环境因素对认识历史与现实的重要性。(2)历史解释素养水平 1——能够辨别教科书和教学中的历史解释；能够发现这些历史解释与以往所知历史解释的异同；能够对所学内容中的历史结论加以分析。

(过渡)首先，我们迫切地需要弄明白一个问题：什么是“希腊化时代”？

【学习新课】

(一) 亚历山大远征与“希腊化时代”

1. “希腊化时代”

材料二　希腊化时期的文化是指从亚历山大东征以来，到最后一个希腊化王国托勒密埃及被并入罗马帝国为止这一新的历史时期的文化。

——吴于廑、齐世荣主编：《世界史：古代史编》上卷，北京：高等教育出版社，1994 年，第 302 页

教师设问：什么是希腊化时代？(参考答案：从亚历山大远征到罗马最终征服托勒密埃及之间大约 300 年的时期)

教师讲述：古代希腊在公元前 338 年被马其顿所灭。希腊化时代是从公元前 334 年马其顿国王亚历山大远征到公元前 30 年罗马最终征服托勒密埃及之间大约 300 年的时期。希腊化时代是古代希腊灭亡以后，希腊文化与西亚、北非等地的文化相互影响的时代，是欧亚非三大洲的古老文明开始交流融汇的时代。

2. 希腊化时代的文化

材料三　希腊化文化与古典时代的希腊文化有明显的不同。这不仅仅在于它包含了东方文化的因素，而且在于它是对那个扩大了的、变化了的世界的反映。如果说希腊文化主要是一种城邦文化，那么希腊化时期的文化则是一种帝国的文化，明显地带有世界主义色彩，而且还具有丰富的地方性。与此同时，希腊人对东方人、对东方文化的观念也发生了实质性的变化。正是文化的融会与发展、重组，才打破了希波战争以来东西方各自独立发展的模式，使两者又重新合而为一。

——刘景华著：《人类六千年》上，北京：中国青年出版社，2017 年，第 217 页

教师设问：什么是希腊化时代的文化？希腊化时代的文化和古典希腊文化有何区别？(参考答案：希腊化时代的文化——希腊化时代，希腊文化与西亚、北非等地的文化相互影响的产物。区别——古典希腊文化是一种城邦文化，希腊化时代的文化是一种帝国的、世界性的文化，同时具有丰富的地方性)

教师引导学生分析：希腊化时代的文化广义上属于古希腊文化的范畴，它使用希腊的语文，承袭希腊的传统，但与古典时期的文化在地理范围、因素构成、精神实质上明显不同。亚历山大帝国及其后各希腊化王国的建立既将希腊文化广泛传播至北非和亚洲，同时也有

力地促进了这些地区原有的文化对希腊文化的作用与影响。因此，希腊化时期的文化具有新的时代特征与内容，是希腊文化与东方文化相互交流融汇的结晶。

材料四 与早期以表现硬朗的男性人体为主不同，在这一时期出现了一些以柔美见长的女性人体作品，其中最为著名的就是19世纪发现于米洛岛的"米洛的维纳斯"，至今仍被公认为理想中的女性美的典范。

——齐世荣总主编：《世界史·古代卷》，北京：高等教育出版社，2006年，第173页

教师设问：希腊化时代的雕塑有什么新特点？为什么会出现这种新特点？（参考答案：新特点——出现了一些以柔美见长的女性人体作品。原因——东西方文化交汇）

教师引导学生分析：作为建筑的有机部分，雕塑艺术在希腊化时代十分发达，并显示出不同于古典时代的一些新特点。希腊化时代的文化是对希腊古典文化的总结和发展，也是对东方文化的吸收和利用，更是从希腊文化到罗马文化，继而到西方文化的桥梁。从这个意义上说，希腊化时代的文化影响了西方文化发展的方向。①

3. 希腊化时代和亚历山大远征

材料五 经过10年的征伐，马其顿由一个地方小国发展成为一个地跨欧亚非三洲的大帝国。亚历山大东征打着解放希腊、报复波斯的旗号，其扩张领土的实际目标得到了希腊奴隶主阶级的普遍欢迎，实质上这是一场非正义的侵略战争，给东方各国人们带来了深重的灾难。但同时远征在客观上促进了希腊文明与埃及、两河流域和印度等东方文明的交流与融合，在东西文明的第一次大碰撞中产生了异彩纷呈、博采众长的希腊化时代的文化，因此，亚历山大帝国的建立在世界历史上具有十分重要的意义。

——齐世荣总主编：《世界史·古代卷》，北京：高等教育出版社，2006年，第170页

教师设问：希腊化时代和亚历山大远征有什么关系？（参考答案：亚历山大远征引发了东西方文明的大碰撞，开启了希腊化时代）

教师引导学生分析：亚历山大自幼接受系统的希腊文化的教育，亚里士多德曾经担任过他的家庭教师。亚历山大从小就表现出坚毅勇敢的性格，野心勃勃，志向远大。16岁随父出征，20岁继承王位。在无情地镇压了各地的起义之后，公元前334年春，亚历山大约率步兵3万，骑兵5000，开始了一场史无前例的东征。公元前324年亚历山大回到巴比伦，十年东侵至此结束。亚历山大出发时，是马其顿的国王、希腊联军的统帅，充其量只是巴尔干半岛的小霸主。历经十年征战，亚历山大建立了一个空前庞大的帝国，其版图比过去的波斯帝国还要大。这个地跨欧亚非三洲的帝国，领土西起希腊，东到印度河流域，南至埃及，北抵中亚，囊括了旧大陆上除东亚以外的所有文明地区。亚历山大的远征是非正义的却是成功的。

4. 亚历山大远征的影响

（1）战争灾难

材料六 仅从波斯金库，他就掠走了18万塔兰特的金银。辉煌壮丽的波斯王宫被付之一炬。亚历山大代替大流士三世成了西亚和中亚的主人，当地人民只不过换了个统治者而已。

---

① 吴于廑、齐世荣主编：《世界史·古代史编》上卷，北京：高等教育出版社，1994年，第307页。

——吴于廑、齐世荣主编：《世界史：古代史编》上卷，北京：高等教育出版社，1994 年，第 289—290 页

材料七　攻下底比斯后，亚历山大纵容部下屠城为乐，城市夷为平地，居民一概为奴。如此残酷之手段，令其他城邦不寒而栗……

——刘景华著：《人类六千年》上，北京：中国青年出版社，2017 年，第 210 页

教师设问：依据材料六、材料七，概括亚历山大远征给亚非人民带来了什么。（参考答案：抢劫、杀戮、灾难）

教师引导学生分析：亚历山大远征给东方人民带来了深重的灾难，使他们饱受战争之苦。亚历山大虽然以解除波斯的奴役为号召，从小亚细亚到埃及，一路赢得了当地人民的支持和拥护，但一旦遇到抵抗，便大开杀戒。城市被摧毁，幸存者被出卖为奴，财富遭洗劫一空。

（过渡）英国历史学家安德鲁·马尔说："你可能认为人类文明会因战争退回黑暗时代，但无论如何残酷，一个尴尬的事实是，战争是人类历史变革的巨大推动力。"①

（2）文化交融

材料八　面对日益扩大的帝国，亚历山大来不及对当地的统治机构进行认真的改造，基本上是在原来的基础上，加上马其顿—希腊的因素。所以，他的帝国统治呈现出东方、马其顿、希腊城邦三种因素的混合现象。

——吴于廑、齐世荣主编：《世界史：古代史编》上卷，北京：高等教育出版社，1994 年，第 290 页

材料九　亚历山大的神奇一生既诠释了战争的积极意义，又展现了战争的消极影响。他深受希腊文化的影响，对波斯人和印度人充满了好奇心。他的所作所为像一部巨大而血腥的文化搅拌机。如今，希腊世界对小亚细亚、埃及和美索不达米亚腹地产生了巨大的影响。尽管亚历山大帝国很快土崩瓦解，但希腊风格的新城市如雨后春笋般不断涌现。亚历山大的将军们瓜分了古典世界的大部分地区，希腊文化和希腊化文化进入了繁荣时期。哲学家开办的新学校，雕刻家和画家在新的地方找到了工作，某种通用语逐渐传播开来。

——[英]安德鲁·马尔著，邢科译：《世界史》，天津：天津人民出版社，2016 年，第 101 页

教师设问：为什么说亚历山大远征"像一部巨大而血腥的文化搅拌机"？（参考答案：亚历山大远征促进了欧洲、亚洲、非洲文化的交流融汇）

教师引导学生分析：亚历山大远征在客观上使希腊文明与埃及、巴比伦和印度的文明得以接触、交流、融汇，扩大了各民族已知世界的范围，加快了人类历史由分散走向整体的进程。在一个世界性的帝国内，世界性的政治经济和文化的出现是必然的，亚历山大帝国的建立，在世界史上具有划时代的意义。②

材料十　他在远征中亚时与当地贵族女子罗克珊结婚。回到苏撒后，又举行盛况空前的集体婚礼。他和他的 80 个战友，都采用波斯礼仪与当地贵族的姑娘结婚。大流士长女成

① [英]安德鲁·马尔著，邢科译：《世界史》，天津：天津人民出版社，2016 年，第 51 页。

② 吴于廑、齐世荣主编：《世界史：古代史编》上卷，北京：高等教育出版社，1994 年，第 290 页。

为亚历山大的第二个妻子。在他的带动下，与亚洲女子通婚的马其顿战士有 1 万人之多。他的帐幕里有当地的贵族对他效忠。他的军中有受过马其顿式军事训练的波斯人步兵服役，还有执马其顿长矛的波斯人骑兵供其驱策。

——吴于廑、齐世荣主编：《世界史：古代史编》上卷，北京：高等教育出版社，1994 年，第 291 页

材料十一 希腊化时代自然科学曾获得很大的发展，并以独立学科的形式开始从哲学中分离出来。这是因为亚历山大的东征打开了东西方交往的通途，极大地拓宽了希腊人的眼界，增进了他们有关外部世界的知识。一些希腊学者或随军出征，或独自旅行，先后抵达东方，收集所在地区的地理、动物、植物等自然资源的材料和标本，记述风物，绘制地图。这就为自然科学脱离纯粹的思辨倾向，转入经验考察后的发展奠定了基础。

——王斯德主编：《世界通史·第一编·前工业文明与地域性历史：1500 年以前的世界》，上海：华东师范大学出版社，2001 年，第 122 页

教师设问：有人说亚历山大开展了一项令人瞠目结舌的文化融合试验。他采取了哪些形式？（参考答案：联姻、招募本土士兵、推动科学发展等）

教师引导学生分析：为了扩大统治基础，亚历山大采取联姻、招募军队等方法打破民族界限，笼络当地贵族，并解决兵力来源的不足。在其统帅的联军中，马其顿人只占一小部分；而在其征服的人口中，马其顿人更是微不足道。

马不停蹄的征服，使亚历山大来不及在文化上有所建树，但他建立的帝国使希腊文化与东方文化接触、交流必不可免。他的远征可谓是一次异国文化探秘，远征军中有工程师、哲学家、地理学家、测量师等专门人才。他们沿途收集资料、绘制地图，与当地哲人交往，实际上已经开始了文化的交流。由于古希腊时代的希腊诸城邦早已深陷危机，与城邦共同兴旺发达的文化、科学、艺术也失去了内部繁荣发展的土壤。亚历山大东征建立起的地跨欧亚非三大洲的大帝国使希腊的文化找到了根植于城邦外部的土壤和条件，希腊文化并未因城邦衰落而失去生命力，相反，希腊化时代的文化有了长足的进步，在天文学、地理学、数学、物理学等方面取得了丰硕的成果。

材料十二 亚历山大把马其顿与东方的政治制度相结合，实行特殊的专制君主政体。他是以马其顿国王的身份进入亚洲的，但每到一地就自认为是当地原来统治者的继承人。他崇尚威严赫赫的东方宫廷礼节，穿波斯、米底君王的衮服，要人们向他行匍匐礼，对他敬若神明。然而东方化是形式，而扩大统治基础，加强他个人的地位与权利乃是目的与实质。

——吴于廑、齐世荣主编：《世界史：古代史编》上卷，北京：高等教育出版社，1994 年，第 290 页

教师设问：亚历山大接受东方文化的根本目的是什么？（参考答案：扩大统治基础，加强统治权力）

教师引导学生分析：诸如举行集体婚礼、招募本土士兵、沿用当地制度、接受当地礼仪等等，不过是精明的政治伎俩。在这个广大而文化差异极大的区域中，亚历山大能维持统治权威，除了靠个人的领导魅力之外，主要因为他熟悉各地的传统并善于将它们为己所用。在希腊本土，它主要是以科林斯联盟的身份进行统治，而在马其顿，他保持国王的身份，但同时也让臣民拥有一些传统的权利。不过到了埃及，他就成了有绝对权威的法老，是神的化身。

在巴比伦，他也拥有绝对的王权，但他顺应当地的传统理念，不自认为是神。对于比较顽强的腓尼基诸城邦，他只要求他们做附庸。① 亚历山大大力推行融合政策，试图将马其顿人、希腊人和亚洲人、北非人融为一体，使自己成为真正的世界之主，以便控制庞大的地跨欧亚非三洲的大帝国。

5. 反思希腊化时代

材料十三　希腊化时代是一个希腊文化向亚洲、非洲广泛传播的时期，同时也是东方文化西传的时代。交流是双向的，两种文化在历史上第一次全面地接触、碰撞并相互融合，创造出不同于城邦时代的异彩纷呈、博采众长的希腊化时代的文化。因此，"希腊化"这样一个带有浓厚的希腊中心主义色彩的用语并没有充分反映出这一时代文化的特点。

——齐世荣总主编：《世界史·古代卷》，北京：高等教育出版社，2006 年，第 171—172 页

教师设问： 为什么说"希腊化"并没有充分反映出这一时代的特点？（参考答案：文明的交流是双向的，"希腊化"一词只关注了希腊文化对亚洲、非洲文化的影响，而忽略了反向的影响）

教师引导学生分析： "希腊化"一词，又作"希腊主义"，为 19 世纪德意志历史学家德罗伊森首创，用以概括古代地中海东部地区由亚历山大东征而开创的整个时代的历史与文化发展特点。其后，"希腊化时代"的概念被广泛应用。② 关于"希腊化"的概念，学术界尽管历来存在不同的理解，但一般都同意，正是亚历山大远征开辟的东西方联系的渠道，促进了希腊文化因素与西亚、北非等东方文化因素不同程度的交融。所以，希腊化时代的文化，终究已不是单纯希腊人文化的直接传承和向外移植，而是多少吸纳了东方因素在内的一种新型文化。在希腊化时代，随着马其顿—希腊商人、士兵、学者和移民向亚洲和北非地区的迁移，经济、文化交往日益密切，希腊的典章制度、风俗、语言、文字、货币、经济生活方式和艺术情趣，在一个时期内流行于东方各地。与此同时，定居东方的希腊人也从这些广泛的接触和交流中接受到诸多影响，尤其在土地制度、国家政权形式、宗教观念等方面。希腊化的社会政治环境，对希腊化文化的形成，客观上也为更大地域范围内东西方文化的直接交流，提供了一定的历史条件。③ 虽然亚历山大创立的帝国在历史上只是昙花一现，可是他所开创的希腊化时代却对人类社会的历史产生了极其深刻的影响，使希腊文化、科学在城邦之外得以发扬光大。

（设计意图） 对"希腊化"这一概念的误解值得引以为戒，我们在学习历史的过程中要多向度地关注历史，多了解历史概念的来龙去脉，避免对历史概念的死记硬背。本环节指向的是：(1)历史解释素养水平 4——在独立探究历史问题时，能够在尽可能占有史料的基础上，尝试验证以往的说法或提出新的解释。(2)史料实证素养水平 3——能够利用不同类型史料，对所探究的问题进行互证，形成对该问题更全面、丰富的解释。

（过渡） 一千多年后，又一场战争把欧亚大陆搅得天翻地覆，甚至被欧洲人惊恐地称为

① 马克垚主编：《世界文明史》，北京：北京大学出版社，2004 年，第 251 页。
② 沈坚：《关于希腊化时代的历史考察》，载《史学集刊》，1992 年第 3 期。
③ 王斯德主编：《世界通史·第一编·前工业文明与地域性历史：1500 年以前的世界》，上海：华东师范大学出版社，2001 年，第 120—121 页。

"上帝之鞭"。这是哪场战争呢?

(二)蒙古西征与东西方交流

1. 蒙古西征

材料十四 成吉思汗首先将矛头指向花剌子模。12、13世纪之交,花剌子模是中亚一强国,版图辽阔,物产丰富。1218年,成吉思汗派遣商队前往通商,商队在花剌子模边境城市遭守军杀戮,货物被抢,是为蒙古西征的导火线。

——王斯德主编:《世界通史·第一编·前工业文明与地域性历史:1500年以前的世界》,上海:华东师范大学出版社,2001年,第286页

教师设问:蒙古西征指的是哪三次?成吉思汗西征的起因是什么?(参考答案:三次蒙古西征——成吉思汗西征、拔都西征、旭烈兀西征。起因——蒙古商队在花剌子模被抢劫)

教师引导学生分析:蒙古人大规模向西方扩张前后共有三次,成吉思汗、拔都和旭烈兀分别是这三次西征的指挥者。

材料十五 比起之前的任何游牧帝国的征服,蒙古人的征服到达的地方更远,持续的时间更长。成吉思汗死后,征服所产生的能量,把蒙古人带到了德意志东部的易北河和亚得里亚海。对叙利亚、印度和日本的入侵失败了,蒙古人没有试图在俄罗斯西部建立起永久势力而从欧洲撤出。然而,在1279年,他们完成了对中国的征服。因此,在其最广泛的范围内,帝国覆盖了从伏尔加河到太平洋地带,包括整个俄罗斯、波斯、中国、丝绸之路以及大草原。在地域的层面上,这使它以很大优势成为迄今为止世界上最大的帝国。

——[美]菲利普·费尔南德兹-阿迈斯托著,钱乘旦审读,叶建军等译:《世界:一部历史》(第2版),北京:北京大学出版社,2010年,第481页

教师设问:蒙古西征最远打到哪里?(参考答案:德意志东部的易北河和亚得里亚海)

教师讲述:成吉思汗和他的蒙古帝国创造了世界历史的奇迹。几十年间蒙古军队征服的土地和人民,比罗马人花四百年时间征服的土地和人民还要多。蒙古帝国的全盛时期,统治地域几乎相当于非洲大陆的面积。成吉思汗的蒙古帝国是内陆欧亚游牧集团向外扩张的历史极限,是迄今为止世界上最大的帝国。此前,内陆欧亚草原也曾涌现出许多大大小小的游牧政权,但无论是其规模,还是对后世的影响,显然都无法与成吉思汗所建立的蒙古帝国并驾齐驱。①

2. 战争灾难

材料十六 据估算,在两年的时间里,成吉思汗的军队杀了125万人,当时花剌子模的全部人口大约是300万。正如历史学家约翰·曼所说,这或许是世界历史上死亡比例最高的大屠杀,"能够与之相提并论的是黑死病,这场欧洲最大的灾难导致25%—30%的人丧生"。在攻陷这些城市后,蒙古士兵有条不紊地进行了分批屠杀。无论是老人还是青年,战斗人员还是非战斗人员,都死在了他们的刀斧之下。颅骨成堆,血流成河。所有残酷的手段都留给了那些进行英勇抵抗的人。撒马尔罕很快就投降了,但仍然有四分之三的人死于非命。

——[英]安德鲁·马尔著,邢科译:《世界史》,天津:天津人民出版社,2016年,第214页

① 卜宪群总撰稿:《中国通史·辽西夏金元》,北京:华夏出版社,合肥:安徽教育出版社,2016年,第127页。

教师设问：蒙古西征给欧亚文明带来了怎样的灾难？（参考答案：屠杀人口、破坏经济、毁灭文化）

教师引导学生分析：蒙古的征略，扰动了亚欧大陆整个文明世界。这是游牧民族对文明社会所进行的最后一次大规模的、也是最激烈的攻击。其后果十分严重，对世界历史产生了巨大影响。蒙古扩张给被征服地区和民族带来了巨大的灾难，兵锋所及，许多地方庐舍为墟，哀鸿遍野，社会生产力遭到严重破坏，长期不能恢复。蒙古骑士是古代世界里最为快速的军队之一，有时一天能持续行军 100 多千米，出其不意地出现在敌人面前。恐怖手段是蒙古帝国屡试不爽的一种工具。蒙古人的日常围攻一般是以大屠杀来结束的。当蒙古人 1258 年攻克巴格达时，最后一位哈里发和他的儿子们被踩踏——一种为统治者保留的死刑仪式致死，意在瓦解敌军的士气。[①] 蒙古人深谙作战心理，也为他们增加了优势。如果敌人在没有抵抗的情况下便投降，蒙古人通常会饶恕他们的性命，并对工匠、行业工人以及那些拥有军事技能的人宽宏大量。但是在遇到抵抗的情况下，蒙古人会对全部人口展开无情的杀戮，只饶过为数不多的一些人，在未来的作战中，他们被作为人盾置于前行的军队之前。[②]

(过渡)“非正义战争在给人类文明带来惨烈破坏的同时，也可以产生一些具有一定意义的积极作用，但那几乎完全是一种客观效果”[③]。像许多伟大的革命一样，蒙古西征以血腥的场面开始——屠杀定居民族、蹂躏城市、鄙视艺术和学问，但结果却变成建设性的。在最初一番极度毁坏之后，蒙古人带来了和平，并且在和平之后带来了财富和知识。

3. 民族交融

材料十七 在蒙古征服所导致的最初的恐怖过后一百年间，大草原就成为信息快速交流的通道，它把欧亚大陆的两端联系起来，这有助于两个大陆之间的文化交流。在蒙古人的统治下，中国的思想和技术广泛西传，极大地丰富了欧洲人的世界观念。如果没有蒙古治下的和平，我们将很难想象世界历史会是何种景象。在整个世界史上，蒙古人统治时期的重要性并没有局限在他们建立的帝国边界，它的影响贯穿欧亚大陆。

——[美]菲利普·费尔南德兹-阿迈斯托著，钱乘旦审读，叶建军等译：《世界：一部历史》(第 2 版)，北京：北京大学出版社，2010 年，第 507 页

材料十八 辽阔的疆域亦有利于文化的传播，阿拉伯的天文、历法、医学和数学等知识被大量介绍到中国，中国的罗盘、火药、印刷术等则辗转传入欧洲，影响深远。

——王斯德主编：《世界通史·第一编·前工业文明与地域性历史：1500 年以前的世界》，上海：华东师范大学出版社，2001 年，第 288 页

材料十九 而作为征服者，蒙古人也逐渐接受了被征服地区早已存在的先进文化，逐步使自己同化于农耕民族。农耕化的显著标志就是蒙古人在被征服地区建立了四大汗国，尤其是承继了中国历史的封建体统。

——刘景华著：《人类六千年》上，北京：中国青年出版社，2017 年，第 517 页

---

① [美]菲利普·费尔南德兹-阿迈斯托著，钱乘旦审读，叶建军等译：《世界：一部历史》(第 2 版)，北京：北京大学出版社，2010 年，第 481 页。

② [美]本特利、齐格勒著，魏凤莲等译：《新全球史：文明的传承与交流》上，北京：北京大学出版社，2007 年，第 492—493 页。

③ 李庆山编著：《文明的毁灭与孕育：深刻影响人类社会的 76 次重大战争》，北京：中国青年出版社，1994 年，第 7 页。

教师设问：蒙古西征对欧亚文明的交流与发展产生了怎样的影响？（参考答案：促进了欧亚两个大陆之间的经济文化交流，推动了游牧民族的文明化）

教师引导学生分析：以往人们关于蒙古的破坏性的报道可能有些夸大，并有一定的片面性。事实上随着征服战争的结束，蒙古统治权力逐渐趋于巩固，生产也逐渐恢复和发展。而且蒙古统治者由于受到当地较高文化的影响，其自身也逐渐开化，有些最后与当地居民融于一体，成为该民族的一部分。[①] 由于蒙古铁骑冲破了亚、欧各国的疆界，客观上促进了东西方之间的经济文化交流。蒙古统治者为了迅速调动军队，在被征服地区广修道路、桥梁，建立完善的驿站制度。此举同时也使商业活动受益匪浅，为南来北往的客商提供了一条安全且管理有效的商路。通过这条商路，丝绸和白银等商品可以在欧洲新兴文明和中国之间流通。意大利人马可·波罗能够来华，住在大都的畏兀儿人列班·扫马经由耶路撒冷到欧洲访问，就是这种交流和往来的突出例证。

农耕世界虽然是被冲击的对象，政治上和军事上处于劣势，但其经济和文化上的优越性却在遭冲击的过程中被游牧半游牧民族吸收、模仿，农耕地带因此而不断地向北推进。农耕世界的扩大，游牧世界的收缩，地域力量的悬殊使两者已不再成为对立的两极。

（设计意图）课程标准对本单元的要求是：通过了解历史上的著名战争，理解战争对人类文化的破坏，以及造成的文化断裂；认识战争在客观上又为不同文化的碰撞提供了契机。但在具体的课堂教学中，在深刻认识战争客观上为不同文化的碰撞、交流与重构提供契机的同时，特别容易忽略战争的残酷性，特别容易为这种残酷性涂上光环。因此，要引导学生适当关注那些历史的“失语者”，那些战争的牺牲品，那些所谓人类文化进步的“殉葬品”，培养学生的历史理解能力，涵养家国情怀。本环节指向的是：(1)家国情怀素养水平3、4——形成正确的世界观、人生观、价值观和历史观；能够表现出对历史的反思，从历史中汲取经验教训，更全面、客观地认识历史和现实社会问题。(2)唯物史观素养水平3、4——能够将唯物史观运用于历史学习、探究中，并将其作为认识和解决现实问题的指导思想。

【课堂小结】

教师引导学生小结：战争是历史的常态。人类有史以来，战争频繁，烽火不断。据杜兰特《历史的教训》一书统计，在有史记载的3 400多年中，只有260多年未发生战争，战争这种“血与火”的暴力冲突，充当了毁灭人类自身的工具，成为斩断文明链环的利斧。它导致人类文化的毁损和断裂，甚至民族文化的失忆，严重制约了人类文明和文化发展的客观进程。

战争既毁灭文明，又能孕育文明。战争不仅带给人类深重的灾难，也在客观上为不同文化的碰撞提供了契机，以最激烈的方式和最直接的途径进行文化的碰撞与交流。文化最终的目的是融合，是统一。因此，我们要让文明交流超越文明隔阂、文明互鉴超越文明冲突、文明共存超越文明优越。

---

① 吴于廑、齐世荣主编：《世界史：古代史编》下卷，北京：高等教育出版社，1994年，第253页。

教学设计2

苏峰 安徽省怀远第一中学

一、教材分析

本课是统编教材《文化交流与传播》第五单元《战争与文化交锋》第1课，通过古代史上两次著名的军事征服行动——亚历山大东征和蒙古西征对地域文化乃至世界文化所造成的深远影响，阐明战争能够促进文化交流，是文化交流的一种重要形式。本课共分两个子目：第一目“亚历山大远征与‘希腊化时代’”，介绍了亚历山大东征促进东西方文化交流，扩大了希腊文化的影响，造就了“希腊化时代”；第二目“蒙古西征与东西方交流”，介绍了蒙古帝国三次西征对东西方文化交流、民族分布所产生的影响。

《普通高中历史课程标准（2017年版2020年修订）》对本单元的要求是：通过了解历史上的著名战争，理解战争对人类文化的破坏，以及造成的文化断裂；认识战争在客观上又为不同文化的碰撞提供了契机。从课标的表述中可以看出，本课教学的主要目标是让学生理解战争在人类文化发展中所起到的破坏与交流重建的辩证作用。战争必然会造成文化浩劫，比如，第二次鸦片战争中“火烧圆明园”的文明惨剧，但它又推动不同地区不同文明的人群以一种特殊方式发生接触，从而客观上促进了文化的交流与发展。这一发展体现在三方面，一是为不同文化的交流和碰撞提供了契机，二是因交流和碰撞而生成或重构一种融合性的新文化，三是诱导和催生出全新的文化成就。从教材所选的两个战争案例中，我们可以看出，这两场战争对文化交流和重建都起到了重要作用，这部分内容应该是本课教学的重点。战争对文化的破坏作用可以略讲。

二、学情分析

统编初中教材九年级上册第二单元《古代欧洲文明》第4课《希腊城邦和亚历山大帝国》中，对亚历山大东征的史实有初步的介绍，但对亚历山大东征对文化造成的影响仅结论性地提及；蒙古西征与东西方交流则完全没有涉及。高一下学期所学《中外历史纲要（下）》第2课《古代世界的帝国与文明的交流》中也对亚历山大帝国的军事征服与文化交流之间的关系进行了介绍，但同样语焉不详，对蒙古帝国西征的史实也未提及。所以，经过初中和高一的学习，高二学生对亚历山大东征的史实有一定的了解，同时也具备了一定的历史思维能力，但由于教材内容安排以及学习时间上的限制，学生对战争与文化交流之间的关系了解不够深入，也缺乏史料实证和历史解释等相关能力的训练。所以，在教学中，应该关注学生的知识盲点，借助相关史料素材，进行有效的情境创设，坚持用论从史出的原则获得历史认识，从而进一步提升学习能力和培育核心素养。

三、教学目标

1. 了解亚历山大东征和蒙古西征的相关史实，并通过阅读教材提供的历史地图，加深对这两次战争的时空认识。

2. 通过对两次战争与东西方文化交流之间关系的剖析，深入理解战争在文化交流中的地位和作用，提升历史解释能力。

3. 借助相关史料，了解两次战争对东西方文化产生影响的具体表现，培养史料实证意识。

4. 战争会对文化造成一定的破坏，但客观上促进了文化交流与发展，通过学习两次战争的影响，提升辩证看待历史问题的能力。

四、教学重难点

重点：亚历山大远征和蒙古西征的影响。

难点：希腊化世界与希腊化时代。

五、教学过程

【导入新课】

图 1 《亚历山大斩开戈尔迪之结》

教师设问：图 1 是约 17 世纪多纳托·克雷蒂创作的一幅布面油画，表现的是亚历山大挥剑斩开“戈尔迪之结”——据说，神谕表明谁能解开复杂的戈尔迪之结，谁就能征服亚细亚（现小亚细亚、中东、中亚一带）①。亚历山大实现神谕了吗？（参考答案：实现了）

教师讲述：据说，在亚历山大斩开“戈尔迪之结”的当夜，雷雨大作，预言家告诉亚历山大这是宙斯对其解开绳结感到喜悦，并将赐予他胜利。斩开“戈尔迪之结”的亚历山大，不仅

① 郭晔旻：《亚历山大东征“把战争带到亚洲，把财富带回希腊”》，载《国家人文历史》，2019 年第 12 期。

仅开创了一个伟大的军事帝国,更开创了一个新的文化时代。

(设计意图)通过亚历山大的一则故事,使学生对亚历山大以及亚历山大远征有个初步了解,激发学习兴趣。

【学习新课】

(一) 亚历山大远征与"希腊化时代"

1. 亚历山大其人

材料一 亚历山大的成长与马其顿的迅速崛起同步而行。他亲眼看到马其顿国家是如何在腓力二世的手中建立起了中央集权的专制统治,腓力二世创建的常备军是如何纵横捭阖,所向披靡,享受着征服者的胜利和荣耀,因此,他对父王的功业羡慕不已。据说,每当他听到腓力二世胜利的消息时,常常愁眉紧锁,唯恐自己没有机会去享有征服世界的光荣。少年时代的亚历山大暗自下定决心,要做世界之王,做"万王之王",主观上树立起了这样的朦胧信念。

——宋慧娟:《评亚历山大》,载《史学集刊》,1996 年第 4 期

教师设问:材料一中所说的"朦胧信念"指的是什么?(参考答案:征服世界的理念)

教师引导学生分析:为培养亚历山大做接班人,腓力二世从亚历山大 13 岁起,就聘请在希腊享有盛誉的百科全书式的人物亚里士多德为师。根据古希腊著名传记作家普鲁塔克的记载,亚里士多德对这位未来的"世界领袖"进行了道德、政治以及哲学的教育。亚里士多德运用自己的影响力,对亚历山大大帝的思想形成起了重要的作用。正是在亚里士多德的影响下,亚历山大大帝始终对科学事业十分关心,对知识十分尊重。他还常把亚里士多德评注的《伊利亚特》和一把短剑放于枕下,以书中的英雄人物阿喀琉斯为榜样,时刻激励自己为实现理想而努力奋斗,这为他将来的军事行动和文化建设打下了基础。

(过渡)公元前 338 年,马其顿军与希腊诸邦联军在喀罗尼亚决战,联军惨败,除斯巴达外,各邦都向马其顿俯首称臣。亚历山大的父王腓力二世在两年之后被谋杀。20 岁的亚历山大于公元前 336 年即位为王。此后,亚历山大立即发动了一系列大规模的征伐,意图建立一个庞大的帝国。

2. 帝国的建立与分裂

教师讲述:亚历山大用两年的时间血腥镇压了希腊各城邦的反马其顿运动,然后,他于公元前 334 年开始了著名的东征。次年在叙利亚北部的伊苏斯大败波斯王大流士三世,之后又挥军南下,征服了埃及,并且拜谒了三角洲西边西瓦绿洲中的阿蒙神庙。公元前 331 年,他再度北上,在高加美拉大败大流士三世,夺得波斯都城巴比伦和苏萨。大流士于公元前 330 年被部下谋杀之后,亚历山大成为波斯帝国的新统治者。他继续挥军东去,扫除残余的反抗势力,一直到达印度河流域,直到他的军队耗尽力气不肯再前进为止。公元前 324 年,他班师回到巴比伦,准备继续征服阿拉伯沙漠,但却于公元前 323 年去世。这时的亚历山大帝国已成为地跨欧亚非三洲的庞大帝国。

亚历山大去世后,帝国被他手下将领分割,逐渐分裂为托勒密埃及、塞琉古王国和马其顿王国三个国家。

教师设问：阅读教材第62页地图《公元前275年左右的希腊化世界》，简要描述希腊化世界的地域范围。（参考答案：东起印度河平原，南至波斯湾并包括埃及，西到色雷斯和希腊，北抵黑海及阿姆河）

教师讲述：虽然亚历山大帝国存在时间很短，但继起的诸王国却存在了约3个世纪。希腊文化的影响波及整个希腊化世界。一般认为，从公元前334年亚历山大发起东征，到公元前30年罗马最终征服托勒密埃及，这3个世纪为希腊化时代。

3. 希腊化时代

教师讲述：亚历山大从13岁起就师从亚里士多德，吸取了希腊文化的精华。他不但从亚里士多德那里学到了政权的形态和运用，而且还掌握了科学研究的方法以及诗歌、哲学等各个领域的知识，因此极为重视文化的传播。亚历山大帝国的建立为古代东西方两种文化的交流创造了基本条件。

材料二 亚历山大为利于其在东方的统治，大力推行"融合"政策。在亚历山大帝国中沿袭了东方专制帝国的旧规，继承了波斯帝国的专制政体，保留了波斯帝国中央和地方行政组织，设立总督等地方官职；采用东方宫廷仪式，重用波斯和当地土著的上层分子，让他们充任政府和军队的官吏。……其中应该指出的是，他鼓励马其顿人和东方女子结婚。在苏萨一次盛大奢华的结婚典礼上，亚历山大亲自带头同波斯国王大流士的女儿斯塔提拉结了婚。

——傅利华：《略评亚历山大东征》，载《内蒙古民族师范学院学报（哲学社会科学汉文版）》，1996年第4期

材料三 亚历山大远征军主要由马其顿人和希腊雇佣兵组成，亚历山大在东方的远征中至少留下了36000名希腊雇佣兵，让他们在各处定居下来。他们都是希腊文明的载体。东征中还有许多随军学者，包括工程师、地理学家、测绘师、哲学家、历史学家、艺术家等，他们沿途搜集了大量东方各国的政治、经济以及民情风俗方面的资料，他们与当地人交流来往，使东西方文化互相补充。这些人在吸收学习东方文化的同时，也将希腊文明传播到了东方，加深了东西方之间的彼此了解，为新的希腊化文化的产生提供了可能性。

——李丽玲：《浅析亚历山大统治政策与希腊化文明的形成》，载《绥化学院学报》，2010年第6期

材料四 希腊人所到之处，都要建立希腊式城市或殖民地。据统计，亚历山大及其后继者在东方建城（包括殖民地）至少在300个以上，其中保留下名称者约275个。……它们通常建于统治的中心地区、交通要道或军事要塞，是希腊—马其顿人统治网络的核心组成部分。城中一般建有希腊式的神庙、体育馆、剧场，居民也以希腊人为主。城中充溢着浓厚的希腊文化气息，希腊语、希腊钱币、希腊的神祇、希腊的戏剧、希腊的习俗使远在东方的希腊人有一种生活在故国家园之感。

——杨巨平：《亚历山大东征与丝绸之路开通》，载《历史研究》，2007年第4期

教师设问：阅读上述材料，分析亚历山大东征是如何对文化交流产生影响的，并说明希腊化时代东西方文明交流的特点。（参考答案：方式——民族融合政策促进了文化交融；随军学者的贡献；普建希腊式城市。特点——以希腊文化为主，彼此吸收融合）

教师讲述：亚历山大东征打破了历史上形成的东西方各自独立的文化发展模式，开创了人类文明交流的新时代。欧洲人试图以征服者和统治者的身份统治东方世界，但是，在这

一过程中，他们自己也发生了变化，使随后产生的希腊化文明成为一个东西方融合的混合物，而不是来自其他地区的移植物。东西方文明在这个时代中，都获得了巨大的发展。

材料五　希腊化时期文化的最大成就在文学和应用科学领域，许多作品在中世纪之前一直是无法超越的。卡里马库斯与其他学者，如哲学家泽诺多托斯和阿里斯塔尔库斯，一起开创了对希腊语言和文学的专门研究，他们整理的《荷马史诗》和其他一些诗人的作品是今天人们所用版本的前身。在亚历山大之前，希腊的学者在数学和医学方面已经有了相当的成就，而亚里士多德更为系统化的研究方法打下了基础。亚历山大本人鼓励科学研究，而在他的大帝国建立之后，希腊人又能直接接触巴比伦的天文学，他们从中获得很大的启发。托勒密三世时期的天文学家阿里斯塔克提出太阳的体积比地球大，而且地球和其他行星是绕着太阳运行的。埃拉托色尼(公元前 275—前 195)是历史上第一个准确推测出地球周长和直径的人，他还通过观测太阳高度的变化测量出黄道倾角。

——马克垚主编：《世界文明史》，北京：北京大学出版社，2004 年，第 255—256 页

教师设问：依据材料五，概括希腊化时期在哪些领域取得了重要成就。(参考答案：文学、历史、数学、医学、天文学等)

教师讲述：希腊化时代的文化成就，在当时可谓举世无双，对后世文化的发展也产生了深远影响。学者们系统整理和研究了《荷马史诗》和古典希腊的悲剧、史学等皇皇巨著，给我们留下古代地中海世界生产、生活、战争、和平等富于动感的场景；阿里斯塔克、欧几里得、阿基米德等科学巨匠的名字至今仍熠熠生辉；斯多噶学派、怀疑论派、犬儒学派等哲学派别的思想依然有着巨大的生命力；以亚历山大名字命名的那些城市仍然承担着经济文化交流中心的使命……由于希腊化时代是在亚历山大远征促成文化交流融合的背景下形成的，这也造就了希腊化时代的文化融合性和开放性相结合的特点。亚历山大东征为文化交流和发展创造良好的条件，促成了文化重心的东移，希腊文化与东方文化深入融合，共同发展。当然，由于社会发展以及开放程度不平衡等因素的存在，有些地区受希腊文化影响有限。

(设计意图)历史人物的成长，离不开时代的孕育，离不开社会环境的锻造，亚历山大也是如此。本环节以亚历山大远征为核心线索，突出亚历山大在希腊化时代形成中的作用，让学生认识到战争在文化交流中的特殊作用。通过使用相关的史料构建生动具体的历史情境，让学生在史料研习中，深入理解希腊化时代形成的条件和原因，对希腊化时代的文化内涵和特征有更加全面和深刻的认识。借此培养学生的历史思维逻辑，提升他们的史料实证意识和依据史料进行历史解释的能力。本环节指向的是：(1)时空观念素养水平 2——能够认识事物发生的来龙去脉，理解空间和环境因素对认识历史与现实的重要性。(2)史料实证素养水平 2——明了史料在历史叙述中的基础作用；在对史事与现实问题进行论述的过程中，能够尝试运用史料作为证据论证自己的观点。(3)历史解释素养水平 2——能够选择、组织和运用相关材料并使用相关历史术语，对个别或系列史事提出自己的解释；能够在历史叙述中将史实描述与历史解释结合起来。

(过渡)亚历山大死后 1400 多年，漠北草原斡难河上游有个叫铁木真的孩子诞生了，这就是后来的成吉思汗。他创建了蒙古帝国，也开启了与亚历山大远征同样伟大的事业——蒙古西征。蒙古西征扰动了整个欧洲，对人类文化发展造成深远的影响。

（二）蒙古西征

1. “上帝之鞭”

材料六 整个欧洲被来自东方的铁蹄弄得摸不着头脑，以至于认为蒙古人的入侵乃是来自地狱的“上帝之鞭”。

——刘迪南：《13 世纪至 14 世纪欧洲人游记中的蒙古人形象》，载《西北民族大学学报（哲学社会科学版）》，2011 年第 5 期

教师设问：阅读材料六和教材第 63 页内容，概括指出“上帝之鞭”的概况和结果。（参考答案：概况——蒙古先后进行三次西征。结果——建立庞大的蒙古帝国，冲击了欧洲文明）

教师引导分析：13 世纪初，蒙古建国后，成吉思汗及其子孙于公元 1219 年至 1260 年的四十余年时间，先后进行了三次大规模的西征，建立起庞大的帝国。征服战争冲击了欧洲原有的文明秩序，对世界历史的发展造成了深远的影响。

材料七 据说他曾说过：“人类最大的幸福在胜利之中：征服你的敌人，追逐他们，夺取他们的财产，使他们的爱人流泪，骑他们的马，拥抱他们的妻子和女儿！”

——［美］斯塔夫里阿诺斯著，吴象婴等译：《全球通史》（第 7 版修订版）上册，北京：北京大学出版社，2006 年，第 227 页

教师设问：据你了解，这里的“他”指的是谁？并深入分析蒙古西征的原因。（参考答案：他——成吉思汗。原因——游牧民族满足物质生活的需要；成吉思汗的征服欲）

教师设问：阅读教材第 64 页《蒙古军队西征示意图》，说出蒙古西征的大致经过以及涉及的地域范围。（参考答案：略）

教师引导学生分析：1218 年，中亚的花剌子模国扣留蒙古商队，杀害蒙古使臣。1219 年，成吉思汗以复仇为由，发动第一次西征，灭掉了花剌子模国，蒙古军队直抵黑海北岸。1227 年，成吉思汗去世，窝阔台继位。蒙古军队在灭掉金政权之后第二年（1235 年），进行第二次西征，又称长子西征，由成吉思汗之孙拔都为帅，窝阔台长子贵由、托雷长子蒙哥等诸王长子跟从，先后攻占莫斯科、基辅，击败匈牙利，歼灭波兰和条顿骑士团，震动罗马教廷。1252 年第三次西征由旭烈兀率领，进军西亚和中东，灭亡了阿拉伯帝国。忽必烈建立元朝后，蒙古在西方的统治实际上脱离了他的控制，形成四个独立的汗国，即钦察汗国、察合台汗国、窝阔台汗国和伊利汗国。

（过渡）关于 13 世纪蒙古人的西征对人类文明的影响，史家们见解不一。

2. “黄祸”还是“黄福”

材料八 伦敦附近的马修·帕里斯修士在其编年史中这样写道：“像成群的蝗虫扑向地面，他们彻底劫掠了欧洲东部；焚烧与屠杀使这里变成一片废墟。经过萨拉森人的国度后，他们铲平城市、伐光森林、推倒堡垒、拔掉蔓藤、捣毁公园、屠杀市民和农民。”这一切，毋庸置疑，对当地的地区、人民包括统治者都是一场劫难。

——付来侠：《蒙古西征对西方殖民扩张的影响》，载《乐山师范学院学报》，2005 年第 3 期

材料九 蒙古人带来的或从阿拉伯和回教人处转移过来的科技和人文知识，是其后西欧“文艺复兴”的先河；而蒙古人带来的中国火药火器科技，更是日后西欧君主们倚仗为打击

封建割据领主们的“金城堡垒”的致命工具，欧洲民族国家的建立因而得以实现。历史事实是：蒙古西征以后百余年，西欧(尤其是靠近蒙古西征军力所及的维也纳和意大利北部)便开始了现代化的先河“文艺复兴”。

——陈启云：《从多元历史视野宏观中国现代化问题：蒙古西征与人类文明》，载《史学集刊》，2009 年第 4 期

材料十　正如雷纳·格鲁塞所言：“蒙古人几乎将亚洲全部联合起来，开辟了洲际的道路，便利了中国和波斯的接触，以及基督教和远东的接触。中国的绘画和波斯的绘画彼此相识并交流。马可·波罗得知了释迦牟尼这个名字，北京有了天主教的总主教。……从蒙古人的传播文化一点说，差不多和罗马人传播文化一样有益。对于世界的贡献，只有好望角的发现和美洲的发现，才能够在这一点上与之比拟。”

——徐良利：《论蒙古第三次西征的历史背景和影响》，载《广州大学学报(社会科学版)》，2010 年第 2 期

教师设问：依据上述三则材料，谈谈你对蒙古西征影响的认识。(参考答案：积极影响——促进中国科技文化在西方的传播；为即将发生的文艺复兴奠定了一定的基础；推动了欧洲资本主义的发展和封建势力的衰落；为东西方文化交流作出贡献。消极影响——造成大量人口死亡和物质财富的损失；对部分欧洲文化造成灾难性影响)

教师引导学生分析：蒙古西征行动，扰动了当时整个文明世界，对许多人类文化遗产造成了一定程度的破坏，沿途的屠杀和掳掠行为更是造成了巨大的物质财富和生命财产的损失。另一方面，西征行动也把原来因地理、政治、经济条件不同而相互阻隔的地区连成一片，丝绸之路重新畅通，人口迁徙、文化交流和经济往来焕发出新的生机。大批的军队、商贩以及使臣、旅行家等活跃于这条商道，科技和文化成果以此为载体，实现了一次东西方大交流。这次文明交流对此后欧洲的社会发展，比如文艺复兴、宗教改革，甚至是资本主义战胜封建势力，都有着极其深远的影响。

(过渡)蒙古西征引发了较大规模的民族迁徙。由东向西迁移的移民主要是西征的蒙古军队。

3. 民族迁移

材料十一　汉文、波斯文史料都记载，在伊利汗国的蒙古宫廷和上层社会有一定数量的汉人医师，这些汉人医师最有可能是跟随西征军来到伊朗的……史料可见，伊利汗国的汉人医师主要活动在伊利汗宫廷和波斯精英阶层中，他们的医术受到尊重。在汉人医师的努力下，中医医学被传至伊朗。

——陈春晓：《蒙古西征与伊利汗国的汉人移民》，载《中州学刊》，2019 年第 6 期

教师设问：汉人西迁产生了怎样的影响？(参考答案：促进了文化的交流)

教师讲述：军事征服活动带来的民族迁徙，推动了各地区间的文化交流。汉人西迁极大地扩大了中国文化的影响。中医是中华文化的一个代表性成就，中医西传给西方人带来健康福利的同时，也使西方对中国文化的兴趣增强，为东西方文化的进一步交流创造了条件。汉人西迁只是这一时期移民的一个小部分，大部分移民是东迁的“西民”，其中包括被蒙古人征服并带入中国的阿拉伯人、波斯人、中亚突厥语人、粟特人、吐蕃人、党项人、契丹人等。各种族人群杂居一处，便利了各族之间的文化交流，尤其是西方宗教(如天主教)在中国

有了传播;民族融合进程加速发展,比如,在中国境内出现了一个新的群体——色目人。

材料十二 在大都周边地区的军屯中也生活着数量众多的西域色目人,这些色目人主要从事农牧业。同时元政府还招募了数量众多具有一定技能的工匠,安置在张家口、涿州等地,专门从事手工业。从事商业的畏兀儿人主要集中在商品经济较为发达的真定府和大名府。当然,还有一部分色目人官僚在河北地区居官,有的甚至在河北定居,这些色目人一般都具有较高的文化水平。在卫所和军屯中的西域色目人,虽然具有较为严格的社会组织和族群意识,但已经开始出现与汉族通婚的迹象,大部分色目人开始在生产方式、生活习惯和文化取向上发生变化,融入河北汉族之中。

——吴玉梅、冯瑞建、白少双:《略论河北境内的色目人》,载《西夏研究》,2016 年第 1 期

教师设问: 色目人的活动产生了哪些影响?(参考答案:促进了文化交流;推动了民族融合)

教师讲述: 民族迁徙是推动文化交流的重要方式之一。伴随着蒙古的军事征服和统治,中国境内出现了一个特殊的群体——色目人。色目人(各色名目之人)是元代时对来自中西亚的各民族的统称。广义上讲,一切除蒙古、汉人、南人以外的西北民族都算是色目人,包括被蒙古人征服并带入大蒙古国的中亚突厥语人、粟特人、吐蕃人、党项人、契丹人、波斯人及少量阿拉伯人等。色目人在蒙古帝国的政治地位比汉人和南人要高。内迁的色目人逐渐接受了汉文化,大部分融入了汉族和蒙古族。其中,有一部分则融合成一个新民族——回族。蒙古西征带来的民族迁徙,推动了民族格局的变化,也引发了被征服地区文化面貌的变化。

(设计意图) 蒙古西征对世界文明的影响在西方世界向来是被低估的。本设计利用具体的史料展示了蒙古西征对欧洲文明所产生的促进作用,使学生理解中国传统科技外传,对文艺复兴运动以及欧洲资本主义的成长发挥了重要作用。通过这些内容的学习,学生可以深刻理解中华文化对世界文明的发展所起到的作用,能够认识到"欧洲中心说"的不合理性。本环节指向的是:(1)时空观念素养水平 2——能够将某一史事定位在特定的时间和空间框架下。(2)史料实证素养水平 3——在探究特定历史问题时,能够对史料进行整理和辨析。(3)历史解释素养水平 2——能够选择、组织和运用相关材料并使用相关历史术语,对个别或系列史事提出自己的解释。(4)家国情怀素养水平 1、2——能够具有对家乡、民族、国家的认同感,理解并认同社会主义核心价值观和中华优秀传统文化,具有对祖国和人民的深情大爱。

【课堂小结】

教师引导学生小结: 马克思曾说:"野蛮的征服者总是被那些他们所征服的民族的较高文明所征服,这是一条永恒的历史规律。"马其顿人和蒙古人东征西讨,扰动世界,腥风血雨中人们看到世界正悄悄地发生着变化。骑在马上的征服者一旦下马,就很容易被同化,最后暴力被文化所征服。文化总是比暴力更有力量。征服者们自觉或者不自觉地充当了历史的工具,军事征服带来的灾难被文明互通交流的辉煌成就遮掩,他们也因此被后世铭记——当然不是因为他们是征服者,而是作为文明交流的缔造者。

第 12 课

近代战争与西方文化的扩张

教学设计 1

付欣　安徽省淮北市实验高级中学

一、教材分析

本课是统编教材《文化交流与传播》第五单元《战争与文化交锋》第 2 课，共三个子目："独立战争后的美国文化与拉丁美洲文化""拿破仑战争后欧洲文化的重构""欧洲殖民者的文化侵略"，主要讲述了独立战争对美国文化和拉丁美洲文化的影响；拿破仑战争后，欧洲反对封建专制，追求民主、独立、自由、法治以重构欧洲的政治文化；欧洲殖民者对被殖民地进行的文化侵略以及客观上的建设性。战争对人类文化有双重作用，既对文化发展构成了冲击，又为文化碰撞提供了契机。

《普通高中历史课程标准(2017 年版 2020 年修订)》对本单元的要求是：通过了解历史上的著名战争，理解战争对人类文化的破坏，以及造成的文化断裂；认识战争在客观上又为不同文化的碰撞提供了契机。独立战争、拿破仑战争、欧洲殖民侵略战争等，对人类文化发展起到了双重作用。为了突出展现战争前后文化的变化，本教学设计将本课分为"独立战争与美洲文化""拿破仑战争与欧洲文化""西方殖民侵略与亚非文化"三个部分，通过阐述独立战争前后的美洲文化、拿破仑战争前后的欧洲文化、西方殖民侵略战争前后的亚非文化，引导学生理解独立战争、拿破仑战争、西方殖民侵略等对人类文化的影响。

二、学情分析

高二年级学生对本课涉及的相关基础知识已有基本的储备和掌握。因此，教师应把重心放在帮助学生理解独立战争、拿破仑战争、西方殖民侵略等对人类文化的影响方面。但是，我们不能直接把结论塞给学生，而应该在具体教学过程中通过史料研读、合作探究等方式帮助学生得出结论。所以，教师可以通过分析讲述独立战争对美洲文化的影响、拿破仑战争后的欧洲文化、西方殖民侵略后的亚非文化，帮助学生理解战争对文化的影响。

三、教学目标

1. 梳理独立战争、拿破仑战争、西方殖民侵略等基本史实，增强探究特定历史问题时，整理和辨析史料的能力，并能依据史料对相关历史进行合理的解释。

2. 理解独立战争后，美国文化在多元化的基础上注重对自由民主的追求，但是美国文化也有局限，如没有废除奴隶制。

3. 理解拿破仑战争后，俄国自由思想得到进一步传播、德国民族意识得到崛起；认识作为侵略战争，拿破仑战争也有消极影响。

4. 理解西方殖民侵略后，亚非文化受到了冲击，如文化侵略；但战争也有客观上的建设性，如改变了人们的传统观念、开阔了人们的视野、促进了教育和科技等发展。

5. 能辩证看待历史问题，认识战争对人类文化的双重影响。

四、教学重难点

重点：独立战争对美洲文化的影响、拿破仑战争对欧洲文化的影响、西方殖民侵略对亚非文化的影响。

难点：理解战争对人类文化发展的双重影响。

五、教学过程

【导入新课】

图 1

教师设问：同学们知道这座雕塑的名称吗？它象征着什么精神？（参考答案：名称——自由女神像。精神——民主自由）

教师讲述：提起美国，人们自然而然会联想到矗立在纽约自由岛上的自由女神像。她是美国的标志，更是美国文化的标志。自由女神像，也称作“自由照耀世界”。1876 年为庆祝美利坚合众国独立 100 周年，法国政府将自由女神像作为礼物赠送给美国。自由女神身着古希腊风格的服装，头戴光芒四射的冠冕，其上有象征世界七大洲及四大洋的七道尖芒。女神右手高举象征自由的火炬，左手捧着《独立宣言》，脚下是打碎的手铐、脚镣和锁链。花岗岩构筑的神像基座上，刻有美国诗人埃玛·娜莎罗的诗作。自由女神像反映了美国文化中人们所追求的最高境界，那就是民主自由的社会。无数的美国人都把它看作心中的圣物，激励着自己去实现民主、追求自由等崇高的理想。可以说自由女神像象征着美国文化中追求民主、追求自由的精神。

自由女神像是独立战争后美国文化的重要符号之一，可以从一个侧面印证独立战争对美国文化的影响。接下来我们一起学习第 12 课《近代战争与西方文化的扩张》，来共同探究战争对人类文化的影响。

(设计意图)本环节的设计主要通过图片来吸引学生，激发学生的学习兴趣，且自由女神像反映了独立战争对美国文化的影响，呼应本课的学习内容，有利于新课的推进。本导入指向的是：时空观念素养水平 2——能够将某一史事定位在特定的时间和空间框架下。

【学习新课】

(一) 独立战争与美洲文化

1. 独立战争前的美洲文化

(1) 英属北美殖民地文化

材料一　虽然占支配地位的是英国清教文化，但十三个殖民地的移民成分复杂，有英格兰人、苏格兰人、爱尔兰人、荷兰人、法兰西人、德意志人、瑞典人和犹太人，还有作为奴隶的非洲黑人。这些人在独立战争前经过不断的交往、交流产生了共同的语言，即英语，但它不同于英国本土的英语，不仅声调和重音有变化，而且从印第安人、黑人、欧洲大陆移民那里吸收了许多新词汇，形成了美国式的英语。生活方式上，移民们互相交流，不仅采用欧洲的农业生产方式，也向印第安人学习了许多生产方法，还有南方的奴隶制大庄园制。

——王佳：《论近代美国民族文化》，载《新西部》，2016 年第 21 期

教师设问：根据材料一并结合教材第 66—67 页，指出美利坚民族形成与发展的历史条件，以及在此背景下形成的美利坚文化具有什么特征。（参考答案：历史条件——美利坚民族是由大量来自境外的移民构成的。特征——多元化）

教师引导学生分析：美利坚民族是由大量移民构成的，这是美利坚民族与世界上其他许多民族相比一个极大的不同之处。美利坚民族在发展与演进过程中不断地吸收外来移民，致使民族和种族成分愈来愈多元化。人们通常喜欢把美国社会称为“民族大熔炉”，来自全世界各地的不同民族、不同种族的移民进入这座“熔炉”以后，都被“冶炼”为美利坚民族大家庭中的一员。然而他们各自所带来的不同的文化成分，或者叫作不同文化因素，并没有完全消失，而是使得美利坚文化的外表更为丰富多彩，内涵更充实。一些古老而悠久的文化“熔入”美利坚文化中，也焕发出更为璀璨的光芒。美利坚社会之所以能够迅速发展并保持旺盛生命力，在很大程度上得益于大批外国移民的到来。外国移民是不断注入的新生力量，为美利坚民族注入了新的智慧、新的劳力，同时为美利坚文化不断带来新的文化因素和新的活力。于是，美利坚文化在形成和发展中就凸显出“多元化”的特征。

(2) 拉丁美洲文化

材料二 当哥伦布发现美洲时，美洲的真正主人印第安人有着数不清的部落。无数的部落语言和方言，各种各样风格各异的风俗习惯，他们既没形成一致的地域语言，也没形成统一的地域民族，更无统一的经济。绝大多数印第安人部落还处于原始社会，生产水平低下。

——钱明德：《哥伦布发现美洲的主旋律——新旧大陆文化的汇合》，载《世界历史》，1994 年第 3 期

材料三 总之，在西班牙和葡萄牙长达数世纪的殖民统治过程中，天主教作为殖民地的惟一居于支配地位的意识形态左右着人们的世俗和宗教生活，在这片土地上形成了根深蒂固的文化观念。

——王晓德：《试论拉丁美洲现代化步履维艰的文化根源》，载《史学集刊》，2004 年第 1 期

教师设问：根据材料二、三并结合教材，指出独立战争前拉丁美洲的文化特征。(参考答案：相对落后；天主教占支配地位；多元性)

教师讲述：拉丁美洲文化长期处于相对不发达状态。西班牙和葡萄牙殖民者把天主教带到了美洲。经过数世纪的殖民化和殖民统治，殖民宗主国的制度在这一地区深深地扎下了根，给拉丁美洲留下了很难磨灭的文化遗产。

(过渡)独立战争是美国和拉丁美洲历史上的重要事件。独立战争是美国历史的转折点，西欧的文化成分对美国文化的影响，在战争之后更为明显。独立战争后，拉丁美洲文化同样发生了很大变化。

2. 独立战争后的美洲文化

(1) 美国文化

教师讲述：独立战争在美国历史上，乃至世界历史上都有着深远的影响。美国人民在独立战争时期摆脱殖民统治，呼唤民主、自由，为美国今日的发展奠定了坚实的基础。接下来，我们以独立战争后美国文学、书籍进口与重印等为例，谈一谈独立战争对美国文化的影响。

材料四 潘恩敲响的独立战鼓声，在北美大地回荡，涌现了不可阻挡的独立潮流。它给激进派以极大的鼓舞，他们纷纷公开提出自己的独立思想；它使犹豫观望的中立派转向支持独立；它孤立和打击了保守派，使他们不得不跟着独立的潮流走。只有到这时，美国的民族主义才展现出它最精彩的内容。

——李永清：《美利坚民族的觉醒——美国启蒙运动的历史价值论》，载《河南大学学报(社会科学版)》，1996 年第 6 期

教师设问：根据材料四并结合教材，指出独立战争前，北美大陆殖民地人民已经具备了什么意识。(参考答案：民族独立意识)

教师讲述：确实如此，早在独立战争爆发之前，北美大陆殖民地人民在欧洲启蒙主义学说的影响下，已经初步具有了民族独立的意识。独立战争时期，美国人用《独立宣言》来阐述人民主权思想；帕特里克·亨利在《不自由，毋宁死》中用铿锵的语言、嘲讽的语气、坚定的态度来唤醒还在被殖民者“亲吻”的人们；富兰克林在《穷理查历书》中用清晰、幽默的文字传播

了科学文化，激发了自力更生的精神，他的爱国热情和关于自学、创业的言论，对于美国人民的人生观、事业观和道德观产生了深远的影响。这一切都为美国人的"自由"奠定了基础。

材料五　美国的自由诞生在美国革命之中，独立战争中更新的自由思想得以出现，这时的文学创作更具有美国宪法中所说的自由的恩惠的意味。巨人们告诉美国人民，要想获得独立与自由，必须拿起武器进行战斗，巨人们所阐述出的民主精神不仅激励着追随者们为赢得自由而浴血奋战，同时也极度激励着美国文学中的主体精神向着新的方向发展，作家们对自由的向往在他们的作品中突显出来。

——张慧诚：《美国独立战争时期文学中的主体精神》，载《昌吉学院学报》，2009 年第 3 期

材料六　18 世纪六七十年代，苏格兰思想家们的作品大多是通过进口到达美利坚……在大量书籍通过进口销售到美国的同时，18 世纪晚期随着书籍重印业在北美的发展，读者们能够更加便捷地购买到苏格兰启蒙思想家的著作。书籍重印的经济利益、当地生产的便利性、以及推动社会进步的爱国思想等因素促进了美国本土书籍重印业的发展。从 18 世纪后半叶起，平均每五部苏格兰启蒙运动作品中，就有一部以上是在美国重印的。

——任裕海：《苏格兰启蒙学说在美利坚的传播和影响》，载《历史教学(下半月刊)》，2018 年第 10 期

教师设问：根据材料五、六并结合教材，指出独立战争后，美国文学、大量书籍的进口和重印反映了美国社会怎样的氛围。(参考答案：自由民主)

教师讲述：美国的民族文学形成于独立战争时期。在战争中产生了大量的革命诗歌。政治上的独立促进了文化上的升级。美国独立战争时期的文学主体精神正是一种人类自由的哲学思想和理念，这种思想和理念是美国人世代所珍惜的对个人自由、个人意愿的追求。作家们在学习吸取欧洲浪漫派文学精神的基础上，对美国的历史、传说和社会现实生活进行描绘，美利坚民族自身的内容逐渐丰富和充实起来。不同创作风格、不同创作倾向的作家相继出现，文学作品从内容、题材到外在表现形式都极具鲜明的民族特色。独立战争结束后，美国市场所潜藏的巨大商机、宗教信仰自由的环境、相对开放的政治环境等因素，为书籍进口贸易和重印业的繁荣提供了条件，促使苏格兰出版业者大量移民美国。但在独立战争和建国的过程中奴隶制未能被废除，这一定程度上意味着美国独立的不彻底，革命的不彻底，自由、平等、人权的局限、残缺和虚伪；同时，也为 19 世纪 60 年代爆发的具有第二次革命意义的解放奴隶的国内战争埋下了种子。

教师引导学生分析：独立战争对美国文化有着重要影响，战争对文化有破坏、有阻断，但是也为文化发展提供了契机。独立战争前，英属北美殖民地的多元文化特征非常突出。独立战争是美国历史发展的转折点，深刻影响着美国文化。经历了独立战争的洗礼，美国文化在多元化的基础上，注重对自由民主的追求。但是美国文化也有局限，就是没有废除奴隶制，不过，这也是符合当时美国国情的。

(2) 拉丁美洲文化

教师讲述：18 世纪末 19 世纪初，在实行殖民统治长达 3 个世纪的拉丁美洲，爆发了一场独立解放运动。这场运动波及地区之广，卷入斗争的人口之多，斗争时间之长，在世界殖民地革命运动史上是空前的。

材料七 这场独立运动取得的主要成果是：一、赶走了法、西、葡殖民主义者，建立了一系列民族独立国家，除西印度群岛外，基本上形成了今天拉丁美洲各国的政治布局；二、除巴西以外，各新独立国家都确立了资产阶级民主形式的共和国制(海地实行过短期帝制)，废除了封建法律；三、天主教会和政府分离，废除了极端反动的宗教裁判所，削弱了教会的政治经济权势；四、海地推翻了黑人奴隶制度，摧毁了大地产制，其它各国(巴西除外)取缔了奴隶贩卖，到十九世纪中叶都废除了奴隶制，并逐步废止了印第安人的徭役制和贡纳；五、取消了限制各国工商业发展的殖民垄断制度。

——韩水军：《拉丁美洲的独立革命——南美北部地区的独立战争》，载《历史教学》，1984 年第 10 期

教师设问：根据材料七并结合教材，指出独立运动对拉丁美洲文化的影响。(参考答案：废除封建法律，颁布新法律；废除了奴隶制、徭役制、贡纳；促进了考迪罗独裁权力的形成)

教师引导学生分析：拉丁美洲的独立解放运动推进了拉丁美洲社会的发展，开辟了拉丁美洲历史的新纪元。

(设计意图)本环节设计主要介绍了独立战争对美国文化和拉丁美洲文化的重要影响。通过史料研习，学生了解了独立战争前英属北美殖民地文化和拉丁美洲文化的特征，理解了独立战争对美国与拉丁美洲文化的影响，提升了阅读分析史料的能力。本环节指向的是：(1)史料实证素养水平 3——在探究特定历史问题时，能够对史料进行整理和辨析。(2)家国情怀素养水平 1、2——能够理解和尊重世界各国优秀文化传统。

(二) 拿破仑战争与欧洲文化

1. 拿破仑战争前的欧洲文化

材料八 在拿破仑战争之前，除法国、荷兰等少数几个国家之外，欧洲大陆基本上是封建君主专制的天下……在思想文化领域，专制主义和神权是套在人民身上的两把枷锁，广大人民群众基本上没有接受教育的机会，大都愚昧落后，知识分子虽然受到启蒙思想的熏陶并欢呼法国大革命的到来，但他们在政治上无权无势，无力改变现状。

——宛凤英：《拿破仑发动战争与近代欧洲一体化进程》，载《史志学刊》，2015 年第 2 期

教师设问：根据材料八并结合教材第 68 页，指出拿破仑战争前欧洲文化状况。(参考答案：人们受到专制和神权的束缚，愚昧落后；知识分子受到启蒙运动洗礼但是无政治权利)

教师讲述：拿破仑战争改变了这一切，它把欧洲大多数国家都席卷了进去，对欧洲的影响十分深远，促进欧洲从封建主义向资本主义前进。

2. 拿破仑战争后的欧洲文化

材料九 1796 年初，法国督政府组成三路大军：儒尔丹所率部队沿莱茵河推进，莫罗所率法军沿多瑙河方向前进，拿破仑所率的法军则沿波河进发，三路军的目标都直指反法同盟的堡垒维也纳。在这三路大军中只有南路军，即意大利方面军给奥地利以毁灭性的打击，1797 年奥国战败求和，第一次反法同盟彻底垮台……1806 年 1 月，拿破仑提议组成一个新的邦联。同年 7 月 12 日，十六个德意志王侯宣布脱离神圣罗马帝国，组成莱茵邦联，推选拿

破仑为保护人。这样，在莱茵河和易北河之间，即德国的心脏地带确立了拿破仑的统治。意大利王国领土的扩大和莱茵邦联的建立，使拿破仑帝国在欧洲的地位发生了根本性的变化，以法国本土为核心的大帝国开始形成，受拿破仑统治的不仅有法国人，而且还有荷兰人、瑞士人、意大利人和德意志人。

——林贤报：《试论拿破仑战争性质转化问题》，载《福建师范大学学报（哲学社会科学版）》，1986 年第 2 期

教师设问：根据材料九并结合所学，指出前期法国大革命战争和后期拿破仑战争的目的分别是什么，其性质有何变化。（参考答案：前期目的——捍卫革命成果。后期目的——扩大版图、对外征服。性质转变——由自卫战争变为侵略战争）

教师讲述：第一、二次反法同盟战争，都妄图颠覆法国新生的资本主义制度，反法同盟的干涉政策得到法国保皇党人的积极配合。对法国说来，从 1792 年至 1802 年间的对外战争是自卫的战争。战争的目的是捍卫革命成果，反对欧洲君主国向法国输出反革命，保卫国家的独立自主。而拿破仑帝国建立后的 1805 年战争，是战争性质的转折点，战争的目的是进一步发展大帝国的版图，征服全欧洲，因而从本质上来说是侵略战争。拿破仑战争对欧洲历史发展进程既存在消极的一面，也存在积极的一面。

材料十　1812 年战争俄国取得了最终的胜利，打败拿破仑后，俄国远征军进入欧洲，具有自由主义倾向的贵族青年军官并没有因为胜利而欢欣鼓舞，因为见识到了欧洲的先进，他们开始羡慕法国，法国并不是落后封建的，恰恰相反他们看到了法国拥有更自由的社会氛围和更富足的市民生活，于是开始反思俄国的落后，一些贵族开始忏悔对农奴所作的种种行为……在远征回来后，他们便成为俄国历史上最早一代革命者，先后成立了救国协会、幸福协会、南方协会和北方协会，并于 1825 年 12 月趁亚历山大一世去世时发动了起义。

——程杰：《试析 1812 年卫国战争对俄国的影响》，载《西部学刊》，2019 年第 3 期

教师设问：根据材料十，指出拿破仑战争在文化上对俄国的影响。（参考答案：自由思想得到进一步传播）

教师讲述：起义虽然最终失败了，但是俄国自由主义的传播并没有因此而终止。十二月党人开启了俄国的思想解放运动，他们唤醒了俄国先进分子和社会民众，开始对西方自由与文化进行更为深层的思考，探索俄国自己的发展道路。拿破仑用战争手段同样把法国革命的影响带到了波兰、比利时、荷兰、西班牙等帝国的附属国，为这些国家资本主义的发展扫除了障碍。

材料十一　拿破仑战争将德意志境内许多封建邦国统统扫进了历史垃圾堆……在占领地，拿破仑取消封建贵族的特权，封闭了大量寺院，教会土地、财产被没收、拍卖，剥夺了教堂和寺院募集某些苛捐杂税的权利，代之以行政集权、公民平等和国内市场的统一……威斯特伐里亚王国成为德意志最先颁布宪法的地区，《拿破仑法典》和法国其他法律一并被采用了。在受法国影响最大的巴登，《拿破仑法典》及其附录则成了它的邦法。负有把老地区同新获得的土地融合起来的特殊任务的符腾堡、巴伐利亚和巴登这三个南德邦国在经济、行政、军事方面采取的措施均以法国为榜样。

以施莱格尔兄弟和谢林为首的耶拿学派是德意志的第一个浪漫主义文学派别，也是德意志浪漫主义发展的第一阶段。他们摆脱了法国启蒙运动“哪里好，哪里就是我的祖国”的

“民族”概念，提出了：民族是一个有生命的存在，像其他生物一样，也是从生命力(即“民族精神”)的无意识的活动中产生的，风俗习惯、生活方式、语言、民歌以及艺术，无非都是“民族精神”的表现。

——郑春生、郑小敏：《拿破仑战争与德意志民族的崛起》，载《温州师范学院学报(哲学社会科学版)》，2003 年第 3 期

教师设问： 根据材料十一并结合教材第 68 页，指出拿破仑战争对德意志的影响。(参考答案：摧毁了德意志的君主制度，扫荡了各种封建秩序，大大削弱了德意志的封建势力，推行了《拿破仑法典》并深刻影响政治等方面；激发了德意志的民族意识，促进了人民的觉醒)

教师讲述： 拿破仑通过战争将法国大革命的优秀成果带到了德意志，促使其民族意识的觉醒，而且由于其侵略的反作用力，使德意志人民更加团结，改革图强，加速了德意志民族的崛起。

教师引导学生总结： 总之，在拿破仑战争中，法国军队尽管掠夺和侵占其他国家的领土，但是这些消极影响丝毫没有改变拿破仑战争的根本历史意义，这是因为这些战争破坏和动摇了欧洲的封建制度和专制制度。拿破仑战争传播了法国大革命的思想，推动了欧洲的资产阶级革命运动。法国大革命提出的平等、自由与博爱的资产阶级革命思想，随着拿破仑战争传播到被拿破仑征服的封建各国，给予了那些封建国家的人民以反对封建主义的思想武器。拿破仑在他征服的国家和地区中，扶植当地的资产阶级先进人士建立共和国，实行法国的革命制度、革命原则和《法国民法典》，从而使法国大革命时期的自由与平等思想在欧洲各国人民当中生根发芽，极大地冲击了欧洲的封建秩序和封建制度。

(设计意图) 通过本部分学习，学生了解拿破仑战争前欧洲文化的状况，理解拿破仑战争对欧洲文化产生的影响，有消极的，如给人们带来了灾难；也有积极的，如促进了自由平等思想的传播，冲击了封建秩序和封建制度。本环节指向的是：(1)唯物史观素养水平 1、2——能够了解和掌握唯物史观的基本观点和方法，理解唯物史观是科学的历史观。(2)历史解释素养水平 3——尝试从来源、性质和目的等多方面，说明导致这些不同解释的原因并加以评析。

(三) 西方殖民侵略与亚非文化

1. 西方殖民侵略前的亚非文化

材料十二 在鸦片战争之前，清政府一直认为中国是“天朝上国”，地大物博，无须与其他国家进行经济贸易，因此出现“夜郎自大”与“惟我独尊”的思想。

——王显非：《探讨鸦片战争对中国近代化的双重作用》，载《宿州教育学院学报》，2012 年第 4 期

材料十三 可以说，印度文明是一种早熟的宗教文明，其发端和深化都与宗教形影不离。印度文明以宗教为主体，形成了以印度教为主体的文明发展模式，对外来文明采取包容、并存的态度，对内实行严格的种姓制度。

——刘黎：《从文化角度看英国殖民统治后印度文明的异化》，载《人民论坛》，2014 年 8 期

材料十四 埃及地处亚洲、非洲和欧洲交汇处，历史久远，文化灿烂，自古以来乃兵家必争之地……阿拉伯帝国的崛起，埃及和整个北非的阿拉伯-伊斯兰化，是埃及历史的重大转

折点。

——毕健康：《文明交往、国家构建与埃及发展》，载《西亚非洲》，2012 年第 1 期

教师设问： 根据材料十二、十三和十四并结合教材第 69—70 页，指出西方殖民侵略前中国的传统观念、印度的文明特征、埃及的文化状况。（参考答案：中国的传统观念——华夷观，盲目自大。印度的文明特征——以印度教为主体，对外包容、并存，对内实行种姓制度。埃及的文化状况——历史悠久，文化灿烂，伊斯兰教占有重要地位）

教师引导学生分析： 中国封建社会有两千多年的历史，封建社会后期长期实行闭关锁国的政策，不了解世界，以"天朝上国"自居，认为英国、法国等西方国家都是蛮夷之邦，对于西方的先进技术嗤之以鼻。印度是一个宗教繁盛之地，宗教是印度人生活的中心。可以说，印度种姓是以宗教的洁净程度为准绳，婆罗门负责向神祭祀，诵读经典，被认为与神最近，故社会地位最高，其他依次而排列。埃及文化则具有极大的开放性和包容性。从埃及向西，进入利比亚，越过直布罗陀海峡，便可进入伊比利亚半岛，从而与欧洲直接交往；往南则进入努比亚，埃及与努比亚相互征讨，文化与历史相互交融，密不可分；往东则抵达地中海东岸的大巴勒斯坦地区，与两河流域文明直接碰撞；往北，越过蔚蓝色的地中海，可以克里特岛为跳板，与古希腊文明交相辉映。

2. 西方殖民侵略后的亚非文化

教师讲述： 1840 年前后，英国工业革命已经完成。工业资本主义生产的存在和发展，需要不断开辟新的商品市场和原料产地。而此时的清王朝依旧做着"天朝上国"的迷梦，但是，在正当的中英贸易中中国处于出超地位。英国为了扭转对华贸易逆差，无耻地向中国输入鸦片，严重危害中国人民的健康。道光帝任命林则徐禁烟，但林则徐的禁烟运动却成为英国政府使用"炮舰政策"的借口。为了打开中国的大门，1840 年英国悍然发动了侵略中国的鸦片战争。鸦片战争对中国社会的破坏是全方位的、多方面的，不仅给中国的政治、经济带来莫大的危害，对人们的思想也产生一些消极影响。但不可否认的是，鸦片战争使中国社会各方面发生根本性的变化，迫使中国走上近代化的道路，在文化上也有客观上的进步性。

材料十五　鸦片战争前夕，大量的西方传教士到中国宣传圣教，强行将他们的文化输入中国，对中国进行大肆的文化侵略……鸦片战争后，西方的文明、先进的思想传入中国并逐渐被接受，但科技思想的地位被国人过分抬高。

——郭鑫、崔英杰：《关于鸦片战争对于中国影响的研究综述》，载《学理论》，2015 年第 18 期

材料十六　鸦片战争开阔中国人的视野，使中国人"开眼看世界"，承认自己的落后，探索"师夷长技"与"西学东渐"等多种救国之路，走上向西方资本主义学习的道路，引进机器，带动中国近代工厂的发展。

1873 年，福州船政局 5 年期限的人才培养圆满结束，中国员匠可以独自按图监造，独自驾驶船只。之后，这些经过专门培训的技术人才，主持并成功制造出 10 多艘兵商轮船，至此，福州船政局已基本具备独立制造船只的能力。

——王显非：《探讨鸦片战争对中国近代化的双重作用》，载《宿州教育学院学报》，2012 年第 4 期

教师设问： 根据材料十五、十六并结合教材第 69 页，指出在文化方面，鸦片战争给中国

带来的影响。(参考答案：消极影响——文化侵略，科技思想的地位被过分抬高。积极影响——改变了传统观念，开阔了中国人的视野，使中国人开眼看世界，主张学习西方先进的科技；推动中国教育发展)

教师讲述：鸦片战争后，部分国人认为应该将西方思想绝之于门外，产生了排外思潮，这种做法一定程度上是不客观的；还有部分国人认为科技是决定一切的，只要科技上去了，中国的一切问题也就解决了，这种说法也是不客观的。其实，近代我国落后的根本原因是封建专制制度，它严重束缚了人们的思想，抑制了中国科技的发展。鸦片战争用坚船利炮打开中国大门，给中华民族带来巨大灾难。但是，随着中国的国门逐步被打开，一些外国的文明与技术，特别是外国的一些进步和开放的民主思想和自由的主张，也开始在中国大陆传播。林则徐、魏源对西方先进的军事科技以及生产技术的认识较为深刻，说明他们意识到了科技和军事对于一个国家发展的意义。不过，他们的认识仍然是朦胧的，并没有付诸实践。鸦片战争后，洋务运动等时期积极培养适应社会需要的人才，推动了教育的发展。此外，鸦片战争还促进了民族意识的觉醒，人民群众和爱国官兵开始了长时间不屈不挠的反侵略斗争。

(过渡)17 世纪初，英国人来到印度。后来通过东印度公司，掠夺侵占土地与财富。1767 年，英国议会通过“东印度公司管理法”，开始由英国政府直接统治印度。

材料十七　英国人在印度进行教育改革，推行英式教育，建立文官制度，规定殖民地官员的选拔必须通过英语考试，这就迫使印度知识分子接触西方的思想文化。推行资本主义的生产方式同样改变着印度人的思维，火车机器从城市延伸至乡村，乡村自治状态被打破，被绑上了商品经济发展的列车，自给自足的生产方式被淘汰，农民成为雇佣工人，一贯“习以为静”的印度人面对如此巨大的社会结构变动，心灵深处被强烈地震撼着……这样，种姓集团被政治倡导者用宗教武装起来，与政治接触愈发加剧，西方的议会制度被引入印度，政党纷纷建立，在印度，政党不可置否地架在种姓的框架上并作为种姓的利益代表，因为印度社会没有西方社会的契约关系为基础，种姓被看成是一种自然且适合的替代品而被广泛利用着。

——刘黎：《从文化角度看英国殖民统治后印度文明的异化》，载《人民论坛》，2014 年第 8 期

教师设问：根据材料十七并结合教材，指出西方殖民者对印度采取的文化措施产生的影响。(参考答案：宗教观念发生变化，但是印度教等还是印度宗教的主体；反殖民主义与民族主义的兴起；种姓政治化)

教师讲述：英国对印度进行殖民侵略的过程中，在很多方面采取相应措施，深刻影响了印度传统文明的发展。

教师设问：根据教材第 70 页，指出经历了殖民掠夺，埃及的文化状况发生了哪些变化。(参考答案：在社会生活中，伊斯兰教仍然是其主要宗教；阿拉伯民族的传统生活方式得以保留)

教师讲述：西方殖民侵略给亚非文化带来了灾难，如文化侵略；但也有客观上的建设性，如改变了人们的传统观念、开阔了人们的视野、促进了教育和科技等发展。

(设计意图)通过本部分学习，理解西方殖民侵略给亚非带来了灾难，其客观上的建设性深刻影响了亚非文明的发展。本环节指向的是：(1)时空观念素养水平 4——能够选择恰当

的时空尺度对其进行分析、综合、比较，在此基础上作出合理的论述。(2)史料实证素养水平4——在对历史和现实问题进行独立探究的过程中，能够恰当地运用史料对所探究问题进行论述。

【课堂小结】

教师引导学生小结：经过独立战争的洗礼，美国文化在多元的基础上，注重对自由民主的追求，但其也有局限，就是没有废除奴隶制，不过，这也是符合美国国情的。独立战争后，拉丁美洲废除封建法律，颁布新法律，废除了奴隶制、徭役制、贡纳，促进了考迪罗独裁权力的形成，迎来了拉丁美洲历史发展的新纪元。在拿破仑战争中，法国军队尽管掠夺和侵占过其他国家的领土，但是，拿破仑战争对俄国、波兰和德意志都产生了深刻影响，并最终推动了欧洲历史进程的发展。西方殖民侵略对亚非有文化侵略，但是也有客观上的建设性。总之，战争对文化有着双重影响，战争对文化有破坏、有阻断，但是也为文化发展提供了契机。

教学设计 2

梁松　安徽省淮北市实验高级中学

一、教材分析

本课是统编教材《文化交流与传播》第五单元《战争与文化交锋》第 2 课。本课共三个子目："独立战争后的美国文化与拉丁美洲文化""拿破仑战争后欧洲文化的重构""欧洲殖民者的文化侵略"，第一子目主要讲述了独立战争后美国文化和拉丁美洲文化的发展；第二子目主要讲述拿破仑战争后民主、自由思想的传播，从而对欧洲文化产生了巨大影响；第三子目主要讲述了欧洲殖民侵略和文化扩张以及殖民地对西方文化冲击的反应。

《普通高中历史课程标准(2017 年版 2020 年修订)》对本单元的要求是：通过了解历史上的著名战争，理解战争对人类文化的破坏，以及造成的文化断裂；认识战争在客观上又为不同文化的碰撞提供了契机。课标重点强调战争对人类文化具有双重作用，一方面，战争对文化的破坏作用极其强大，另一方面，战争也是一种文化交流的极端方式，在破坏的基础上又为文化的交流提供可能。从教材编写来看，本课突出强调了近代战争与西方文化扩张，与课标的要求有一定差距。因此在教学过程中，一方面要依托教材、利用好教材，另一方面又要依据课标，补充新材料，完成课标中"理解战争对人类文化的破坏，以及造成的文化断裂；认识战争在客观上又为不同文化的碰撞提供了契机"这一要求。

二、学情分析

高二年级学生已经完整学习过《中外历史纲要》，对本课涉及的几次战争已经很熟悉，这为本课的学习提供了很好的知识基础。经过课前学情调查发现，学生很容易理解战争对文化的破坏性作用，但是对于战争促进文化交流很难理解到位，同时学生对近代战争和古代战争的区别也有很大的困惑。因此，教师应把教学重心放在帮助学生理解战争对于文化交流的影响方面，使他们学会辩证地、具体地分析问题。在具体教学过程中，应该通过史料研读、合作探究等方式提升学生的历史思辨能力和历史解释能力，从而引导学生全面认识战争与文化的关系。

三、教学目标

1. 了解独立战争、拿破仑战争、鸦片战争等近代战争的基本史实，理解近代战争的特点。

2. 了解近代战争对欧洲、美洲、亚洲等区域文化的破坏和欧洲文化扩张的具体表现，辩证地分析战争对文化的双重影响。

3. 联系现实，全面、客观地认识战争问题，反思战争的危害，认识到和平交往才是文化交流的最佳方式。

四、教学重难点

重点：近代战争与西方文化的扩张；战争对文化发展的双重影响。

难点：理解战争为文化交流提供契机。

五、教学过程

【导入新课】

图1　圆明园遗址

教师设问：这是圆明园遗址的照片，圆明园在第二次鸦片战争中毁于英法联军之手，看到这样一幅图片，你们有怎样的感受呢？（参考答案：开放式问题，言之成理即可）

教师讲述：从这幅图片可以看到，战争是非常残酷的，它给人类文化造成了巨大的破坏。那么，近代战争是如何破坏文化的？它与文化交流之间又有怎样的关系？带着这些问题，让我们一起来学习《近代战争与西方文化的扩张》，探讨战争与文化的关系。

（设计意图）通过学生印象比较深刻的圆明园遗址图片导入，可以冲击学生的感官，再经过教师引导，能够激起学生探讨近代战争与文化发展之间关系的兴趣，有利于教学的推进。本环节指向的是：（1）时空观念素养水平 2——能够将某一史事定位在特定的时间和时空框架下，能够认识事物发生的来龙去脉。（2）历史解释素养水平 2——能够选择、组织和运用相关材料并使用相关历史术语，对个别或系列史事提出自己的解释。

【学习新课】

（一）近代战争：摧残人类文化的三尺剑

教师讲述：近代战争与古代战争相比，有着截然不同的表现形式，随着科技的发展，热兵器成为克敌制胜的利器，军队的组织形式和战术也发生了很大的改变。当西方近代化的军队遇到落后国家的传统军队时，战场上会是怎样的场景呢？我们先来看一段关于第二次鸦片战争的影视视频，直观地感受下近代战争。（播放电影《火烧圆明园》中关于第二次鸦片战争中清军和英法联军“八里桥之战”的片段。）

教师设问：这场战斗清军失败的原因是什么？（参考答案：武器落后）

教师讲述：这段视频，艺术地再现了这次惨烈的战斗，当时清军集结了 1 万多蒙古骑兵、2 万多步兵，远超仅 6 000 人左右的英法联军。但是，战斗的结果却呈现出一边倒的状况，曾经横扫欧亚大陆、令敌人胆寒的蒙古骑兵在此战中几乎全军覆没，清军死伤近万人，余部溃散，而英法联军仅有 5 人战死，死伤共 51 人。清军将士不可谓不勇敢，而且占据了人数的优势，结果仍然是英法联军取得了胜利，这不像是一场战斗，更像是一次屠杀。那么，清军失败的原因仅仅是因为武器落后吗？

材料一　法军步兵在行军时一直是排着纵队，英军骑兵在队伍的左边，而一部分法军则在主力右边。刚穿过一个森林，英军的前锋还来不及变阵，大炮也来不及开火，蒙古骑兵便向法军冲了过来。一阵排枪之后，有几个清骑兵跌下马鞍。而法骑兵正好抓住这个机会，发动了一次极为有效的冲锋。

——刘鸿亮、张建雄：《英法联军侵华之役“通州八里桥之战”探析》，载《历史教学》，2019 年第 19 期

教师设问：这次小战斗英法军队取胜的关键是什么？（参考答案：法军骑兵的有效冲锋）

教师讲述：这是一个非常有意思的历史细节，蒙古骑兵曾是欧亚大陆的霸主，战斗力十分强悍，如今却败在法国骑兵的冲锋之下，其中有什么重要的原因呢？

材料二　拿破仑战争时期英军骑兵操典中，关于一个骑兵团的四个中队改变方向大约 45 度的队列变换操作规定（见图 2），整个操作需要大约 30 个单独的语言指令。

拿破仑战争时期英军骑兵操典中，关于一个骑兵团三个中队从横队变为纵队撤退队形的变换操作规定（见图 3）（敌人在图下方）。

——George Nafziger：《Imperial Bayonets》（《皇帝的刺刀》），Greenhill Books，1996 年

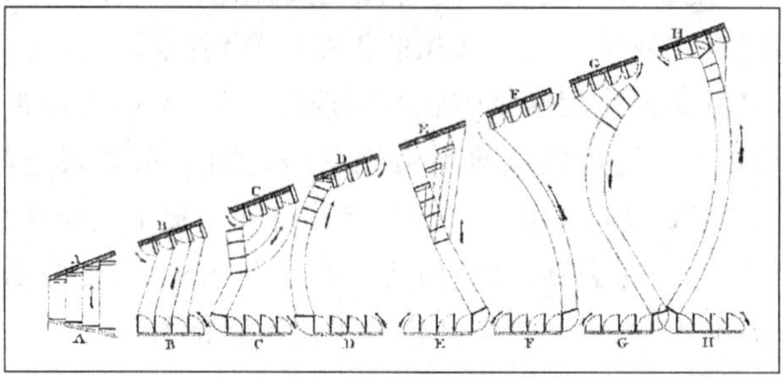

图 2

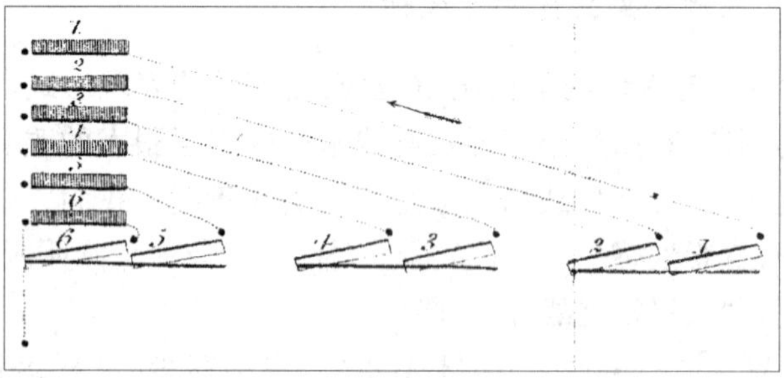

图 3

教师设问：从材料二中，可以发现哪些英法骑兵取胜的原因？（参考答案：科学的训练；严明的纪律）

教师讲述：英法军队的军官和士兵必须要懂得数学知识，掌握计算尺，才能临场变阵，而且军队的纪律严明，哪怕是溃散之后也能够很快集结。1812 年 9 月，拿破仑远征俄国的一场战斗中，因为进攻计划推迟，导致法军骑兵暴露在俄军炮火下长达 3 个多小时，有些部队还没进攻就已损失过半，但法军却纹丝不动，而清军在八里桥之战中一开始只损失了约 1 200 多人，较 3 万多的总兵力并不算高，但蒙古骑兵遭此打击后不是恢复、整队以重新形成战斗力，而是全部溃散。

可见，近代西方军队具有先进的武器、科学的训练和严明的纪律，这背后实际上反映了工业文明的强大实力。但是文明先进的西方人对待其他地区的文明与文化，显得并不十分文明。

材料三　据英国人保守的估计，被他们“劫掠和破坏的财产，总值超过 600 万英镑”。法国人也为自己的“收藏”说了一个数目，“总值至少达到 3 000 万法郎。”为了掩盖自己的滔天罪行，1860 年 10 月 19 日，英军下令：火烧圆明园。大火整整烧了三天三夜，一座世界艺术瑰宝级的皇宫就这样毁在了帝国主义列强的手里。

——《英法联军火烧圆明园》，载《湖北档案》，2000 年第 6 期

教师讲述：1860 年，英法联军攻占北京，占据圆明园。中国守军寡不敌众，圆明园总管大臣文丰投福海自尽，住在园内的常嫔受惊身亡。英国军队首领额尔金在英国首相帕麦斯顿的支持下，下令烧毁圆明园。3 500 名英法联军冲入圆明园，纵火焚烧。大火三日不灭，圆

明园及附近的清漪园、静明园、静宜园、畅春园及海淀镇均被烧成一片废墟。安佑宫中，近 300 名太监、宫女、工匠葬身火海，这座世界名园化为一片废墟，成为世界文明史上罕见的暴行。

圆明园文物被掠夺的数量粗略统计约有 150 万件，上至中国先秦时期的青铜礼器，下至唐、宋、元、明、清历代的名人书画和各种奇珍异宝。现在仅存的建筑遗址上，建立了圆明园遗址公园。

教师追问： 近代列强的侵略战争对中国文化的破坏远不止火烧圆明园一例，同学们还能举出哪些案例？（参考答案：八国联军侵华战争）

教师讲述： 1900 年，八国联军进入北京，对宫廷金银珠宝、古玩器具、古画古籍，无不掠夺。文源阁的《四库全书》在圆明园被焚时，已被全部付之一炬，《永乐大典》在八国联军进入皇宫后，也损毁殆尽，这两部举世闻名的大丛书和大类书的被毁不仅是中国文化史上的巨大损失，也是世界文化史上的极大损失。

（过渡）圆明园只是西方列强破坏中国文化的一个典型案例，在其他地区西方列强发动的战争也严重破坏了当地文化。在美洲，西方列强的战争暴行更是令人发指。

材料四　哥伦布"发现"新大陆后，从 16 世纪初起，一批批西班牙人闯入美洲，在各地以利剑和十字架进行残酷的征服和殖民活动，给土著印第安人带来了空前的痛苦、流血和破坏，并斩断了土著人的文明发展进程。在这场悲剧中，印第安人口大量减少，神庙被捣毁，金字塔被夷平，文化遗产或被洗劫一空，或被付之一炬，印第安文明遭到毁灭性打击。据研究，1492—1550 年间，西欧殖民者在美洲的征服活动消灭了两种文化的最早接触点——加勒比各岛屿的印第安人。西欧殖民者还大量屠杀了中部墨西哥的印第安居民。在所述地区，1525 年约有人口 2500 万，而到 1605 年下降为 100 多万人。在南美洲中部安第斯山区，古代印加文化也遭到极大的摧残。在这一地区，1525 年约有 350 万—600 万人，1561 年降至 150 万人，而到 1754 年更降为 60 万人。

——刘文龙：《拉丁美洲：文化碰撞的悲喜剧》，载《世界民族》，1998 年第 1 期

教师设问： 西欧殖民者在美洲的侵略行径有哪些？（参考答案：破坏文化遗产；实行种族灭绝）

教师讲述： 曾经辉煌一时的印第安文明被西方殖民者的侵略铁蹄残忍践踏，再也不复往日荣光。西方的殖民战争打断了印第安文化的发展进程，犯下了滔天罪行，由此可见，战争对于文化的破坏作用是十分巨大的。

（过渡）西方国家的侵略战争取得了一次又一次的胜利，征服了世界，其胜利的原因首先依靠的是先进的武器、技术和战术，其背后的深层原因则是其先进的制度和强大的工业文明。战争首先破坏了当地的文化，但是，又因为其文化的先进性，必然又会引起被侵略国家和民族的反思，试图学习其先进文化。比如，在鸦片战争以后，一些先进的中国人已经清楚地认识到西方文化的先进性，提出了学习西方文化的主张。

（二）近代战争：传播先进文化的加速器

材料五　是书何以作？曰为以夷攻夷而作，为以夷款夷而作，为师夷长技以制夷而作。夷之长技三：一战舰，二火器，三养兵、练兵之法。

——(清)魏源撰:《海国图志·议战》,长沙:岳麓书社,1998年,第1、26页

教师设问: 根据材料五,指出魏源的主要主张及提出的原因。(参考答案:主张——学习西方的技术、战术以抵抗列强侵略。原因——认识到西方军事力量的强大)

教师讲述: 林则徐、魏源等一些先进的中国人被近代战争的炮声惊醒,已经认识到双方在军事方面的差距,甚至试图寻找西方军事力量强大背后的原因。

材料六 足见国家之勃起,全由部民之勤奋。故虽不立国王,仅设总领,而国政操之舆论,所言必施行,有害必上闻,事简政速,令行禁止,与贤辟所治无异。此又变封建郡县官家之局而自成世界者。

——(清)魏源撰:《海国图志》,长沙:岳麓书社,1998年,第1662页

教师设问: 魏源认为美国崛起的原因有哪些?(参考答案:人民勤奋;制度先进)

教师讲述: 魏源的社会政治思想,不同于当时一般的士大夫,关于美国总统选举和议会制度的粗浅认识还是使长期生活在闭关自守的封建社会中的魏源耳目一新,引起他的深思和联想,叹为"一变古今书家之局"。他用"公"字赞扬非"世及"的、四年一次的总统选举,以"周"字称道"众可可之,众否否之"的议会制度,甚至认为"其章程可垂奕世而无弊"。① 魏源对西方民主政治制度的介绍,在当时的中国具有非常重大的意义,说明先进中国人在战争的刺激下开始寻求反思,从另一种角度上说,正是西方的近代战争刺激了这种对传统文化的反思。西方列强的侵略战争在加剧,圆明园的一把大火再次提醒中国人,要不断深化学习西方文化。19世纪60年代,清政府推行洋务运动,学习西方的物质文化,而一部分先进的中国人又提出要学习西方的制度文化和思想。

材料七 乃知其治乱之源,富强之本,不尽在船坚炮利,而在议院上下同心,教养得法。兴学校,广书院,重技艺,别考课,使人尽其才。讲农学,利水道,化瘠土为良田,使地尽其利。造铁路,设电线,薄税敛,保商务,使物畅其流。凡司其事者,必素精其事:为文官者必出自仕学院;为武官者必出自武学堂。有升迁而无更调,各擅所长,名副其实。与我国取士之法不同。善夫张靖达公云:"西人立国具有本末,虽礼乐教化远逊中华,然其驯致富强亦具有体用。育才于学堂,论政于议院,君民一体,上下同心,务实而戒虚,谋定而后动,此其体也。轮船火炮,洋枪水雷,铁路电线,此其用也。中国遗其体而求其用,无论竭蹶步趋,常不相及。就令铁舰成行,铁路四达,果足恃欤!"诚中的之论也。

——(清)郑观应著:《盛世危言·自序》,沈阳:辽宁人民出版社,1994年,第13页

教师设问: 根据材料七,概括郑观应的思想主张。(参考答案:西方富强之本在于先进的政治制度;不仅要学具体的技术,更要进行教育改革和政治改革)

教师讲述: 郑观应等人在这时已经意识到,先进的武器只是表象,先进的制度才是核心,所以只学习西方的物质文化是不可能实现富国强兵的。但是当时的主流思想仍然没有意识到这个问题,一直到甲午中日战争的到来才进一步刺激了中国人,去更深入地学习西方文化。

材料八 臣窃闻东西各国之强,皆以立宪法、开国会之故。国会者,君与国民共议一国之政法也。盖自三权鼎立之说出,以国会立法,以法官司法,以政府行政,而人主总之,立定

---

① (清)魏源撰:《海国图志·序》,长沙:岳麓书社,1998年,第10页。

宪法，同受治焉。人主尊为神圣，不受责任，而政府代之。东西各国，皆行此政体，故人君与千百万之国民，合为一体，国安得不强？吾国行专制政体，一君与大臣数人共治其国，国安得不弱？

——《康有为全集·请定立宪开国会折》，北京：中国人民大学出版社，2007 年，第 424 页

教师设问：根据材料八，概括康有为的主要主张。（参考答案：实行立宪，废除专制政体）

教师讲述：1894 年，甲午中日战争爆发。经过三十年的洋务运动，中国的军事近代化水平有了显著提高，有了一支强大的现代化海军。战前，很多人认为中国会轻易取胜，但战争的结果却是清军惨败，北洋水师全军覆没，这标志着洋务运动的破产，学习西方物质文化的努力付诸东流。甲午中日战争的失败让中国知识精英第一次真正意识到十八世纪工业革命的真正意义是“数千年未有之巨变”，是从农业文明向工业文明转型。洋务运动之所以成效有限，不足以抗衡日本，主要是因为中国在整体上还处于农业文明的历史阶段，尚未有意识实现跨越，向工业化转型。因此，康有为、梁启超等人掀起了轰轰烈烈的维新变法运动，要从政治上根本解决这一问题。

材料九　思想启蒙成为政治变革、社会变革的先导，不论是北方的《强学报》《国闻报》，还是南方的《时务报》《湘报》；也不论是严复的《论世变之亟》《救亡决论》，谭嗣同的《仁学》，梁启超的《变法通议》，以及严复翻译的《天演论》，这一系列作品开启了近代中国思想启蒙的第一次大潮，这是历史大转型时期必须完成的思想转折。

——马勇：《戊戌变法开启近代思想启蒙的大潮》，载《深圳特区报》，2018-06-19

教师设问：根据材料九，指出戊戌变法运动的历史意义。（参考答案：掀起了一个思想启蒙的高潮）

教师讲述：虽然维新变法运动最后失败，但是它促进了西方文化的进一步传播，以前谈西学、西方文化有可能被冠之以“汉奸”“洋奴”等污名，但甲午中日战争的失败后，几万中国人出洋留学，谈西学和西方文化成为时尚，这种转变正是在战争的刺激下才得以实现。所以，西方列强发动的战争首先是罪恶的，损害了中国的主权，破坏了中国的文化，但是战争也是一个契机，它加速了西方文化在中国的传播，而且传播的层次也从物质文化上升为制度文化、思想文化。

（过渡）实际上，战争不仅加速了欧洲文化对落后地区的传播，在欧洲本身，战争也在加速先进文化的传播，其中具有代表性的是拿破仑侵略欧洲的战争。谈到拿破仑战争，首先要了解启蒙运动和法国大革命。17—18 世纪，启蒙运动在欧洲展开，它反对封建专制和教会禁锢，追求自由、平等、民主。启蒙运动的高潮阶段出现在法国，诞生了伏尔泰、孟德斯鸠、卢梭等著名的思想家，诞生了分权学说、人民主权说等一系列重要理论，因此，启蒙运动具有重要的历史意义。

材料十　首先，它有力地批判了封建专制制度及其意识形态，给法国资产阶级提供了锐利的思想武器，为法国大革命作了充分的思想准备。……其次，它继承和发展了 17 世纪英、荷的先进思想，在更广泛、更深刻的意义上为欧美资产阶级提供了关于自由、平等、博爱、民主的理性原则，有力地推动了欧美资产阶级民族民主革命。再次，它扫荡了欧洲的封建意识

和专制思想,推动了德、俄等封建国家启蒙思潮的发展,促使中、东欧许多国家的封建统治者去迎合这一历史潮流,实行"开明专制"和社会改革,从而有利于资本主义关系的广泛发展。

——杨荣基:《法国启蒙运动评述——纪念法国大革命两百周年》,载《武汉教育学院学报(哲学社会科学版)》,1989 年第 3 期

教师设问: 根据材料十,指出启蒙运动的历史意义。(参考答案:为法国大革命作了充分的思想准备;有力地推动了欧美资产阶级民族民主革命;促进资本主义发展)

教师讲述: 启蒙运动为法国大革命提供了思想武器,法国大革命也践行了启蒙运动的理论,以自由、平等、博爱为口号,推翻了封建君主专制统治,建立起资产阶级民主共和国。但是,欧洲封建国家组织了反法同盟,干涉法国的革命。从 1793—1815 年,欧洲先后出现了七次反法同盟,和法国进行了长达 20 多年的战争。第一、第二次反法同盟和法兰西共和国之间的战争称为法国大革命战争,后五次反法同盟与拿破仑建立的法兰西帝国之间的战争称为拿破仑战争。其中,前五次反法同盟都以失败告终,拿破仑统治的法兰西第一帝国也因此成为欧洲大陆的霸主。第六次和第七次反法同盟则取得了胜利,推翻了法兰西第一帝国,最终击败了拿破仑。

材料十一 意大利诸邦在拿破仑第一次进军之前是被奥国占领和控制的地区。1796 年拿破仑第一次进军意大利,击溃了奥军和萨丁军。法国军队过后,共和国像雨后春笋般建立起来了。1797 年 1 月,在拿破仑组织下勒佐、波伦亚、斐拉拉和曼图亚组成了波河以南的"河南共和国";而米兰、布里西亚和其他城市组成"河北共和国";热那亚则组成了利古利亚共和国。后来,在拿破仑建议下河南共和国与河北共和国合并为阿尔卑斯山南共和国,并制订了宪法。这些共和国基本上都接受了法国革命的原则。它们都废除了封建贵族的特权,没收了教会土地,公民一律平等,出版自由,甚至都采用三色旗为各共和国的国旗。

——刘书林:《拿破仑战争在欧洲的进步作用》,载《辽宁大学学报(哲学社会科学版)》,1981 年第 4 期

教师设问: 根据材料十一,指出拿破仑战争对意大利的影响。(参考答案:推翻封建统治;建立大量共和国;传播了法国大革命的原则)

教师讲述: 拿破仑战争给被征服地区的人民带来了灾难,但是也传播了法国大革命的理念。与此同时,拿破仑还制定了法典,这实际上是法国大革命的结晶,是以启蒙运动所确立的信念为基础制定的。

材料十二 《拿破仑法典》确立的法律统一原则、法律不溯及既往的原则、立法与司法分离的原则、公私权相互独立的原则,"奠定了近代法律的基石"。启蒙思想家所鼓吹和追求的社会契约、人人平等思想和法国大革命的成果,在《拿破仑法典》中得到了充分体现,如第 8 条规定:"所有法国人都享有民事权利"。不管法律规定的平等原则能否在现实生活中得到贯彻执行,但以法典的庄严形式规定人人平等,这确乎是一种巨大的历史进步。"从此以后,这一条已成为任何一个国家民法的最根本的原则";从历史主义的角度看,"《法国民法典》是'解放'人的法典,而不是'束缚'人,更不是'奴役'人的法典。就是在今天,《法国民法典》的这种精神仍对我们有启示作用、指导作用,我们仍可以从这方面去学习它"。

——张芳:《法律文化之软实力——〈拿破仑法典〉的域外传播及其影响》,载《社会科学论坛》,2017 年第 9 期

教师设问：《拿破仑法典》的制定有何重要的历史意义？（参考答案：确立一些重要的法律原则；落实启蒙运动和法国大革命的理论诉求；促进了人权的发展）

教师讲述：《拿破仑法典》在理论上继承了启蒙运动的思想，总结了法国大革命的经验，同时这也是一部科学性很强的法典，法典逻辑清晰、编排严谨、文字简洁。该法典在编纂完成后，很快传播到世界各个地区，其中对欧洲的影响最为明显。

材料十三　《拿破仑法典》公布后，立即风靡于当时欧洲的大部分地区。欧洲许多国家都直接受它的影响，或者直接采用它作为自己的民法典，或者以它为模式制定自己的民法典。在长达百年的时间里，欧洲竟没有出现一部足以与《法国民法典》匹敌的民法典。

——张芳：《法律文化之软实力——〈拿破仑法典〉的域外传播及其影响》，载《社会科学论坛》，2017 年第 9 期

教师设问：根据材料十三并结合所学知识，指出《拿破仑法典》能够在欧洲广泛传播的原因。（参考答案：法典本身的科学性；拿破仑对外战争的促进）

教师讲述：《拿破仑法典》对同一时期的意大利、荷兰、比利时、卢森堡、摩纳哥、瑞士法语州、马耳他、罗马尼亚、西班牙、葡萄牙、波兰、拉脱维亚、俄罗斯以及德国部分地区，都产生了程度不同的影响。这主要是因为战争的推动。1795 年，卢森堡被法国兼并，1804 年《拿破仑法典》制定后，卢森堡就开始实行《拿破仑法典》。1807 年葡萄牙被法国占领后开始施行《拿破仑法典》。瑞士西部和南部各州的法典，主要以《拿破仑法典》为基础。1806 年，《法国民法典》被译成意大利文并且被当作意大利王国的法律公布了。1896 年公布的《德国民法典》也受到《拿破仑法典》的影响，不仅在起草时仔细参考了《拿破仑法典》，还斟酌采用了它的个别规定。

教师引导学生小结：不管是列强对中国发动的战争，还是拿破仑对欧洲发动的战争，都对原有的文化产生了破坏。但是，在另一方面，战争又加速了先进文化的传播。在中国，每次战争过后，中国人对西方文化的了解就会得到进一步的加深，虽然这是一个被动的、痛苦的过程。在欧洲，拿破仑战争将法国大革命的原则传播出去，促进了自由思想的传播，加速了欧洲文化的更新。在其他地区，欧洲列强也发动了一系列战争，同样也将西方的文化传播开去。所以，战争一方面破坏了文化，另一方面又传播了文化。

(设计意图)本环节通过中国和法国两个案例来说明战争客观上促进文化的传播，使学生能更好地理解战争与文化的关系。本环节指向的是：(1)史料实证素养水平 1——能够从所获得的材料中提取有关的信息。(2)时空观念素养水平 2——能够将某一史事定位在特定的时间和空间框架下，能够认识事物发生的来龙去脉。

(过渡)近代战争不仅仅是简单的破坏文化、传播文化，同时也会加速不同类型文化的交流、融合，形成新的文化。

(三) 近代战争：融合不同文化的催化剂

教师讲述：在欧洲人来到美洲之前，印第安人产生了印加、玛雅、阿兹特克文明，创造了独特的美洲文化。

材料十四　印第安人拥有完整的价值和伦理体系，由此产生独特的行为模式。他们所有价值观念的核心，在于人与自然相互平等和谐的观念。他们信奉万物有灵论，相信万物与

人一样，都具有生命和神性，同属一个相互平等的大家庭。人类绝无榨取蹂躏自然的特权，任何满足生存需求以外的占用资源活动，都有违神意而必招致自然的报复。他们的人伦关系，是以基于血亲的友爱互助和共同分享为特征的。不少被部落收养的白人，后来都不愿返回白人社会，原因之一即是他们感到部落中人们之间充满着爱。印第安人具有多种依现代观念评判也是值得赞美的品质：勇敢、正直、诚实、自尊、热爱自由，富于责任感和同情心。

——李剑鸣：《文化接触与美国印第安人社会文化的变迁》，载《中国社会科学》，1994年第3期

教师设问：根据材料十四，指出印第安文化的特点。（参考答案：文化水平总体较低；拥有完整的价值和伦理体系；强调人伦关系的和谐友爱）

教师讲述：1492年，哥伦布到达美洲，之后西班牙殖民者大肆屠杀印第安人，印第安文化遭遇了灭顶之灾。另一方面，来自旧大陆的移民源源不断地涌入新大陆，新大陆文化的发展进入一个新阶段。

材料十五 1683年，德意志移民在费城附近建立第一个定居点，即日尔曼敦，紧随其后的便是许多德意志人到这里居住。美国建国后，宾夕法尼亚州的德意志人占其总人口的1/3，他们讲德语，信仰路德教。新阿姆斯特丹是荷兰人的聚居地，他们讲荷兰语，信仰新教，从事航海贸易和农耕业。同时犹太人很早就在该地建立了自己的定居地，他们主要从事商业活动，并且拥有自己的犹太教堂和文化活动中心，因此，很难同化他们。新奥尔良周围聚居着法国的胡格诺教徒和后来大革命中逃亡而来的贵族移民，他们将欧洲的高雅文化和大量的资本带到美国。在路易斯安娜地区聚居着大量法兰西人的后裔，他们主要从事渔业和农业。除此之外在美国还有爱尔兰人、意大利人、葡萄牙人，巴斯克人等，他们都以自己的民族为中心别族聚居，由此形成了许多具有强烈自我保护色彩和排斥性的移民聚居圈。

——鲁宸依：《上帝的旨意——简谈美利坚民族的多样性与统一性》，载《黑龙江史志》，2014年第21期

教师设问：北美殖民地移民的文化有何特点？（参考答案：多元性强；各族群相对封闭）

教师讲述：可以看出，美国在独立战争之前，多种族群和文化交汇，除了占主流的英国移民还有本土的印第安原住民，来自欧洲各国的移民也带来了自己的文化。可以说，此时的北美大陆成了一个多民族共同生活共同发展的家园。随着殖民地社会经济的发展，统一的民族意识逐渐生成，新的文化也逐渐形成。

材料十六 当欧洲殖民者踏上美洲大陆时，一切都是陌生的，为了生存，不得不改变一些生产和生活习俗，以适应当地的自然环境和社会环境。以往在欧洲的传统经验有些已黯然失色了，他们必须向土著印第安人学习种植玉米、南瓜、番茄、烟草、可可、马铃薯等经验。在饮食、服饰、建筑和习俗等方面，都一定程度上吸收了土著居民的文化精华。正因为如此，印第安人的文化遗产，在长期殖民统治的夹缝中顽强地幸存下来，而且许多具有民族特色的文化瑰宝，已被广泛传播，成为美洲混合型文化的重要组成部分。来自非洲的大批黑人，不仅用自己的血汗创造了巨大的物质财富，而且对美洲新型文化的形成和发展也起了重大作用。

——王承云：《美洲大陆的文化起源及其发展》，载《北方论丛》，2003年第2期

教师设问：美洲文化的形成主要是由哪些文化融合的结果？（参考答案：欧洲文化、印

第安文化、黑人文化等）

教师讲述：美洲文化，特别是北美文化的形成在美国独立战争期间加速发展，逐渐形成了统一的美利坚民族和统一的民族意识。

材料十七　在有关人类事务的发展过程中，当一个民族必须解除其和另一个与之有关的民族之间的政治联系，并在世界各国之间，接受自然法则和自然界的造物主的旨意赋予的独立和平等的地位时，出于对人类舆论的尊重，必须把他们不得不独立的原因予以宣布。

我们认为这些真理是不言而喻的：人人生而平等，造物者赋予他们若干不可剥夺的权利，其中包括生命权、自由权和追求幸福的权利。

——《独立宣言》(1776)，载《普通高中课程标准实验教科书·近代的民主思想与实践》，北京：人民教育出版社，2007年，第26页

教师设问：材料十七中的"一个民族"指哪个民族？《独立宣言》体现了启蒙运动的哪些思想？（参考答案：一个民族——美利坚民族。思想——天赋人权、自由、平等）

教师讲述：《独立宣言》的发表说明启蒙运动的思想在北美得到广泛传播，并以此为旗帜展开了北美独立战争。经过浴血奋战，美利坚民族终于在1781年打败了英军，并在1783年取得英国政府的承认。北美独立战争的胜利，开创了美国文化发展的新时代。

材料十八　北美殖民地是欧洲政治哲学思想进行理论与实践相结合最为完美的地方，美国革命的成功，实质上是欧洲政治哲学思想与美国革命相结合的产物。美国革命的历程，从一定意义上讲，也是美利坚民族在接受欧洲政治哲学思想的同时，与欧洲各个不同民族文化相互碰撞与融合的过程；革命的成功，使欧洲不同民族的思想精髓在北美经过整合而达到了统一。

——胡铁生：《多元民族的整合及欧洲政治哲学的影响——美利坚民族的形成及其文学发生学的全球化因素分析》，载《河南师范大学学报(哲学社会科学版)》，2006年第6期

教师设问：材料十八反映美国独立战争的胜利在思想发展上有何意义？（参考答案：实现了欧洲思想和本土思想的整合，促进了统一文化的形成）

教师讲述：北美独立战争传播了启蒙思想，使美国在思想文化上实现了进一步的统一，并最终形成了美利坚民族的思想文化。当然，独立之后的美国依然存在着很大的问题，松散的邦联无法承载资本主义发展的要求。于是在1787年，制宪会议通过了联邦宪法，建立了联邦政府，进一步加强了中央集权。从此，美国文化得以快速发展，逐渐形成以欧洲文化为基调，融合全世界多种文化的新的美国文化。

（设计意图）本环节通过美国的案例来说明战争促进文化整合，产生新的文化体系。本环节指向的是：(1)史料实证素养水平1——能够从所获得的材料中提取有关的信息。(2)家国情怀素养水平3、4——能够把握中华民族多元一体的发展趋势，以及世界历史发展的进步历程，形成正确的世界观、人生观、价值观和历史观；能够表现出对历史的反思，从历史中汲取经验教训，更全面、客观地认识历史和现实社会问题。

【课堂小结】

教师引导学生小结：近代战争是血与火的战争，充满了灾难。西方列强凭借着先进的武器、强大的经济实力和先进的文化实力，征服了世界其他地区。在这一过程中，很多优秀

的文化被毁灭、被践踏、被改造，是世界文化史上的惨烈灾难。但另一方面，战争代表的先进文化，让被征服地区的人们产生了巨大的震撼，使得他们开始学习、变革、适应，促进了先进文化和生产方式的传播。同时在这一过程中，不同的文化碰撞、交流，产生了新的有特色的文化体系。因此，我们要正确理解近代战争对于文化的双重影响，并深刻思考落后国家如何在避免战争的情况下主动发展文化、促进文化交流，跟上世界文化发展的大潮流。

第 13 课

现代战争与不同文化的碰撞和交流

教学设计 1

刘春利　安徽省淮北市第一中学

一、教材分析

本课是统编教材《文化交流与传播》第五单元《战争与文化交锋》第 3 课，主要讲述了两次世界大战与文化的碰撞和交流。本课共分为三个子目："第一次世界大战与民族民主意识的觉醒"简述了一战在客观上以残酷的方式将自由、民主与民族独立的思想进一步传播到欧洲、西亚和北非等各地。"第二次世界大战与世界殖民体系的瓦解"简述了第二次世界大战加快了世界殖民体系的瓦解。"第二次世界大战后新兴民族国家的文化发展"列举了二战后以印度、韩国、新加坡等为代表的一批新兴民族国家，伴随着现代化的推进，将民族文化和西方文化相结合，重构了民族文化，促进了民族文化的复兴。

《普通高中历史课程标准(2017 年版 2020 年修订)》对本单元的要求是：通过了解历史上的著名战争，理解战争对人类文化的破坏，以及造成的文化断裂；认识战争在客观上又为不同文化的碰撞提供了契机。本课内容时空跨度大，学生对相关内容较为陌生，学习难度较大。战争是人类文明史上的双刃剑，战争既以巨大的破坏力毁坏了人类的文化成果，又在客观上为不同文化的碰撞提供了契机。两次世界大战属于现代战争，破坏力空前，在给人类带来深重灾难的同时，也在客观上传播了自由、民主与民族独立的思想，促进了殖民地半殖民地人民民族民主意识的觉醒，最终在第二次世界大战后打破了世界殖民体系，促进了一批新兴民族国家的诞生。部分新兴民族国家利用现代战争带来的西方文化与自身传统文化碰撞、交汇的契机，在认知外来文化和反思本土文化的过程中，走向了民族文化的复兴。

二、学情分析

本课教学对象为高二年级学生。他们在九年级时已经学过两次世界大战的基本史实，在高一年级下学期学习了两次世界大战与国际秩序的变迁。但是，学生对于从文化的碰撞和交流的角度认识现代战争还比较陌生，且在唯物史观指导下认识现代战争与人类文化的交流与传播需要学生具备一定的逻辑思维能力，具有一定难度。本课为选择性必修的教学内容，是在必修课程基础上的递进与拓展，应适度提高教学要求。这需要教师在教学的过程中围绕学生的学习主线进行教学设计，分解课标要求，设计问题链，并适度补充史料创设问题情境，引导学生在发现问题、分析问题和解决问题的过程中，理清知识点之间的联系，建构知识结构，培育学科核心素养。

三、教学目标

1. 阅读史料，概括两次世界大战的共同特点，进一步提升从材料中获取有效信息、概括问题的能力，了解以两次世界大战为代表的现代战争是人类文化的浩劫。

2. 阅读史料，结合问题探究，认识两次世界大战在客观上传播了自由、民主与民族独立的思想，促进了殖民地半殖民地人民民族民主意识的觉醒，并最终在第二次世界大战后打破了世界殖民体系，建立了一系列新兴民族国家。理解现代战争在客观上促进了世界文化的碰撞与交流。

3. 阅读史料，以印度为例，认识部分新兴民族国家在二战后，利用现代化的推进，形成了自身民族文化与西方文化相结合的新文化，实现了文化复兴。理解现代战争也为新兴民族国家民族文化的复兴提供了契机。

4. 探讨现代战争对不同文化碰撞和交流的双重影响，认识战争是文化传播与交流的一种方式，给世界文化的发展带来了巨大的破坏力，同时也在客观上促进了世界文化的交流与传播。从历史的视角反思现代战争，从中汲取历史经验教训，进一步涵养家国情怀。

四、教学重难点

重点：两次世界大战对不同文化碰撞和交流的双重影响。

难点：两次世界大战对不同文化碰撞和交流的双重影响。

五、教学过程

【导入新课】

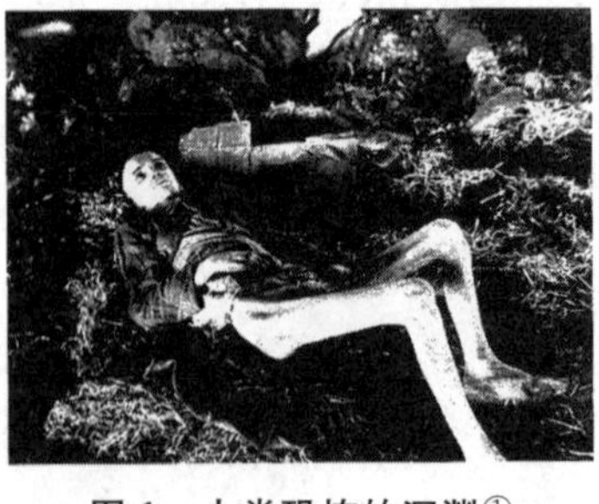

图1　人类恐怖的深渊[①]

① [美]杰里·本特利、赫伯特·齐格勒著，魏凤莲等译：《新全球史：文明的传承与交流》下，北京：北京大学出版社，2007年，第1109页。

照片中的人是德国北豪森集中营中的一位幸存者，在1945年被盟军解救。

教师设问：这张照片为什么会被命名为《人类恐怖的深渊》？结合所学知识，尝试作出解释。（参考答案：二战中种族灭绝等反人类的罪行给人们留下恐怖的心理阴影，战争使人类面临恐怖的深渊。言之成理即可）

教师引导学生分析：二战中德国法西斯大量屠杀犹太人，实施种族灭绝，犯下了反人类的罪行，给罹难者及幸存者都带来无尽的痛苦，给人们留下了恐怖的心理阴影。作者将德国北豪森集中营中幸存者的照片，命名为《人类恐怖的深渊》，意在揭露德国法西斯的残暴罪行，警示人们有再度卷入战争恐怖深渊的可能性，引导人们珍爱和平，远离战争。

教师讲述："战争，是人类孕育的一个怪胎。自从这个怪物在地球上诞生，就如同'潘多拉盒子'被打开，冲突、争斗、杀戮、流血、死亡……伴随而来，不仅给人类带来了无休止的残酷灾难，甚至危及人类自身的生存和发展。为了免遭战争的荼毒，人们曾从不同的角度研究战争，竭力探求消除战争的最佳手段。然而值得指出的是，以往人们研究战争的视野大多局限于军事领域，把它作为纯军事问题看待；或者把它作为一般社会现象，着眼研究战争与政治、战争与经济的关系等。……我们还必须把它放到更广阔、也更深刻的社会文化的背景中研究，即从文化角度来解释战争，揭示战争的实质，从而找到一条消除战争的文化蹊径。"①今天我们来共同学习《现代战争与不同文化的碰撞和交流》一课，从文化的视角审视20世纪以两次世界大战为代表的现代战争给人类文化带来了怎样的影响。

（设计意图）课堂教学导入要起到"激趣、凝神、点题"等作用。本课利用一则图片史料导入，对学生进行视觉冲击，引发情感共鸣，并结合学者观点释题，创设学习情境，拉近所学内容和学生之间的心理距离，为有效学习奠定基础。本环节指向的是：(1)时空观念素养水平3——能够把握相关史事的时间、空间联系，并用特定的时间和空间术语对较长时段的史事加以概括和说明。

【学习新课】

（一）现代战争：人类文化的浩劫

1. 从数据看两次世界大战的特点

表一　一战、二战概况

	一战	二战
持续时间	4年3个月	6年
波及范围	全球35个国家和地区共15亿人口(约占当时世界人口的2/3)；战争的中心在欧洲大陆，波及亚洲和非洲，以及大西洋、北海、地中海、太平洋等海域	参战或卷入的国家和地区84个，共约20亿人(占当时世界人口4/5以上)，战火遍及欧洲、亚洲、非洲和大洋洲，以及大西洋、太平洋、印度洋、地中海和北冰洋

① 陆惠林等：《对战争与文化的辩证思考》，载《军事历史研究》，1990年第4期。

续表

	一战	二战
人员伤亡	参战军队 6 540 万人。军人死亡 871 万人，平民死亡 1 261 万人，合计死亡 2 100 多万人	参战军队 1.1 亿人。军人死亡 2 700 多万，加上平民死亡共高达 7 000 万人
财产损失	物质财产损失 3 300 多亿美元	物质财产损失一般统计为 4 万多亿美元（相当于第一次世界大战的 12 倍多）。除战争所造成的直接经济损失之外，间接经济损失就更难以估算

——摘编自李巨廉：《战争与和平历史运动的转折》，载《史学理论研究》，2005 年第 3 期

教师设问：根据表一，指出两次世界大战的共同特点。（参考答案：战争持续时间长；波及范围广；涉及人口众多，人员伤亡巨大；财产损失惊人；战争破坏性空前）

教师引导学生分析：“在 20 世纪以前的战争中，主要交战国家动员军队的总数，不超过其适龄男性人口总数的 10%。第一次世界大战首次突破这一比例，主要交战国平均动员 1/3 的男性适龄公民入伍。第二次世界大战则达到平均动员 1/2 的男性适龄公民入伍。”① 透过数据我们可以看到两次世界大战是人类战争史上极端的“总体战争”，给人类带来了空前的浩劫。

（过渡）巨大伤亡数字背后是一个个鲜活的生命和破碎的家庭，还有惊人的财产损失，而现代战争对文化的破坏更是人类文化的浩劫。下面我们以二战中的波兰为例，管窥现代战争对文化的破坏。

2. 从波兰看二战对文化的摧残

材料一 从 1939 年 10 月到 1940 年 6 月，（德国）占领军颁布一系列法令，关闭所有波兰的中学、大学和科学院，妄图使波兰从此无法独立造就自己的高级人才。……占领当局还在 1940 年 6 月下令：“波兰人无权将高水平的戏剧或歌剧在任何舞台上演出……至于轻松的戏剧，水平又很低，那么倒可不加反对。而所有体现波兰精神的戏剧均应予以禁演。”……统计数字表明，占领期间共有 641 名大学教师和教授被处决，占其总人数的 28.5%；同时还有 8500 名中小学教师被杀害，也占其总人数的 13.1%。……此外，约有 300 余名演员被杀，40%左右的艺术家丧生……

——金重远著：《炮火中的文化：文化和第二次世界大战》，杭州：浙江人民出版社，1991 年，第 377—378 页

教师设问：根据材料一，概括二战期间德国摧残波兰民族文化的方式。（参考答案：通过法令强制关闭波兰教育和科研机构；严格限制波兰人的文化生活；大规模屠杀知识分子，特别是文化、教育精英）

教师追问：根据材料一并结合所学知识，简析德国占领当局对波兰文化造成的负面影响。（参考答案：破坏了波兰正常的教育和科研活动；降低了波兰人民的文化生活水平；中断了波兰人才，特别是高级人才的培养；严重摧残了波兰文化，造成波兰文化的断裂，是波兰

① 李巨廉：《战争与和平历史运动的转折》，载《史学理论研究》，2005 年第 3 期。

历史上的文化浩劫）

（过渡）二战中纳粹德国对波兰文化造成巨大的破坏只是战争对文化破坏的一个缩影。二战中的日本也利用文化手段对外侵略。

材料二　1934 年东派法主大谷光畅夫妻先后到沈阳、抚顺、大连等地进行“满洲、北支巡教”，掀起了在华传教的新高潮。至 1945 年战争结束，整个中国东北布满了日本佛教各教派的布教所。至此，日本佛教从整体上完全被纳入军国主义思想体制中，而主张杀生也就成为那时日本佛教的基本特征，诚如日本著名佛学家道端良秀所言，“战时的日本佛教，简直好像发了疯一般”。

——李庄：《满铁利用日本佛教对中国东北进行文化侵略》，载《东北史地》，2010 年第 5 期

教师设问：根据材料二，指出日本侵略中国东北的特点。（参考答案：利用改造后的佛教思想作为对华文化侵略的手段；在东北广泛成立专门的侵华文化机构）

教师追问：结合材料一、二及所学知识，指出二战中纳粹德国和日本对外文化政策的实质。（参考答案：利用文化政策对外侵略，是殖民征服的手段之一）

教师引导学生小结：从二战中的波兰的境遇及德国、日本的对外文化政策可以管窥战争对文化的破坏。诚如金重远先生所说：“当硝烟最终消散，和平重返人间的时候，到处哀鸿遍野，大地满目疮痍，多少珍贵的艺术品和古老的建筑物都毁于战火，人类赖以生存的地球伤痕累累，而人们心头的创伤更是难以描述。”①现代战争导致了人类文化的破坏与断裂，是人类文化的浩劫。

（设计意图）通过史料阅读，从二战中波兰的境遇管窥现代战争对文化的破坏，以达成课标要求：通过了解历史上的著名战争，理解战争对人类文化的破坏，以及造成的文化断裂。同时利用细节性史料激发和维持学生学习的积极性，呈现课堂教学的张力，并为进一步达成课标要求奠定基础。本环节指向的是：历史解释素养水平 4——在独立探究历史问题时，能够在尽可能占有史料的基础上，尝试验证以往的说法或提出新的解释。

（过渡）波兰文化遭到重创是现代战争中文化遭到破坏的一个缩影。以一战、二战为代表的现代战争也促进了世界范围内不同文化的碰撞和交流，推动了世界各地文化的更新。

（二）现代战争：世界文化的碰撞

1. 从中国看一战与民族觉醒之路

材料三　1914—1918 年爆发的第一次世界大战将资本主义固有的矛盾以极其尖锐的形式暴露了出来，战争空前残酷，使人民的生命财产受到了严重的威胁和损失，战后的结局乱，使世人为之震惊，引起了人们对西方文明的普遍怀疑，资本主义制度丧失了光明的前途，失去了原有的吸引力……正是第一次世界大战的爆发和巴黎和会分赃的严酷事实，促使中国先进的知识分子在强烈的打击和失望中觉醒，为寻找挽救中国危亡的新途径进行理智的思考，开始选择马克思主义。

——金鸣娟：《试析十月革命和第一次世界大战对中国先进的知识分子的影响》，载《北京农学院学报》，1998 年第 1 期

① 金重远：《炮火中的文化：文化和第二次世界大战》，杭州：浙江人民出版社，1991 年，第 383—384 页。

教师设问：根据材料三并结合所学知识，指出中国先进知识分子在第一次世界大战前后思想观念的变化，并简析原因。（参考答案：变化——一战前向西方资本主义学习，一战后转向学习俄国，接受了马克思主义。原因——一战暴露了资本主义的弊端，引起人们对资本主义文明的怀疑；俄国十月革命是第一次取得胜利的社会主义革命；先进的知识分子为挽救中国危亡寻求新的途径；马克思主义是科学的思想体系，符合中国革命需要）

教师引导学生分析：鸦片战争以后，中国沦为半殖民地半封建社会，先进的中国人为挽救民族危亡，向西方学习，并不断深化，从学习西方先进的军事科技到学习西方先进的政治制度。20世纪初的辛亥革命推翻了清王朝统治，建立了资产阶级共和国，但是革命果实落入袁世凯之手，中国半殖民地半封建的社会性质没有改变。截至这一时期，一系列的救国尝试均以失败告终。基于此，以陈独秀为代表的先进知识分子，发起了新文化运动，意在唤醒国民，实现救国的目的。新文化运动促进了国人思想解放，特别是广大青年受到民主与科学的洗礼，为争取中国光明的前途奠定了坚实的基础。一战的爆发使先进知识分子重新审视西方文明，而作为一战战胜国的中国，巴黎和会外交的失败进一步惊醒了国人。十月革命的胜利为中国革命指明了新的方向，先进知识分子为挽救中国危亡，寻找新的救国路径，经过理智的思考，开始选择马克思主义。一战促进了中华民族的新觉醒，在马克思主义思想指导及中国共产党的领导下，最终才实现了民族独立。

(设计意图)利用学生相对熟悉的历史情境拉近所学内容与学生之间的距离。从一战与中华民族新觉醒切入，并进一步引导学生审视一战对亚非拉殖民地和半殖民地民族意识觉醒的影响，降低学习难度。本环节指向的是：(1)时空观念素养水平3——能够把握相关史事的时间、空间联系，并用特定的时间和空间术语对较长时段的史事加以概括和说明。(2)历史解释素养水平4——在独立探究历史问题时，能够在尽可能占有史料的基础上，尝试验证以往的说法或提出新的解释。

(过渡)一战进一步促进了中国先进知识分子民族意识的觉醒，也同样影响了非洲、欧洲等地区，客观上促进了不同文化的碰撞与传播。我们下面以非洲为例，探寻一战对非洲的影响。

材料四　帝国主义战争也帮助了非洲人民打开了眼界，对于解放思想有很大作用。从战场上幸存回国的非洲人中有不少后来成为革命思想的传播者、反帝斗争的积极组织者和领导者。……一次大战使非洲人民既看到了帝国主义的凶残面目，又看到了它们虚弱的表现。目睹了帝国主义遭受失败，后又退出非洲的狼狈情景，使非洲人民进一步懂得帝国主义不是不可战胜的。在战争中，他们“学会了使用武器的本领”，增加了赶走殖民主义者，争取民族独立的勇气和信心。参加战争的一些非洲人开始同宗主国具有革命思想的士兵和工人取得了联系，他们回国时带来了别的国家革命运动日益高涨、特别是俄国十月革命胜利的消息，鼓舞了非洲人民的斗志。

——陆庭恩：《第一次世界大战对非洲的影响》，载《北京大学学报(哲学社会科学版)》，1985年第1期

教师设问：根据材料四，简析第一次世界大战对非洲的影响。（参考答案：一战暴露了帝国主义国家弊端，动摇了殖民统治；开阔了非洲人民的眼界，传播了革命思想，促进了思想

解放;在一战中锻炼了一批革命领导人;非洲人民在一战中掌握了使用先进武器的本领,增强了谋求民族独立的信心和勇气)

教师追问: 根据材料三、四并结合所学知识,指出第一次世界大战对当时的中国、非洲等殖民地和半殖民地有何共同影响。(参考答案:传播了先进思想;促进了思想解放;促进了民族意识的进一步觉醒;推动 20 世纪民族民主运动高潮的出现,冲击了欧洲所代表的殖民主义势力,世界殖民体系开始了解体的过程)

教师引导学生分析: 一次大战时,帝国主义交战双方都尽量利用非洲人充当炮灰,替西方资产阶级卖命。他们强征非洲人当兵,编成"突击队""敢死队""黑人团"等等送上前线;还强迫非洲人充当民夫,修建工事、军营,维修道路、运送物资等。据估计,战时仅被强行征召当兵的非洲人超过一百万人。……1915 年和 1918 年,法国在西非和赤道非洲殖民地先后颁布两项法令,先对非洲人实行募兵制,后改行普遍征兵制。仅在西非地区,1915—1916 年就招募了三万九千人,而在 1918 年的一年里就强征到六万三千人。① 在帝国主义战争中,非洲人民进一步认识到帝国主义国家的虚弱、凶残,同时接触到资本主义文化,促进了思想解放,传播了革命思想,锻炼了一批革命领导者,掌握了使用武器的本领,提升了争取民族独立的信心和勇气,而且俄国十月革命的胜利也增强了非洲人民赢得民族独立的斗志。

(过渡)第一次世界大战在客观上以残酷的方式将自由、民主与民族独立等思想传播到世界各地,促进了殖民地和半殖民地人民民族意识的觉醒,冲击了世界殖民体系。第一次世界大战结束约 20 年后,第二次世界大战的硝烟再起。第二次世界大战加速了世界文化的传播与碰撞,进一步打击了殖民主义,最终导致世界殖民体系的瓦解,推动了殖民地和半殖民地人民的民族自决。

2. 从世界看二战与殖民体系瓦解

材料五 大批殖民地人民走出国门,走上战场,开拓了眼界,改变了思想,提高了民族的自尊、自信,他们意识到了一个民族统治另一个民族的非正义性,因此,从这一角度来看,战争为英帝国培养了更多的掘墓人。在非洲,大批黑人应征入伍走上战场与白人士兵并肩作战,击败白人敌军,他们的文化素质、军事技能和英语水平得到提高。更重要的是他们打破了以前对白人的神秘感和神圣感,认识到所有人都是平等的,不论其肤色如何。

——王建、贺战勤:《二战后英属各殖民地分离倾向探因》,载《黑龙江史志》,2014 年第 16 期

教师设问: 根据材料五,指出二战是如何推动殖民地人民觉醒的。(参考答案:大批殖民地人民走上战场,拓展了眼界,提高了民族自信心,改变了思想,认识到殖民统治的非正义性;部分殖民地人民通过战争提升了文化素质、军事技能和英语水平;破除了对白人的神圣感和神秘感,认识到了人人平等)

教师追问: 殖民地人民的觉醒加快了世界殖民体系的瓦解。阅读教材,概括殖民体系瓦解的原因及表现。(参考答案:原因——第二次世界大战沉重打击了殖民主义;反法西斯联盟通过宣言等方式支持殖民地半殖民地的独立要求;亚非拉地区经济的发展和民族民主意识更广泛的传播。表现——日本战败后,朝鲜独立,中国收复了台湾;英帝国解体;法国被

---

① 陆庭恩:《第一次世界大战对非洲的影响》,载《北京大学学报(哲学社会科学版)》,1985 年第 1 期。

迫承认阿尔及利亚独立等)

(过渡)世界殖民体系的瓦解对世界局势有何影响呢?

材料六 第二次世界大战是资本主义世界体系由解构走向重构的转折点,二战不仅摧毁了阻碍现代文明发展的极端反动势力——法西斯,而且重创了早期资本主义体系的支柱——英法等殖民帝国,与资本主义体系中心转移和结构重组同步,原来的殖民体系土崩瓦解,殖民地半殖民地的民族解放运动在二战后蓬勃兴起,持续推进的民族独立浪潮与遍及全球的现代化浪潮相呼应,改画了世界政治地图,构建了全球现代文明。

——王斯德主编:《世界通史(第三编):现代文明的发展与选择》,上海:华东师范大学出版社,2001 年,第 241—242 页

教师设问:根据材料六,简析第二次世界大战客观上对全球文明发展的积极影响。(参考答案:摧毁了阻碍现代文明发展的反动势力法西斯;沉重打击了英法等殖民帝国;推动了民族解放运动在二战后的蓬勃发展;改画了世界政治地图;构建了全球现代文明)

教师引导学生小结:第二次世界大战最终以反法西斯同盟的胜利而告终,增强了殖民地和半殖民地人民谋求民族独立的信心,世界殖民体系最终瓦解,这为构建全球现代文明奠定了基础。

(过渡)二战后独立的新兴民族国家如何面对世界现代化浪潮?在历经战火的淬炼后,如何实现民族文化的复兴?

(三)现代战争:民族文化的复兴

1. 从印度看民族国家的文化复兴

材料七 印度是在全球化进程加快的国际大背景下开始其崛起进程的,这就决定了其崛起从一开始就具有国际相关性,这种国际相关性一方面表现为印度的发展必须学习和借鉴其他国家,特别是发达国家的已有模式和经验,必须以加强自身与世界的联系为发展的基础。

——赵伯乐:《印度崛起模式探析》,载《南亚研究》,2008 年第 2 期

教师设问:根据材料七并结合教材第 74 页相关知识,指出印度在崛起的过程中是如何学习和借鉴其他国家模式和经验的。(参考答案:政治精英接受西方的自由主义、民族主义和社会主义思想中一些基本价值取向;走上独特的发展道路;学习英国政治体制,中央与地方分享权力,采取政教分离政策,主要官方语言为印地语和英语;注重发扬传统文化,崇尚甘地思想,尊重宗教信仰的多样性)

教师追问:在文化复兴的过程中印度文化呈现出怎样的特点?(参考答案:民族文化与西方文化相结合;形成印度独特的特色;呈现多样化的特征)

教师追问:阅读教材第 74—75 页相关内容,概括以印度、新加坡、韩国和埃及为代表的新兴民族国家在文化复兴中呈现出的共同特征。(参考答案:立足本国传统,吸收西方文化的精华,将传统文化与现代文化相结合,兼收并蓄,更新文化,走出了自己独特的发展道路)

教师引导学生分析:印度在走向复兴的过程中,立足本国传统,走出一条符合自身实际的发展之路,印度的综合国力和国际影响力获得了大幅提升,逐步实现了民族文化的复兴。

新加坡、韩国和埃及等新兴民族国家，也在立足本国传统的基础上，兼收并蓄，更新文化，走出了自己独特的发展道路。由此可知，现代战争也为新兴民族国家的文化复兴提供了契机。

（过渡）一个国家或民族的文化在历经战争的淬炼之后，如何才能走出自己民族文化的复兴之路？二战后以印度、新加坡等国为代表的新兴民族国家的文化复兴也许会带给我们一些启示。正如李光耀所说："亚洲国家并不轻易放弃赖以生存的传统文化与价值观，将来也不会放弃。但如果这些价值观成了进步的绊脚石，它们就会被抛弃或被改造。在不同程度上，亚洲人静悄悄地采取了不少西方有用的价值观、社会措施以及管理方法。因此，现在他们的价值体系中有东西混合的成分。"因此，南亚、东南亚的现代文明发展之路不会是单纯的"西方化"之路，也不可能是单纯的"本土化"之路，而是两者同时混合交替进行的过程。① 在立足本国优秀传统文化的基石中，通过多种渠道，从多个方面吸收、借鉴人类优秀文化成果，走符合自身国情的文化发展之路。从这个角度看，现代战争亦是新兴民族国家文化复兴的契机。

2. 从历史看未来人类文化的永恒

材料八　人类文化所蒙受的浩劫不知使多少人伤心叹息、悲观失望，他们痛悼茨威格、查佩克、瓦普察洛夫、盖达尔、巴尔托克等许多文化精英的早逝，也惋惜无数人类文化珍品的毁灭。

但人类的文化并没有夭折，它像经过冰霜摧残、风雪蹂躏的一朵迎春花，终于熬过了严冬，又更加鲜艳地盛开在春日的阳光下。

……

战争不可能中断文化的发展，文化的潮流有如黄河、密西西比河、亚马孙河永远奔腾向前，而人类则在它的沐浴中走向自己的未来。

——金重远著：《炮火中的文化：文化和第二次世界大战》，杭州：浙江人民出版社，1991年，第384—387页

教师设问：结合材料八和本课所学，谈谈你对现代战争与文化碰撞、交流关系的理解。（参考答案：现代战争以其空前的破坏力给人类带来沉重的灾难，是人类文化的浩劫；现代战争也在客观上促进了不同文化的碰撞和交流，为新兴民族国家的文化复兴提供了契机。现代战争对不同文化的碰撞和交流具有双重影响）

教师引导学生分析：金重远先生说过："越来越多的学者认为，战争实质上是不同文化之间的对抗和冲突，而第二次世界大战则是人类进步文化和反动文化之间的一场大搏斗。……战争和文化是有矛盾的。因为战争会给文化造成破坏；然而正是通过战火的提炼，人类的文化才得以净化和升华，进入一个新境界。人们只有在反法西斯战争胜利后，才能抹去悲痛的泪水，看到人类文化光明的未来。"②战争是人类文明发展史上的一柄双刃剑，对人类文化有着多重影响。

材料九　两次世界大战使人类进一步认识了和平的意义，确保了半个多世纪以来世界

① 马克垚：《世界文明史》（下），北京：北京大学出版社，2016年，第1228—1229页。
② 金重远：《炮火中的文化：文化和第二次世界大战》，杭州：浙江人民出版社，1991年，第1页。

的整体和平与发展。扩张与战争是对人类文明的倒行逆施,人类需要能协和万邦的文明心态,才能谋得文明的互利与共荣。

——曹顺仙编著:《世界文明史》,北京:北京航空航天大学出版社,2006年,第249页

教师设问: 战争打开了"潘多拉魔盒",给人类留下无尽的灾难。审视战争给人类文化带来的巨大破坏,人类如何能够避免再度掉入"人类恐怖的深渊"呢? 结合材料八、九及所学知识,谈谈你的认识。(参考答案:言之成理即可)

教师引导学生分析: 战争对文化的破坏无法阻挡人类文化的向前发展,但是战争带给人类的创伤永难抹平。人类需要铭记历史的教训,远离战争,珍爱和平,未来人类文化才会有永恒的发展。1979年,联合国教科文组织将奥斯维辛集中营列入世界文化遗产名录,目的在于警示世人,牢记历史,不让历史的悲剧重演。

(设计意图)首尾呼应,点题结课。以史为鉴,拉近历史与现实之间的距离,发挥历史学科的人文价值。本环节指向的是:家国情怀素养水平3、4——能够表现出对历史的反思,从历史中汲取经验教训,更全面、客观地认识历史和现实社会问题。

【课堂小结】

教师引导学生小结: 在经济全球化日益紧密的今天,不同文化之间的碰撞与交流日益成为常态,我们要立足中华优秀传统文化,放眼世界,理解世界文化的多样性,欣赏、学习、吸纳不同的文化,促进中华文化的进一步发展。理解尊重世界各国的不同文化,以开放的视野和胸襟,携手爱好和平的世界人民,共建和谐地球村。

教学设计2

王迅　安徽省濉溪中学

一、教材分析

本课是统编教材《文化交流与传播》第五单元《战争与文化交锋》第3课。本课共三个子目:"第一次世界大战与民族民主意识的觉醒""第二次世界大战与世界殖民体系的瓦解"和"第二次世界大战后新兴民族国家的文化发展",介绍了战争与文化的复杂关系。两次世界大战给人类带来深重灾难的同时,也在客观上传播了自由、民主与民族独立的思想,各殖民地半殖民地纷纷提出独立和民主的要求并为之抗争,最终在第二次世界大战后瓦解了世界殖民体系,建立了民族国家。这一时期不同文化在碰撞中交流、交汇、传播,新兴民族国家在认知外来文化和反思本土文化中,进行了文化的选择与重塑,促进了人类文化的交融与完善。《普通高中历史课程标准(2017年版2020年修订)》对本单元的要求是:通过了解历史上的著名战争,理解战争对人类文化的破坏,以及造成的文化断裂;认识战争在客观上又为不同文化的碰撞提供了契机。

基于对课程标准与教材内容的分析，本教学设计以战争与文化的关系为着眼点，以“危机—碰撞—交流—反思”为主线，关注战争前后世界文化为何会出现变化、出现什么样的变化、这些变化有哪些影响，引导学生理性认识战争与文化发展的关系。

二、学情分析

本课的授课对象是高二年级学生。经过《中外历史纲要（下）》的学习，他们对两次世界大战的相关史实有一定的了解，知道两次世界大战是人类文明史上的浩劫，给人类文明带来了巨大的破坏。但是学生却很难理解残酷的战争又在客观上加速了文化的碰撞，使得不同民族、不同国家的文化在碰撞中交融、发展，特别是对第一次世界大战与民族民主意识的觉醒、第二次世界大战与世界殖民体系瓦解之间的关系很难形成比较理性的认识。因此，教师需提供翔实的史料，创设符合学生认知特点的情境，设计逻辑自洽的问题，通过研读史料、合作探究，引导学生全面、客观地分析战争对人类文化的影响，认识到现代战争在带来深重灾难的同时，也在客观上促进了文化的重构和创生，从而树立史料实证的意识，提升透过历史现象解释历史问题的能力，最后树立正确的世界观。

三、教学目标

1. 通过阅读教材及相关史料，以实证精神全方面分析战争，理解战争背景下世界形势的变化及文化的碰撞交流。

2. 借助史料搭建时空框架，理解两次世界大战对殖民体系的瓦解以及文化交流传播的影响。

3. 通过运用史学知识，探讨史家观点，以印度、新加坡等国家文化复兴为例，体会不同文化碰撞和交流的特点，认识到人类文化应该和谐共生、共同发展，树立正确的世界观。

四、教学重难点

重点：理解两次世界大战对文化碰撞交流的影响；理解文化交流重塑对战后新兴国家复兴的作用。

难点：辩证看待战争对人类文化发展的作用。

五、教学过程

【导入新课】

材料一　……始成于第一次世界大战前夕（1914 年）的《西方的没落》上卷却无人问津，找不到出版商愿为之出手相助。直到大战之末（1918 年），上卷才于维也纳首次问世，竟是骤然鹊起，欧洲文化界一片震撼，毁誉交加，赫然成名。……一时间，评议文字纷至沓来，几

图1 《西方的没落》书影

可形成“西方没落”之世界飓风。

——黎鸣:《斯宾格勒与〈西方的没落〉》,载《博览群书》,1998年第8期

教师设问: 根据材料一,指出斯宾格勒所著《西方的没落》遭遇的变化并简析发生变化的原因。(参考答案:变化——由无人问津到赫然成名。原因——一战给欧洲带来巨大的创伤,引发人们的反思)

教师引导学生分析: 1914年爆发的第一次世界大战实质是帝国主义国家之间重新瓜分世界、争夺世界霸权的战争,残酷的战争带来了巨大的物质破坏。在精神上,一战毁掉了近代以来西方一直信奉、并“赖以生存”的社会历史观念,不仅“欧洲中心论”摇摇欲坠,而且历史的“进步”观念也难以维持。在这样的大背景下,一位来自德国的中学老师(斯宾格勒原为德国的中学老师)的著作——《西方的没落》,赢得了巨大的成功。斯宾格勒的吸引力并不全在于那个多少有点耸人听闻的书名,也不在于那些牵强的类比、杜撰的概念和自作主张的“构画”,而是在于那些生硬、粗糙的提法背后,契合了一战之后变迁的时代——“旧世界”逐渐解体。

(设计意图) 以《西方的没落》的地位变化为切入点,其从无人问津到炙手可热的处境变化容易引发学生的兴趣。结合教材及所学知识,引导学生将历史事件置于特定的时空背景之下进行解释。本环节指向的是:(1)史料实证素养水平1——能够从所获得的材料中提取有关信息。(2)历史解释素养水平2——能够选择、组织和运用相关材料并使用相关历史术语,对个别或系列史事提出自己的解释。

(过渡) 伴随着“旧世界”的解体,原先遭受其奴役的亚非拉等地区的人民逐渐觉醒,要求打破身上的枷锁。

【学习新课】

(一) 危机与转机——第一次世界大战与民族民主意识的觉醒

材料二　加拿大部队到法国作战；澳大利亚人、新西兰人则跑到爱琴海的一个半岛上去凝练国家意识——加里波利之役成了澳新两国立国的神话……中国劳工来到西方；非洲人则成为法国部队的一员。

——[英]霍布斯鲍姆著，郑明萱译：《极端的年代(上)》，南京：江苏人民出版社，1998 年，第 32—33 页

材料三　一方面一战加深了欧洲帝国主义列强和亚洲被压迫民族之间的矛盾；另一方面一战又为亚洲被压迫民族的独立解放斗争创造了客观上的有利条件。出于战争需要，战争期间列强对殖民地加紧资源掠夺、强征大量壮丁给当地人民带来灾难。一战作为欧洲由盛转衰的一个历史转折点改变了欧洲列强支配世界的格局，削弱了欧洲海外殖民霸权，极大地动摇了近代以来由欧洲列强主导的亚欧之间不平等关系。

——余建华：《两次世界大战前后的亚欧关系探析》，载《历史教学问题》，2005 年第 2 期

教师设问：根据材料二、三并结合所学知识，简析一战对亚非拉等地区带来的影响。(参考答案：加速亚非拉等地区民族意识的觉醒等)

教师引导学生分析：西方国家兴起后，逐步构建了以自己为主导的世界殖民体系。在殖民体系下，欧洲列强具有强烈的文化优越感，并凭借军事等方面的优势扩大和弘扬自己的"先进文化"，认为自己代表"文明世界"，其他地区是"野蛮世界"，它们用"先进文化"同化欧洲以外的"野蛮群体"，给被殖民地区带来了文化的灾难，其实质就是文化殖民或文化侵略。从某种意义上，西方文化扩张的另一面是殖民地、半殖民地本土文化的灾难，但 1914 年爆发的第一次世界大战使得原有的格局与态势发生了重要的变化。

第一次世界大战给欧洲带来了巨大的破坏，欧洲文化遭遇了巨大的危机，但对遭受西方殖民的亚非拉等地区的人民来说，则是民族文化发展的巨大转机。第一次世界大战期间，大量殖民地人民被殖民宗主国投入战场，为宗主国打仗。在战争的过程中，他们进一步接触西方先进文明，意识到白人不是天命注定应当统治有色人种的种族，民族意识逐渐觉醒。

(过渡)民族自决原则就是这些地区民族意识觉醒的表现，并成为指导当地人民为独立民主进行斗争的武器。

材料四　一、每个民族有权选择生活于其中的国家；二、世界上的小国同样有权享有大国所期望并坚持的对其主权和领土完整的尊重；三、世界有权免遭源于侵略和对国家与民族权利的蔑视而导致的任何对和平的破坏。

——储昭根、于英红：《一战后民族自决原则的公认与效应》，载《世界民族》，2007 年第 4 期

教师设问：根据材料四并结合所学知识，简述民族自决原则的内容。(参考答案：处于外国奴役和殖民统治下的被压迫民族有自由决定自己命运、摆脱殖民统治、建立民族独立国家的权利)

教师引导学生分析：所谓的"民族自决"指的是处于外国奴役和殖民统治下的被压迫民

族有自由决定自己命运、摆脱殖民统治、建立民族独立国家的权利。“民族自决”思想肇始于法国大革命，但在当时并未获得多少认同，一战则使其产生了深远的影响。

一战中的残酷杀戮使绝大多数参战国都遭受重创，人类在痛苦之余也对所发生的一切进行反思，由此产生了某种感悟与共识。于是当时世界上的主要大国在一战后对民族自决原则相继表达了不同程度的认同。虽然民族自决原则未能从根本上解决民族问题，但在其指导下，殖民地产生了巨大变化。正如法国驻印度支那总督于1926年写到：“这场把欧洲浸润在血泊中的战争唤醒了远离我们的土地上人民的独立意识……过去几年里，一切都变了。不论是人还是思想，就连亚洲本身都变了。”

（过渡）殖民体系下的人类文化经历了巨大的危机，伴随着第一次世界大战对宗主国的削弱，欧、亚、非洲民族民主意识觉醒，文化的转机渐次出现。而接下来的第二次世界大战则更为残酷，是整个人类文明的浩劫。在天翻地覆的背后，西方殖民主义遭受了致命的打击，人类文化的格局也发生了极为深刻的变化。

（二）重构和新生——第二次世界大战与民族文化的复兴

表一　二战前后英国综合国力变化数据

	国民财富	工业生产	出口商品	海外投资额	债务
1938年	100%	100%	100%	100%	100%
1945年	75%	80%	31%	68%	500%

——陈艳云、程有炳：《二次大战与英帝国殖民体系的崩溃》，载《历史教学》，1995年第6期

教师设问：根据表一，概括英国战后衰落的表现。（参考答案：国民经济损失惨重、出口减少、海外投资下降、海外债务高涨）

教师引导学生分析：第二次世界大战从政治、经济及意识形态诸方面为战后民族解放运动奠定了基础。一方面，第二次世界大战沉重打击了西方殖民者的实力，如英法等老牌殖民帝国都遭受重创，经济惨淡、社会危机严峻等。自诩为“日不落”的大英帝国，可谓“日薄西山”，自身已经难以维系庞大的殖民体系。另一方面，经过这场战争，殖民地人民看到了自己的力量，提高了民族自信心。英国殖民者所面对的已不再是过去愚昧落后、软弱无力的殖民对象，而是经过反法西斯战争锻炼和武装的觉醒了的人民。因此，战后民族解放运动的兴起是英帝国殖民体系瓦解的决定性因素。

（过渡）在这样一个大的时代背景之下，西方殖民宗主国不得不思考如何处理和殖民地之间的关系。法国总统戴高乐给出了自己的答案。

材料五　一贯主张维护法兰西民族独立和国家主权的戴高乐，有可能从民族独立和国家主权的角度去考虑殖民地国家的要求。戴高乐认为，“现在一切都变了。”“我们目前的时代，从地球的一端到另一端，是每一个民族都要掌握自己命运的时代。”他“希望法国能利用这种机会消除过去的仇恨、偏见，把从前的臣属关系改变为伙伴关系。”

——周荣耀：《戴高乐主义论》，载《世界历史》，2003年第6期

教师设问：根据材料五并结合所学知识，指出戴高乐对第三世界态度的变化并简析其原因。（参考答案：变化——从殖民主义思想到考虑殖民地国家的诉求。原因——二战后民族独立运动浪潮的推动；世界殖民地国家的崛起和团结抗争；法国综合国力的衰退；美苏争霸的国际形势；戴高乐个人思想的转变）

教师引导学生分析：第二次世界大战之后，民族独立运动以空前绝后的声势席卷全球。这一运动与过去的民族独立运动有明显的区别，它不仅有了明确的政治目标，形成了大规模的人民运动，更关键的是武装斗争也成了它的主要斗争形式，并得到全世界人民的广泛声援和支持。在这样的大环境下，戴高乐认为过去在殖民地的付出与收获"似乎是值得的"，现在不一样了，负担在不断增加，更何况殖民地人民不甘屈服的愿望带来反抗，使法国陷入不能自拔的战争。因此，与其继续维持过去那种旧殖民关系，不如实行"非殖民化"，这样更符合法国的利益。

(过渡)戴高乐的"非殖民化"主张顺应了第二次世界大战后亚非拉地区民族意识高涨并掀起独立浪潮的大势，原先被殖民的地区迎来了发展的机遇。

材料六　第二次世界大战爆发，帝国主义对非洲不得不放松某些限制，允许以至鼓励非洲某些经济部门的发展和扩大……在非洲经济形势发生变化的同时，非洲社会阶级结构和力量配备也发生了重大变化。在第二次世界大战期间，非洲发生了违反帝国主义殖民者主观愿望的重大变化。新的社会政治经济力量在非洲广阔的土地上兴起了。

——顾章义：《论二战与非洲民族独立运动的崛起》，载《史学集刊》，1990年第4期

教师设问：根据材料六并结合所学知识，概述二战后非洲社会的变化。（参考答案：社会阶级结构和力量配备出现新变化，新的社会政治经济力量壮大）

教师引导学生分析：第二次世界大战对非洲的影响非常深远，它不仅使非洲人民卷入了这一历史性漩涡，投入反法西斯斗争行列，而且使非洲社会政治经济和阶级结构发生了重要的变化，唤起了非洲人民新的觉醒，因而成为非洲人民争取独立运动的新起点。由于战争的需要，帝国主义殖民者对非洲人的限制松弛了，使非洲人民大开眼界，懂得了共同战斗互相支援的意义，从而增强了斗争的勇气和信心。非洲士兵和民工战后复员到城乡各地，成为宣传民族独立思想和实际斗争的骨干和带头人。

曾经苦难的非洲在二战后产生了积极的变化，这比较有代表性地说明二战后依靠暴力维系的殖民体系不再稳固。亚非拉广大殖民地兴起的日益高涨的民族民主革命运动高举反对帝国主义的旗帜，把维护民族独立作为自己理论的核心，反对封建主义，具有明显的民主要求，强调要联合反对帝国主义的各种政治力量。

(过渡)民族主义逐渐成为众多被压迫民族占统治地位的思潮，是民族解放运动的指导思想和奋斗纲领。在独立之前，它是争取民族独立、反对帝国主义殖民侵略和民族压迫的思想武器；独立之后，它是巩固政治独立、发展民族经济、反对外来干涉的精神支柱。亚非拉国家的多元化和民族解放运动领导力量的多种类型，使民族主义思潮呈现出五彩缤纷的局面。

材料七　它们在政治上的变化是：第一，转变为现代民族国家。第二，拥有国家主权。第三，成为国际政治权力结构中的第三种力量。它们在世界经济中的角色也发生了较大的变化：第一，享有自由进入世界市场的权利。第二，变为依附于整个发达国家的外围国家。第三，不仅受制于资本主义经济规律，而且受制于处于体系中心的整个发达国家。

——刘青建:《试析发展中国家与垄断资本主义发展的三个阶段——兼论殖民体系瓦解的经济根源》,载《教学与研究》,2005年第2期

教师设问:根据材料七并结合所学知识,指出新兴国家在政治经济地位上的变化。(参考答案:政治上——从丧失主权的殖民地、半殖民地国家转变为拥有国家主权的现代民族国家,成为国际政治权力结构中的第三种力量。经济上——从资本主义的附庸变为依附于整个发达国家的外围国家,从经济发展受制于某个宗主国变为受制于资本主义经济规律和整个发达国家体系)

教师引导学生分析:第二次世界大战后,作为资本主义世界体系重要组成部分的殖民体系逐渐瓦解。殖民体系的瓦解和民族独立国家的建立,使殖民地、半殖民地国家(发展中国家)在世界政治经济中的地位发生了重大变化。西方主导的资本主义世界体系的发展,在客观上为发展中国家的进步提供了一定的空间。为维护资本主义的进一步发展,发达国家必须与发展中国家合作,促进发展中国家经济政治的发展。新兴民族国家在政治经济地位上的变化,让他们开始思考应该如何实现国家复兴。在建设现代化国家的过程中,产生本土文化与西方文化相结合的新文化,新兴国家民族文化得以复兴。

材料八　印度在英国殖民统治遗产基础上建立起(英式)议会民主制,同时效仿美国建立起了联邦制,又依据信赖强权领袖的传统,在联邦制基础上为中央政府设置了"紧急事务处置权",即无论是否在紧急情况下,只要是国家利益需要,中央政府就可以在总统的一声令下代行地方政府的职权。

——程亚文:《央地关系、议会政治与国家建构——现代印度的产生》,载《学术界》,2018年第8期

教师设问:根据材料八,分析独立后的印度如何处理民族文化与西方文化的关系。(参考答案:一方面接受西方文化的价值取向,一方面注重发扬传统文化,形成了本土文化与西方文化相结合的新文化)

教师引导学生分析:文化的交流与借鉴可以帮助文化走向完善。印度等原殖民地民族认可西方文化的优越之处,取长补短,为民族文化发展提供助力。在借由战争与西方发生的文化碰撞中,殖民地人民获得了民族意识,并对西方文明有了更深刻的了解。这些因素促使新兴民族国家在发展民族文化时能够对本民族文化和西方文化作出正确取舍,从而收获更为完善的新文化,使民族文化得以复兴。

(过渡)第二次世界大战后,新兴民族独立国家纷纷建立,新兴国家在世界政治经济中的地位发生了重大变化。为应对这些变化,新兴国家对本土文化进行反思,并不断吸收外来文化,实现了对人类文化的重构,"亚洲四小龙"之一的新加坡就是其中的佼佼者。

材料九　没有所谓的亚洲模式,但是东亚儒家社会同西方自由放任的社会,有着根本的差异。儒家社会相信个人脱离不了家庭、大家庭、朋友,以及整个社会,而政府不可能也不应该取代家庭所扮演的角色。新加坡依赖家庭的凝聚力、影响力来维持社会秩序,传承节俭、刻苦、孝顺、敬老、尊贤、求知等美德。这些因素造就了有生产力的人民,推动了经济增长。

——[新加坡]李光耀著:《经济腾飞路——李光耀回忆录(1965—2000)》,北京:外文出版社,2001年,第135页

教师设问:根据材料九并结合所学知识,试从新加坡国情和儒学的特点等角度,分析新

加坡经济增长与儒家文化的关系。(参考答案:儒学可以整合秩序,影响政府的治国理念,提供治理社会的经验;新加坡从国情出发将改造的儒学与西方思想结合、推进经济发展和国家精神体系的构建)

教师引导学生分析:新加坡将西方文化的积极成果与东方文明的优秀积淀,恰到好处地结合起来,取得了令世人瞩目的成就。新加坡政府立足于国情和历史文化传统,既重视和发扬儒家文化的优良传统,确立民族的精神支柱,保障国家统一和稳定,又积极引进西方一切优秀文化成果,使国家从贫穷走向繁荣。新加坡在取得巨大成就的同时,也成为现当代人类文化重构整合的成功典范。

(设计意图)本环节通过分析二战后亚非拉新兴国家文化的发展,引导学生认识到战争客观上为文化的发展提供了契机。本环节指向的是:(1)时空观念素养水平 2——能够将某一史事定位在特定的时间和空间框架下。(2)史料实证素养水平 3——在探究特定历史问题时,能够对史料进行整理和辨析;能够利用不同类型史料,对所探究的问题进行互证,形成对该问题更全面、丰富的解释。

(三) 反思与展望

材料十　战争就是这样一个怪物:它既孕育着文明,又能毁灭文明;既受文明发展的影响,又深刻影响文明的发展;既催生出人类的技能和智慧,又不断挑战着人类的理智和良知。

——孙美堂主编:《高科技时代的伦理困境与对策》,北京:华龄出版社,2006 年,第 173 页

教师设问:根据材料十并结合所学知识,谈一谈你对战争与文化关系的认识。(参考答案:战争给文化带来割裂和冲击,也能给文化带来重构和新生;战争不只是军事冲突,也是不同文化的冲突,是文化在非和平状态下的一种特殊交流)

教师引导学生分析:战争作为文化交流的重要形式,以其特殊的方式推动了文化进步。一方面,战争破坏了文化,另一方面,又为文化交流提供契机,恩格斯说"没有哪一次巨大的历史灾难不是以历史的进步为补偿的"。但是战争带来的文化交流是用生命、鲜血和恐惧换来的,文化发展需要和平的环境,和平方式的文化交流才是文化发展的真正助力。

(设计意图)通过分析战争与文化之间的关系,引导学生认识到战争一方面给文化带来了巨大的破坏,另一方面又促进了文化的交融与发展。本环节指向的是:家国情怀素养水平 3、4——能够表现出对历史的反思,从历史中汲取经验教训,更全面、客观地认识历史和现实社会问题。

【课堂小结】

教师引导学生小结:两次世界大战是 20 世纪前半期留给我们的时代印记。20 世纪以前,人类从未有过如此大规模的战争,这从根本上改变了 19 世纪以来欧洲支配全球的世界格局。与欧洲的不断衰落同步进行的是它所代表的殖民主义的步步后退,直至其最终被迫退出历史舞台。从第一次世界大战开始的世界殖民体系的解体过程,在第二次世界大战后终于得以完成。这是人类历史极其巨大的进步,也是 20 世纪最伟大的变化。战争既是一个结局,也是一个开端。列宁认为帝国主义战争唤醒了东方,把东方各族人民卷入了国际政治生活。中国的五四运动、印度的"非暴力不合作运动"、土耳其的"凯末尔革命"等等,说明"在

当代革命中，东方各民族为了不再仅仅充当别国发财的对象而参与决定世界命运的时期到来了。”凭借两次世界大战中与西方文化碰撞与交流的经验，战后新兴民族国家文化恰当选取了本土和西方文化中的优秀精华，成功发展出融汇本土与外来文化的新文化，使民族文化走向复兴。

第六单元

文化的传承与保护

第 14 课

文化传承的多种载体及其发展

教学设计 1

杨茂坤　安徽省淮北市第一中学

一、教材分析

本课是统编教材《文化交流与传播》第六单元《文化的传承与保护》第 1 课，教材共分四个子目："学校教育的发展""印刷书的诞生""图书馆的成长""博物馆的建设与发展"，主要讲述了文化传承的多种载体及其发展概况。《普通高中历史课程标准(2017 年版 2020 年修订)》对本课的要求是：了解历史上学校教育、留学、书刊出版、翻译事业以及图书馆、博物馆在文化传承与传播中的作用。在中外历史发展的过程中，将灿若繁星的文化很好地保存和传播，一直是人类追求的目标。人类借助书籍记忆文化，借助图书馆、博物馆保存文化，借助学校教育传承文化。可以说，人类在文化传承与保护的道路上，一直在努力。

本课教学内容不仅时间跨度长，而且涉及古今中外文化传承的多项内容，知识庞杂，逻辑性不强，不利于教学的展开。因此，本节课的教学设计围绕文化传承的载体，按照逻辑顺序对教材重新整合，分为"文化的记忆""文化的保存""文化的传播"三个子目，介绍书院、图书馆、博物馆等文化传承载体，帮助学生理解文化传承与教育、文博事业之间的关系，更好地达成学习目标。

二、学情分析

高二年级的学生，通过《中外历史纲要》已经学习了古今中外历史发展过程中文化的具体成就，通过《文化交流与传播》前五个单元内容的学习，已经掌握了文化的内涵与特点。但是对于文化传承的途径和载体，以及文化传承的意义还缺乏相应的理性认识。如何让学生从根本上理解文化传承的意义，认识文化传承与教育、出版、文博事业之间的关系，是本节课需要重点突破的地方。

高二年级的学生还缺乏深入理性分析历史问题、较高层次地把握历史文化知识的能力。因此，本节课需要学生在已经基本把握高中历史的学科特点，掌握一定的历史学习方法的基础上，通过史料阅读、问题分析，进一步培养发现问题、解决问题的历史思维能力，提升学科核心素养。

三、教学目标

1. 了解教育、出版与文化传承的关系，提升用唯物史观分析历史问题的能力。

2. 通过对稷下学宫、北京大学、留学教育内容的学习，理解教育在文化传承中的作用，进一步培养史料实证意识及历史解释能力。

3. 通过研读图书馆、博物馆发展历程的有关史料，多角度理解文化传承的方式，思考文化传承的意义，涵养家国情怀。

四、教学重难点

重点：教育、出版与文化的传承；文博事业与文化的传承。

难点：教育与文化的传承与保护。

五、教学过程

【导入新课】

图1　安徽大学馆藏安大简

教师讲述：2015 年初，安徽大学入藏了一批战国竹简，现称安大简。随后，一系列战国时期楚国历史文化的研究成果相继问世，震动了学术界。这是继 2008 年清华大学清华简之后，又一战国年代简策的重大研究成果。简策指在竹片和木板上书写文章，编连成册的书籍，是我国最早的正式书籍形式。随着对以清华简、安大简为代表的战国简策研究的不断深入，我们对中华文明和中国历史的认识也推进到了一个新的高度。

中国古代简策是如何产生的？它到底传递了中国古代文明的什么信息？为什么我们如此重视对它的研究呢？今天就让我们带着这些问题共同学习第 14 课《文化传承的多种载体及其发展》。

【学习新课】

(一) 文化的记忆：从简策到印刷书

1. 简策与帛书

教师讲述： 书籍是人类文明的重要载体，最早的书籍模样和我们今天的所见可谓大相径庭。早在公元前 30 世纪，居住于尼罗河两岸的古埃及人，在创造了文明的符号——象形文字之后，还创制了人类书籍的雏形——纸草书卷，即写在莎草纸上的书。与古埃及不同的是，在文明源远流长的中国，简策则是最早的书籍。简策大约起源于公元前 5 世纪，盛行于春秋到东汉末年。在纸张发明以前，人们将竹木劈成狭长的细条，经过刮削整治，然后用墨在这些竹木片上写字。单独的竹木片叫作"简"，若干简编连起来就叫作"策"(亦作"册")，这就形成了中国最早的书籍，也是我们现在称"一本书"为"一册书"的起源。几乎在同一时期，还出现了写在绢帛上的书，即"帛书"。

据司马迁《史记》记载，西汉时期，儒生东方朔写了一份奏章，为了进呈汉武帝，找了两名强壮的武士，才勉强把写有奏章的 3 000 多片竹简抬进宫去。这足以说明简册分量的沉重和使用的不便。同时期使用的帛书，弊端则是其书写材料"缣帛"价格昂贵，因此其使用仅局限于官宦、富贵之家。

材料一　自古书契多编以竹简，其用缣帛者谓之为纸。缣贵而简重，并不便于人。伦乃造意，用树肤、麻头及敝布、鱼网为纸。元兴元年奏上之。帝善其能，自是莫不从用焉，故天下咸称"蔡侯纸"。

——章惠康、易孟醇主编：《后汉书今注今译・卷七十八》，长沙：岳麓书社，1995 年，第 2058 页

教师设问： 概括材料一中所述两种纸的不同，并指出蔡侯纸的优点。(参考答案：不同——制作材料不同，缣帛是丝织品，蔡侯纸是植物纤维纸。优点——成本低廉；质地优良；易于书写)

教师引导学生分析： 材料一中有两处提到了纸，但是两种纸是有区别的。前者指的是用丝织品制作的纸，后者是用植物纤维制作的纸。蔡伦之前，最迟在西汉已经有了纸，但质地粗糙，不宜书写。蔡伦感觉到原来纸张使用的不便，将造纸技术加以改进，造出来的"蔡侯纸"，质量提高，质地精细、平滑，易于书写，因此得以行用天下。

其后，随着造纸工艺的进步，纸作为书写材料和书籍制作材料更加普遍，纸卷轴逐步取代了简策和帛书。随着纸的普及，我国进入手写纸书盛行的时代，大量的专业抄书人员和抄书机构，抄写了大量的书籍，在我国传统文化的传播过程中发挥了重要的作用。

(过渡) 纸张的发明和改进，是印刷的前提条件之一，由于其特殊的吸墨能力和柔软的特性，从唐代开始承担起印制书籍的任务。唐代开始的雕版印刷术，唐以后仍然在不断发展，技术也越来越进步。然而，随着出版印刷业的盛行，雕版印书的速度已经跟不上出版业的发展步伐，直到宋仁宗庆历(1041—1048)年间，平民毕昇发明了既方便又经济实用的活字排版印刷术，代表了此后世界印刷技术的发展方向。活字印刷技术的发明，我国比欧洲早了整整四百年之久。

2. 印刷书

教师讲述：从手抄书到印刷书，人类的文化发展在技术上实现了质的飞跃和提升。然而，活字印刷术虽然在北宋被发明，但是由于整个社会缺乏足够的重视，在中国并没有得到大规模的应用，几乎仅仅停留在发明阶段。

1450年前后，在西欧的北部地区出现了一些不寻常的"抄本"。与传统手抄本不同的是，这些"抄本"上面的字迹是用印刷机器压制在纸张上的。它的出现，标志欧洲在全世界范围内诞生了最早的"新一代的书籍"——印刷书，其发明者是一个叫谷登堡的德意志人。受到中国宋代活字印刷术的启发，1440—1448年间，谷登堡发明了铅活字印刷术，并迅速传遍欧洲，再度改写人类印刷术的发展历史，也改写了人类文化传承的历史。

材料二 14世纪之前，欧洲的书籍以手抄复制，仅有几千册。15世纪中叶谷登堡的活字印刷术发明应用后，书籍的产量激增，15世纪末欧洲已经有250个城镇开设了活版印刷所，印制的"摇篮本"达3万种，每种平均印制200部。据估计，16世纪的第一年，各种著作已出版4万多个版本，正规印刷厂有100多家，共印出900多万册书。

——李敏：《印刷术在文献生产和传播中的功能》，载《晋图学刊》，2005年第6期

教师设问：根据材料二，概括谷登堡发明铅活字印刷术的意义。（参考答案：促进新型印刷书的诞生；推动教育文化普及；促进新思想传播等）

教师讲述：谷登堡发明的金属活字印刷技术，直接促进了印刷书的诞生。从此以后，书籍的大规模、低成本的复制，终结了欧洲漫长的中世纪因为手抄书价格昂贵，贵族垄断书籍和文化教育的局面。印刷书的出现，也推动人类社会进入大众传播的新时代。这一时期，面向大众传播信息的新媒体——报纸和杂志也纷纷出现。书刊的大量印刷出版，印刷书价格的大幅降低，使普通人具备了购买图书的经济条件，从而加速了文化和教育的普及，促进了人类各民族文化的发展。

金属活字印刷术对近代文明的最重要意义，则体现在对欧洲社会转型所产生的影响上。地理大发现、文艺复兴与宗教改革的进行，其重要的思想前提之一就是价格低廉的印刷书的大量出版，为知识的传播插上了翅膀。天文地理知识的进步，人文主义思想的传播，使人们的思想得到了空前的解放。

（过渡）世界不同地区存在着不同类型的文化，自从有了基本的交通和通信条件后，不同的文化就开始了互相的交流与融合。而古老的中华文化历来是兼容并蓄的，以佛教为代表的外来文化传入中国并迅速传播开来，就是一个典型的例子。西汉末年佛教开始传入，魏晋时期在渐趋中国本土化后得到了进一步发展，当时佛教的传播活动主要是通过佛经翻译完成的。

3. 文化交流

教师讲述：早期的佛经翻译多属于僧众的私人自行翻译。东晋开始，参与佛经翻译的人员一度扩大至上万人，译经不再是个体行为，而上升为有组织、有计划、有规模的国家行为，甚至出现了专门的佛经翻译的场所和机构——译场。因此，佛经的翻译也成为文化交流史上的盛事。

材料三 隋唐时期，佛经翻译获得了国家统治者的直接支持。经过北周武帝毁佛之后，隋唐统治者积极复兴佛教。国家出面组织译场进行佛经的翻译工作，并且建立了一套极为

严格的翻译制度，佛经在流通前需经皇帝御览及皇帝钦赐。国家权力机构的积极参与使隋唐成为我国译经的鼎盛时期，出现了玄奘这样承前启后、融古通今的大翻译家，把中国的佛经翻译事业推向了顶峰。

——王焱：《中国古代佛经翻译的政治化》，载《学术交流》，2012年第5期

教师设问： 根据材料三，分析玄奘取得佛经翻译成就的条件。（参考答案：政府的重视；设有专门的译经机构；个人的努力等）

教师讲述： 隋唐时期，统治者对佛经翻译活动给予大力支持，并大规模地组织机构进行集体翻译，政治因素的参与极大推动了佛经翻译活动。这一时期，对佛经翻译作出最大贡献的是僧人玄奘，他一个人翻译佛经达74部共1341卷。无论是从译经的数量还是质量来看，玄奘都可以说是取得了空前绝后的翻译成就。汉唐时期是中国文化的强盛时期，以佛经为代表的外来文化的输入，使中国文化在吸收外来文化后，继续焕发出新的勃勃生机。

中外文化的再次大交汇开始于明朝万历年间。从明万历年间到清朝初期，利玛窦、汤若望等西方基督教传教士东来，他们来华的首要目的是传播在欧洲宗教改革后逐渐失去市场的基督教。然而他们为了打开封闭中国的大门所确立的“学术传教”的方针，则为西方文化在中国的传播创造了条件。大量的地理、音乐、哲学、美术、逻辑学，尤其是自然科学知识的传入，让中国的士大夫耳目为之一新。

材料四 正是这些科技知识，特别是关于近代的世界观念，打开了部分中国人的眼界，徐光启、李之藻、方以智、黄宗羲、顾炎武、王夫之、梅文鼎、王锡阐以及清朝的康熙皇帝，都在不同的程度上得益于这些外来的科技知识。近代科学思维的重要特点是实证道路和数学语言，徐光启、方以智等人通过接触近代科技知识，开始重视“质测之学”和数学语言的运用，这与我国古代学者思维方式的直观性、模糊性相比较，是一次重大的变革，初步显示了近代思维的风貌。

——曹蓉：《明末清初西学东渐的社会历史原因分析》，载《齐齐哈尔大学学报(哲学社会科学版)》，2001年第2期

教师设问： 根据材料四，分析耶稣会士东来的影响。（参考答案：传播宗教神学；传播近代科技成就；促进文化交流；开阔士人眼界；启迪科学思维）

教师引导学生分析： 随着传教士的东来，中西文化进一步交流，中华文化在交流中又获得了新的成长因素。在耶稣会士的影响下，我国的一批学者在接受西方自然科学知识之后，打开了学术的视野，初步了解了科学的研究方法，并逐渐养成了科学的思维方式，进而形成了一批既懂西学，又掌握中国传统文化的科技人才，徐光启、梅文鼎、王徵等人即其中的代表。随着文化的交流，中华文化知识宝库的内容越来越丰富，中华文化得到进一步发展。

(设计意图) 从简策到印刷书，文化的记忆形式随着历史的进步在发展变化，不同地区的文化交流也在增强。通过文化记忆类型的变化，引导学生正确理解文化发展的历程，感受人类文明的进步。本环节指向的是：(1)时空观念素养水平4——在对历史和现实问题进行独立探究的过程中，能将其置于具体的时空框架下；能够选择恰当的时空尺度对其进行分析、综合、比较，在此基础上作出合理的论述。(2)历史解释素养水平2——能够选择、组织和运用相关材料并使用相关历史术语，对个别或系列史事提出自己的解释；能够在历史叙述中将史实描述与历史解释结合起来。(3)家国情怀素养水平1、2——能够具有对家乡、民族、国家

的认同感，理解并认同社会主义核心价值观和中华优秀传统文化。

(过渡)简策承载了古老的中华文明的丰富信息，使我们对光辉灿烂的中华文明有了更进一步的认识。印刷书的出现则加速了文化和教育的普及，促进了人类各民族文化的发展。在人类文明发展的历史进程中，简策、帛书、印刷书这些承载大量文明信息的丰富文化成果又是如何保存下来的呢?

(二) 文化的保存：从藏书楼到博物馆

教师讲述：图书馆是图书保存和文化传播的重要场所，1994 年 10 月 29 日联合国教科文组织审议通过的《国际图书馆宣言》，将图书馆“保存人类文化遗产”的职能列为各项职能之首。古文明遗址中保存最完整、规模最宏大、保存书籍最多的图书馆是亚述巴尼拔图书馆。

材料五　图书馆中的藏书门类齐全，包括哲学、数学、语言学、医学、文学以及占星学等各类著作，几乎囊括了当时的全部学识。其中的王朝世袭表、史事札记、宫廷敕令以及神话故事、歌谣和颂诗，为后人了解亚述帝国乃至整个亚述——巴比伦文明提供了钥匙。尤其珍贵的是，在文学类泥版中，这里藏有世界史上第一部伟大的英雄史诗《吉尔伽美什》，这是美索不达米亚文明所创造的最重要的作品之一。

——陈晓红、毛锐著：《失落的文明：巴比伦》，上海：华东师范大学出版社，2001 年，第 88 页

教师设问：根据材料五，概括亚述巴尼拔图书馆的特点。(参考答案：服务于国王；面积大，藏书丰富；藏书门类齐全；反映古巴比伦文明成就)

教师讲述：巴尼拔图书馆收藏了亚述近 3 万册泥板藏书，是一座名副其实的泥板图书馆，它为我们了解古亚述文明打开了一扇窗口，巴尼拔图书馆因此成为美索不达米亚文明延续的重要场所。

(过渡)亚述王国的巴尼拔图书馆，以丰富的藏书传承了古亚述文明，使我们能够有机会重拾古巴比伦失落的文明，它所收藏的泥版藏书成为古文明延续的重要载体。不仅仅是在古巴比伦，可以说，在世界文明的发展过程中，书籍始终是全世界古老文明传承的最重要载体之一。拥有悠久历史、灿烂文化的中华文明亦如此。在文明发展的进程中，古代中国较早发明了文字，较早创造了纸并发明了印刷术。书籍产生之后就需要保存的场所，中国古代保存书籍的场所，不是我们现代意义上的图书馆，而是藏书楼。

1. 藏书楼

教师讲述：我国藏书历史悠久，早期的藏书和档案并没有严格的区别，统称为图籍，由史官管理。正如近代图书馆学家刘国钧所说“藏书之事渊源至古，其在吾国则周有柱下史”。老子就曾经担任周朝管理藏书的官员——柱下史。

古代中国的藏书主要有四种类型，即官府藏书、私家藏书、书院藏书和寺观藏书。藏书机构的名称也不叫图书馆而叫藏书楼、藏书阁，书都是要藏起来不让人看的，与今天档案馆的性质差不多，和今天图书馆面向公众开放的性质则完全不同。也就是说，中国古代的藏书机构虽然历史悠久，但是由于官办藏书机构主要是为国家统治服务，很少能发挥传播知识的功能。《汉书·艺文志》中对汉武帝时期的藏书制度就有过“建藏书之策，置写书之官，下及

诸子传说，皆充秘府”的描述。

除了官藏外，私家藏书也随着私学的出现得到进一步发展。在中国古代私家藏书最兴盛的明朝时期，浙江宁波出现了名满天下的私家藏书楼——天一阁。但是这些私家藏书楼也都不对公众开放，也不是真正意义的图书馆。

材料六　国立北平图书馆馆长袁同礼在分析清代私家藏书聚散状况后总结道：“丧乱之余，古书多毁于火，书价大昂，遂开藏书秘密之风。风气所播，影响于古书流通甚巨。然私家藏书，愈秘不示人，愈不能永其传……全国缺乏公共收藏机关，实学术不发达之主要原因。”

——左玉河：《从藏书楼到图书馆：中国近代图书馆制度之建立》，载《史林》，2007 年第 4 期

教师设问：根据材料六，概括古代藏书楼发展为近代图书馆的原因。（参考答案：古代藏书重藏轻用，不利于学术的发展；国家缺乏公共藏书机构）

教师讲述：19 世纪中叶前后，西方传教士陆续在中国创办了具有启蒙和示范作用的近代图书馆，客观上为中国古代藏书楼向近代图书馆转变起了推动作用。近代图书馆主要致力于知识的平民化，主张社会各阶层都享有平等使用图书馆的权利。因此，近代图书馆已经不再是官府、书院和私家的私有财产，而是面向全社会开放的社会文化教育机构。

（过渡）西方传教士在华创办的图书馆，完整地移植了当时欧美各国的图书馆制度，促进了传统藏书楼向近代图书馆的转变。受其影响，1909 年清政府开始筹建京师图书馆。1910 年，清政府学部拟定《京师及各省图书馆通行章程》，并奏准颁布实行，章程内容共有 20 条。

材料七　《章程》开宗明义第 1 条规定“图书馆之设，所以保存国粹，造就通才，以备硕学专家研究学艺，学生士子检阅考证之用。以广征博采，供人浏览为宗旨”。第 8 条规定“凡内府秘籍、海内孤本、宋元旧椠、精抄之本，皆在应保存之类。保存图书，别藏一室。由馆每月择定时期，另备券据，以便学人展视。如有发明学术堪资考订者，由图书馆影写、刊印、抄录，编入观览之类，供人随意浏览”。

——李彭元：《国立京师图书馆有关规章制度中的公共图书馆思想研究》，载《图书情报工作》，2012 年第 6 期

教师设问：根据材料七，概括京师图书馆的职能并指出其与古代藏书楼的区别。（参考答案：职能——搜集、保存、借阅。区别——突破古代藏书楼不供大众使用的局限，具备近代国家图书馆的职能）

教师讲述：京师图书馆办馆宗旨中所阐述的基本职能，符合现代图书馆办馆思想，即具备了现代图书馆的三项基本职能：搜集、整理、提供使用，与中国传统藏书楼已有本质的差别，并逐渐具备了国家图书馆的职能。京师图书馆作为国家图书馆，其表率和示范作用对民国时期国家图书馆事业的发展也产生了重大的影响。

（过渡）人类不断地创造着文明，然而光辉灿烂的文明却无法永远保存和传播，这是人类社会发展的永恒法则。但是，人们仍然在通过各种途径寻找那些被历史所湮没的文明踪迹，而其中一个最重要的途径就是博物馆。

2. 博物馆

教师讲述：世界公认的最早的博物馆，是创建于公元前 290 年左右的亚历山大博学园，它位于当时最繁荣的城市——亚历山大城。亚历山大的部将托勒密·索托创办了这所当时

最大的学术和艺术研究中心。园中有图书馆、动植物园，还有专门收藏文化珍品的缪斯宫，后来又被称为亚历山大博物馆。

材料八 1675 年英国贵族阿什莫尔(Elias Ashmole)将其收藏的货币、徽章、武器、服饰、美术品、考古出土文物、民族民俗文物和动植矿物标本全部捐献给牛津大学，1683 年由此建立了向公众和学者开放的阿什莫林博物馆，开创了将私人收藏公之于世、建立近代博物馆的先河。阿什莫林艺术与考古博物馆设有古物部、西方艺术部、东方艺术部、赫伯登硬币馆、卡斯特画廊等部门。

——庄元：《创新教育视野中的牛津、剑桥大学博物馆》，载《南京艺术学院学报》，2010 年第 1 期

教师设问： 根据材料八概括阿什莫林博物馆的特征，并分析其作用。(参考答案：特征——创建时间早；资源丰富；面向全国公众开放。作用——开创近代特征的博物馆；教育民众，传承文化)

教师引导学生分析： 牛津大学的阿什莫林博物馆是全世界最古老的大学博物馆，它利用丰富的全国性的教育资源，培养了不同年龄段和不同知识水平的学生，充分发挥了文化传承的重要功能，从而成为第一个具有近代特征的博物馆。

博物馆将世界各民族的文化通过多角度、多方面、多渠道的展览活动，使观众更深刻地理解、学习，从而使人类优秀文化遗产得以传承。

(过渡) 近代以来，受到西方博物馆文化的影响，我国也开始出现近代意义上的博物馆。较早的有外国人创办的上海自然历史博物院，张謇在南通创办的第一个公共博物馆——南通博物苑等。当然，近代中国最有名的博物馆则是创办于 1925 年的故宫博物院。

教师讲述： 位于北京故宫紫禁城内的故宫博物院是我国最大的一座博物馆，也是世界著名的博物馆，这座为保护清代宫廷文物而建立的博物馆，现在已经成为馆藏 186 万余件文物的古代艺术宝库。

故宫博物院建院以来，历经坎坷。抗日战争时期，1933 年日本侵略者威逼平津，北平告急。为维护院藏文物的安全，故宫博物院决定将文物南迁。随后，院藏珍贵文物和图书、档案一万三千四百二十七箱又六十四包，先从北京南迁上海、南京，后又西迁四川、贵州。抗战胜利后，一部分文物运返北京，大部分运至南京暂存。

新中国成立后，故宫博物院继续对文物进行保护，并加大文物的修复工作力度。根据故宫博物院从 2004 年开始的历经 7 年的文物普查工作统计，已确认有藏品 1 807 558 件(套)、25 大类，其中有纸质文物 156 000、铜器 160 000、甲骨 23 000、古籍文献 600 000 件。这些中华文明宝贵的文化遗产，为我们研究明清历史以及中华传统文化提供了丰富的资源。

(设计意图) 文化的保存需要多种载体，本环节讲述了在文化发展的历史过程中，藏书楼、图书馆和博物馆所发挥的不同作用，主要培养学生分析历史问题的能力，引导学生认识文化保存的不同载体。本环节指向的是：(1)史料实证素养水平 1——能够从所获得的材料中提取有关的信息；史料实证素养水平 2——在对史事与现实问题进行论述的过程中，能够尝试运用史料作为证据论证自己的观点。(2)时空观念素养水平 3——能够把握相关史事的时间、空间联系，并用特定的时间和空间术语对较长时段的史事加以概括和说明。(3)历史解释素养水平 2——能够选择、组织和运用相关材料并使用相关历史术语，对个别或系列史

事提出自己的解释;能够在历史叙述中将史实描述与历史解释结合起来。

(过渡)图书馆和博物馆是保存人类文明成果的重要场所,为文化的传承和发展作出了独特的贡献,而文化传播的重要途径则是学校教育。

(三) 文化的传播:从传统到现代

1. 传统

教师讲述:西周及以前,官府垄断文化教育,“学在官府”是教育的常态。夏、商、西周时期的学校,基本都是服务于贵族的官办学校。从地方乡学的庠、序、校到国学的辟雍和泮宫,它们既是专门服务于贵族教育的学校,也是社会政治活动的场所,教育和政治是密不可分的。

春秋战国时期,王室衰微,贵族官学没落,私人讲学兴起,最早开始办私学的教师就是原来宫廷中掌管礼乐的官吏。私学兴起,培养了大量的知识人才,学术下移,给转型中的中国社会注入了更多的新鲜血液。战国时期,齐国国君在国都临淄城稷门附近设立了闻名于世的学宫——稷下学宫。

材料九　战国时代,齐国统治者在都城临淄创设的稷下学宫,是我国历史上最早的集教育、政治、学术功能于一体的高等教育大学堂,是战国时代的思想文化中心;是诸子百家争鸣,促进各派融合、发展,培育、创生新学派的文化沃土;是博士制度的先声,学术大师的摇篮;它兼容并包、独立自由的学术精神是中国也是世界的珍贵精神文化遗产。

——王志民:《稷下学宫:世界文明史上的奇观》,载《人文天下》,2015 年第 9 期

教师设问:根据材料九,归纳稷下学宫在中国教育发展史上的特殊作用。(参考答案:实现了私学教育的转型发展;成为百家争鸣的重要场所;促进文化的发展)

教师引导学生分析:稷下学宫是战国时期齐国官方创办、私人讲学的教育场所,它聚集了当时诸子百家众多的学者,鼎盛时期甚至达上千人,成为当时百家争鸣的重要场所。在稷下学宫,不仅学术风气十分浓厚,而且各派思想家经常发表对国家事务的见解,齐国国君也经常来这里咨询学者们对国事的看法。

稷下学宫的设立,在我国教育发展史上具有极为重要的意义。它通过制定严格的教学管理制度来约束师生的行为,注意培养学生良好的学习和生活习惯,在提倡尊师重教的基础上推动了教育的普及和文化的繁荣。稷下学宫的教学管理制度对后世教育产生了重要的影响,两宋时期盛行的书院,其管理模式就受到了稷下学宫的深刻影响。

材料十　宋代政治开明,市民阶层力量壮大,商业繁荣,加上雕版印刷术在此时得到广泛运用,社会文化需求日益提高,书院在这时得到了快速发展,并走向繁荣。两宋以文治国,统治者重视文化教育,扩大科举取士名额,朝廷在中央不仅设有国子监,仁宗时期设太学作为中央最高教育机构,此外,还有四门学等机构负责招收生源,为国家培养人才。

——胡瑾:《稷下学宫学则与两宋书院发展之间的关系》,载《2018 第十三届全国管子学术研讨会交流论文集》,2018 - 05 - 21

教师设问:根据材料十,概括两宋书院兴盛的原因。(参考答案:政治开明;商业繁荣;社会文化需求提高;科举制度发展;政府政策的重视)

教师讲述:古代私人兴办或主持的书院,大多数是由名师大儒聚徒讲学发展而来,浓厚

的学术风气和较为严格的管理制度，为知识分子研究学问、教授知识提供了重要的活动场所，在人才培养方面发挥了重要的作用。

材料十一 （宋代书院）这种讲学方式，更进一步发展成为“讲会”制度，各书院轮流主办，邀请其他书院师生共同讲论，当地官员、士绅、民众均可自由前来听讲，从而扩展为以书院为中心的地区性学术讲习活动，并且订立了完整的“讲会规约”，有的范围波及数郡县，听讲者达一两千人。

——王炳照：《中国古代书院》，北京：商务印书馆，1998年，第6页

教师设问： 根据材料十一，概括宋代书院讲学的意义。（参考答案：促进私学发展；传播学术思想；影响社会风气）

（过渡） 古代书院的存在和发展与官学互相补充、相得益彰。官学侧重科举，书院注重讲学和研讨，把学术研究和讲学相结合，创造出了独特的教学方式，大大促进了文化的传播和教育的发展。

2. 近代

教师讲述： 历史发展到了近代，清代虽然依然存在着遍布全国的书院，但是绝大部分已经成为官学的附庸，教学内容和培养目标均围绕科举考试进行，管理混乱，学生一味追求科举功名。

材料十二 传统书院的弊病是推动高等教育机构近代化的重要因由；另一方面，近代以来，清廷历经两次鸦片战争、太平天国运动，元气大伤，又强敌环伺，国事渐急，凡有识之士莫不以自强兴国，有识之士意识到人才培养才是强本御侮的根本大计，从此教育救国的观念逐渐推广；与此同时，近代工商业的发展使社会生产对人才培养提出新的要求；以此，教育改革迫在眉睫。

——张东亚：《从书院到学堂、从学堂到大学——近代中国高等教育的机构演进》，载《当代教育论坛》，2018年第1期

教师设问： 根据材料十二，概括近代社会教育改革的背景。（参考答案：传统书院的弊端；内忧外患的局势；教育救国的观念；近代经济的发展）

教师讲述： 传统书院存在弊病，教育改革势在必行。清政府戊戌变法时期创建了近代中国第一个国立综合大学——京师大学堂。按照京师大学堂的办学章程，它既是一所高等学府，也是中国的最高教育行政机关。1912年京师大学堂改名为“北京大学”。但是正如1916年开始担任北大校长的蔡元培所述，校名虽然改成了北京大学，旧的办学观念和官僚作风依旧，必须进行大刀阔斧的改革。在“思想自由，兼容并包”的办学方针指引下，聘请教师不问政治和学术派别、年龄大小、学历资历等，只看学术水平，再加上“教授治校”的民主管理，使北京大学很快发展成全国学术研究的重心。思想的活跃和开放，也使其迅速成为新文化运动的中心。

近代兴办的大学，在人才培养以及文化传承方面发挥了举足轻重的作用。1904年清政府颁布《奏定学堂章程》，标志着中国近代高等教育制度正式建立。随后通过建立新的高等教育活动机构和颁布新学制，我国的高等学校教育体系逐渐成形。正如曾经担任清华大学校长的梅贻琦所言“所谓大学者，非谓有大楼之谓也，有大师之谓也”。民国时期一批学术大师，在当时黑暗的中国散发着耀眼的光芒：梁启超、王国维、陈寅恪、胡适、傅斯年、梁思

成……正是因为有了他们，厚重的民族文化才得以传承和延续。

(过渡)教育的发展过程中，留学教育既是学校教育的重要环节，也是文化交流和传承的重要途径。

材料十三 早在隋朝，日本已有“遣隋使”前来，著名的小野妹子使团，有随行的学问僧、留学生多人，于唐初学成归国，成为孝德天皇大化二年(646 年)下诏革新的中坚力量，模仿隋唐政治制度。……遣唐使的随员，学习唐朝文化，吸收天文、历法、音乐、美术、建筑、雕刻以及生产技术，形成太平时代唐文化输入的极盛期。

——樊树志著：《国史概要》，上海：复旦大学出版社，2004 年，第 196—197 页

教师设问：根据材料十三，分析日本遣唐使的作用。(参考答案：促进中日文化交流；扩大中华文化的影响；有利于形成中华文化圈)

教师分析：隋唐时期，中国与日本、朝鲜半岛等地的文化交流，通过留学教育以空前的规模展开。唐朝长安的高等学府——国学，有来自周边国家的留学生达八千多人。中国的典章制度、文学和科技，被留学生带回本国，给日本、朝鲜社会带来了巨大的变化，不仅影响了其日常生活，也影响了其国家制度的建设，进而形成了以汉字为载体的中华文化圈。

(过渡)近代以来，随着西方列强的入侵，国家贫弱、民不聊生，中国士大夫传统文化优越论的心态受到巨大的冲击。中西之间巨大的差距，迫使中国先进的知识分子不断思索教育救国的道路。在美国的康州哈福特市郊的雪松岭公墓(Cedar Hill Cemetery)10 号墓区的绿荫深处，有一座圆顶方形的墓碑，白色的墓碑中间，中英文书写着一个“容”字，安眠于此的人是被称为近代中国第一个留美毕业的中国学者，有“留学之父”之称的容闳。1872—1875 年，正是在他的多方努力、积极推动和协调下，清政府先后派出四批 12—14 岁的幼童共 120 名赴美留学，从而揭开了近代中国教育和文化发展的新篇章。

材料十四 在美国资产阶级文化的影响下，幼童们不再对四书五经、国朝律例、圣谕广训一类传统典籍或规范感兴趣……甚至公然剪掉辫子以示与清政府抗争。另一方面，他们对游泳、滑冰、打球、钓鱼、骑自行车、下棋、旅行、读马克·吐温小说、与美国家庭一道参加教堂活动大感兴趣。

——张海林著：《王韬评传》，南京：南京大学出版社，1993 年，第 432—433 页

教师设问：根据材料十四并结合所学知识，概括近代留学教育的影响。(参考答案：学习西方先进科学知识；接受新思想；西方文化的输入；中西文明的碰撞与交流)

教师讲述：近代以容闳为代表的有识之士，纷纷选择留学教育的方式，追赶先进文化，以期找到救国救民的济世良方。甲午中日战争后，留学日本的高潮形成，公费、自费的留日学生有数万人之多，也是这一思想的反映。

文化的交流和传播，西方、日本异质文化的传入，丰富了中国文化的内容，也促进了中国文化的发展和进步。文化的交流和传播是文化发展的重要前提和途径，中外文化交流也印证了这一文化发展的规律。

(设计意图)以上教学环节主要是为了培养学生分析问题、理解问题的能力，让学生通过从传统到近代文化传承方式的学习，深入理解文化传承载体的变化与历史发展之间的关系，理解文化传承的重要意义。本环节指向的是：(1)时空观念素养水平 2——能够将某一史事定位在特定的时间和空间框架下。(2)家国情怀素养水平 3、4——能够将历史学习所得与家

乡、民族和国家的发展繁荣结合起来，立志为新时代中国特色社会主义建设、中华民族伟大复兴作出自己的贡献。

【课堂小结】

教师引导学生小结： 文化的传承是人类文明的重要话题，中华传统文化源远流长，绚丽多姿。在今天，我们如何处理好文化继承和文化发展之间的关系，如何承古萌新、继往开来，让传统文化的未来更加历久弥新，希望通过本节课的学习能够对大家有所启发。

教学设计 2

邵中技　安徽省淮北市实验高级中学

一、教材分析

本课是统编教材《文化交流与传播》第六单元《文化的传承与保护》第 1 课，包含“学校教育的发展”“印刷书的诞生”“图书馆的成长”“博物馆的建设与发展”四个子目的内容。第一子目首先介绍了古代中国官学、私学在保护和传承文化方面的不可替代的作用，其次介绍了现代大学的诞生以及北京大学、清华大学在近代中国所起到的作用，同时还介绍了留学教育在传承文化方面的重要作用。第二子目首先介绍了中外早期书籍的不同，其次介绍了造纸术、印刷术的出现直接催生了印刷书，带来革命性的转变。第三、四子目分别介绍了中外图书馆、博物馆的成长及其作用等。

《普通高中历史课程标准(2017 年版 2020 年修订)》对本课的要求是：了解历史上学校教育、留学、书刊出版、翻译事业以及图书馆、博物馆在文化传承与传播中的作用。本课内容极为丰富，时空跨度大，且初中教材很少涉及。如何用一课时完成教学任务？必须取精用宏，紧扣课标，理清思路，重构教材。本教学设计以中国为例对教材内容进行了整合，分为三个子目："印书"主要介绍了印刷书的诞生及其作用；"藏书"主要介绍了图书馆的发展及其作用；"教书"主要介绍了学校教育的发展。

二、学情分析

本课的学习内容，如学校、书籍、图书馆等，对学生来说并不陌生，但是如果让他们去深入地探讨，他们又深感无力。究其原因，主要还是缺乏关注，没有形成系统的知识体系。鉴于此，在教学中应该理清文化载体的历史沿革，将学校、书籍、图书馆等置于特定的时空背景下，结合相关史实，引导学生了解不同的文化载体在不同时期发挥的不同作用，强化时空观念，提升学生的历史解释能力。

三、教学目标

1. 了解学校、印刷书、图书馆等的历史沿革。通过史料研读，将学校、印刷书、图书馆等的发展置于特定时空背景之下，理解它们发展的特点。

2. 了解不同时期学校、印刷书、图书馆等所发挥的作用，探讨其与文化传承的历史关系，培养史料实证意识和对祖国传统文化的认同。

3. 学会运用史料，以历史文献解读历史，让历史说话，培养历史解释的能力，进一步认识文化载体在文化传承与传播中的作用。

四、教学重难点

重点：学校、印刷书、图书馆等文化传承载体发展的历史背景。

难点：学校、印刷书、图书馆等在文化传承与传播中的作用。

五、教学过程

【导入新课】

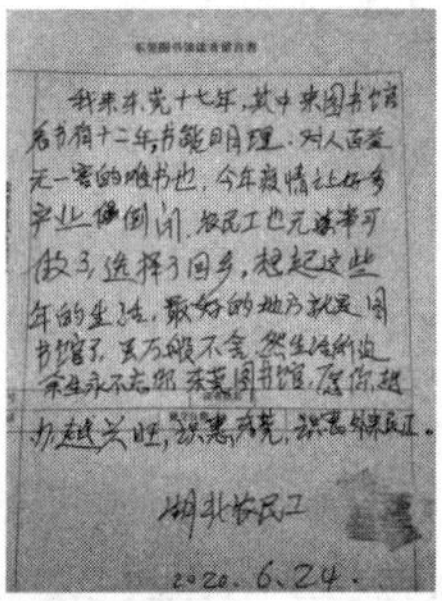

图 1　一份东莞图书馆读者留言①

教师讲述：2020 年 6 月 25 日，一份东莞图书馆读者留言，引起了网友们的热议，短短 130 多字，瞬间在网络上热传，很多网友深受感动。留言的主人公是在东莞打工 17 年的吴桂春。由于疫情的影响，他工作的鞋厂停工，无奈之下他打算返乡。图书馆是他在东莞除了工厂、出租屋之外，去得最多的地方。发生在农民工吴桂春身上的故事，曲折感人。引起人们思考的是：书籍、图书馆的魅力何在？英国著名作家毛姆说阅读是一座小型的避难所，阿根廷国立图书馆馆长博尔赫斯说图书馆就是天堂的模样。

(设计意图)本课从疫情期间一条东莞图书馆读者留言的新闻入手，引起学生对读书、图

① 新华社：《临别留言，让人动容……》，https://www.sohu.com/a/404117930_267106?_trans_=000014_bdss_dktfyw，2020－06－25。

书馆的关注,激发学习兴趣,作好教学铺垫,揭示课题、营造学习氛围。

【学习新课】

(一) 印书——得天下文章而刻之

图2　甲骨文

图3　青铜铭文

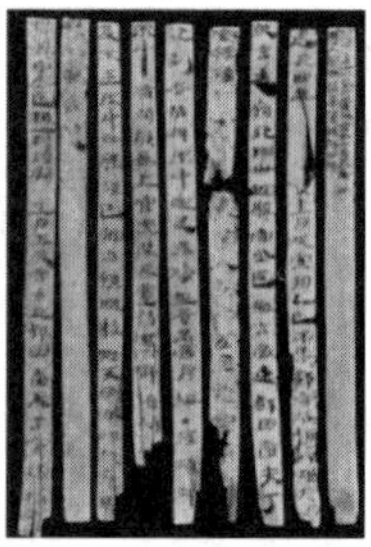

图4　竹简

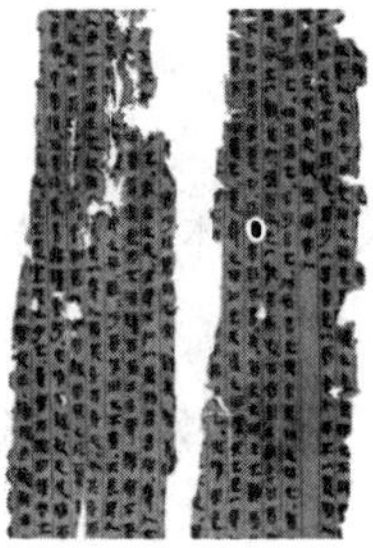

图5　帛书

教师设问: 根据图 2 至图 5 并结合所学知识,归纳早期书写材料的特点。(参考答案:笨重、昂贵、书写不便等)

教师讲述: 约在公元前 30 世纪,埃及出现的纸草书卷,对书籍的发展起到巨大的推动作用,一般被认为是书籍的雏形。中国早期文字主要刻写在甲骨、青铜、简帛、石头等之上,材料非常笨重、昂贵,书写非常不便。商代甲骨文还不算是真正的书籍,青铜器铭文大部分仍属档案文书。20 世纪七十年代以来,简帛的出土使得一大批战国秦汉时期的书籍重见天日,这些出土文献证明战国时代中国书籍已经发展成熟。

材料一　板印书籍,唐人尚未盛行之,自冯瀛王始印五经已后,已后典籍,皆为版本。

——(宋)沈括著,张福祥译注:《梦溪笔谈》,北京:中华书局,2009 年,第 198 页

材料二　唐以前凡书籍皆写本,未有模印之法,人以藏书为贵。人多不有……学者以传录之艰,故其诵读亦精详。

——(宋)叶梦得撰:《石林燕语》,北京:中华书局,1984 年,第 116 页

教师设问: 根据材料一、二并结合所学知识,概述印刷书籍出现的时间及主要内容。(参考答案:时间——五代时期。主要内容——儒家经典)

教师讲述: 五代时期,国子监刻印群经是我国儒家经典第一次被雕版印刷。五代刻印经书,不仅传播了圣贤儒道,而且因为可以大批量生产官定的、统一的标准本,供社会使用,对于古代学术的繁荣与发展、文化教育的普及和图书文献的保存与流传,起了积极的推动作用,为我国历史上官府刻书之首创。自五代开始,由于国家提倡并支持印刷事业,雕版印刷业在社会上确立了公开、合法的地位,使社会各类的雕版印刷迅速发展。图书事业由手写方式开始全面向印刷方式转变,标志着我国古代书籍生产的主流形式开始由写本时期进入印本时期。

材料三　近岁市人转相摹刻,诸子百家之书,日传万纸。学者之于书,多且易致如此。

——(北宋)苏轼撰,孔凡礼点校:《苏轼文集 · 李氏山房藏书记》,北京:中华书局,1986 年,第 359 页

材料四 凡书市之中，无刻本则抄本价十倍。刻本一出则抄本咸废不售矣。

——(明)胡应麟撰：《少室山房笔丛》卷四，上海：上海书店出版社，2009年，第44页

教师设问：根据材料三、四并结合所学知识，概述书价的变化及其影响。(参考答案：变化——书价降低。影响——出现了文化繁荣的局面)

教师讲述：简牍、帛书随着纸张的出现，被手写本取代逐渐退出历史舞台，但手写本也是费时费力，成本较高，所以一般贫民子弟是读不到的。雕版印刷代替人工抄写之后，使得印刷书籍的成本大大降低，书价亦随之而降，出现了"孤村到晓犹灯火，知有人家夜读书""人人尊孔孟，家家诵诗书"的局面。不论诗人对孤村灯火的情景推断得是否准确，隐含于诗情背后作者的经验和社会心理，体现出的正是弥漫于整个宋代社会浓浓的书香气息。推究宋代文化教育相对普及的缘由，可以归因于宋代从一开始就奉行的"兴文教，抑武事"的立国政策，可以归因于科举制度下"父笃其子，兄勉其弟"的读书求仕心理等诸多方面，但其中一个绝对不能遗落的因素，即印刷书的普遍使用为文化教育的相对普及提供了重要而直接的物质条件。宋代是印刷书真正替代手写本的时代，印刷书已发展至成熟完善的境界，与手抄相比，复制书本的效率成十倍地提高，印刷术是一次和纸张发明相媲美的技术革命。正如陈寅恪所说：华夏民族之文化，历数千载之演进，造极于赵宋之世。

(过渡)书籍的出版不仅意味着对本国文化的传承，还包含对其他文化典籍的翻译。

材料五 明代末期，西学东渐，翻译工作更活跃起来。但此时翻译的方向已完全改变，不再是印度的佛经，而是欧洲的天文、几何、医学等方面的典籍，翻译史到了一个新阶段。

——马志媛：《"信达雅"在中国翻译史上的重要地位及影响》，载《延安大学学报(社会科学版)》，2012年第3期

教师设问：根据材料五并结合所学知识，归纳明末翻译的变化。(参考答案：明末主要翻译欧洲的天文、几何、医学等方面的典籍)

教师讲述：佛经的翻译构成中国接受外来文化突出的一幕。从东晋到隋代，梵文佛经大量传入中国，佛经翻译得到官方支持。唐代，译经活动的规模更加宏大，玄奘组织的译场最为著名。明末清初来到中国的耶稣会士，翻译、撰写了许多介绍天文、历算等方面的书籍。利玛窦制作并印行了《山海舆地全图》(又名《坤舆万国全图》)，这是中国人首次接触到近代地理学知识。利玛窦还与徐光启合作翻译了欧几里得《几何原本》前六卷。同时，耶稣会士把中国文化的优秀典籍介绍到西方，促进了中西文化交流。进入近代以后，中外文化交流日益深入，更促成翻译活动的频频展开。

(设计意图)通过从甲骨文到简帛、从写本到印本的简单梳理，引导学生了解书籍逐渐演变的过程，认识到技术进步对印刷书出现的作用。以宋代"人人尊孔孟，家家诵诗书"的现象为例，说明印刷书在促进文化繁荣方面的巨大作用，培养学生从所获得材料中提取信息的能力，进一步提高史料实证意识，提高历史解释的能力。本环节指向的是：(1)史料实证素养水平1——能够从所获得的材料中提取有关的信息。(2)历史解释素养水平2——能够选择、组织和运用相关材料并使用相关历史术语，对个别或系列史事提出自己的解释。

(过渡)从甲骨文到印刷书，文献资料愈来愈多，对文献进行整理与收藏的图书馆便应运而生。

（二）藏书——得天下典籍而收之

材料六 守藏之吏，见于周官。老子为柱下守藏史，固周人藏书之官也。

——（清）周永年撰：《儒藏说》，转引自向斯：《宫廷藏书兴衰研究》，载《故宫博物院院刊》，1997年第3期

教师设问： 根据材料六并结合所学知识，说明老子的工作性质。（参考答案：藏书之官或图书馆馆长）

教师讲述： 老子是道家学派创始人，又是周代史官，负责书籍的收藏。从殷商甲骨收藏到周代典籍收藏来看，史官是一种文化性质的官员，他们从事王朝内外一切重要的文化活动，如记言记事、保管文书档案、写作和整理王朝史料等。正因为他们保管文书档案，史官的设立和职司就成为图书馆、档案馆建立和发展的重要条件，也就是说有了史官，就有了古代档案馆、图书馆。周代史官的收藏，一直被学术界公认是我国古代图书馆的起源。

材料七 汉兴，改秦之败，大收篇籍，广开献书之路。迄孝武世，书缺简脱，礼坏乐崩，圣上喟然而称曰："朕甚闵焉！"于是建藏书之策，置写书之官……至成帝时，以书颇散亡，使谒者陈农求遗书于天下。诏光禄大夫刘向校经传、诸子、诗赋，步兵校尉任宏校兵书，太史令尹咸校数术，侍医李柱国校方技。

——《汉书·艺文志》，北京：中华书局，1962年，第1701页

教师设问： 根据材料七并结合所学知识，概述汉代"广开献书之路""求遗书于天下"的背景。（参考答案：秦朝焚书，藏书大量减少；吸取秦亡教训，政策宽松，进行文化重建）

教师讲述： 秦下焚书令，《诗》《书》百家语者皆烧之。公元前207年"项羽引兵西屠咸阳，杀秦降王子婴，烧秦宫室，火三月不灭。"学者认为"秦虽焚书，公家之藏固在。逮项羽一火，而后典籍荡然"，秦始皇和项羽的两把火是藏书的浩劫，许多先秦的书籍从此失传。西汉初年，汉高祖刘邦吸取了秦朝灭亡的教训，经济上减轻徭役和赋税，采取了休养生息的政策，社会生产得到了恢复和发展。文化上鉴于秦代愚民政策的失败，采取了对战国以来各种思想流派和学说不加禁止的措施，制定了积极搜集的藏书政策。汉惠帝进一步放宽文化政策，解除挟书禁令，民间藏书成为合法之事，这不仅使秦朝遗留的典籍得以汇集官府，而且也使图书的抄写和传播得以发展。武帝为了巩固汉帝国，在思想文化方面接受董仲舒的建议，"罢黜百家，独尊儒术"。当他从图书入手统一思想时，发现官府藏书"书缺简脱""礼坏乐崩"，于是，武帝下令征集全国图书，加以收藏保管。经过连续不断地征集，西汉官府藏书数量大增，藏书的建设进入了一个新的历史时期。

教师追问： 成帝时，刘向等人对图书的整理有何意义？（参考答案：是我国历史上第一次对战国至西汉学术文化的系统总结；对古籍的普及和流传作出了重大贡献；奠定了我国传统社会官府藏书的发展基础；等等）

教师引导学生分析： 西汉官府藏书空前丰富，而且进行了我国历史上第一次大规模的系统整理。我国许许多多传世的先秦至西汉初年的著作，都是由刘向、刘歆父子等人校书时编定的，如《战国策》《列女传》《山海经》《晏子春秋》《管子》《楚辞》等。汉代对图书的整理是我国历史上第一次对战国至西汉学术文化的系统总结，对文化的保存和传承起到至关重要的作用。汉代全面建设官府藏书，长期不断整理，校定正本，编定目录，方便了图书的保管与

利用,提高了图书的社会地位,奠定了我国传统社会官府藏书的发展基础。以后历代王朝都以汉代故事,采访遗书,全面整理,设立专官,利用藏书培养人才,并在其中修撰史书、地志,编撰皇朝典章制令,构成了我国悠久的藏书发展史。

(过渡)除了官藏外,私家藏书也得到发展。明清两代尤其突出,出现了一批著名的藏书家和藏书楼。明代中期范钦主持建造的天一阁,成为古代中国私家藏书的代表。

材料八　天一阁藏书最盛时多达七万卷,后虽历经劫难,保存下来的原藏典籍仍有一万六千多卷。天一阁藏书以宋元明刊本、钞本、稿本和明代实录为主。天一阁保存的大量明代典籍在当今世界仍是独一无二的孤本,具有珍贵的文献价值和重要的文物价值,为研究明代历史、地理、人文以及风俗等提供了第一手资料。天一阁藏书为国内各大图书馆所少见的有两类:一是明嘉靖年间刻印的全国各地方志274种,二是明朝乡试、会试登科录411册。

——郑殷芳:《世界遗产语境下天一阁遗产价值的再认识》,载《天一阁文丛》第16辑,杭州:浙江古籍出版社,2019年,第197页

教师设问:根据材料八并结合所学知识,概述天一阁的重要贡献。(参考答案:保存典籍,为研究明代历史、地理、人文以及风俗等提供第一手资料;弥补了国家藏书的不足)

教师讲述:天一阁建于明嘉靖四十年(1561),由于古人说“天一生水”,水克火,所以范钦的藏书处题名为“天一阁”。天一阁是中国乃至亚洲现存历史最久的私家藏书楼,也是世界上现存最早的三座私家藏书楼之一。1982年2月23日,天一阁被国务院公布为第二批全国重点文物保护单位。天一阁是全国古籍重点保护单位,是文化部首批公布的国家级古籍修复中心。著名历史学家、目录学家、方志学家来新夏断言:“中华大地拥有这座历经440年的古代书府,不止是中华文化史上的瑰宝,即使之于世界文化史史册,亦决无愧色。”2018年3月11日,前联合国秘书长潘基文在参观天一阁时题写了“天一阁:人类共同文化遗产”的赠言,将天一阁的价值提升到世界遗产的高度。

(过渡)近代,传统藏书楼走向式微,新型图书馆崛起并最终取代藏书楼。

材料九　图书馆图书搜集,不外两途:一曰国故之保存,一曰新知之扩充,而其目的则为流通。

——中华图书馆协会执行委员会:《中华图书馆协会致全国各图书馆书》,载《中华图书馆协会会报》,1929年第3期

教师设问:根据材料九并结合所学知识,简述近代图书馆的作用。(参考答案:一是保存国粹,传承文化;二是获取新知,开启民智)

教师讲述:近代图书馆事业的发轫,始于清末变法维新运动,宗旨有二:一为获取新知,开启民智;一为保存国粹,传承文化。晚清有识之士已认识到封闭的藏书楼,即便在历史劫难中存活下来,也不能担负开启民智、普及知识的历史重任,单纯典藏传统书籍的藏书楼势必会被传播新知、教育民众为职能的图书馆取代。中国近代自鸦片战争到甲午海战一系列受创,令国人省悟到国家富强仅仅依靠科学技术的引进是不够的,更要紧的是对西洋的政治、法律、文化的吸收,作为文化教育机构的图书馆随西学的推进而登上历史舞台。近代图书馆的产生与其说是西方文化渗透和冲击的结果,不如说是中国人“师夷长技以制夷”积极探索强国富民道路长期努力的结果。

另外,保存国粹,传承文化亦是图书馆的重要使命。近代图书馆界致力收藏古籍,承继

了中国古代藏书中的官府藏书与私家藏书，保存了中国版刻传统中的官刻与私刻精品，同时刊印珍稀善本，推广中国文化，助力中国学术，为中国文化的传承与发展作出了无可替代的贡献，体现了图书馆作为社会机构的重要文化意义，值得当代图书馆界借鉴与发扬。今天国家图书馆积极响应党和政府"文化走出去"战略，主动参与到包括图书馆事业在内的文化海外传播的行列。截至2012年年底，共与118个国家和地区的552家机构建立了书刊交换关系，与海外25家机构签署合作协议。国家图书馆的举措，对于弘扬中华文化，提升中华文化在全球的影响力起了极大的推动作用。

（设计意图）通过汉代官藏、明代天一阁私藏，了解古代藏书对文献的整理与保存，进一步深化认识藏书对文化传承的作用。通过学习近代图书馆的作用，认识到古代藏书已经不能满足社会转型的需要，理解图书馆在传播新知、教育民众方面所起到的作用。本环节指向的是：(1)时空观念素养水平2——能够将某一史事定位在特定的时间和空间框架下。(2)史料实证素养水平2——能够尝试运用史料作为证据论证自己的观点。(3)历史解释素养水平2——能够选择、组织和运用相关材料并运用相关历史术语，对个别或系列史事提出自己的解释。

（过渡）整个图书馆的发展历史证明，图书馆的发展不能够摆脱社会对它的影响，在各种影响因素当中，更为重要的是学校教育对图书馆的影响。因为有一批教书先生在学校为它培养读者。

（三）教书——得天下英才而育之

1. 官学与私学

教师讲述：学校教育逐步成为一项专门的社会活动，最早萌芽于夏朝前后。学校在开始产生的时候还是很原始的，严格地说，这些被称为"庠""序""校"的机构，都还只是教育的场所，与今天意义上的学校相差甚远。而且，当时的教育活动也常常是和政治活动一起的，因而这些教育场所实际上还是当时国家政治活动的场所，只不过其教育的性质比较突出而已。经过一定的发展过程，这些场所才逐渐成为专门的教育机关。

材料十　在当时，所有一切文化典籍都藏于天子、诸侯的宫廷之中，由专门担任文化事务的官吏世袭保管。奴隶主阶级对文化的垄断，决定了学校必定办在官府之中。

——王建军著：《中国教育史新编》，广州：广东教育出版社，2003年，第11页

教师设问：根据材料十并结合所学知识，概括夏、商、西周时期学校教育的特征。（参考答案：学在官府）

教师讲述："学在官府"现象是受到当时社会的政治、经济、文化条件决定的。从经济上看，奴隶社会实行的是奴隶主国有土地所有制，不存在个体和私人土地所有制。拥有土地所有权的天子、诸侯、卿大夫等，又同时是各级政权的代表。从政治上看，奴隶社会实行的是宗法等级的政治制度，天子享有至高无上的"共主"权力。天子、诸侯、卿大夫等级森严，在这种制度下，文化教育必然高度垄断在少数奴隶主贵族手中。从文化上看，文字尚属初创阶段，收集和掌握文字最多的是官府中的巫、史一类人，民间还十分缺乏。当时毛笔和纸张尚未发明，记录知识，用刀作笔，用竹简作纸。教学所用之书籍称"典""籍""策""简""牍"，都十分笨重而昂贵，而且都归官府所有，一般民间无法获得，也无力复制。另外，当时礼乐教育所用器

具，民间同样无力购置。因此，民间不可能产生私学，当时的文化教育只能为官府垄断。到春秋战国时期，这种局面发生了变化。

材料十一　吾闻之，天子失官，学在四夷，犹信。

——杨伯峻注：《春秋左传注》，北京：中华书局，1982 年，第 1389 页

教师设问：根据材料十一并结合所学知识，概述春秋战国时期学校教育的变化及其原因。（参考答案：变化——学在四夷或学在民间。原因——诸侯争霸，王室衰微；生产力的发展；士阶层的崛起）

教师讲述：官学衰败，私学兴起，乃是社会变革所致。人类社会的发展离不开教育，当旧的教育不能适应新时代的需要时，一种新的教育便会应运而生。私学的兴起正是为适应春秋战国的政治经济变革而产生的。

材料十二　孔、墨之弟子徒属充满天下，皆以仁义之术教导天下。

——王晓明注释：《吕氏春秋通诠》下册，南昌：江西人民出版社，2010 年，第 796 页

教师设问：根据材料十二并结合所学，分析私学兴起的影响。（参考答案：打破学在官府的局面，推动了文化下移，出现了百家争鸣）

教师引导学生分析：私学的兴起，是中国古代教育史上划时代的革命，对我国古代教育的发展具有十分重要的意义。第一，它使学校从官府中解放出来，从政治活动中分离出来，完成了学校教育独立化的过程。私学有独立的教育目标，教学内容可根据社会需要而定。教师不再是官吏而成为独立的社会职业，可以随处讲学。学生也可以不受地域、出身、地位的限制，可以自由择师。第二，它打破了“学在官府”“礼不下庶人”的局面，有力地推动了文化下移，扩大了教育对象，促进了我国古代文化的传播和发展。第三，它促进了传统教育理论的产生和发展。学校教育的独立，才能使教育理论成为必要和可能。第四，它导致了百家争鸣局面的形成。私学的兴起直接推动了各种学派的发展，形成诸子峰起、百家争鸣的局面。第五，私学的产生和兴起不仅促进了当时教育事业的发展，而且这种私人办学的形式在我国一直流传了两千多年，尤其是在教育和教学方面积累的宝贵经验，已成为中华民族的一份优秀教育遗产。

(过渡)两汉时期的官学和私学都得到了空前的发展，学制系统已初具规模，学校教育也逐步正规化。

2. 太学与书院

材料十三　故养士之大者，莫大乎太学。太学者，贤士之所关也，教化之本原也。今以一郡一国之众，对亡应书者，是王道往往而绝也。臣愿陛下兴太学，置明师，以养天下之士，数考问以尽其材，则英俊宜可得矣。

——《汉书·董仲舒传》，北京：中华书局，1961 年，第 2512 页

教师设问：董仲舒给汉武帝提了什么建议？（参考答案：兴办太学，培养人才）

教师讲述：太学始建于汉武帝元朔五年，即公元前 124 年。汉武帝根据董仲舒“兴太学，置明师，以养天下之士”的建议，在长安设立太学，置五经博士与博士弟子。据有关史料记载，武帝时学生仅 50 人，昭帝时 100 人，宣帝时 200 人，元帝时达 1 000 人，成帝时增至 3 000 人。平帝时，王莽辅政，于元始四年（4 年）大建太学校舍。到东汉成帝时，又“起太学博士舍，内外讲堂，诸生横巷，为海内所集”。太学之设，实为我国高等教育制度之始。

教师追问：太学主要的教学内容是什么？（参考答案：儒家经典）

教师讲述：汉代官学教学内容，以太学最为完备，地方郡学或有遗缺。太学教学内容，皆为儒家经典：《诗》《书》《礼》《易》《春秋》。随着经济的发展，太学的教学方法比春秋战国时期有了较大的进步。西汉时就有了用植物纤维造纸的技术，到东汉蔡伦发明“蔡侯纸”后，物美价廉的纸开始流行于世。同时丝织技术也有了极大进步，已能织出薄如蝉翼的绢帛。绢帛的增产和纸的普及，为书写提供了极为方便的条件，用绢帛和纸抄写的书逐渐增多，不仅宫廷有兰台、石室、延阁等藏书处，而且太常、太史、博士官署也都有藏书，东汉洛阳还有了买卖书籍的书肆。书多了，书写方便了，教学方法由个别口授的问答法教学变为大班上课。学生听课带有书卷和纸笔，随时可以圈点记录，积累了很多材料。太学为国家培养了很多的人才。

（过渡）汉代官学数量有限，名额有限，且太学设在京师，远道学生很难入学。当汉代统治者利用利禄奖励儒术的政策实施后，汉代的私学趋于繁盛。汉代私学上承先秦私学之遗风，下启唐宋书院之创设，不仅深刻影响了汉代社会，在中国古代教育发展史上也占有极其重要的地位。

材料十四　书院本是一种收藏、点校图书的机构，其后演变为教育机构，但藏书和修书的职能依然保留。尤其是书院注重研习学问，又多建于偏远山乡，没有一定量的藏书，教学活动是难以维持的。而宋代活字印刷术的发明，为书院藏书创造了条件，也为宋代书院的兴盛提供了必要前提。所以书院藏书是书院的一大特色。

——王建军著：《中国教育史新编》，广州：广东教育出版社，2003 年，第 198 页

教师设问：根据材料十四，说明书院功能的变化，并分析其兴起的原因。（参考答案：变化——由收藏、点校图书的机构演变为教育机构。原因——活字印刷术的出现；私学传统；禅林影响；中小地主发表主张的需要）

教师引导学生分析：书院的兴盛与宋代活字印刷术的出现是有密切关系的。书院注重研习学问，没有大量的藏书是不行的。而印刷术的发明，为书院藏书创造了条件，也为书院的兴盛提供了必要前提。书院产生的原因还有以下几个方面：第一，私学传统。中国古代自先秦以来就有私人讲学的传统。秦汉以来，私学都是作为官学的补充而发挥着作用。尤其是社会动乱之时，官学无法维系，私人讲学之风更盛。这种私人讲学的传统对书院的产生有直接影响。第二，禅林影响。书院多建在风景优雅的山林名胜，这是借鉴禅林建寺庙于丛林的做法以求恬淡清净，修身养性。此外，书院制度也深受禅林公开讲经、注重修养的讲学制度的影响。讲学术以正人心，这也是书院与官学的重要区别之一。第三，书院的出现与社会经济基础有密切关系。在野的中小地主为了自身利益，争取参加统治集团，要求发表自己的主张，评说时政，需要有自己的讲台。因此他们捐资兴办书院。这也是宋明两朝的某些书院成为统治集团反对派“基地”的重要原因。

材料十五　特别值得一提的是宋代的书院，作为教育机构中重要的一环，培养了许多人才。由于书院实行自由讲学，讲求相互辩论，一些名儒往往在书院就各种学术问题展开讨论，这对宋代学术的发展有着难以估量的积极作用。书院对学生入学不作限制，一些贫困学生甚至可以寄读，这有利于教育的普及。从中央到地方对教育的重视，使得宋朝各类学校众多，管理规范，既培养了大批人才，也促进了宋代文化的繁荣。

——游彪著：《宋史：文治昌盛武功弱势》，北京：中信出版社，2017 年，第 418 页

教师设问: 根据材料十五,分析宋代书院的意义。(参考答案:利于教育的普及,利于培养人才,利于宋代文化的繁荣)

教师讲述: 北宋初,战乱渐平,民生安定,官学在之前的战乱中多遭破坏,书院就是在这种历史条件下发展起来的。北宋书院多为民办,建于山林僻幽之所,后经朝廷赐额、赐田、赐书等,逐渐变为半官半民性质的地方教育机构。书院聘请学者讲学,学生分斋习读。从某种意义上说,宋代的书院大都是著名学者讲学聚居之地,有名的书院往往具有相当高的教育水平。

两宋时期出现了许多有名的书院,白鹿洞书院、应天府书院、岳麓书院、嵩阳书院,世称"北宋四大书院"。南宋比较有名的四大书院是岳麓书院、白鹿洞书院、丽泽书院、象山书院。除此之外,石鼓、茅山、华林、雷塘等书院也是比较著名的书院。

书院实行开放式的教学和研究。除了学者之间的辩论,学生也可以质疑问难。辩论既提高了书院的学术地位和社会影响力,又促进了不同思想的活跃交流,推动了学术的繁荣,对两宋时期文化的发展和传播起到了积极的作用。

中国古代书院源于唐,盛于宋,衰于清末。在书院的一千多年历史中,遍及全国各省区(西藏除外),先后有7 000所以上。中国书院这种特殊的教育组织和讲学方式,在世界教育发展史上也是独具特色的,推动了中国传统社会中后期学术文化的交流、发展和人才培养。书院的三大事业:讲学立说,供祀先圣先贤,藏书、刻书、抄书,确保了其对中国古代教育事业的贡献。

(过渡)1840年鸦片战争的爆发,打破了中国闭关锁国的统治格局,中国开始了现代化的艰难历程,中国教育发展也开始了由传统教育向现代教育的过渡。

3. 西潮与启蒙

材料十六 今之学校书院专事举业,而外邦之风俗政事一概不知,且深以西学为可鄙。欲求一洞识时事,兼习中西者,实难其人。

——夏东元编:《郑观应集》上册,上海:上海人民出版社,1982年,第105页

材料十七 教会大学是移植到中国来的西式学校,西式的管理、西方的资助和西方的课程以及学习的气氛,使教会大学成了西方文明的传递者。教会大学在中国必然成为破坏力量……但教会大学仍然不失为传统教育制度的接替者。

——[美]杰西·格·卢茨著,曾钜生译:《中国教会大学史(1850—1950年)》,杭州:浙江教育出版社,1987年,第466页

教师设问: 传统书院衰落的原因是什么?(参考答案:一是局限于科举事业,对外部世界不了解;二是西方现代教育的冲击)

教师引导学生分析: 书院衰落的原因主要来自两个方面:一是由于传统教育的没落。明清时期,传统教育完全被镶嵌于程朱理学与八股文糅合的模具之中,学校成了一个封闭的科举预备场所。整个教育机制驱使着学子追求名利,醉心于无用的八股文,从而最终扼杀了传统教育的生机活力,完全不能适应和满足社会发展的需要。二是由于西方教育的传入。随着西方文化的不断渗入,西方资本主义教育也开始影响我国。这一影响从教育内容到教育制度,再到教育观念,都给中国教育改革注入了新的因素和新的活力。中国近代教育就是在这样两个作用力的推动下展开了改革的历程。

材料十八 洋务学堂以学习“西文”“西艺”为主，课程多包括外语、数学、格致、化学等一般性课程以及各自专业相关的科学技术课程，……洋务学堂是洋务大臣们各自为政办起来的，零星分散，缺乏全国性的整体规划和学制系统。

——孙培青主编：《中国教育史》，上海：华东师范大学出版社，2000 年，第 307 页

教师设问： 洋务派兴办新教育追求的主要内容是什么？这种教育又有何缺陷？（参考答案：主要内容——“西文”“西艺”。缺陷——只停留在学习西方器物层面且没有整体规划，没有形成系统）

教师讲述： 洋务派在创办洋务的过程中，深切感受到了旧人才的明显缺陷，因而迫切期望有一种既能恪守封建之道又能懂“西文”“西艺”的洋务人才。于是，他们在不改变传统教育体制的前提下，办了一些新式学堂。

洋务派先后创办了几十所新式学堂。这些学堂大致可以分为三类：一类是外国语学堂，如京师同文馆、上海广方言馆、广州同文馆等；一类是技术学堂，如福州船政学堂、上海电报学堂等；一类是军事学堂，如天津水师学堂、天津武备学堂、广东水陆师学堂等。从这些学堂的类型，我们大致可以看出洋务派对洋务人才的基本要求，也可以看出洋务教育对西方文化的基本选择。

应该说，洋务教育对西方文化的选择仅限于“西文”“西艺”，是相当肤浅的。然而这就是近代教育变革必须要走的第一步。文化的变革，总是从物质文化的层面开始的。近代中国认识西方文化，是由武力接触开始的，因而最直观的印象便是西方的船坚炮利。这种认识反映到教育上，便首先表现为教育内容的改革。这一变化打破了传统教育以儒家经典一统天下的局面，在一定程度上更新了人才培养的目标，为新教育发展打开了一个缺口。

【自主学习】根据所学，自己动手查找相关史料，自主完成世界史部分的梳理。

（设计意图）通过“官学与私学”“太学与书院”“西潮与启蒙”三个环节，引导学生了解中国教育发展的不同阶段，认识到学校教育在文化传承方面起到的巨大作用。通过合作探究，培养学生的团队合作精神，提高学生的表达能力以及运用史料解决问题的能力，涵养家国情怀。本环节指向的是：(1)史料实证素养水平 4——在对历史和现实问题进行独立探究的过程中，能够恰当地运用史料对所探究问题进行论述。(2)历史解释素养水平 4——在独立探究历史问题时，能够在尽可能占有史料的基础上，尝试验证以往的说法或提出新的解释。(3)家国情怀素养水平 3、4——能够表现出对历史的反思，从历史中汲取经验教训。

【课堂小结】

教师引导学生小结： 中华文化是我们国家和民族的精神血脉，既需要薪火相传、代代守护，也需要与时俱进、推陈出新。要加强对中华优秀传统文化的挖掘和阐发，使中华民族最基本的文化基因同当代中国文化相适应、同现代社会相协调，把跨越时空、超越国界、富有永恒魅力、具有当代价值的文化精神弘扬起来，激活其内在的强大生命力，让中华文化同各国人民创造的多彩文化一道，为人类提供正确精神指引。

第 15 课

文化遗产：全人类共同的财富

教学设计 1

杨茂坤　安徽省淮北市第一中学

一、教材分析

本课是统编教材《文化交流与传播》第六单元《文化的传承与保护》第 2 课，主要讲述了文化遗产是全人类的共同财富，以及文化遗产保护的重要意义。《普通高中历史课程标准(2017 年版 2020 年修订)》对本课的要求是：通过万里长城、故宫、京剧等，认识文化遗产保护对传承民族文化、维护文化多样性和创造性的重要意义。人类社会的物质文化和非物质文化遗产承载着民族记忆和文化传统，记录着人类文明的演进历程。利用历史遗址、建筑、文物等物质文化遗产和昆曲、京剧等非物质文化遗产，唤醒人类的记忆，传承民族文化，并维护世界文明的多样性和创造性，人类社会任重道远。

本课教学内容包括“文化遗产的保护与利用”“《世界遗产公约》”“各国的历史遗迹与文化遗产”三个子目，需要学生通过学习，在了解世界遗产的概念和价值的基础上，充分认识世界遗产作为全人类的共同财富，理解对其进行保护的重要意义。现代社会的工业化浪潮，在推动人类社会物质文明发展的同时，也使文化遗产遭受空前的威胁。因此，为了人类的可持续发展，世界各国在联合国的旗帜下，都在采取有力的措施，加强对世界遗产的保护。本课教学设计整合教材内容，围绕什么是文化遗产、文化遗产的价值和如何保护文化遗产的逻辑顺序展开，帮助学生更好地理解文化遗产保护和利用的原则、途径、意义，以及《世界遗产公约》的作用等一系列相关问题。

二、学情分析

高二年级的学生，通过前一阶段的历史学习并结合自身的生活实践，对散落在世界各地的文化遗产，特别是被开发为旅游景点的文化遗产有了一定程度的了解。但是，由于知识水平的局限，对于文化遗产的概念和价值、文化遗产保护的途径、文化遗产保护利用的原则等问题仍然缺乏深刻的理解，还不能上升到一定的理论高度。针对这一情况，本课通过提供文字、图片等资料，用具体事例引导学生理解、认识问题。学习过程中，学生通过研读史料，理解文化遗产作为全人类的共同财富，在文化传承、文明交流中的重要作用；通过小组探究学习，明确世界遗产保护和利用的重要性和紧迫性，从而树立积极的文化遗产保护意识，参与到保护文化遗产的实际行动中去。

三、教学目标

1. 理解文化遗产的概念及分类，提升历史解释能力。

2. 了解世界各国的文化遗产，理解文化遗产保护的重要意义，进一步理解文化的多样性。

3. 在初步了解中国世界文化遗产相关知识的基础上，进一步认识文化遗产所代表和传承的中华传统文化的价值，培养对民族、国家的认同感，涵养家国情怀。

四、教学重难点

重点：《世界遗产公约》的制定。

难点：文化遗产的保护与利用。

五、教学过程

【导入新课】

图 1　火灾前的巴黎圣母院

图 2　大火中的巴黎圣母院

教师讲述：法国当地时间 4 月 15 日下午 6 点 50 分左右，巴黎圣母院突发火灾并持续燃烧了 14 个小时，整座建筑损毁严重，其标志性的屋顶和塔尖在火灾中被烧毁。大火之后，法国总统马克龙表示，法国将重建巴黎圣母院。4 月 16 日，国家主席习近平就法国巴黎圣母院发生火灾向总统马克龙致慰问电，向全体法国人民表示诚挚的慰问。

这座拥有 800 多年历史的世界文化遗产，遭遇火灾，震惊了全世界。惋惜之余，文化遗产保护的话题再次被热议。到底什么是文化遗产？人们为什么如此关心文化遗产的保护呢？

【学习新课】

（一）文化遗产保护之“要”

1. 什么是文化遗产？

文化是人类特有的产物，是人与动物区别的重要标志，它与人类同步产生，与人类社会的进步如影随形。在历史的长河中，人类创造着属于自己时代的光辉灿烂的文化，并把已经积累的文化以有形和无形的方式传给子孙后代，就形成了我们所说的文化遗产。物质文化遗产在我国一直被称为“文物”，直到 2005 年，我国才正式用“物质文化遗产”一词替代文献和研究中经常使用的“文物”一词。

材料一　文化遗产是指祖先创造并流传下来的文化财富，主要包括物质文化遗产和非物质文化遗产。物质文化遗产即文物，是指历史上人类活动遗留下来的具有历史、科学、艺术价值的物质遗存，包括生产工具、生活用品、武器、艺术品、建筑、碑刻、墓葬等遗物和遗址……非物质文化遗产又称口头或无形遗产。它包括各种类型的民族传统和民间知识，各种语言、口头文学、风俗习惯，民族民间的音乐、舞蹈、礼仪、手工艺、传统医学等。

——《普通高中课程标准实验教科书・世界文化遗产荟萃(选修)》，长沙：岳麓书社，2005 年，第 3 页

教师设问：什么是文化遗产？文化遗产如何分类？不同的文化遗产各自包括哪些类型？（参考答案：定义——祖先创造并流传下来的文化财富。分类——物质文化遗产和非物质文化遗产。类型——物质文化遗产主要包括文物、建筑群、遗址；非物质文化遗产包括各种语言、口头文学、风俗习惯，传统医学等）

教师讲述：物质文化遗产即文物，凝聚了各个时代的社会人文信息，真实、生动地呈现出当时人们的生产水平、生活状况及文明发达程度。时至今日，世界上每一个国家的博物馆里，都收藏着不同历史时期的各种类型的文物，每一件文物都承载着一定时期丰富的历史文化信息，展示着一段段鲜活的历史风貌。借助它们，人类可以更好地了解人类文明的演进历程。

人类文化是多元的。不同的民族、国家和地区，由于自然环境的制约、经济发展水平的不同以及历史发展进程的差异，形成了不同类型的文化，造就了不同类型的文化遗产。这些散落在世界各国，千姿百态，各具特色的文化遗产又有着什么样的文化和历史价值呢？

2. 文化遗产的价值

教师讲述：在拥有悠久历史和古老文明的中国，长城是文化遗产的典型代表之一。从

春秋战国一直持续到明代,在2000多年漫长的历史岁月中,我国一共修筑了5万多公里的长城。它绵延起伏于北方的崇山峻岭、草原沙漠中,宛如一条条腾飞的巨龙,雄伟壮观、气势磅礴,成为人类建筑史上蔚为壮观的奇迹。

材料二 秦已并天下,乃使蒙恬将三十万众北逐戎狄,收河南。筑长城,因地形,用制险塞,起临洮,至辽东,延袤万余里。

——韩兆琦译注:《史记》,北京:中华书局,2010年,第5609页

教师设问:根据材料二并结合所学知识,归纳秦王朝修筑长城的原因。(参考答案:抵御匈奴进攻,加强北方边境防御,安定农业生产)

教师讲述:修筑长城的最初目的是军事防御,作为一项综合性的军事防御工程,它由城墙、关城、烽燧、军用道路等共同组成。烽燧为报警系统,城墙为前沿阵地,关城为防御据点,军用道路为联系通道,正如贾谊在《过秦论》中所言"乃使蒙恬北筑长城而守藩篱,却匈奴七百余里,胡人不敢南下而牧马,士不敢弯弓而报怨"。虽然是军事防御工程,长城却因为修建时遵循了就地取材、因地制宜、用制险塞的原则,与周围的自然地理环境和谐地融为一体。

西汉继续修葺和利用秦长城,并在汉武帝大败匈奴的漠南、漠北战役中发挥了重要作用。在军事胜利的基础之上,西汉还占领了匈奴的政治经济中心地区——河套地区和河西走廊,沉重打击了匈奴。从此,匈奴再也无法长驱直入内地,为北方边境地区人民的生产生活创造了安定的环境。

(过渡)1987年长城被列入《世界遗产名录》时,世界遗产委员会曾经这样评价长城:"它在文化艺术上的价值,足以与其在历史和战略上的重要性相媲美。"

材料三 两千多年来长城在中国政治、经济、军事、文化等方面产生的积极效应构成中华民族心理认同的客观依据,而这种底蕴、内涵又与长城极为雄伟博大的景观所激发出的豪情壮志竟是这样完美和谐地融为一体,上下两千年,纵横十万里,最终积淀、熔铸成聪明智慧、艰苦勤奋、坚韧刚毅、开拓进取和充满向心凝聚力、维护统一、热爱祖国的民族精神的象征。

——曹大为:《长城:碰撞与融合的界碑》,载《中州学刊》,1993年第6期

问题设问:根据材料三,归纳长城象征的民族精神内涵。(参考答案:聪明智慧、艰苦勤奋、坚韧刚毅、开拓进取、民族凝聚力、维护统一、热爱祖国)

教师讲述:在历史发展的过程中,长城的兴建是劳动人民勤劳与智慧的结晶,它对中国的政治、经济、军事、文化等方面均产生了积极影响,这些都构成了中华民族共同的心理认同,后来逐步内化为民族精神的重要组成部分。长城的每一块砖石、每一方泥土,长城沿线的每一个遗迹和文物,正如前全国人大常委会副委员长许嘉璐所说:"都有着中华民族和合圆融、天人一致、德行俱重等等准则。"

长城精神文化不仅具备了自古以来不断继承和创新的民族性,也蕴含着中华民族强大的生命力和凝聚力。近代以来,伴随着一次又一次的民族危机,中华民族在抵御外侮的过程中,长城逐渐成为维护国家主权和民族独立的民族精神的象征,"万里长城永不倒"的口号,激励着一辈辈的中华儿女前仆后继,为国献身。中华民族的精神长城已经深深根植于每一个华夏儿女的心中,成为民族文化发展的不竭动力。

(过渡)长城是我国第一批被列入世界文化遗产的项目之一,它是辉煌灿烂的中华文明

的代表。每一个国家都有代表自己的文明成就、反映自身文明特点的文化遗产。

在早期人类文明的发展过程中，古代的埃及人创造了众多令人惊叹的奇迹，形成了灿烂而独特的文明，其中金字塔就是古埃及文明的象征。

教师讲述：在埃及首都开罗西南 16 公里的尼罗河下游，矗立着世人叹为观止的建筑奇迹——金字塔群。它被誉为世界七大奇迹之一，是古埃及文明的象征。尽管已经历经 4 500 多年的风雨沧桑，它们仍然巍然屹立在沙漠的边缘。

材料四　据测算大金字塔是由 260 万块每块重约 10 吨的石块堆砌成的。塔身的石块之间，没有任何水泥之类的黏着物，历经 4 500 年的风吹雨打，其缝隙迄今仍相当紧密，一把锐利的刀也难以插入。如此精湛的工艺，出自 4 500 年前古埃及的工匠或奴隶之手，的确令人难以相信。

——苗枫：《金字塔未解之谜》，载《科技视界》，2011 年第 32 期

教师设问：根据材料四，谈谈你对金字塔的认识。（参考答案：金字塔建造精确）

教师讲述：古埃及是人类文明的发祥地之一，金字塔象征着古埃及文明昔日的辉煌。古埃及人建立了世界上最早的统一国家，发明了世界上最早的文字和书写材料，为人类文明发展作出了巨大的贡献。

金字塔是古埃及人留下的超越我们想象力的文化遗产。建造金字塔不仅需要高超的建筑工程技术，而且耗资巨大，时间漫长，它是古埃及人民伟大想象力和创造力的结晶。时至今日，我们还在不断追问：建筑金字塔的到底是谁？几十吨重的巨大石块古埃及人如何开采和运输？又是利用什么工具把巨石堆砌成塔？金字塔的空间结构怎么承受几百万吨的压力？金字塔建造数据为什么与天文学、数学有着如此密切的联系？金字塔和整个古埃及一样，是一个难以解开的谜。

（过渡）古希腊、罗马是西方文明的发源地，作为古希腊文明象征的雅典卫城，也成为代表古希腊辉煌灿烂文明的重要文化遗产之一，成为代表西方文明的一道亮丽的风景线。

教师讲述：雅典卫城坐落在希腊首都雅典西南一座海拔 150 多米的小山上，它除西面外，三面都是悬崖峭壁，成为西方建筑史上巧妙利用地形进行建筑布局的杰出典范。雅典卫城布局巧妙，建筑分布主次分明，错落有致。从山门到神庙规模庞大的建筑群依山而建，呈现不规则的布局。从城下仰望，可以充分领略它的雄伟，身处其中则可以近距离感受它的精美。

在雅典卫城中心山冈的最高处，耸立着一座有着近 2 500 年历史的建筑，它就是世界艺术宝库中的一颗璀璨的明珠——帕特农神庙。如果说神庙是古希腊建筑艺术精华的浓缩，那么帕特农神庙则可以说是这种浓缩的最精华部分。

帕特农神庙是公元前 5 世纪希腊人在希波战争胜利后，为纪念雅典城邦的保护神——帕拉斯·雅典娜而兴建的。雅典人相信这位希腊神话中的智慧女神保护了城邦的安全，因此他们从公元前 447 年开始，用了 11 年的时间兴建了这座“神庙中的神庙”。

材料五　帕特农神庙是雅典卫城体积最大的建筑物，其结构均匀，比例协调，风格高贵典雅，每个角落都透露出一种视觉上的美。它由多利克式的 46 根石柱构成，东西两面是 8 根柱子，南北两侧则是 17 根，东西宽 31 米，南北长 70 米。东西两立面（全庙的门面）山墙顶部距离地面 19 米，也就是说，其立面高与宽的比例为 19 比 31，接近希腊人喜爱的“黄金分割比”。

——李玲、吉文·贝内特：《帕特农神庙建筑艺术的人本精神探析》，载《山东社会科

学》,2011 年第 5 期

教师设问: 根据材料五,概括帕特农神庙的建筑特色。(参考答案:建筑高大雄伟;建筑设计比例协调;带有强烈的神学色彩)

教师讲述: 作为希腊的标志性建筑,帕特农神庙体现了古希腊建筑艺术的最高成就。神庙的设计和雅典卫城巧妙地融为一体,成为一种近乎天然的存在。帕特农神庙的主要建筑特色是柱廊,构成柱廊的圆柱有的看起来庄严、朴实,有的看起来精巧、纤细,柱廊式结构后来也成为西方古典建筑的传统风格。另外,神庙不仅外观宏伟壮丽,精致华美的雕刻装饰也是人类艺术的瑰宝。柱廊四周以及内殿外墙雕刻着 550 多座栩栩如生的神像和人像,庙中还陈列着雅典娜女神雕像,每一个雕刻和塑像都是一件精雕细琢的艺术精品,它们后来也成为代表西方古典艺术成就的珍宝。

(过渡) 长城、金字塔、雅典卫城等文化遗产,为我们了解世界不同类型的文明打开了窗口。在日益全球化的今天,文化遗产已经成为不同文明之间互相交流、补充的绝佳素材。保护文化遗产,延续优秀文明,已经成为人类刻不容缓的职责。然而,在文化遗产保护的过程中,人类社会却因为保护不力,经历了一次又一次的痛苦。

(设计意图) 为引导学生理解文化遗产的价值,本部分教学内容的设计,选择了长城、金字塔、雅典卫城三个具体事例进行说明。本环节指向的是:(1)史料实证素养水平 4——能够比较、分析不同来源、不同观点的史料;能够在辨别史料作者意图的基础上利用史料。(2)家国情怀素养水平 1、2——能够具有对家乡、民族、国家的认同感,理解并认同社会主义核心价值观和中华优秀传统文化。

(二) 文化遗产保护之“痛”

1. 文化遗产保护之“痛”

教师讲述: 在古代社会,以文化艺术珍品为代表的文物,是贵族财富与权力的象征。因此,收藏文物、字画也成为达官贵人特别的爱好。中国古代,金石学家们对古代的碑帖、字画、器物等进行分门别类的研究,他们为我国灿烂文化的传承作出了较大的贡献。然而,由于保护意识的不足和技术条件的落后,古代中国的文物保护存在保护不力的问题。

近代以来,列强发动了一次又一次的侵略战争,大批的珍贵文物在战火中被破坏、被掠夺。1860 年英法联军火烧圆明园,成为中国文物大规模流失的开始。1900 年,八国联军侵华,包括《永乐大典》《四库全书》等在内的珍贵文物、古籍惨遭洗劫。

图 3　焚毁后的圆明园

教师设问：根据图 3 并结合所学知识，谈谈你对英法联军火烧圆明园的认识。（参考答案：大量文物被劫掠焚毁；破坏了中华文明和世界文明；带给中华民族巨大耻辱）

教师讲述：1860 年第二次鸦片战争期间，英法侵略军闯入北京西郊的圆明园，在抢劫和毁坏了大量的文物后，又放火烧毁了这座人称“万园之园”的皇家园林。圆明园惨遭浩劫，是中华民族的历史耻辱。中华民族五千年文化积淀的珍贵文物，或被劫掠或被焚毁，成为一场空前的文化灾难。

戊戌变法失败之后的康有为，在游览了意大利之后认为我国作为一个有几千年文明的泱泱大国，文物保护上远远落后于西方，简直是奇耻大辱。这说明以康有为为代表的中国近代知识分子，已经认识到了文物保护的重要性。然而，大多数国民此时文物保护的意识和知识仍然相当缺乏。

即使在文明高度发达的现代，文化遗产的保护仍然面临着较为严峻的形势。位于阿富汗佛教圣地巴米扬山谷的两座大佛，分别开凿于公元 1 世纪和 5 世纪，是联合国教科文组织确立的第一批文化遗产保护对象。但是在阿富汗内战中，佛像于 2001 年被塔利班武装用炮火摧毁。

2. 文化遗产保护之痛因

（过渡）为了发展经济，治理水患，埃及政府于 1970 年消耗巨资，在尼罗河上修建了阿斯旺大坝。作为一项集防洪、灌溉、航运、发电为一体的综合利用工程，大坝极大地促进了埃及经济的发展，对埃及的兴衰产生了举足轻重的影响。然而，围绕水坝修建而带来的文物破坏等问题，也在全世界范围内引发了一场旷日持久的大争论。

教师讲述：兴建阿斯旺大坝使大量的文物、包括阿布辛贝神庙等几十座古神庙以及大面积法老时期的古遗址面临永沉湖底的危险。为抢救蓄水区内的文物，1964—1980 年间，联合国教科文组织发起国际运动，在埃及展开了大规模的考古抢救工作，24 项古迹被迁移或赠送他国，但仍有不少珍贵的文化遗产遭遇灭顶之灾。

（过渡）生活在地球上的人类，以自己的聪明才智和辛勤劳动，创造了丰富的文化遗产。随着社会经济的发展，工业化对环境的负面影响，使文化遗产受到了普遍的、持久的威胁。很多文化遗产面临着自然因素和人为因素的双重威胁，战争、洪灾、地震、盗窃等，无一不是对这些文化遗产的致命破坏。采取必要的行动，保护遭到破坏的文化遗产已经成为世界各国文物保护部门和政府义不容辞的职责。

（三）文化遗产保护之“行”

1. 中国在行动

教师讲述：早在清末，针对大量珍贵文物流失的情况，政府就开始采取措施进行文物保护。光绪三十二年（1906 年）颁布《保存古物推广办法》，标志着中央政府开始重视文物古迹的保护工作。民国成立后，政府先后成立了博物馆、古物陈列所等机构对文物进行保护。1930 年，南京国民政府颁布中国历史上第一部专门的文物保护法律——《古物保存法》，正式开启了中国文物保护的法制化进程，也在一定程度上打击了当时愈演愈烈的文物倒卖和非法盗采活动。但由于法律规定过于简略且惩罚过轻，使其对文物的保护作用大打折扣。

新中国成立后，我国的文物保护工作发展到了一个新阶段。稳定的政治局面，为文物保护法律、法规的制定和执行创造了有利的社会环境。在开展经济建设的同时，我国建立了从中央到地方的文物保护体系。1956 年我国开始了全国范围的文物普查，在此基础上，1961 年公布了第一批全国重点文物保护单位。

材料六 保存文物特别丰富、具有重大历史价值和革命意义的城市，由国家文化行政管理部门会同城乡建设环境保护部门报国务院核定公布为历史文化名城。

——《中华人民共和国文物保护法》(第五届全国人民代表大会常务委员会第二十五次会议于 1982 年 11 月 19 日通过)

教师设问：根据材料六并结合所学知识，指出该法律的作用。(参考答案：立法保护文物；保护历史文化名城)

教师讲述：1982 年通过并实施的《中华人民共和国文物保护法》，是新中国第一部国家级的文物法，它为我国的文物保护工作提供了重要的法律依据。正如该法在"立法目的"中所述，它力图通过加强对文物的保护、研究和利用，传承中华优秀历史文化遗产。

历史文化名城受到国家保护，标志着我国在文物保护观念上的巨大进步，历史文化名城保护制度也体现了该法制定的重要目的。与此同时，国务院还公布了包括北京、南京、西安等城市在内的第一批 24 座历史文化名城作为保护对象。

(过渡)国家级文物保护法律的制定，虽然解决了文物保护的很多难题，但是，包括我国在内的世界各国，在文化遗产保护方面仍然存在技术、资金等方面巨大的不足。因此，世界各国在文化遗产方面的保护工作需要进一步加强协调。

2. 世界在行动

(过渡)中世纪，欧洲各国的皇室贵族收藏文物之风虽然颇为盛行，但是现代意义上的文物保护真正开始的时间则是在 19 世纪中期前后。

材料七 1834 年，(法国)政府成立"艺术历史古迹委员会"，作为全国文物保护的专门行政机构，为内务部负责人提供相关咨询，使文物保护工作正式提上工作日程。普罗斯佩·梅里美(Prosper Merimee)自 1834 年被任命为国家历史文物总督察官，在他的推动下，法国第一部文化遗产保护法——《历史性建筑法案》于 1840 年颁布，这是世界上最早的一部关于文物保护的专门法律。

——李建：《我国近代文物保护法制化进程研究》，山东大学 2015 年博士论文，第 55 页

教师设问：根据材料七，概括法国在文化遗产保护工作中采取的措施。(参考答案：成立专门的文物保护行政机构；制定文物保护的专门法律)

教师讲述：拥有众多文化历史遗迹的法国，文物保护工作一直走在世界的前列。19 世纪早期，法国政府所采取的积极措施，使众多的珍贵文物在动荡的年代免遭浩劫，这也成为现代意义上文化遗产保护的开始。直至 20 世纪六七十年代，世界范围内逐渐形成文物保护的高潮。1964 年通过的《国际古迹保护与修复宪章》(简称《威尼斯宪章》)，成为第一个古迹保护的国际宪章。

材料八 《威尼斯宪章》提出："世世代代的历史古迹，饱含着过去岁月的信息留存至今，成为人们古老的活的见证。人们越来越意识到人类价值的统一性，并把古代遗迹看作共同的遗产，认识到为后代保护这些古迹的共同责任。将它们真实地、完整地传下去是我们的职责。"

——吕舟：《〈威尼斯宪章〉的精神与〈中国文物古迹保护准则〉》，载《建筑史论文集(第

15 辑)》,2002 年,第 194 页

教师设问： 根据材料八,概括《威尼斯宪章》的基本精神。(参考答案：强调古迹保护的真实性、完整性;古迹具有人类价值的统一性;古迹保护具有文明的传承性)

教师引导学生分析：《威尼斯宪章》强调文物保护"真实性"为第一要义。文物如果失去了真实,将失去最重要的历史文化价值。强调文物保护的完整性,反对对文化遗产和周围的环境进行改变,甚至反对不必要的修复,以尽可能体现文化概念上的完整性。它所规定的这些文物保护的基本原则,在世界范围之内具有普适性,因此产生了深远的影响,成为国际上文物保护的重要指导文件。

教师讲述： 文化遗产是人类的共同财富,然而在保护的过程中,各国都面临着共同的问题：洪灾、地震等自然因素的侵蚀;动荡的世界局势,战争对文物的严重损害;追求短期利益、过度开发的商业行为;不科学的发掘;等等。很多时候,仅凭一国之力,很难具备充足的经济实力和科技力量。

面对严峻的形势,联合国教科文组织 1972 年在巴黎举行的第 17 届会议通过了《保护世界文化和自然遗产公约》,简称《世界遗产公约》。其目的就是强调国际社会承担共同的责任,在全世界范围内对正在遭到损毁的世界遗产给予有效的保护。截至 2017 年 1 月,世界上共有 193 个国家加入《世界遗产公约》,这是目前拥有缔约国最多的公约之一。

《世界遗产公约》的制定,为世界遗产的认定和保护提供了一个文明国家共同遵守的标准,确立了文化与自然协调一致的思想,有力推动了世界遗产保护工作的开展。在此基础上,世界各国都普遍加大了对文化遗产的保护力度。

材料九 结合"人类共同继承的遗产"这一概念,按照 1972 年公约的精神,本文将世界遗产与"人类家庭"的关系梳理如下图：遗产就是过去给未来的礼物。

图 4 世界遗产与人类关系图

——李春霞：《世界遗产：人类共同继承的遗产》,载《重庆文理学院学报(社会科学版)》,2008 年第 2 期

教师设问： 根据《世界遗产与人类关系图》,指出世界遗产的特点。(参考答案：世界遗产具有世界性;世界遗产价值具有普适性;世界遗产具有代际之间的传承性)

教师讲述： 世界遗产是过去给未来的礼物,我们的祖先是文化遗产的创造者和传播者,他们创造了辉煌灿烂的文明并传承给当代的我们。处在过去与未来之间的我们,作为世界遗产的传承者,同时也是托管者和受益者,把世界遗产完整地传承给后世子孙是我们义不容辞的职责。而且,在利用和保护之间,保护始终是第一位的。因为文化遗产一旦遭到破坏,其价值必然会大打折扣,自然也就谈不上很好地利用了。

(过渡)《世界遗产公约》强调世界文化遗产是全人类共同继承的遗产,其具有"突出的普遍价值",并以此作为世界遗产委员会遴选世界遗产的重要标准。

教师讲述:《世界遗产公约》的制定,目的是建立一种全球范围内世界遗产保护的援助体系,以保护世界遗产的突出价值。缔约国在签署了公约后,就必须保证现在和未来保护本国的世界遗产,并为世界范围内的遗产保护尽到一定责任。

《世界遗产公约》共有 8 个组成部分,38 项条款,包括文化和自然遗产的定义、国家与国际保护、基金、世界遗产委员会等内容,涉及世界遗产保护的多个方面,规定详尽、具体,为世界各国的遗产保护提供了重要的指导原则和具体的实施方案。

《世界遗产公约》将世界遗产分为:文化遗产、自然遗产、文化与自然双重遗产 3 种类型。1992 年,联合国教科文组织又增加了文化景观类型世界遗产,1998 年提出了"人类口头与非物质文化遗产",作为文化遗产一个重要的组成部分。因此,世界遗产目前共有 5 种类型。

教师讲述:《世界遗产公约》的缔约国可以向世界遗产委员会申报世界遗产,联合国教科文组织下属的世界遗产委员会根据审核结果,决定是否将各国的申遗项目列入《世界遗产名录》。

为了对世界遗产进行有效的保护,各缔约国还必须根据《世界遗产公约》的规定,定期报告本国的世界遗产保护现状。世界遗产委员会对其进行相关监测,发现问题并责令及时纠正。问题严重且得不到有效解决的,甚至会被世界遗产委员会取消世界遗产的资格。

(过渡)改革开放以来,我国政府在文化遗产的保护方面做了大量的工作。1985 年 11 月,中国正式加入《世界遗产公约》,成为缔约国。在 1987 年第 11 届世界遗产委员会大会上,长城、故宫、莫高窟、秦始皇陵及兵马俑、周口店北京猿人遗址、泰山等列入《世界遗产名录》,成为我国的第一批世界文化遗产。

教师讲述:《世界遗产公约》不仅对世界遗产的申报和认定作出了严格的规定,而且制定了严格的世界遗产保护标准,要求缔约国遵守,目的就是尽最大努力保护世界遗产的突出普遍价值及真实性和完整性,并将部分全人类的共同遗产列入《世界遗产名录》加以重点保护。

材料十　(缔约国)发展科学和技术研究,并制订出能够抵抗威胁本国文化或自然遗产的危险的实际方法;采取为确定、保护、保存、展出和恢复这类遗产所需的适当的法律、科学、技术、行政和财政措施。

——《保护世界文化和自然遗产公约》(1972 年联合国教科文组织第 17 届会议通过),载《民族学通讯·第 138 期·民族文化与全球化研讨会资料专辑》,2003 年,第 3 页

教师设问:根据材料十,概括《世界遗产公约》的作用。(参考答案:要求缔约国承担较多保护任务;制定了严格的保护标准;促进了国际合作)

教师讲述:《世界遗产公约》的制定,在世界范围内增强了人类的世界遗产保护意识,促进了缔约国采取积极的行动应对各种对世界遗产的威胁。1987 年,法国的雪铁龙汽车公司拍摄了一则雪铁龙汽车开上中国长城的商业广告,广告片在法国电视台仅播出了十几秒钟,就立即招来无数电话怒斥雪铁龙公司居然"让汽车爬上人类共同的伟大遗产的躯体",电视台不得不立即撤下这个广告片。这件事情充分说明民众世界遗产保护意识的增强。

材料十一　2002 年初,我国世界遗产武陵源因城市化状况得不到有效改善而遭到联合国"限期整治"的警告。为了拯救风景区,保住其在《世界遗产名录》中的地位,恢复世界遗产

的原貌，当地政府决定将景区内近 34 万平方米的建筑物全部拆除。有关方面预计，为此需花费至少十亿元，比由这些建筑获得的经济收益高出数倍。

——张成渝、谢凝高：《“真实性和完整性”原则与世界遗产保护》，载《北京大学学报(哲学社会科学版)》，2003 年第 2 期

教师设问：根据材料十一，谈谈你对我国武陵源世界遗产保护的感想。(参考答案：文化遗产保护应承担国际责任，实现可持续发展)

教师讲述：世界文化遗产是全人类的共同财富，它不仅属于当代人，也属于未来的人类社会。我们在利用文化遗产时，首先考虑的应该是保护。在利用和保护之间，保护是第一位的。我国武陵源世界遗产遭联合国“限期整治”的警告事实，提醒我们世界遗产保护一定要严格遵守《世界遗产公约》的规定，着眼于子孙后代乃至整个人类的长远利益，不能在申遗成功后，就只顾眼前经济利益，对文化遗产进行过度商业化的旅游开发。可以说，对于文化遗产的保护，当代人需要承担更多的责任，以实现文化遗产的保护和可持续发展。

(设计意图)《世界遗产公约》制定的必要性以及实施的重要意义，是本节课教学的重点内容。本环节教学设计通过补充世界遗产特点的相关史料，使学生理解公约制定的必要性。通过公约内容的史料分析，理解公约实施的重要意义。通过武陵源世界遗产保护的反面教材，理解文化遗产保护的原则。本环节指向的是：(1)唯物史观素养水平 3、4——能够将唯物史观运用于历史学习、探究中，并将其作为认识和解决现实问题的指导思想。(2)史料实证素养水平 3——在探究特定历史问题时，能够对史料进行整理和辨析；能够利用不同类型史料，对所探究的问题进行互证，形成对该问题更全面、丰富的解释。

【课堂小结】

教师引导学生小结：我国是当今世界上拥有世界遗产数量最多的国家。丰富的文化遗产是祖先留给我们的宝贵财富，我们应该保护好、利用好世界遗产，传承和展示华夏文明，让世界各国人民更加深刻地认识到中华民族为人类文明发展作出的突出贡献。同时，世界各国也都有着丰富的文化遗产，各国的世界遗产也是全人类的共同财富，包括中国在内的世界各国必须坚持世界遗产充分保护和适度利用的原则，促进人与自然的和谐发展，通过文明交流互鉴，实现人类的可持续发展。

教学设计 2

邵中技　安徽省淮北市实验高级中学

一、教材分析

本课是统编教材《文化交流与传播》第六单元《文化的传承与保护》第 2 课，主要讲述了“文化遗产的保护和利用”“《世界遗产公约》”“各国的历史遗迹与文化遗产”三个方面的内

容。《普通高中历史课程标准(2017年版2020年修订)》对本课的要求是：通过万里长城、故宫、京剧等，认识文化遗产保护对传承民族文化、维护文化多样性和创造性的重要意义。人类社会的物质文化和非物质文化遗产承载着民族记忆和文化传统，记录着人类文明的演进历程。作为全人类的宝贵财富，文化遗产具有厚重的文化底蕴与悠久的历史，已成为对社会公众，特别是青少年人群，进行真、善、美教育的重要一环。

世界文化遗产是人类历史的一个重要组成部分，学生通过这一课内容的学习，可以了解中国及世界各地的文化遗产概况，学习在不同历史时期人类在文化创造和保存中表现出的聪明才智和创新精神。世界文化遗产是政治、经济、文化发展保存下的精华，它们之间有着密不可分的关系，学习这些内容时，联系各个国家和各个民族当时的政治经济文化发展状况，有利于高中生更加全面地认识历史，也有利于培养高中生的遗产保护意识。本课编写体例采用古今中外合编，时间跨度大，跳跃性强，内容联系松散，不利于进行中外历史的横向比较，给学生的学习造成极大困难。因此，教师应重新整合教学内容，并选择适当的教学策略。

二、学情分析

在高一学习的基础上，高二学生已经初步具备历史学科基础知识，但历史学科核心素养还需要进一步提升。高中生没有专门学习过文化遗产相关基础知识，直接学习世界文化遗产的保护与传承必然会有困惑。例如，如何理解和体会世界遗产的定义和概念？如何区分和评定遗产类型？世界文化遗产保护有何意义？学生学习这一专题，还要了解和领悟《世界遗产公约》的主要内容。文化遗产理论知识的欠缺，可能会导致本课教学很难顺利进行。因此，也需要教师重新整合教学内容，并选择适当的教学策略。

三、教学目标

1. 借助故宫、长城、金字塔等图片及文字史料，了解具有代表性的著名世界文化遗产，并能够收集有关资料，认识到它们是全人类的宝贵财富，理解世界文明的多样性，强化时空观念。

2. 通过阅读文献，了解《世界遗产公约》的内容，理解文化遗产保护的重要意义，形成正确的遗产保护意识。

3. 学会运用史料，让历史说话，培养历史解释的能力，知道我国是一个历史悠久、文化遗产丰富的国家，进一步增强爱国主义观念，涵养家国情怀。

四、教学重难点

重点：《世界遗产公约》的制定及内容。

难点：文化遗产保护与利用的意义。

五、教学过程

【导入新课】

图 1　良渚古城遗址及出土玉器

教师讲述：良渚古城遗址位于浙江省杭州市，曾是太湖流域一个早期区域性国家的权力与信仰中心，被称为“中华第一城”。遗产构成要素包括公元前 3300 年至公元前 2300 年的城址、功能复杂的外围水利工程和同时期分等级墓地（含祭坛）。同时，一系列以象征其信仰体系的玉器为代表的出土文物也为其内涵及价值提供了有力佐证。2019 年 7 月 6 日，在阿塞拜疆首都巴库举行的联合国教科文组织第 43 届世界遗产委员会会议通过决议，将中国世界文化遗产提名项目“良渚古城遗址”列入《世界遗产名录》。至此，中国世界遗产总数达到 55 处，位居世界第一。良渚古城遗址申遗成功，从学术上实证了中华 5 000 多年文明史，让中华文明的传承发展脉络愈发清晰。

教师设问：什么是文化遗产？世界上还有哪些文化遗产？它们是如何成为世界文化遗产的？国际上是如何保护文化遗产的？中国又是如何做的？今天就让我们带着这些问题来共同学习第 15 课《文化遗产：全人类共同的财富》。

（设计意图）本课从良渚古城遗址重大考古发现入手，容易引起学生的关注，引发共鸣，就“文化遗产”提出问题，创设悬疑，制造认知冲突，激发学生学习的兴趣，活跃课堂气氛，创设良好的教学情境。

【学习新课】

（一）异彩纷呈，交相辉映——魅力“世遗”

材料一　世界文化遗产

图 2　北京故宫

图 3　埃及金字塔

图 4　智利复活节岛巨石人像

教师设问：你还能说出哪些著名的世界文化遗产？（参考答案：见表一）

表一　世界文化遗产

国内	长城、兵马俑、莫高窟、布达拉宫、苏州古典园林……
国际	雅典卫城、古罗马城、泰姬陵、吴哥窟……

教师设问：这些世界文化遗产体现了什么样的文化特点？（参考答案：多样性、民族性）

教师讲述：故宫融合了中国的建筑之美、礼仪之美、对称之美等，凝结着中华民族的文化精髓；金字塔承载着古埃及人民的智慧和历史，是古老文明的象征；复活节岛巨石人像给智利的西班牙文化罩上了一层若隐若现的土著文化色彩。世界文化遗产由不同民族、不同国家人民创造，各具特色，异彩纷呈，从它们身上人们能够深切感受到世界文化多姿多彩的魅力，它们都是全人类的宝贵财富。

（设计意图）通过展示各地的文化遗产，欣赏建筑之美，感受尼罗河文明、两河流域文明、印度文明、中华文明、古希腊罗马文明等，体会文化的多样性和民族性，升华对历史的理解。本环节指向的是：(1)时空观念素养水平1——能够辨识历史叙述中不同的时间与空间表达方式；能够理解它们的意义。(2)家国情怀素养水平1、2——能够理解和尊重世界各国优秀文化传统。

（过渡）那么，这些历史遗迹为什么会被称为世界文化遗产？是不是所有的历史遗迹都可以被称为世界文化遗产？世界文化遗产的含义是什么？

（二）文物悲歌，文明之痛——保护“世遗”

1. “世遗”由来

教师设问：根据图5—7并结合所学知识，简述文物遭到破坏的原因。（参考答案：战争、自然灾害、偷盗、环境污染等）

图5　圆明园遗址

图6　巴黎圣母院大火

图7　巴米扬大佛

教师讲述：在我们居住的地球上，大自然以神工鬼斧造就了许许多多奇特壮观的自然景观，人类也以智慧和劳动，创造出无数雄伟壮丽的文化景观。然而，难以抵御的自然灾害、频繁发生的战争，却使这些自然遗产和文化遗产不断遭到破坏。近代以来特别是第二次世界大战结束以后的工业化和城市化浪潮，更以前所未有的速度，吞噬着大批自然遗产和文化遗产，许多古城镇、古村落和名胜古迹、自然景观顷刻之间从人们面前消失，代之以一座座工厂和密集的高楼大厦，结果导致环境污染，生态失衡，人类的生存也受到了严重的威胁。血的教训使人们日益深刻地认识到，人类与自然不是征服与被征服的关系，而是互相依存的关系。在人类的生存环境里，文化与自然是不可分割、密切相连的，两者之间必须协调一致，融合为一。因此，保护文化环境和自然环境，成为摆在人类面前的一个重大课题。而保护那些不可再生的、具有突出的普遍价值的文化遗产和自然遗产，更成为迫在眉睫的任务。为此，在联合国教科文组织的倡导下，各国于 1972 年达成协议，通过了《保护世界文化和自然遗产公约》，简称《世界遗产公约》。

2. “世遗”公约

图 8　世界遗产公约标志

图 9　联合国教科文组织标志

教师讲述：世界遗产公约标志的含义是：中央的正方形，代表人类的创造活动，外面的圆圈代表大自然，两者密切相连，象征着文化遗产和自然遗产之间相互依存的关系。整个图案呈圆形，既象征全人类，也象征对文化遗产和自然遗产的保护。《世界遗产公约》确定了文化遗产、自然遗产、文化与自然双重遗产 3 种类型，后又增加了文化景观类型世界遗产、人类口头与非物质文化遗产。

其中“文化遗产”又包括三个方面：文物、建筑群、遗址。文物：从历史、艺术或科学角度看具有突出的普遍价值的建筑物、碑雕和碑画、具有考古性质成分或结构、铭文、窟洞以及联合体。建筑群：从历史、艺术或科学角度看在建筑式样、分布均匀或与环境景色结合方面具有突出的普遍价值的单立或连接的建筑群。遗址：从历史、审美、人种学或人类学角度看具有突出的普遍价值的人类工程或自然与人联合工程以及考古地址等地方。1998 年，联合国教科文组织通过《“人类口头和非物质文化遗产代表作”条例》，正式提出“人类口头和非物质文化遗产”这一概念。

2003 年 10 月，联合国教科文组织第 32 届大会又通过《保护非物质文化遗产公约》。为了保证《世界遗产公约》的实施，联合国教科文组织按照公约的规定，于 1976 年成立了世界遗产委员会，负责审定列入《世界遗产名录》的名单；检测各国世界遗产的保护和管理工作；确定受到严重威胁的世界遗产项目，把它们列入《濒危世界遗产名录》；管理世界遗产基金，对为保护遗产而申请援助的国家实施技术和财力援助。同时，联合国教科文组织还设立一个常设的执行秘书处，称为世界遗产中心，负责“公约”实施的日常工作。

3. “世遗”名录

教师讲述：登录《世界文化遗产名录》的文化遗产，必须具有真实性和完整性，必须符合下列一项或几项标准：(1)代表一种独特的艺术成就，一种创造性的天才杰作；(2)能在一定时期内或世界某一文化区域内，对建筑艺术、纪念物艺术、城镇规划或景观设计方面的发展产生过重大影响；(3)能为一种已消逝的文明或文化传统，提供一种独特的或至少是特殊的见证；(4)可作为一种建筑物或建筑群或景观的杰出范例，展示出人类历史一个(或几个)重要阶段；(5)可作为传统的人类居住地或使用地的杰出范例，代表一种(或几种)文化，尤其在不可逆转之变化的影响下容易变得损坏；(6)与具特殊普遍意义的事件或现行传统或思想或信仰或文学艺术作品有直接或实质的联系(只有在某些特殊情况下或该项标准与其他标准一起使用时，此款才能成为列入《世界遗产名录》的理由)。《世界遗产公约》对世界遗产的申报和认定，作出了严格的规定。各缔约国必须预先拟定一个《世界遗产预备清单》，开列本国此后五到十年准备申报为世界遗产的项目，送交世界遗产中心备案。然后在每年 2 月 1 日以前，从中挑选认为条件完全成熟的项目，提交正式的申报文件。经有关的国际专家考察评估之后，世界遗产委员会再于第二年 7 月进行审议，认为完全符合条件的，予以确认，列入《世界遗产名录》公布。

(设计意图)本环节教学设计主要是帮助学生对《世界遗产公约》有个初步的了解，知道其制定的历史背景及主要内容，明白“世界文化遗产”的分类，理解并不是所有的文物都能成为世界文化遗产，认定《世界文化遗产名录》有严格的标准。本环节指向的是：(1)时空观念素养水平 2——能够认识事物发生的来龙去脉，理解空间和环境因素对认识历史与现实的重要性。(2)史料实证素养水平 2——能够认识不同类型的史料所具有的不同价值；明了史料在历史叙述中的基础作用。

(过渡)1985 年 11 月 22 日，中国正式加入《世界遗产公约》，成为缔约国。2004 年 8 月，中国又加入《保护非物质文化遗产公约》。针对物质文化遗产及非物质文化遗产的保护，中国还制定了具体的实施办法。2005 年 8 月 17 日，国家文物局正式公布采用金沙“四鸟绕日”金饰图案为中国文化遗产标志。“四鸟绕日”图案是中华先民崇拜太阳艺术表现形式的杰出代表之作，所表达的追求光明、团结奋进、和谐包容的精神，彰显了中国政府和人民保护祖国文化遗产的强烈责任心和神圣使命感。

图 10　中国文化遗产标志

(三) 薪火相传，一脉相承——传承“世遗”

1. 长城的建造

教师讲述：长城，世界奇迹之一，举世闻名的伟大工程，是中国古代劳动人民勤劳和智慧的结晶，既是中华文明的标志，也是人类文明的瑰宝。1987 年被联合国教科文组织认定为世界文化遗产，整体列入《世界遗产名录》。

材料二　春秋间，列国诸侯竞相争伐，或因河为堤防，或沿山置障守，其所谋以自立之求，愈之且密。至于战国，车战之制渐息，徒骑之用渐广，战争范围，益为扩大，于是有长城之兴筑矣。

——何德亮：《中国历史上最古老的长城——齐长城》，载《中原文物》，2009 年第 2 期

材料三　当是之时，冠带战国七，而三国边于匈奴。

——《史记·匈奴列传》，北京：中华书局，1959 年，第 2886 页

教师设问：根据材料二、三并结合所学知识，概述修建长城的原因。（参考答案：为军事防御而建）

教师讲述：长城是为了军事防御的需要而修建的，是春秋战国时期争霸天下的产物。当时诸侯雄起，各国之间相互攻伐，相互兼并，大规模的侵略战争连绵不断。在这种形势下，各诸侯国为了抵御别国的侵袭，各自修筑长城。秦一统天下之后，继承了原战国时秦、赵、燕三国的北方边疆。公元前 215 年后，秦始皇派将军蒙恬发兵 30 万北击匈奴，并且“筑长城，因地形，用制险塞，起临洮，至辽东，延袤万余里。”根据考古调查，秦长城不但在许多地段连接并修葺沿用了原赵、燕的北边长城，而且在阴山北麓新筑了约 600 千米的长城。这样，秦长城就将从今洮河北上，包括整个河套地区，直至辽东半岛在内的广大地域包含在内。

位于山东境内的齐长城比秦始皇修筑的长城要早 400 多年，因而成为中国古代历史上修筑时间最早的一条长城，曾被史学界誉为“中国长城之父”“世界壁垒之最”。

材料四　北魏大规模修筑长城，见于历史记载的主要有 3 个时期，分别为：“泰常八年”长城、“太平真君七年”修筑的“畿上塞围”“太和年间”所筑的长城。

——张蔚：《北魏长城与金界壕对比研究》，载《东北史地》，2016 年第 6 期

材料五　金代长城，是为数不多和我国秦汉与明代一样，所修筑的是超过了“万里”的长城，其次，它是我国长城所处地理位置最北的，金长城修筑在沙漠草原深处，打破了前此修筑长城的农业定居民族与草原游牧民族、即农耕世界与游牧世界的地域观念，因此，它更具有重要的历史价值与现实意义。

——冯永谦：《金长城的考古与发现》，载《东北史地》，2007 年第 3 期

教师设问：为什么说长城是我国各族人民共同修建的，是中华民族智慧的结晶？（参考答案：北魏、北齐、北周、辽和金朝等少数民族政权仿效秦汉王朝修建过长城。女真人建立的金朝不仅筑成绵延万余里的界壕边堡即长城，且在建筑方法和风格上有所创新。万里长城上下两千年，行程十万里，沿途穿越各种复杂的地形，各族人民共同创造了就地取材、因地制宜的建造方法。长城凝聚着各族人民的智慧，是中华民族智慧的结晶）

教师讲述：汉代以后，北魏、东魏、北齐、北周、隋、辽、金诸朝都曾大规模修建长城。其中，尤以金长城的规模最为庞大，历时达 70 多年才竣工。我国历史上最后一次大规模修建长城在明代，全长 6 千多千米，至今大部分保存完好。长城的修建，从春秋战国直到明代，前后经历了两千多年的时间。如果将历代所修的长城加在一起，总长在 5 万多千米以上。有人作过粗略的统计，如果把修筑长城所用的砖石土方用来修筑一道高 5 米、厚 1 米的大墙，可以环绕地球十几圈。无论从历史的悠久、工程的浩大，还是从气势的雄伟来说，长城都堪称世界建筑工程史上的奇迹。

材料六　长城的选址、布局和施工，首先要考虑与自然环境有机联系。长城是防御体系，强调充分利用自然天险的屏障作用。所以，在山区长城多沿着山脊或山体有利于防守的位置修建。在山势陡峭险峻的地带，墙体就修建得相对低矮窄薄一些；在山势平缓的地带则修建得相对高大宽厚得多。

——董耀会：《长城修建原则》，载《中国文物报》，2016－04－05

图 11

图 12

教师设问：根据材料六并结合所学知识，概括长城的修建原则。（参考答案：因地制宜或与自然和谐融为一体、用制险塞等）

教师讲述：我国历代修建的长城，绵延数千里乃至数万里，沿途穿越广袤的平原、高峻的山地、茫茫的草原和苍凉的荒漠，还有河流和峪谷等，地形地势和自然条件各不相同。因此，长城的建筑也就要遵循因地制宜、用制险塞的原则。

2. 文艺的宝库

图 13　山西雁门关长城城门砖雕

图 14　北京居庸关长城云台石刻①

材料七　细观长城，其精巧的设计和丰富的造型，充分体现了实用与审美、对称与自由、静止与运动、阳刚与柔美、疏与密相结合的思想，具有重要的美学价值。

——中青雄师著，郭光编：《长城》，北京：中国青年出版社，2011 年，第 10 页

教师设问：根据材料七及所学知识，简析长城的文化价值。（参考答案：文学艺术的宝库）

教师讲述：长城既是防御性的军事工程，同时也是伟大的艺术品。它除了建筑艺术上的宏伟壮观、气势磅礴、布局巧妙、结构合理之外，在装饰艺术上也具有很高的成就。例如，一些墙顶和垛口交接处的边饰，一些射孔、礌石孔的雕饰，都做得非常精美。一些重要关口的关城，大多修有敌楼、箭楼等，其顶部往往采用中国传统的木结构建筑式样，柱梁之间加用斗拱结构，精雕细刻，有些雕梁画栋甚是美观。在关城的门洞里或城楼的卷门上，还有砖雕或石刻的装饰图案，其工艺之精美、刀法之娴熟，足可以和一些皇家或王府建筑雕刻相媲美。

两千多年来，围绕着长城，还产生了许许多多的民间传说、说唱戏曲、诗词歌赋、绘画雕

① 图 13、14 摘自《普通高中课程标准实验教科书·历史·选修 6·世界文化遗产荟萃》，北京：人民教育出版社，2020 年，第 57 页。

塑等文学作品。孟姜女哭长城的故事，在民间广泛流传，家喻户晓。李白的“长风几万里，吹度玉门关”，王昌龄的“秦时明月汉时关，万里长征人未还”，王维的“劝君更尽一杯酒，西出阳关无故人”，都是边塞诗中千载传诵的名句。毛泽东的“天高云淡，望断南飞雁，不到长城非好汉”，借长城抒发了雄壮的革命胸怀，堪称当代长城诗作中的绝唱。雄伟的万里长城，是我国文学艺术的丰富宝库。

3. 永远的丰碑

材料八　从孙中山先生《建国方略》论述长城与中华民族的关系，到中国军民在山海关、古北口、喜峰口、平型关等长城沿线英勇御敌，一曲《长城谣》，一首《义勇军进行曲》，唤起了无数中华儿女用血肉“筑成我们新的长城”的昂扬斗志，长城与中华民族的命运紧密联结在一起。

——国家文物局：《中国长城保护报告》，载《中国文物报》，2016 - 12 - 02

教师设问：谈一谈什么是长城精神？（参考答案：略）

教师讲述：长城蕴含着团结统一、众志成城的爱国精神，坚韧不屈、自强不息的民族精神，守望和平、开放包容的时代精神。历经岁月锤炼，这些精神已深深融入中华民族的血脉之中，成为实现中华民族伟大复兴的强大精神力量。传承与弘扬长城精神始终是长城保护的首要之义。长城是中华民族的精神象征，具有特殊的历史文化价值，加强长城保护工作，必须本着对历史负责、对人民负责的态度，进一步完善政策措施，加大工作力度，依法严格保护，充分发挥长城在传承和弘扬中华优秀传统文化中的独特作用，扎实推进“长城保护计划”，切实保护好长城这一珍贵的文化遗产，筑牢中华民族精神的伟大长城。

4. 存在的问题

材料九　世界遗产保护面临经济开发的困惑和尴尬。尤其是超容量旅游和错位性旅游开发，对国内“世遗”构成了极大威胁。尽管在世界遗产地开发旅游资源是展示“世遗”的一种方式，但对于“世遗”本身来说，旅游也是一件可怕的事情。稍不留神，旅游资源的超常开发就可能给“世界遗产”带来灭顶之灾。

——吴学安：《要保护不要逐利》，载《人民日报(海外版)》，2012 - 12 - 07

图 15　被水泥抹平的野长城①

图 16　长城游客②

① 新京报：《野长城修缮涉嫌用水泥　辽宁文物局长：跟我无关》，https://sd.ifeng.com/a/20160926/5007503_0.shtml，2016 - 09 - 26。

② 上观新闻：《这是五一假首日的长城！5.4 万余游客，垃圾清了 18.2 吨》，https://web.shobserver.com/news/detail?id=148612，2019 - 05 - 02。

学生自主探究：当今我国文化遗产地所面临问题是什么？如何加以克服？

教师讲述：文物修复需要极高的专业性，但真正能够提出科学修复方案，并且指导和参与完成科学修复的专业的文物修复人员却严重不足。专业人员的缺失，专业的事没有专业的人干，一定程度上导致了“破坏性修复”的出现。除了专业知识缺乏，另一方面，文物的保护和修复还需要心存敬畏、保持克制，不能仅仅从实用性的角度对文物进行修复。在商业化时代，某些遗产地的管理者把珍贵的文化遗产单纯看作是一项旅游资源进行无节制的开发，以追求眼前的最大经济效益，从而导致对遗产的破坏。例如，在遗产地乱建宾馆、索道、电梯和不协调的假古墓，无限制地吸纳游客，超过遗产的承载量，造成环境的污染、生态的失衡，等等。克服的办法是：加强世界遗产的保护宣传，提高全社会对遗产资源的保护意识；严格遵守国际和国家有关世界遗产保护的法律、法规，禁止违背法律、法规的开发建设；强化行业执法监督和管理职能，建立并完善世界遗产保护和管理机制；发挥世界遗产地的综合功能，努力搞好物质文明和精神文明建设；加强各世界遗产地之间的学习交流，互通信息，强化合作，共谋促进中国世界遗产地的整体发展和保护工作的新途径。

长城是中华民族光辉灿烂的历史见证者，是中国文化最重要的表征和厚重载体，长城形成和发展的历史也是中华民族文明发展史，长城伴随和见证了自东周以来长达两千多年的中国社会的兴衰更替和荣辱变迁，是中华民族凝聚力和创造力的重要资源，因此，只有深刻地研究和了解长城所蕴含的价值，才能理解长城，读懂长城，只有深入挖掘长城历史文化的当代价值，才能更好地为经济社会发展服务，实现中华民族伟大的复兴之梦。莫让遗产成为遗憾！

(设计意图)以长城为例，引导学生了解中华文明是各族人民共同创造的，是中华民族集体智慧的结晶。只有深刻地研究和了解长城所蕴含的价值，才能理解长城，读懂长城。深入挖掘长城历史文化、当代的价值，能更好地为经济社会发展服务，实现中华民族伟大的复兴之梦，涵养学生的家国情怀。本环节指向的是：(1)时空观念素养水平4——在对历史和现实问题进行独立探究的过程中，能将其置于具体的时空框架下。(2)史料实证素养水平2——在对史事与现实问题进行论述的过程中，能够尝试运用史料作为证据论证自己的观点。(3)历史解释素养水平2——能够选择、组织和运用相关材料并使用相关历史术语，对个别或系列史事提出自己的解释。(4)家国情怀素养水平3、4——能够将历史学习所得与家乡、民族和国家的发展繁荣结合起来，立志为新时代中国特色社会主义建设、中华民族伟大复兴作出自己的贡献。

【课堂小结】

教师引导学生小结：世界文化遗产是民族的，同时又是全世界的。“世遗”是全人类宝贵的财富，异彩纷呈，交相辉映。“一花独放不是春，百花齐放春满园”，承认世界文化的多样性、尊重不同民族的文化，必须遵循各民族一律平等的原则。在文化交流中，要尊重差异，理解个性，和睦相处，共同促进世界文化的繁荣。只有在民族平等的基础上，才能做到世界各国人民相互尊重、共同发展；只有保持世界文化的多样性，世界才更加丰富多彩，充满生机与活力。

活动课

信息革命与人类文化共享

教学设计

吕增根　安徽省濉溪中学

一、设计理念

信息革命是指由于信息生产、处理手段的高度发展而导致的生产力、生产关系的变革。这种变革在文化传播方面对人类的影响超过了以往。在信息时代，技术的进步推动知识的生产、传播发生了革命性的变化。我们每个人自觉、不自觉地都成为这个时代进程的参与者。本活动课立足学生生活经验，在布置学生开展社会调查的基础上，以互联网时代下知识、文化的传播为主线索，将课堂活动整合为"消弭知识鸿沟——从'百科全书'到'网络百科全书'""讲好中国故事——从网红李子柒看传统文化走出去""主题辩论：美剧传播是利大于弊，还是弊大于利?"三部分，引导学生思考时代剧变下文化的传播与共享。

二、学情分析

高二学生经过《中外历史纲要》《文化交流与传播》的学习，对于文化传播的途径、特点等有了一定的了解；同时，互联网时代的学生比较早地接触到智能手机并访问互联网，很多同学也经常使用"B站"等网络资源，能亲身体会信息革命及其影响下的文化传播，这些都为本活动课的开展提供了有利条件。本活动课的难点并非在于课外的搜集资料、调研等，而是在于如何引导学生立足生活经验，同时结合历史学科特点，认识信息革命对文化传播与共享的影响。因此，在课堂活动环节，要以学生的合作探究为主，同时辅以师生间的合作，凸显学生的主体地位，引导学生更好地学习知识，提升能力与素养。

三、活动目标

1. 搜集整理资料，学会甄别利用资料，在此基础之上，对信息革命及其影响下的文化传播、文化共享等历史现象进行合理、准确的分析，能够归纳出信息革命对文化传播和共享的影响，认识到历史发展的规律。

2. 分析“李子柒现象”“美剧热”“知识鸿沟”等事件，探究这些历史事件背后的原因，理解信息技术对整个人类产生的深远影响。

3. 比较中国文化的“走出去”、外国文化的“引进来”等现象，探究信息革命在传播共享文化的同时，也带来了一定的负面影响，同时认识到文化共享是历史发展的必然，引导学生树立正确的文化观。

四、教学重难点

重点：信息革命对文化传播与共享的影响。
难点：信息革命对文化传播与共享的影响。

五、活动过程

课前准备

1. 教师明确活动主题《信息革命与人类文化共享》
2. 学生分组，确定小组主题
3. 学生开展调查实践

(1) 搜集资料：查阅书籍报刊、上网浏览等，搜集书面材料。
(2) 整理资料：整理搜集到的资料。

课堂活动

1. 消弭知识鸿沟——从“百科全书”到“网络百科全书”

教师讲述：知识过程一般分为“知识的生产”“知识的传播”和“知识的应用”阶段。知识的生产从来就是标准的职业活动，有着完整的活动规范和社会建制，需要大量的前提投入。知识的传播在现代社会则是通过现代教育、大众媒体以及各种主动建立的社会知识传播通道得以强化，知识的接受者也不仅仅局限于社会精英阶层，出现了大众化的趋势。但是，随着新技术的应用，开始出现了所谓的“知识鸿沟”。该理论认为具有更高社会经济地位的人总是比其他人更多、更好地获取信息，随着时间的流逝，不同人群之间的知识鸿沟会变得越来越大，处于社会地位和经济地位较低一方与较高一方之间的“知识鸿沟”不断变宽，差距也不断扩大。

学生代表讲述：最早具有现代意义的百科全书是法国启蒙思想家狄德罗主编的《百科全书》，它象征着人类穷尽智识的渴望，迎合了当时方兴未艾的理性潮流。在狄德罗周边还聚集着各领域的佼佼者，人称“百科全书派”。《百科全书》面世后影响极大，“改变了人们的思维方式”，由于作者们经常在里面夹叙夹议“携带私货”，作为普及知识的工具书算不上是理想的，这直接刺激了《大英百科全书》的诞生。

材料一　而《大英百科全书》第一版，就在1768年于苏格兰的爱丁堡编印，它所代表的就是那个对知识充满了好奇的时代。它把人文社会及自然科学有系统地介绍，用来教育及供人阅读，那个时代的人真的会求知若渴地读它。启蒙运动和工业革命会发生在苏格兰绝非偶然。

——南方朔：《〈大英百科全书〉时代的挽歌》，载《南风窗》，2012 年第 7 期

材料二 《大英百科全书》主要的销售方式是直销，拥有约 2 000 名推销员，是世界上最杰出的直销队伍。《大英百科全书》的销售策略是针对中产阶级家庭望子成龙的梦想。天长日久，他们这种推销借口变得与《大英百科全书》的词条一样权威可信，而《大英百科全书》内部的调查显示，一个典型的《大英百科全书》所有者一年里使用百科全书不到一次。

——练小川：《〈大英百科全书〉的兴亡》，载《出版参考》，2012 年第 5 期

学生代表讲述：18 世纪中期的英国已经完成了政治转型，君主立宪政体之下，英国的编写者没有像百科全书派那般发出强烈的政治诉求，更多的侧重于对知识的渴望。

苏格兰爱丁堡的书商麦克法考儿等人以“苏格兰绅士协会”的名义编写了英国第一套百科全书——《大英百科全书》，上市不久便告售罄，前后售出了约 3 000 套，这在当时是个了不起的数字。到了第四版编写时，许多英国知名的学者参与到编撰工作中，如马尔萨斯、大卫·李嘉图等，学术水平日渐提高，当时有英国人将其封为“学术界的《圣经》”。

进入 20 世纪后，美国商人收购了《大英百科全书》并用直销的手段进行销售。1929 年该辞书的第 14 版问世，奠定了其“世界性的百科全书”的地位。以至于当时美国的《纽约时报》认为“上世纪 50 年代，书架上放套《大英百科全书》，与车库里停辆旅行车或房间里摆台名牌黑白电视机一样，既实用又能彰显中产阶级身份。”①《大英百科全书》从过去的知识工具变成装点门面的饰品。

我们看到纸质的《大英百科全书》在一段时期内成为思想启蒙的重要工具之外，还应看到不菲的价格、较高的阅读门槛，这种异化使得《大英百科全书》难以承担知识普及的重任。当互联时代到来时，技术的冲击、知识的共享使得其终将为时代所淘汰，新的“百科全书”应运而生。

材料三 在多媒体时代，顾客价值转移到新媒体特性上，高品质文本和图片的价值相对降低了。大英百科的销售形势开始恶化，销售套数由 1993 年的 11.7 万锐减到 1996 年的 5.5 万，销售收入也几乎减少一半。……1989 年，大英百科出版了世界上第一部 CD-ROM 多媒体百科全书——Compton 百科全书。然而，为了不影响印刷版大英百科全书的销售，该产品不仅内容少，而且采用了 Compton 的品牌。它被设计为一个购买印刷版大英百科全书的赠品，而单独购买它的价格则高达 895 美元。

——孙忠：《侵蚀与抵抗：数字时代传统出版社的突围——以大英百科全书为例》，载《出版与发行研究》，2010 年第 6 期

学生代表讲述：当多媒体时代来临时，《大英百科全书》持着固有的傲慢与偏见，不能及时迎接技术适时转型。1993 年，微软公司推出了多媒体版的百科全书 Encarta，虽然在内容质量上明显劣于《大英百科全书》，但是其低廉的定价、丰富的多媒体特性吸引了电脑一代的消费者。《大英百科全书》的出版商不得不采取措施，但是其固有的思维模式，使得其推出的多媒体版更多的是纸质版本的附赠品。1994 年，《大英百科全书》的出版商上线了在线版本，个人订阅年费约为 100 美元，这一定价又将很多的低收入者拒之门外。20 世纪 90 年代后期，微软公司的产品已经战胜了对手。

---

① 黄薇：《244 年印刷史终结大英百科全书：遭遇数字革命》，载《文史参考》，2012 年第 8 期。

材料四 与此同时，2001年1月，维基百科(Wikipedia)正式上线，它的词条由来自全世界的志愿者协同写作。到2009年，维基百科已经拥有超过250种的语言版本，有6万名以上的使用者贡献了1000万篇条目(大英百科拥有12万条目)。经过惊人的快速成长，维基百科已经成为最大的资料来源网站之一。据《自然》杂志的报道，维基百科的科学类词条的质量稍逊于大英百科，但差距并不大。

——孙忠：《侵蚀与抵抗：数字时代传统出版社的突围——以大英百科全书为例》，载《出版与发行研究》，2010年第6期

学生代表讲述： 微软等公司推出的在线版百科全书在面临谷歌、百度等主要搜索引擎的冲击，几乎毫无还手之力。搜索引擎通过算法的优化，可以自动、准确地搜集、提取相关的知识，然后经过智能化的过滤、相关度排序等，推荐给使用者以理想的知识页面。同时，搜索引擎还可以通过良好的用户实时联系机制，以电子邮件等多种方式，突破时空限制，为知识用户提供跨平台、跨媒体的知识共享服务。搜索引擎提供的是知识点的链接，更专业、细致、全面的知识还需要以新的形式进行提供。

材料五 以往的知识传播内容由知识精英筛选，受众只是被动的接受者。而维基百科所推动的网络知识传播使这一现状有所改观，受众不仅可自主选择自己乐于传播的内容，甚至能传播自主生产的内容。……维基百科的传播过程也体现了这一特点。首先，它让来自不同国家的志愿者共同编辑词条，并且受众在浏览过程中也可以进行词条的修订，这就打破了地域限制。其次，用户还可以在互助客栈进行交流。另外，维基人也会组织线下的聚会活动。维基百科不仅摆脱了物理场域的限制，使得生产和传播知识更为高效便捷，也通过虚拟社区的协作重组维客们的关系。

——李质洁：《网络时代的知识传播机制与特点——以维基百科为例》，载《青年记者》，2014年第14期

学生代表讲述： 不仅仅是维基百科，中文网络中使用最多的百度百科也有类似的特点，彰显了互联网时代信息、知识乃至文化共享的机制。首先，知识传播由单向度的生产者—使用者之间，转向了人人皆可生产，知识的受众既可以是受众，也可以变身生产者，知识不再被一部分人垄断，知识的获得更加便捷。同时，网络时代，知识变现的方式也实现了多样化。传统的模式提高了知识传播的门槛，互联网时代，搜索引擎、网络百科全书以免费的方式(通过在页面提供广告等方式变现)，使得更多的人群可以获得知识。其次，互联网时代，网络百科全书还摆脱了时间和空间的限制，实现了知识在更广的范围内进行传播。种种这些，都缩小了知识的鸿沟，人与人之间的知识差距变得越来越小。

2. 讲好中国故事——从网红李子柒看传统文化走出去

材料六 近日，90后网络红人李子柒引起公众关注和热议。她精心创作的古风美食主题短视频像强大的磁石，吸引了境内外巨量粉丝的热捧。尽管粉丝背景各异、语言不同，但都表现出对李子柒作品的由衷热爱和对中华传统文化的向往。目前，李子柒微博的境内粉丝超过2100万，海外主流社交媒体上的粉丝也超过了700万。

——杨劲松：《透过李子柒现象看文化如何"走出去"》，载《中国旅游报》，2019-12-18

学生代表讲述： 2019年12月10日，央视新闻发表评论员文章《我也蛮自豪，因为我是她作品背景里的一个点》，将李子柒推向了更大的舞台。如果不经常用短视频APP的人，很

可能一头雾水，转而向周边的人打听李子柒是谁。

出生于1990年的李子柒，6岁时父亲去世，她便与爷爷奶奶相依为命。生活在绵阳农村，李子柒打小就和爷爷一起做木工，陪奶奶一起做饭，庄稼成熟时，便下地干活。后来外出打工，做过各种各样的工作。如果不是奶奶病重，她放弃了城里的工作，她也许就是千千万万普通打工者中的一个。但回到乡下后，为了网店的流量，她自导自演的古风美食视频并意外爆火，成了一名“网络红人”，她在某短视频APP上的粉丝有2000多万之众，在美国网站YouTube上有粉丝700多万，甚至超过了美国主流电视新闻媒体CNN。她何以如此之红，甚至在外国人的眼中成了中国文化的代名词?

材料七 李子柒在影像中表现出的人格特质和表演魅力是动人的，一袭裙裾飘飘的汉服或是一身简朴的农家女装束，做起事来总是从容不迫行云流水，言语不多却沉静有力。这样一个“岁月静好”中的女子形象，足以让人产生美好的投射和联想，于是叙事时间会自然而然地延宕到人们的精神时空。

——刘永昶：《关于时空、韵律与意境——从李子柒看短视频的影像美学》，载《传媒观察》，2020年第2期

材料八 ……微博自媒体平台的推荐功能，也就是传播渠道的创新，微博热门排行榜让更多“路人”驻足停留，将“李子柒”主动推送到更多人眼前。翻开李子柒的微博，几乎每一条原创微博都标有热门的标识，评论、点赞、转发数万到几十万不等，几乎是明星艺人的热度。热度越高，微博信息公布的开放式使得点赞数量多的微博都能登上微博广场，也给了“李子柒”更高的曝光度，曝光度越高，转“粉”的“路人”也就越多。

——张丹妮：《美食短视频“李子柒”走红的原因浅析及冷思考》，载《新闻研究导刊》，2019年第5期

材料九 有意无意之间，李子柒做出了推介现代中国的贡献，而她的走红、她的成功，也在根本上要归功于现代中国的成就和支撑。她是软实力领域“中国制造”中极精巧、极讨喜的那一个。没有中国建设发展成就的“当惊世界殊”，没有中华文化吸引力在全球范围的重获承认，很难想象李子柒视频内容能够拥有这样深厚的传播力影响力基础。没有现代中国的东风，李子柒大概率只会是深锁铜雀的大小乔。有了国家发展的东风、时代进步的东风，李子柒以及“张子柒”“李子八”才会你未唱罢我登场。在这个意义上，李子柒与中国高铁是互为背景、互为视窗的。

——李习文：《李子柒走红海外的国际传播逻辑》，载《传媒观察》，2020年第2期

学生代表讲述：李子柒作为一名很普通的农村女孩，没有受过很好的高等教育，却能成为被很多人羡慕的“网红”并在海外媒介中成为中国文化的代表之一，其成功的原因值得深思。工业化兴起以后，人们的生活节奏越来越快。互联网时代，尤其是智能手机的推广，白天和黑夜的界限越来越模糊，生活节奏越来越快。李子柒走红的关键在于她抓住了这个时代的“痛点”。在接受媒体采访时，李子柒说：“现在整个社会，很多人是特别浮躁的，生活压力很大，我希望他们在忙碌一天以后，打开我的视频，能给他们减轻一些焦虑和压力感的东西。”①李

---

① 转引自：任孟山、李呈野：《中华文化对外传播的新时代经验与可能路径——李子柒爆红海外给国际传播带来的思考》，载《对外传播》，2020年第1期。

子柒的团队对于现代技术的运用也非常到位，其以呈现主题为核心，注重突出中国传统文化的符号，如在色彩上，其以偏冷色调来呈现中国的特有美食，受众在观看画面时，会有一种赏心悦目的感觉，仿佛进入一种诗意栖居的生活状态，从而与作者李子柒产生共鸣。李子柒的成功还离不开她始终植根于中国大地、立足于中国传统文化。通过互联网、短视频，用一种诗意的方式呈现，将中国文化介绍给了海内外的受众，而中国文化也借此为世界人民所共享。

材料十 以往的文化海外传播途径多由政府部门组织和主导，一些作品制作耗时耗力，传播手段多为纪录片、书籍、交流会等，往往过于传统和保守。数字化时代变革了信息获得的途径、速度和内容，人人可以成为信息的传播者。李子柒通过社交网络平台传播作品，加快了信息的传播速度，使全网观众能够及时获得视频。

——陈千飒：《从李子柒看中国文化海外传播》，载《江南论坛》，2020 年第 5 期

学生代表讲述： 互联网时代，"去中心化"非常明显，过去的那种高大上的手段已经难以适应时代的变化。在李子柒的视频里，并没有大喊口号宣扬中国文化如何优秀，但她讲好了中国文化，讲好了中国故事。她只是很本分地做着自己熟悉的事情，打理自己的菜园，收拾自己的庭院，或者和奶奶用四川话进行交流，但她的粉丝们却从这些细小的乃至微不足道的平常中，开始了解有趣好看的中国传统文化，认识到中国人的勤奋、聪慧，并喜欢中国人，喜欢中国。不得不说，李子柒是个奇迹，一颗平常心做出了国际文化传播的奇迹。这对于我们这些"后浪"而言是一个非常好的榜样，她告诉我们如何在新时代讲好中国故事，告诉我们如何将中国文化以与时俱进的方式为世界所共享。

3. 主题辩论：美剧传播是利大于弊，还是弊大于利？

正方： 美剧传播是利大于弊。

反方： 美剧传播是弊大于利。

（辩论过程，略）

【课堂小结】

教师引导学生小结： 信息革命对人类文化而言既是挑战也是机遇，对人类文化的生产、传播、规模、效果等都产生了极大的影响。面对这一变局，我们要做的是积极主动求变，与时俱进和时代共舞，以开放的心态走出去、引进来，实现文化的传播与共享。

后　记

本书是教育部基础教育课程教材发展中心、教育部课程教材研究所何成刚主持编写的“高中历史教学设计丛书”中的一册。

何成刚、李广元（广东省深圳市第二高级中学）、赵剑峰（广东省深圳外国语学校龙华学校）共同确定了本书的写作思路，参与了全书的修改完善和统稿定稿工作。黄秋瑾（安徽省淮北市教育局教研室）、梁松（安徽省淮北市实验高级中学）参与了书稿审读和资料审核工作。

本书是教育部安徽省教研基地课题“教研员激励制度研究”（课题编号：LS202004；负责人：黄秋瑾、谢旭永）、教育部安徽省教研基地课题“高中历史教研员专业知识要求研究”（课题编号：LS202006；负责人：李广元、苏峰）、教育部安徽省教研基地课题“初中历史学业水平考试与高中历史教学的适切性研究”（课题编号：LS202013；负责人：刘春利、梁松）、安徽省淮北市课题“时空观念素养指导下的高中历史史料教学研究”（编号：HBJK19607；负责人：邓通、吕增根）的部分成果。感谢复旦大学出版社朱建宝编辑、张彦珺编辑为本书出版付出的劳动。

图书在版编目(CIP)数据

高中历史教学设计. 文化交流与传播/李广元,赵剑峰,黄秋瑾主编. —上海:
复旦大学出版社, 2021.11
ISBN 978-7-309-15800-7

Ⅰ. ①高… Ⅱ. ①李… ②赵… ③黄… Ⅲ. ①中学历史课-教学设计-高中 Ⅳ. ①G633.512

中国版本图书馆 CIP 数据核字(2021)第 128861 号

高中历史教学设计. 文化交流与传播
李广元 赵剑峰 黄秋瑾 主编
责任编辑/朱建宝

复旦大学出版社有限公司出版发行
上海市国权路 579 号 邮编: 200433
网址: fupnet@fudanpress.com http://www.fudanpress.com
门市零售: 86-21-65102580 团体订购: 86-21-65104505
出版部电话: 86-21-65642845
江苏句容市排印厂

开本 787×1092 1/16 印张 21.25 字数 504 千
2021 年 11 月第 1 版第 1 次印刷

ISBN 978-7-309-15800-7/G · 2265
定价: 75.00 元